Administrative Law of the European Union, its Member States and the United States

A COMPARATIVE ANALYSIS

“十二五”国家重点图书出版规划

法学译丛·公法系列

欧美比较行政法

[荷] 勒内·J·G·H·西尔登（René J. G. H. Seerden）
[荷] 弗里茨·斯特罗因克（F. Stroink） 编

伏创宇　刘国乾　李国兴　译

中国人民大学出版社
·北京·

作者简介

比利时

萨宾·勒斯特（Sabien Lust），博士，比利时根特大学教授，勒芬大学佛兰芒研究基金项目研究员。

法国

琼·伯纳德·奥比（Jean－Bernard Auby），博士，巴黎第二大学公法教授。

德国

迈哈特·施罗德（Meinhard Schröder），博士，德国特里尔大学法学院教授，研究公法、国际法和欧盟法，莱茵兰－帕拉廷州高等行政法院法官。

荷兰

勒内·西尔登（René J. G. H. Seerden），博士，马斯特里赫特大学法学院助理教授，研究（比较）行政法和环境法，马斯特里赫特地区法院荣誉法官。

弗里茨·斯特罗因克（Frits Stroink），博士，马斯特里赫特大学法学院宪法与行政法教授。

英国

布莱恩·琼斯（Brian Jones），赫伯特·史密斯律师事务所（伦敦）顾问，曾任英国莱斯特德蒙特福德大学教授，研究环境责任。

凯瑟琳·汤普森（Katharine Thompson），法学博士，英国莱斯特德蒙特福德大学法律系高级讲师。

欧盟

罗布·威德肖文（Rob Widdershoven），博士，简·莫奈大学欧盟行政法教授，乌德勒支大学教授。

美国

菲利普·哈特（Philip Harter），博士，美国佛蒙特法律学校教授，“多数人意见、民主和统治”研究项目的负责人。

译者简介

伏创宇

1982 年生，中国青年政治学院法律系讲师，北京大学法学博士。曾在德国柏林自由大学法学院和台湾地区中央研究院法律所访学。在《法制与社会发展》、《行政法论丛》等刊物上发表论文十余篇。主要研究领域：行政法、核能法。

刘国乾

1984 年生，云南大学法学院讲师，北京大学法学博士。在《法学研究》、《行政法学研究》等刊物上发表论文多篇。主要研究领域：行政法。

李国兴

1981 年生，北京大学法学博士，现供职于中国证监会，在《中外法学》、《金陵法律评论》、《云南大学学报》（法学版）等刊物上发表论/译文十余篇，参编著作五部。主要研究领域：行政法、软法。

译者序

比较法是一个在国内法学界经常被使用的概念，但何谓比较法，特别是何谓比较行政法，尚没有统一的认识。乍看起来，比较行政法不外乎将研究的视野扩展到域外，包括英国、美国、法国、德国或者日本等，在探讨域外行政法理论、制度和实践的基础上进行比较研究。从我国比较行政法的现状来看，一是出版了许多国外的行政法译著，如毛雷尔的《行政法总论》、盐野宏的《行政法》三部曲、韦德的《行政法》、布朗的《法国行政法》和斯图尔特的《美国行政法的重构》等，为行政法的比较提供了素材上的方便；二是从国内的研究来看，龚祥瑞的《比较宪法与行政法》、王名扬的《比较行政法》、张千帆等的《比较行政法体系、制度与过程》、关保英的《比较行政法学》、杨建顺主编的《比较行政法方法、规制与程序》、胡建淼的《比较行政法——20 国行政法评述》等著作推动了比较行政法学的发展。毋庸置疑的是，这些比较法研究对于拓展国内行政法学界的视野，对于如何完善我国的行政法治提供了有益的参考和借鉴。国外有代表性的比较行政法著作有古德诺的《比较行政法》，其围绕“分权论”、“中央行政论”、“地方行政”、“论官吏之法律”、“行政部之作用”和“行政部的监督”等内容对美、英、法、德四国的行政法进行了比较，尽管属于 19 世纪末的著作，但其比较方法仍然提供了诸多有益的启示。遗憾的是，国内还没有一本当代比较行政法的译著，摆在读者面前的这本《欧美比较行政法》将弥补这一缺憾，为行政法研究者展示当前国外学者对行政法进行比较研究的方法和成果。

比较法可分为两个层次——描述性的比较法和功能性的比较法。“真正的比较法不能单纯停留在认识或介绍外国法制的阶段，也不能只从表面观察与平行对照不同法秩序之间的差异，而必须呼应一个在个案中被运用的比较法所被赋予解决本国法特定问题的任务和功能，基于认清该问题本质、协助解决该问题的目的，着眼于探查比较对象之间差异背后的形成原因。真正的比较法因此预设问题之提出，并重视问题的深刻认识与解决；换言之，真正的比较法即意指功能性的比较法。"① 功能性比较法在行政法领域的运用需要注意两点，第一，行政法属于公法，而且行政法的体系十分庞杂。行政法与宪法"水乳交融"。毛雷尔指出："行政——正如宪政本身那样——也是由其所在时代的政治、社会、经济、技术和文化状况所决定的。"② 每个国家的行政法制度各有特色，若是对国家所处的历史、政治、社会和经济发展背景进行深入挖掘，有相当的难度。第二，这种功能性的比较行政法针对总的行政法制度，特别是多个国家的行政法进行比较，显然不现实。不同的比较方法适用于不同的比较对象，功能性的比较方法对特定法律制度或者少数国家行政法制度的比较较为适宜，功能比较法视野的研究相比私法之比较研究无疑具有更大的难度，加之行政法调整的广泛性、灵活性，使得行政法的法典化、体系化相对困难。我们需要更多的功能性比较行政法，但却面临着行政法固有的特性所带来的巨大障碍，比较行政法路在何方？特别是专门而又全面的比较行政法著作有多大的意义？

《欧美比较行政法》是对欧盟、欧盟成员国以及美国行政法在同一主题框架下进行比较的有益尝试，其为读者提供了欧美行政法的概貌，也为对特定行政法制度的深入研究奠定了良好的基础。本著作具有以下特点：

其一，本著作对不同行政法制度的探讨建立在统一的主题框架下。这个统一的分析框架包括行政法的内涵、行政主体、行政主体可采用的手段、行政法适用的基本原则、行政监督和权利救

① 黄舒芃：《变动社会中的法学方法》，253页，台北，元照出版公司，2009。

② Maurer，Allgemeines Verwaltungsrecht，17. Auflage. 2009. S. 13.

济的方式等主题。欧盟成员国、欧盟和美国的行政法理论和制度存在着诸多差异，这个统一的分析框架有利于读者对其中不同的行政法系统有更清晰的了解和把握，也更加体现了对行政法制度背后的公法背景和制度系统性的关怀。以比利时为例，国务委员会不仅作为立法的咨询机关，还作为司法审查机关，其功能和作用应当结合比利时的历史发展、宪政背景与其他行政法制度的关系进行理解。近年来比利时语言区之间的矛盾和无政府的状态，也值得公法学者对比利时的宪法和行政法制度予以关注。

其二，本著作对一些有特色的行政法制度进行了系统和详细的剖析。我国对比利时、荷兰和欧盟行政法的研究较少，迄今只有胡建淼教授于 1998 年所著《比较行政法——20 国行政法评述》，书中简单介绍了比利时和荷兰的行政法制度。本书则对许多有特色的行政法制度进行了深入而系统的分析，诸如比利时司法实践所发展出来的适当行政原则、公共服务原则，政治法律保护、行政法律保护和司法法律保护的多元权利保护体系，国务委员会对规章和命令宣布无效的司法权等。荷兰行政法也有一些特色，除了行政法通则等成文法外，荷兰司法机关特别是作为最高行政法院的国务委员会行政法委员会，通过判例法对不成文行政法予以发展，民事法院在行政救济中也具有重要的补充功能。

其三，本著作反映了行政法较新的发展和趋势。具体体现在：美国行政法近年来的发展，尤其是规制改革运动所带来的影响，这些内容包括通过非立法性规则进行规制以及“分散化”的规制等；欧洲行政法作为区域行政法，代表了行政法融合的发展趋势，共同体法至上、忠诚合作和辅助性原则等欧洲法律秩序的基本原则，平等性和有效性作为法律保护的要求以及欧洲法院的裁判推动了行政法的欧洲化；英国 1998 年制定实施的人权法案和欧盟法的发展对“立法至上”原则带来的冲击；德国行政活动的私有化、财政危机和政府组织的重新架构对行政法理论的影响等。

其四，本著作是多国学者共同合作的结晶。这些学者来自比利时、荷兰、法国、德国、英国和美国六个国家，他们大多在知名大学担任公法学教授，对各自国家的行政法有比较深入的了解和研究。在行政法领域，“术业有专攻”，一个学者若要对七八个国家的行政法理论、制度和实践都有比较深入的研究，恐怕非常困难。这种“多国部队”合作研究的模式，也反映了学者企图对不同行政法复杂性、体系性和行政法比较的全面性、深入性都予以兼顾的努力。

翻译本书的念头产生于北京大学姜明安教授给博士生和硕士生讲授《比较行政法》的课堂，该书是主要参考书目之一。目前国内各大法学院系大多设置了比较行政法的课程，但尚未有一本及时反映域外行政法治及发展趋势的比较行政法学译著。虽然在2009年6月已与中国人民大学出版社对出版事宜进行了沟通，但翻译的确不是一件容易的事情，本书的写作不仅涉及英语的使用，还包括德语、法语、荷兰语以及拉丁语的使用，在本著作初步翻译的过程中，李国兴正在台湾地区“中央研究院”法律所进行访学，刘国乾除了需要协助姜老师处理很多事务外，还面临着综合考试和开题答辩，而我正在德国柏林自由大学公派留学，正受德语学习、上专业课以及毕业论文“三座大山”的“压迫”。所幸的是，我们齐心协力，终于在2011年5月完成了本书的翻译初稿并互相进行了校对。三位译者的分工如下（以翻译内容先后为序）：伏创宇负责中文版序、导读、第一章、第三章和第八章；刘国乾负责第二章、第四章和第五章；李国兴负责第六章和第七章。校对工作由三位译者交叉完成，伏创宇负责第四章、第五章和第七章；刘国乾负责序、导读、第一章、第六章；李国兴负责第二章、第三章和第八章。

正如作者在书中提到的那样，对行政法的详细比较剖析和对立法、判例和学说的进一步评价是比较行政法下一步的工作。行政法的比较研究是一项系统工程，也永远没有终点。期望本著作不仅能带给读者行政法的知识，还能启发读者对某些特定行政法理论、制度和实践研究的兴趣和灵感。本书的翻译出版要感谢北京大学姜明安教授和中国人民大学出版社编辑们的支持！他们在翻译过程中提供了很多的帮助，特别在我们临近毕业答辩的关头，人大出版社对我们拖延交稿给予了宽容！柏林自由大学法学院学生钟玮维、中国人民公安大学教师周华兰对本书的法语词汇协助进行了翻译，北京大学法学院博士生朱新林协助对文稿进行了部分校对，宪法与行政法学博士生李志强对文中的个别翻译提出了宝贵意见，在此一并致谢。尽管本书对不同国家行政法的探讨独立成章，减少了译文前后不一致的可能性，尽管我们在校对的过程中逐字逐句进行了斟酌，但由于水平有限，译文中难免存在错误和不严谨之处，还请广大读者予以慷慨批评。

伏创宇代笔

于北京大学畅春园

2012 年 3 月 5 日

序

大概两年前，勒内·西尔登（René Seerden）和弗里茨·斯特罗因克（Frits Stroink）开始考虑写一本介绍欧洲比较行政法的著作。产生这个想法是因为确有必要为马斯特里赫特大学欧盟法学院学生提供一些相关的行政法资料，尤其是关于（几个）欧盟成员国行政法的资料。我们认为正缺少这样一本适宜且最新的、能以比较方法来介绍至少五个欧盟国家行政法的书。因此，这本书的诞生具有填补上述空白的意义。

本书完成于2002年7月1日，我们很高兴能在2002年秋天向读者介绍这本书。在多次互通电子邮件后，我们联系到几位本土作者，计划在预定的框架和时间内，来准备关于比利时、德国、法国 、荷兰、瑞典和英国行政法的内容。不巧的是，瑞典的作者退出了，但我们还是找到了愿意撰写关于欧盟行政法与美国行政法的作者。这意味着本书的内容涉及七种不同的行政法制度。我们希望将来本书（后续版本）能够扩充至少三个其他欧洲国家行政法的相关内容。

最后，我们要感谢所有参与其中的作者，没有他们就不可能有这本书。同样感谢克里斯·弗雷特韦尔（Chris Fretweel）对本书大多数章节进行英文编辑，特别感谢马乔·马勒（Marjo Mullers）和玛丽娜·乔多根（Marina Jodoigne）完成本书的正式稿。当然本书最终得以完成还要感谢编辑。我们希望本书能提供给读者有关欧盟、欧盟成员国与美国行政法的简明概要。

勒内·西尔登（René Seerden）与
弗里茨·斯特罗因克（Frits Stroink）
于马斯特里赫特，2002年8月

导 读

如前所述，本书欲致力于洞察欧盟、欧盟成员国和美国的行政法。那么，“行政法”究竟是什么？

行政法可被描述成有关行政机关（政府）和私人个体之间关系的法律。传统上，行政法构成公法（公法还包括国际法、欧盟法、宪法和刑法）的一部分。如今上述各个部分之间出现了一些融合，但它们仍然保持各自的特征。行政法具有形式意义和实质意义，后者涉及部门行政法中（环境法、社会保障法、庇护法、税法等）的职权行使，而前者更具普遍性和程序性，关乎行政机关在行政法各个具体领域如何履行职权的规则和原则，以及私人个体如何通过法院和司法审查对抗行政机关的行为和决定。当然，一般（形式上）的和具体（实质上）的行政法之间是相互影响的，而本书关注的是一般意义上的行政法。

作出决定（基于部门行政法）这一方式可能是行政机关用以实现公共目标或更抽象地“服务于普遍利益”最重要的途径。从实践来看，行政机关也采用事实行为的方式或利用私法手段，比如订立合同、利用公产以及依侵权法提起诉讼。这些可能造成主管法院以及司法审查方式的不同。

本书在不同的章节分别探讨了欧盟成员国的、欧盟自身的和美国的行政法。为了促使文章之间相互和谐并形成比较点，我们要求每位作者根据一个包含基本主题和要点的框架来写作。因而形式上具有（希望具有）很大程度的统一性，同时这个框架使作者能够阐述各个行政法制度的特点和长处。我们认为读者应能体会到这些文章在文体风格、专题论述和叙述深度等方面显示出的差异。我们认为，这些差异将使本书更生动且更具吸引力。

本书的框架包括六个部分：

1. 行政法是什么？

这部分包括行政法定义，一般行政法与部门行政法之比较，宪政背景下的一般行政法（权力分立，联邦制还是单一制），行政法基本原则和行政法实践及其发展等。

2. 谁在实施行政？

在地域分权和职能分权的框架下（一些内容论及部门行政法领域的主管公共法人/机关），探讨行政主体（机关、机构和个人等）的主要构成。

3. 行政主体可运用哪些手段？

大致说明能运用的公法手段以及可能运用的私法手段。

4. 哪些（正式）规则或原则（成文的或不成文的）规范行政行为？

详细阐述一般行政法和部门行政法中的行政决策程序（公共参与等），以及其他旨在规范行政行为或决定的更具实质性的规则或原则——行政处理中的正当程序。

5. 通过法院对抗行政行为或行政决定。

谁有资格向法院申请救济？向哪类法院（宪法法院、行政法院还是普通法院）申请，以及是否有必要设置前置的诉讼外程序？司法审查（对行政裁量权）的范围和强度以及法院可能作出什么样的裁决（是基于对原告的救济制度还是更多地基于法院的一般权力）？

6. 当下及今后的发展趋势、概要和结论。

在这个框架内，来自各个欧盟成员国行政法的著述按照国别的字母顺序依次按章排列。接着论述欧盟行政法和美国行政法。在本书最后一章，编者在上述内容的基础上进行了比较分析。

正如我们已指出的，本书的主要目的是介绍欧盟和美国行政法中最重要的内容。尽管仅是介绍性的，但我们认为本书对教学、研究以及实践而言都十分重要。这将对欧盟各个成员国（比较）行政法的发展和欧洲各国普通法在此方面的研究发挥重大作用；另外，研究美国行政法和欧盟行政法之间的相同与差异是非常有趣的一件事情。

我们希望本书能促进不同作者和有兴趣的读者之间更紧密的联系，也希望能促使今后的会议纳入更多欧盟成员国或非欧盟成员国的欧洲国家。这超过了本书的范围，在不久的将来，本书的编者和作者将计划讨论如何进一步推进此项工作。

目 录

2 法国行政法

3 德国行政法

4 荷兰行政法

6 欧洲行政法

7 美国行政法

8 比较评论

1

比利时行政法[①]

萨宾·勒斯特

1 引 言

1.1 行政法是什么?

行政法是公法的一部分，我们很难清晰地界定它。事实上，对法律分支进行不同的分类并划定它们的界限十分困难。总的来说，对法律的每一种分类都会显得武断。

正如大多数西方国家的法律制度划分一样，比利时学者也认为公法与私法的划分属于法律中最基本的划分。私法涵盖所有调整公民之间关系的规范。私法也可能在缺乏特定公法规范的情形下，调整行政机关与公民或行政机关之间的关系。

公法由这样的规范组成——涉及国家组织和运作以及非由私法调整的国家与处在其管辖范围内的各种团体与个人之间关系的规范。实际上，行政机关并非总是行使所掌握的特定权力，其常常以一个私法主体的身份来实现相同的目标。在后一种情况下，

① 本章介绍的比利时行政法，我们参考了以下文献：A. Alen，*Handboek van het Belgisch Staatsrecht*，Antwerpen，Kluwer Rechtswetenschappen，1995，889 p.；H. Bocken and W. De Bondt（eds.），*Introduction to Belgian Law*，Brussel，Bruylant，2001，464 p.；G. Craenen（ed.），*The institutions of Federal Belgium*，Leuven，Acco，2001，175 p.；S. Lust，*Rechtsherstel door de Raad Van State*，in *Administratieve rechtsbibliotheek*，Brugge，Die Keure，2000，527 p.；A. Mast，J. Dujardin，M. Van Damme and J. Vande Lanotte，*overzicht van het Belgisch Administratief recht*，Antwerpen，Kluwer Rechtswetenschappen，1999，1018 p.；J. Vande Lanotte and G. Goedertier，*Overzicht publiekrecht*，Brugge，Die Keure，2001，1291 p.；P. Van Orshoven，*Bronnen en Beginselen van het recht*，Leuven，Acco，2000，205 p.

行政机关与公民之间属于平等关系，从而由私法调整。一般而言，公法规范仅仅在行政机关行使其独占的强制力时才适用。

国家的公法包括宪法、行政法、税法、刑法、（一部分）社会保障法和程序法，其中行政法与宪法的关系最为密切。宪法包含了公法中的基本规范。它涉及不同国家权力组织和运行，以及人权、自由等最重要的规范。最广义的行政法包含了所有行政机关组织与权力运行的规范，但这个定义太宽泛，照此定义，行政法还包括一些宪法性规范，比如适用于行政权的组织规范、一些程序法（更准确地说是行政程序法），甚至还包括一定程度上涉及行政机关与公民之间关系的税法和社会保障法。大多数学者从形式上（更加严格地）对行政法进行界定：行政法是除了调整立法权和司法权的组织与运作的规范，以及除了属于公法其他分支的规范，如税法和社会保障法以外的调整行政权组织与运作的相关规范。这通常称为狭义的行政法。

由于历史的原因，比利时的行政法在不同时代有不同的含义。在19世纪和20世纪初，行政权的目标仅仅在于保障人们安宁地生活。但第二次世界大战后，国家转向了现代福利国家，公权力主体以不同的方式几乎渗透到人们经济和社会生活的各个方面。在这个时代，行政法膨胀且对广泛的领域进行规制。这些规制包含完全不同的情形，并通过不同的组织和制度来实现。

比利时不像其他国家有一般性的立法来规范行政决定如何作出，如美国有《行政程序法》、荷兰有《行政法通则》。但这并不意味着比利时没有行政法的一般性规范。法院常常发展出在立法中没有得到体现的有关行政机关运作的一些基本原则。

首先，司法机关发展出了适当行政的基本原则，行政机关在作出决定时必须予以尊重。行政机关应当极力谨慎以便全面了解案件情况。行政机关在作出决定时可能被要求听取利害关系人的意见或求助于专家，包括诘问（cross-examination）行政机关的权利在内的正当程序权利得到了很大的发展。因而，每一个决定必须被证明是适当的（justify），决定的理由必须具有可接受性，在某些特定情况下合理预期必须得到尊重。

其次，在法国行政法影响下，所谓的“公共服务原则”被认为可以适用于所有的行政主体，这些不成文法并非立法规范，而是体现了一个行政机关固有的特性。它包括三个方面：法律的持续性、法律的适应性和平等获得公共服务。行政主体的目标应总是追求公共利益的事实，表明了行政主体的正当性。

根据持续性原则，只要一项公共服务满足了公众要求，那么在任何情况下都应可获得。因此公务员不具有罢工权利，尽管禁止罢工并未得到普遍承认。自从比利时于 1990 年 7 月 11 日批准、1961 年 10 月 18 日颁布实施欧洲社会宪章（charter）后，现在这种禁止不再是绝对的。根据该条约，公务员在有关表达自由的规定范围内具有“集体行动”的权利。② 直到现在，比利时还没有一部规范公务员罢工权的一般法律，某些特别职务的公务员的罢工权利已经由特别法进行了规定。③

基于持续性原则，行政法的另一个原则是禁止强制占有公产。即使法官可以命令行政主体向公民赔付一定数量的金钱或交付某物，公民也不能通过没收行政主体的财物来强迫行政主体交付。然而，新近修改的民事诉讼法认可行政主体的财物在某些严格条件约束下可以被强制占有和出卖。

而后，可以从可持续性原则中推导出来替代性原则。它暗含着一个被授权作出特别决定的个人，不管出于什么样的原因（比如假期、生病等），未行使被授权权力时，其直属下级不需要经过任何具体授权就可代替其行动，替代决定同有权主体作出的决定一样有效。

根据适应性原则，公共权力机关必须能单方地调整其组织及公

② Article 6 al. 1 *jo.* Article 31 and the annex to the European Social Charter. For more details, consult J. Vande Lanotte and G. Goedertier, *supra note* 1, nr. 707; A. Mast, J. Dujardin, M. Van Damme and J. Vande Lanotte, *supra note* 1, pp. 219－220.

③ 比如，1998 年 12 月 7 日颁布的警察改革法案第 126 条，该条款赋予了警察罢工的权利。

共服务的运行。比如，它暗示着公共权力机关能够调整办公时间和公务员的工作时间，它能采取各种措施使公共服务与大众不断变化的需求相适应。所以，单方地对其人员工作条件的改变在法律上是能够获得认同的，但由私人雇主作出类似的改变却属于违反契约。

最后，平等获得公共服务原则源于平等原则和非歧视原则，这在比利时宪法的第 10 条与第 11 条中有所规定。比利时公民在法律面前一律平等，这意味着所有公民在同等条件下应获得同等的公共服务，一个公民在符合规定的条件下不能被剥夺获得公共服务的权利。④

最近，一些立法引入了适用于所有行政机关行为的一般原则。⑤ 首先，1991 年 7 月 29 日颁布的法案要求具体决定应基于正式的理由，公共权力机关针对个案作出的各种书面决定必须说明理由。这意味着决定本身必须包含所适用的法律规范以及据以作出决定的与案件相关的事实。说明理由必须充分，含糊的表达会被认为是缺乏理由（motivation）的体现。

这个原则基于以下原因：一是，行政决定对行政相对人而言必须尽可能清楚并可被理解。一旦行政相对人知道作出决定的理由，就能更好地作出选择，即是否去法院对这些行政决定提起诉讼。二是优点在于迫使决定作出者在作出决定时能更加谨慎。只有这样，基于正式的理由（formal motivation）的义务避免了权力的任意行使。三是正式的理由使得控制权力变得更加容易，法律通过要求在决定中说明理由和根据来达到限制权力的目的。

该原则无疑并非绝对，其适用存在少量的例外，当公开决定说明理由可能会侵害国家的对外安全、公共秩序和作为基本权利的隐私权或者违反有关职业秘密的规范时，则不要求必须

④ Infra，Article 1412 bis Code of Civil Procedure，as introduced by an Act of 30 June 1994，Belgisch Staatsblad 21 juli 1994.（“Belgisch Staatsblad”是比利时法律和规章的官方出版物，如果法律和规章不在此公开出版，则不能约束公民。）

⑤ “行政行为”指典型的行政行为范式，是可以单方面作出并能立即执行的各种决定。

说明理由。这并非意味着在这些情形下行政决定不需要正当理由。尽管说明理由的义务可以排除适用，但决定必须被证明是适当的。其理由若不能在决定中提及，应当通过其他方式使行政相对人知悉。

其次，比利时宪法第 32 条保障每个人都有获得任何政府文件的权利，前提是符合联邦、语言区或大区立法机关有关获得政府文件的条件规定。联邦、语言区以及大区的立法机关在各自立法中贯彻对基本权利的保护，并或多或少地受到一些相同的基本理念的影响。

原则上，任何人有权利查阅任何行政文件，甚至可以获得其复印本。对于个人文件的获得，申请人必须证明对所欲获得的信息存在法律上的利益。在一些案件中，通过实施宪法第 32 条相关法律规定，公共机关可能限制或者拒绝对行政文件的获取。对“文件”的界定非常宽泛，它包括公共机关持有的任何信息，私人所提供的由公共机关所持有的信息同样在该概念涵盖的范围之内。申请者申请获得文件时遇到明确的或者默示的拒绝，可以通过多种渠道寻求上诉。在穷尽其他救济的情况下，其可以就公共机关拒绝提供信息向国务委员会*提起司法审查。

此外，公共机关不仅需要在公民提起申请时允许其查阅行政文件，还须在一些情况下主动公开信息。每一个公共机关还需要在个案决定中告知当事人有提起上诉的机会，这尤为重要。如果当事人没有得到告知，上诉便难以启动（run）。⑥

---

* 对于 the Council of State 也有学者将之翻译成国家议会，见 http://www.tisanet.org/quarterly/3.4-1.pdf 第 21 页，但国家议会在一般的意义上是代表机构，在此显然不合适。——译者注

⑥ Cf. e.g. Article 19 al. 2 of the Co-ordinated Acts on the Council of State; Article 2, 4° of the Act of 11 April 1994 concerning the publicity of administration, *Belgisch Staatsblad* 30 June 1994; Article 26 Decree of the Flemish Community of 18 May 1999 on the publicity of administration, *Belgisch Staatsblad* 15 June 1999.

1.2 行政权的行使

1.2.1 引言：行政权在比利时宪法中的地位

如同其他国家一样，比利时基于洛克（1632—1704）和孟德斯鸠（1689—1755）的学说，对公权力的组织采纳了权力分立原则。权力分立的原则在比利时宪法中得到典型贯彻，具体体现为比利时政府的权力不仅局限于执行立法机关制定的一般法律。

根据权力分立的经典学说，每一个国家需要履行三种主要的职能。首先，基于社会需要，抽象的法律规范应被制定，这属于一个国家的立法职能。其次，这些抽象的法律规范需要适用于个案（in concreto）。这属于一个国家的行政职能。最后，也是相当重要的就是，所有源于法律规范适用或非法律适用的争议必须得到解决。这就是司法的职能。

然而孟德斯鸠没有预见到，1791 年法国宪法的制定者们认为每一种职能应该分配给不同的国家机关行使，不同的国家机关应该严格分立并在各自领域里绝对独立，而这并没有体现在比利时的宪法中。

为坚持权力分立原则，比利时宪法区分了三种不同的权力，即立法权、行政权和司法权，每一种权力又分别拥有自己的立法职能、行政职能和司法职能。这些权力并非完全分立。立法、行政和司法主要完成它们职能所固有的那些工作，每一权力机关还行使除自身职能以外的其他国家职能。此外，各种主要职能下的权力独立也具有相对性，不同的公共机关之间存在相互依赖甚至是相互协作。

立法机关的主要职能在于立法，但除了制定立法以外也行使一些其他的职能。有时立法机关具有行政职能，例如对外国人归化的管理；有时立法机关履行司法任务，诸如接受议会成员的资格证明（credentials）并解决与此相关的争议。立法机关还与其他机关特别是行政机关进行合作，最重要的一个例子是国王参与联邦立法过程，与此情形类似的还有大区政府和语言区政府参与制定法令和条例。国王及其政府启动了大部分新的法律的制定。此外更重要的是，法案必须经过国王的同意才能成为法律，其适用也必须以国王的颁布和官方的公告为前提，而这属于行政权范围。

我们更多关注的是行政机关的职能。行政机关最主要的职能在于执行，但这并非其唯一职能。如上所述，行政在法律的制定中扮演着重要的角色，其也能够自己制定抽象的规范。国王、大区政府和语言区政府可以在宪法或议会立法授权的范围内制定规范。地方政府同样可以制定规章。总之，目前大多数的规范都是行政机关颁布的。

行政机关同样在纠纷解决中扮演着重要的角色。除了普通法院行使一部分司法权，行政法院作为行政机关的一部分，经常行使对行政行为的司法审查权。⑦ 此外，行政机关与司法机关一起合作保障司法决定的执行。

最后，司法权最主要的职能在于解决纠纷，但法院和裁判所可能履行一些行政任务，比如儿童的收养即作为一项行政工作授权裁判所和法院进行。但司法不能制定一般性规范，这在比利时受到绝对禁止。⑧

1.2.2 行政行为

如前所述，公共机关为了达到其目标可以作为私主体而行为。⑨ 在这种情况下，公共机关与公民处于平等的地位，私法规范对两者应当平等适用。这种情形在这里不需要进一步讨论。

在大多数情况下，行政主体在行为时会运用其拥有的权力。这就导致了所谓“行政行为”的产生。行政主体相比公民而言强大得多，不仅体现在实践中而且体现在法律上。公民之间的关系

⑦ Infra 5. 最重要的行政法院当然是国务委员会，其他的诸如 the permanent deputations of the provinces 解决有关选举的各类争议。

⑧ 民事诉讼法第 6 条。

⑨ Public authorities however may only act in this way if that seems to be the more obvious way under the circumstances and taking into account the interests involved.

受平等原则和意思自治原则调整。他们仅仅在双方同意的情况下才能互相约束。行政主体与公民之间的关系截然不同。行政主体行为的典型特征在于单方性。行政主体的权力在不需要公民同意的情况下约束公民，其决定也可以得到立即执行，一些比利时学者称之为行政主体的特权。行政主体拥有这些特权的原因在于其必须为公共利益服务，或者如同坎比尔（Cyr Cambier）所说[⑩]：

> （他必须）在认为有介入必要的时候采取行动，随时并周全地考虑各种情形，预见各种情况的发生并进行应对。这种行为应公共利益的需要而生，并以公共利益的需要为导向。

基于公共利益，行政主体能够单方地创立、变更和消灭与行政相对人之间的权利和义务关系。他们的行为和决定能及时地发生他们所预期发生的法律效果。

行政行为的单方性具有以下三个方面的特征：首先，（具体的和抽象的）行政行为本身具有约束力。受行政行为约束的公民无须表示同意。当然，这种单方性并不意味着公民不能参与作出行政决定。公民经常有表达意见的机会。但到了紧要关头，行政主体可独自作出行政决定，甚至在公民不同意的情况下将自身的意志强加于公民。

其次，行政主体享有所谓的"执行决定的特权"（privilège de la décision exécutoire）。行政主体的决定并不需要得到法官的允许便能够及时地得到执行。如果需要，他们甚至不必寻求法官同意强迫不情愿的公民服从行政决定。

最后，他们享有所谓的"先决特权"（privilège du préalable）。根据传统观点，基于这种特权，行政行为被推定为合法。然而这与法治的制度要求背道而驰。哪怕是行政行为，其合法性也必须得到证明。这意味着行政行为不能被假定为合法。当需要时，行政机关必须证明其行为合法。"先决特权"仅仅意味着如果公民无

⑩ C. Cambier, *Droit administratif*, Brussel, Larcier, 1968, p. 221.

法认同行政主体的行为方式，其必须先请求法院确定。原则上，公民必须服从行政机关作出的每一个决定，如果其认为行政决定不合法应当诉诸法院。公民在法院作出行政命令是否合法的裁决之前必须遵守该决定。[⑪]

行政机关的权力并不允许行政主体做他们希望做的一切事情，而应受到合法性原则的限制。合法性原则具有双重含义，依据该原则，首先，任何机关在没有其他主体制定的法律规范明确授予的情况下不能行使权力。比利时宪法第 105 条的规定表明该原则也适用于国王："国王只拥有宪法或依据宪法制定的立法明确授予的权力。"特别组织改革法案第 78 条对语言区和大区政府也作出了同样的规定。行政主体因而只拥有被授予的权力，其所有的行为应具有法律上的依据。这个原则并未明确规定适用于其他的行政主体，如省和市镇。但作为一个基本原则，合法性原则同样适用于这些行政主体。此外，合法性原则可从比利时宪法第 33 条中推导出来，该条明确了所有权力来源于国家并且应按照宪法规定的方式行使。

其次，合法性原则要求行政主体行使权力应与其他国家权力一样不能与法律相违背。这是宪政国家原则的必然结果，宪政国家概念类似于英国的"法治"概念。依据这个原则，有一些公民和政府都必须遵守的普遍规则。

从第二层含义上看来，合法性原则还要求行政主体在个案中不能违反自己颁布的规章。如果行政主体打算在没有规定相关例外的情况下背离其制定的规章，其必须首先修改规章。

许多控制机制得以建立，从而使得合法性原则得到尊重。一些控制机制建立于行政系统内部。外部机关中多如政治组织采用了另外一些控制机制。此外还有司法的控制。普通法院、行政法院以及裁判所构成了司法控制的主体。这些控制机制将在后面进一步论述。

⑪ 有时候行政行为可基于当事人提出针对行政主体的申请而暂缓执行，有时候法院在最终解决纠纷前也可暂缓行政行为的执行。在这些情况下，公民在诉讼过程中没有服从的义务。

2 谁拥有行政权?

行政权由许多负责人和机关来行使。然而，他们并非以其自己的名义，而是根据政治机关的命令行事，比如联邦国家、语言区、大区、省、市镇或者其他公共组织。这些主体是法人，其中大部分是公法人。

公法上的法人是指经过特别创立以追求公众利益为目标的主体。所以，公法上的法律人享有特别的权力，比如能够单方面约束公民。最重要的法人是基于地域分权的组织：联邦国家、语言区、大区、省和市镇。其他的则是基于功能分权的组织。

区分公法上的法人和私法上的法人通常不那么容易，这是因为行政主体可以通过创造私法法人和授权这些私法法人来承担一些十分重要的公共任务。[12] 这些法人类似于私法法人，实际上仍然属于公法法人。

另一个方面，许多私法法人并非公共主体所创立，却在执行与公共利益相关的工作。他们并不享有行政主体具有的特权，仍然保持了私法法人的特征。

此外，公法上的法人可能在行使权力时不体现出单方性的特征。这不能改变其法律属性，但致使将其与私法上法人的区分开来变得十分困难。

2.1 中央机关

1831 年比利时被构建为一个单一制国家，即只拥有一个中央政府。这种情形在过去的三十年里发生了改变。现在，比利时不再是一个单一制国家，它赋予了基于语言文化形成的团体更大的自治权，以解决因种族差异所导致的内部冲突，从而将各民族融合起来。比利时和平地完成了向联邦制国家的过渡，并形成了诸

⑫ *Infra* 2. 2. 2. , functional decentralization.

如语言区和大区的联邦实体。这些实体都有能力负责处理教育、文化和经济事务。

在它们的管辖范围内，语言区和大区都具备自己的制度架构。它们作为中央机关并组建自己的政府。

既然这些中央机关的主要特征趋近一致，我们可以用“中央政府”一词统称它们。

2.1.1 联邦中央机关

比利时是一个世袭的君主立宪制国家。国王的宪法权力来自于以长子身份对 H.M. 利奥波德一世继承人天生合法的直接继承。自 1991 年比利时宪法修改以后，王位的继承扩展到女性继承人，其享有与男性平等的以长子身份继承的权利。

国王是比利时的首脑。根据宪法第 37 条的规定，联邦的行政权力授予国王。然而国王的特殊地位以及其在议会制中所扮演的角色潜在地表明国王不能约束自己。在比利时，法律上所拟制的“国王不能为非”演变成了一个宪法原则。这意味着国王不可能违法也不可能承担责任。

在一个议会制的君主国家，王室不可能违法也无须承担责任的原则得到人民接受的前提，是存在其他的主体对国王的行为负责。基于这个原因，比利时宪法第 106 条规定，如果国王的行为没有一位部长的副署，则国王的行为不产生任何效力，相反，部长仅仅通过副署就必须承担相应的责任。不管国王的行为属于书面的还是口头的，哪怕只会产生十分轻微的政治影响，部长责任原则具有普遍性并适用于国王所有的行为。对于书面的法案来说，部长的责任以部长签署的形式呈现。这属于政治性的责任，部长必须对议会负责。

因此在宪法上，国王涉及国王本身以及负责的部长，行政权力经常由国王和部长共同行使。联邦行政权力因而呈现出一种二元结构。

在联邦国家层面上，部长人数必须控制在 15 人以下。除了总理之外，一半的部长须掌握荷兰语以及一半的部长须掌握法语。[13] 国王任免内阁部长，还可以任免国务秘书。国务秘书同样属于政府成员，但不能参加部长会议。国务秘书是内阁大臣的副手，国王确定国务秘书的职责及其对皇室法案副署的范围。[14]

部长是一个部门的首脑，其负责管理并对整个部门的工作人员负责。部长的主要工作包括酝酿和执行政府决定，特别是那些由对部门负责的部长作出或者启动的政府决定。各个部门拥有自己的公务员和财政预算，但不具有法人资格。只有联邦国家本身才是法人。

如所有行政一样，每一个部门都在层级制基础上组建。这意味着作出决定的权力以及对这些决定的责任都归属于每个组织的顶端——内阁部长本人。

2.1.2 语言区和大区的中央机关

语言区和大区行政机关的架构与联邦中央机关的十分类似。最大的差别在于语言区和大区层面的行政机关并不是二元结构，它们没有像联邦中央机关拥有一个不容侵犯并且不负法律责任的国王，而只拥有一个由各自议会选举出的政府。

选举出的每一个政府成员向他们的议会主席宣誓。他们指定一名首席大臣，这项任命必须获得国王的批准，首席大臣就职前必须向国王宣誓，这也是联邦国家、语言区和大区首脑之间唯一的正式联系。

政府决定的作出受制于两个基本原则：合议协商（collegial deliberation）原则和一致同意原则。[15] 根据第一个原则，政府的所有决定必须由作为一个整体的政府作出，即由现行政府的所有成员作出。然而，特别组织改革法案[16]（the special institution reform act）规定

⑬ 宪法第 99 条。

⑭ 宪法第 104 条。

⑮ 1980 年 8 月 8 日颁布的特别组织改革法案第 69 条。

⑯ 特别法案意味着必须获得特别多数通过。一般而言，一项法案必须在联邦议会两院获得绝对多数才能通过。而特别法案之通过则必须：（1）每一个语言团体（包括团体和法语团体）成员多数出席；（2）在每一个语言团体中，法案获得投票绝对多数通过；（3）法案获得投票人数 2/3 通过。特别法案在宪法位阶之下，不得与宪法相抵触。但是，特别法案在法律位阶上比一般的联邦法律、大区和语言区的法令和条例要高。

了可以授权个别部门作出决策的权力。

根据一致同意原则，政府决策不进行投票，当一个成员不同意行政机关其他成员的共同意见，他只有两个选择，要么选择辞职，要么选择接受该意见。

如同联邦层面，语言区和大区层面也具有不同的机关。这种特殊的组织可能会与联邦行政组织不同。例如，弗拉芒语言区和弗拉芒大区分享共同的机构，只拥有同一个中央机关。这个中央机关下面还有若干部门，部门进一步分化为若干职能部门，其组织建立在官僚科层制基础之上。

2.2 分权与权力下放

比利时是一个分权国家。决策权力并不仅仅集中于一个中央机关——政府或者是国王，而是分散于多个行政主体。

在一个分权国家，一些权力授予公共机关或机构，这些机关或机构具有法人资格，并且不隶属于中央行政机关，因而具有自治性。每一个机关本身都被设计成为集权性的，这意味着每个分权机关中，从上至下呈现出等级制。

这些独立机关自治并不意味着其完全不受中央机关控制。中央机关不能行使层级性的监督权，因为它不能代替独立机关作出决定或者直接对其下达命令。但是，中央机关对独立机关可以展开行政监督，以对独立机关的自治权予以制衡。没有这种制衡，这些独立机关将获得实质性的独立，并可能作出有害于公共利益的行为。中央机关在联邦国家的层面上必须保证为公共利益服务，而语言区和大区，为了防止分权机关违反公共利益或法律，必须能够控制和制衡这些分权机关。

当然，这种控制和制衡具有局限性。行政监督实质上只是一种消极控制，它并没有给予更高一级的机关权力来代替、修正分权机关的决定甚至对其下达命令。中央机关只能通过中止和宣告其行为无效来阻止分权机关的行为，而不是以批准他们的决定或者授权他们作出特定决定的方式来控制。

2.2.1 地方分权

从传统上而言，地方分权和功能分权存在明显的区别。

地方分权是宪法或者议会制定的法律赋予具有独立法人资格的自治主体对特定地域的一般和概括的管辖权。这种分权具有政治的意义。其使得当地公民能参与到当地政策制定的过程中，只有通过当地公民的直接选举，这些机关才能获得法律主体的资格。

最重要的地方分权主体是省和市镇，分别服务于各自范围内的省利益和市镇利益。[17] 何谓省利益，何谓市镇利益，比利时宪法并没有作出界定。法院和裁判所认为，如果某一事务已属于高级行政主体管辖，比如联邦政府、语言区或者大区，则该事务不再专属于省或者市镇的利益，省和市镇对此不具有管辖权。因此，对省和市镇利益的事务具有管辖权，意味着如果不属于高级行政主体的管辖范围，则省和市镇可以对其认为重要的事务予以规制。

依据同样的道理，省和市镇的利益范围也有所区别。当省对某事务行使管辖权，则位于省内的市镇不能再认为该事务属于市政利益专有的范围，进而对此予以规制。

上述原理必须区别于：只要高级行政主体没有彻底地排除其他主体管辖，则省和市镇仍然可以制定其他的规章。只有省和市镇的行为与高级行政主体的决定不相冲突，省和市镇可以持续地行使管辖权。

比利时有十个省份。[18] 每一个省设有经过民主选举产生的协商机关，即省议会。作为一个代表机关，其管辖范围涉及所有与省利益相关的事务，它也是省的立法机关。

省议会通过多数选举产生省行政机关的成员，即常务委员会。常务委员会由省长担任负责人，负责管理该省的所有日常行政事

⑰ 宪法第 41 条和第 162 条。

⑱ 宪法第 5 条。

务。除了其他职责，常务委员会尤其要负责准备将要提交给省议会讨论的关涉省利益的具体事务，同时负责执行由省议会作出的决定。

省长由比利时国王任命，具有不特定的任期。国王可以随时免去省长的职务。省长不能是省议会的成员。作为省机关，省长是常务委员会选举的主席，有权参加省议会的会议和向省议会提交需要讨论和协商的议案。

宪法没有规定比利时市镇的数量。目前，比利时一共有 529 个市镇。如同省一样，其也拥有一个民意机关、行政机关和首长。

市镇议会是市镇的民意机关。其议员由在市镇人口登记处登记的公民直接选举产生。市镇委员会管辖所有与市镇利益相关的事务。

市镇的行政机关是市长和市政委员所组成的执行委员会。市政委员由市镇议会在议会中选举产生。国王对市长进行任命。[19] 市长可以是，而且绝大多数情况下是市镇议会的成员（议员）。市长和市政委员所组成的委员会负责市镇的所有日常行政事务；同时，在授权下负责执行市镇议会除警察规章外的决定，因为警察规章专属于市长的执行权限范围。

市镇的第三种机关是市长，但其仅仅拥有一些不太重要的权力，并且通常只能在特定的情况下才可以行使。作为市镇的首长，市长是市长和市政委员组成的委员会选举出的主席。作为地方警察行政的首脑，市长还具有特别的警察权力，负有执行各种各样的警察法和警察规章的义务。在紧急情况下，市长有权制定警察规章，但事后必须获得市镇议会的确认。

在 1997 年，宪法的起草者（the constitutional draftsman）创造了一种新的地方分权主体，即所谓的区行政。[20] 区行政隶属于市镇行政，同样是管辖市镇利益范围内的事务，其人口在十万以上。

⑲ 这种情况在不久的将来可能会改变，市长在以后可能由所在市镇的公民直接选举产生。

⑳ 宪法第 41 条。

因此，区行政是市镇行政的一部分。

2.2.2 功能分权

随着比利时政府向福利国家转型，相比传统行政而言，政府必须承担越来越多范围甚广的行政任务。因此，如同其他欧洲国家一样，许多的自治公共主体逐渐增加，并在这种转型中扮演着重要的角色。这些自治公共主体既不是部门行政机构，也不属于地方当局。总体而言，新近这种发展动向并没有引起足够的思考和研究。自治公共主体的发展使得决策分散化，比利时学界称这种现象为“功能分权”。

“功能分权”的概念涉及的是一种治理形式，自治公共主体具有法人人格，并且相对于中央机关享有一定程度的财政独立性，其在授权的前提下制定政策或者履行具体化的行政任务，以维护公共利益。不同于地方分权在现行宪法中有明确的规定，功能分权并没有宪法上的依据。

一些功能分权机关以基金会的形式设立。基金会由政府通过单方面的决定设立。其他的功能分权机关则以公共协会形式存在。其由公共主体之间联合或者通过公共主体与私人之间联合而设立，这种功能分权机关的典型例子是市镇协会，其依据宪法第 162 条而设立。市政协会主要见诸公用事业领域，如电力、天然气、供水和有线电视。

非常有必要提及的是 1991 年 3 月 21 日颁布的法案。该法案创设了一种新型的公共公司，名为“自治公共公司”。其对原有的公司进行改造，诸如邮政、铁路、通信公司和比利时铁路公司，并赋予这些新型公司新的法律地位。自治公共公司相对于其监督的部门而言具有独立的经营地位。后者与这些公司的公司委员会和董事会协商签订 3 年或者 5 年的经营合同。该经营合同包含了自治公共公司旨在维护公共利益的任务范围以及适用于关于确定公司服务价格的规则。除了履行这些公共服务，自治公共公司也可以像其他私人公司一样，设立和从事竞争性的服务项目。

公共机关有时候也会将一些旨在维护公共利益的任务分配给私人组织。最近的判例法认为，除非这些私人组织与行政机关之间具有最低限度的制度性联系（minimal institutional connection），否则不能被视为行政机关。[21] 例如，除了公立学校，也有非常多的私立学校提供教育服务。这些私立学校受到行政机关的承认，并且能够授予学位，该授予学位的行为一般被认为是一种单方面的行为。人们一直都认为私立学校是作为一个公共机关而授予学位，但是最近，国务委员会否定了这种观点，认为其与行政机关之间没有任何制度性的联系。

只有私人组织与行政机关之间具有充分的制度性联系，其才能被视为一种行政机关。也只有这样，其才能作出一项单方面的决定或行为。

2.2.3 权力下放

权力不仅仅可以委托给分权性的机关。在比利时的行政法治实践中，还存在一种特殊的现象——“权力下放”（deconcentration）。

权力下放同样是历史演进的结果。政府在执行行政任务时，一般需要其主管的中央行政机关来协助。这些任务无论数量和复杂程度都与日俱增，相应行政机关的数量也在增加，因而上述中央决策的程序变得十分冗长和更加烦琐。中央一级的行政机关有太多的行政决定要做，没有足够的时间来处理所有决定。

所以很自然地，中央行政机关将作出决定的权力授予较低层级的自治机关，这就是所谓的分权。分权后，仍然只有一个中央行政机关存在，但上下层级之间的区分不再那么严格。中央行政机关将一些权力委托给较低层级的行政机关，但那并非自治。这种类型的授权就是权力下放。较低层级的机关在等级上从属于授

[21] Council of State, Deschutter, nr. 93 289, 13 February 2001, <http: www. raadvst-consetat. be>, *Rechtskundig Weekblad*, 2000 - 01, p. 1388, note R. Verstegen.

权行政机关。这意味着上级机关仍然能够自己作出决定，给下级机关发布命令，撤销下级机关的决定等。[22] 同时，委托机关必须对被委托机关的行为和决定承担责任。下级机关大多数情况下并不具有法人人格。

传统上对内部的权力下放与外部的权力下放作出了区分。内部的权力下放是指将权力委托给公务员或者隶属于中央行政机关的下级机关，而外部的权力下放是指将权力委托给委托行政机关以外的其他行政主体。

举例而言，中央行政机关往往将权力委托给省和市镇，在这种情况下属于外部权力下放，省和市镇被视为非自治的机关接受权力的委托。这种区分非常重要，因为权力下放和分权之间适用不同的法律监督机制和对决定承担责任的方式。比如，当市长和市政委员组成的委员会或者常务委员会颁发建筑许可或者营业执照，它们作为权力下放的机关，位于大区（the Region）的等级监督下，被授权对县和乡的规划和环境事务进行立法。

表 1　　比利时政府组织架构

<table>
<tr><td colspan="2">联邦政府</td><td colspan="2">语言区</td><td colspan="2">地区</td></tr>
<tr><td colspan="2"></td><td colspan="2">佛兰芒语言区（Flemish community）
法语言区
德语言区</td><td colspan="2">瓦隆区
弗拉芒区
布鲁塞尔区</td></tr>
<tr><td>议会：众议院和上议院（senate）</td><td>国王和联邦政府</td><td>议会</td><td>政府</td><td>议会</td><td>政府</td></tr>
<tr><td colspan="6">省</td></tr>
<tr><td colspan="3">省议会</td><td colspan="3">省长和常务委员会</td></tr>
<tr><td colspan="6">市镇</td></tr>
<tr><td colspan="3">市议会</td><td colspan="3">市长，市长和市政委员组成的委员会</td></tr>
<tr><td colspan="6">其他公共机关</td></tr>
</table>

[22] 然而，上级机关的这种权力有时受到限制，如果上级机关要对下级机关的行为进行干预，需要履行特别的程序。

3 行政手段

3.1 联邦中央行政机关

如前所述，联邦中央行政机关的首脑是国王，亦即国王和他的部长大臣。宪法赋予国王通过规章和具体决定来执行法律的权力，但同时也禁止国王终止法律的效力，或豁免法律的执行。[23] 因此，宪法将国王置于立法机关之下，但同时行使部分立法职能。

根据宪法第 105 条的规定，特别法律可赋予国王除宪法本身正式赋予权力以外的其他权力。[24]

首先，国王拥有一些所谓的自治性权力，构成其执行行政任务的重要部分。在这种情况下，国王可以组织行政部门，并颁布调整公务员行为规范。国王具有权力任命行政长官和外交人员[25]，这种组织政府的权力意味着其可以设立行政部门或者其他服务部门，并决定行政官员的权限和作出调整公务员行为的规范，包括公务员的薪酬、任职和升迁的条件等。

其次，国王具有警察权。其可以颁布规章，维护王国的法制和秩序。这种警察权源于宪法第 37 条赋予国王的执行权。国王作出的决定一般被称为“王室敕令”。如前所述，这种王室敕令不仅仅适用于具体的个案，也可以作为一般的规章。就国王对于具体个案作出决定而言，并没有必要进一步进行解释和分类。

王室规章根据涉及的具体权力，可以作出若干分类。

首先，国王有权为执行的需要，颁布王室规章和命令，即所谓的执行命令。这些规章适合于其最重要的任务，即宪法第 37 条

㉓ 宪法第 108 条。需要指出的是，宪法第 108 条不仅授予了国王权利，也赋予了其义务。对法律执行的不作为构成侵权，相关主体（form the state）可向普通法院提起赔偿诉讼，哪怕法律没有针对国王对法律执行义务的履行规定明确具体的期限。参见 Court of Cassation，Gofin，23 April 1971，Rechtskundig Weekblad，1970－71，p. 1793。如果满足特定的条件，国务委员会甚至可以宣布不执行法律的决定无效。

㉔ 根据宪法第 105 条，国王仅仅具有宪法以及根据宪法制定的特别法规正式授予其的权力。

㉕ 宪法第 107 条。

所赋予的执行权。[26] 从广义上讲，执行权涉及政府的日常行政。从更严格意义上讲，执行权意味着将立法决定予以具体适用。就后者而言，宪法第 108 条第一部分作出了具体的规定。如前所述，该条赋予了国王通过规章和具体决定执行法律的权力。基于此权力的王室规章被称为王室执行命令，这些命令为法律在具体个案中得以适用提供了可能。同样如前所述，依据宪法制定的特别法律可以授予国王规制的权力（宪法第 105 条）。国王敕令可以在宪法的相关条款中找到依据，其同样属于执行命令。

其次，国王有权颁布组织敕令（organic decrees）。这种法令适用于国王组织中央行政机关，调整对公务员的任命和规范公务员的运作。组织法令涉及中央行政机关的组织架构以及公务员的权利和职责，包括调整公务员的纪律规范。

最后，国王有权颁布警察规章。这种规章的基础在于国王拥有的警察权，可追溯自国王的一般性执行权。

接下来要讨论的是法令（decree-laws）。这些规范具有立法的性质。法令是第一次世界大战期间由国王和部长大臣行使立法权以及第二次世界大战期间部长委员行使权力的结果。在第一次世界大战期间，议会无法召集会议。同时在第二次世界大战期间，国王被监禁，无法行使权力。在这种情况下，议会必须任命一位摄政者，但议会也同样无法召集。为了保持政府的连续性，在第一次世界大战期间，立法权由国王和部长大臣行使，而在第二次世界大战期间则由部长大臣独自行使。他们的决定调整那些原本只能由法律予以调整的事项，因此被称为“法令”。鉴于“不可抗力的事实”的出现，最高法院裁决这些法令与一般的法律规范具有同等效力。这意味着，只有通过法律，才能对这些法令作出变更。

而且，国王有权颁布敕令，执行“特别权力授予法”。如前所述，立法机关可能会将一部分剩余权力（residuary power）赋予国王。如果国王对于任何高于国王的机关颁布的法律和规章予以

[26] 根据该条款，联邦行政权如同宪法所规定的一样，授予给了国王。

尊重，则应当对“特别权力授予法”予以具体执行。在一些情况下，立法机关在所谓“特别权力授予法”的前提下，将一部分剩余权力（residuary power）赋予国王。该法案在诸多领域扩大了行政机关进行规制的权力。行政机关不需要再遵从该法案，因为其将废除、延长、修改或者代替现有法律的特别权力授予国王。执行这些法案的敕令被称为“特别权力敕令”。

对王室敕令的司法审查关注的是敕令是否符合所有法律的规定。然而，法院在对特别权力敕令进行司法审查时，着眼于法令是否符合授权法的规定。因为国王在制定该类法令时可以偏离除授权法以外的其他法律。㉗

一般而言，国王只能于特定期限内获得这种制定特别权力敕令的权力。一旦该期限届满，国王便不能再颁布任何特别权力敕令。如果有必要通过敕令来执行该法案，则国王只能采用一般的执行命令。一旦授权的期限届满，特别权力敕令也只能通过法律的形式予以废除、延长、修改或者取代。

在大多数情况下，立法机关行使这些特别权力需要获得议会的事后确认。如果被议会事后确认，特别权力敕令即成为议会法律。这意味着司法审查的主体已经不是普通法院和国务委员会，而变成了仲裁法院（the court of arbitration）。㉘

就敕令的制定而言，制定程序是回避不了的问题，而国务委员会的角色不容忽视。如后文将提到，比利时的国务委员会有两个部门，即立法部门和行政部门。后者属行政法院，拥有对行政

㉗ 司法审查机关的内容将在5.3.部分进一步探讨。

㉘ 在比利时的法律系统中，只有仲裁法院有权对法律和法令进行审查。但其司法管辖权仅仅局限于宪法的框架内，包括第10条和第11条涉及的平等原则，宪法第24条规定的教育自由，以及宪法和特别法涉及联邦、地区和语言区权限划分的条款。机关和公民都可以针对法律和法令直接提起诉讼，但应当自法律或法令发布在官方的比利时法律公报后的6个月内向仲裁法院提起。而且，如果一方当事人主张适用的法律违宪，每一个法院可能（有时候负有义务）在审理前向仲裁法院请求对该违宪问题作出处理和裁判，而不能自己作出判断。另外，判例法提出，所有的法院对法律和法令可以在自我规制的范围内进行审查（*Cour de Casstion 21 may 1971*，arresten cassatie，1971，p. 959），除非国际法对平等原则作出规定，比如，人权和基本自由保护公约第14条的规定（Cf. e. g. Council of State，Dhont e. a.，nr. 104 653，13 March 2002，<http：//www. raadvst-consetat. be>）。

司法审查的特别权力，这在后文将进一步阐述。立法部门属于一个咨询机关。其最重要的权限之一是向立法者提供关于立法案的咨询意见。

国务委员会立法部门的提供咨询权不仅仅关涉议会启动的立法，所有王室敕令的草案都必须递交该委员会立法部门以供审查并听取咨询意见。[29] 只有一种例外是正当的：在紧急情况下，在制定法令以前不需要听取立法部门的咨询意见，但这个例外并不适用于特别权力敕令，特别权力敕令在制定的过程中必须递交到国务委员会征询其立法部门的意见。[30]

部长大臣也可以作出决定。这些决定被称为“部长法令”。一般而言，部长大臣只能针对个案作出具体决定。其并不具有制定规章的权力。但是也存在若干例外，部长通过授权获得制定规章的权力。尽管该授权违宪（unconstitutional），宪法上规定的机关必须在宪法规定的范围内行使权力。一般情况下，国王可以将制定规章的权力授予部长，但仅仅局限于次级问题（secondary matters）。同样，立法机关也可能将制定规章的权力授予部长。部长法令的草案必须递交到国务委员会立法部门以获得咨询意见，但紧急情况除外。

而且部长通过通函（circular letters）的形式对于现有的立法进行评论成为一个惯例。这些通函也可以作为约束相关部长裁量权行使的一般规则。一般而言，这些通函并不具有约束力，因而公民不能对之提起诉讼。但是，部长必须遵循这些通函，只有基于正当理由，才能排除这些通函的适用。

如前所述，国王有权任命国务秘书。国务秘书属于政府成员，但不是部长会议的成员。国务秘书是内阁大臣的副手，拥有与其所附属的内阁大臣同样的权限。但国务秘书行使权力必须经过部长大臣的同意。这就是为什么其颁发规制性的法令需要获得部长大臣的副署。

[29] Article 37 § 1 of 12 January 1973 co-ordinated laws on the Council of State.

[30] Article 3 bis § 1 of 12 January 1973 co-ordinated laws on the Council of State.

3.2 语言区和大区行政机关

如前所述，语言区和大区行政机关并不呈现出二元结构。语言区和大区没有国王，只有一个由各自议会所选举出来的政府。

语言区和大区政府在授权事务的范围内，如同国王在联邦事务上一样，具有相同的权限。它们有权力通过制定规章和具体决定来执行法令和法规，但不得终止法律的效力，也不得免除法律的执行。[31] 根据特别组织改革法案（the special institution reform act）第78条的规定，法律可能授予政府本法案第20条赋予的正常权力以外的其他权力。[32]

如同国王在联邦层级上所拥有的权力，语言区和大区政府也可以组织行政部门并拥有警察权。

语言区和大区政府所有的决定必须以整个政府的名义作出，因为政府受制于合议协商民主原则的要求。这些决定被称为“政府法令”。就规制性的法令（regulatory decrees）而言，其区别于执行命令、组织性的法令、警察规章和特别权力敕令。

所有规范性的政府法令草案必须递交到国务委员会的立法部门以获得咨询意见，但紧急情况除外。

一般而言，部长（the individual ministers）只能针对个案作出具体决定，其并不具有制定规章的权力。但是也存在若干例外，

[31] Article 20 of the Special institution reform act of 8 august 1980; Article8 of the Special Act concerning the institutions of Brussels of 12 January 1989; Article 7 Act of 31 December 1983 concerning the Reform of the Institutions of the German-speaking Community.

[32] The same rule is provided for the Government of the Brussels-Capital Region in Artikel 38 of the Special Act concerning the institutions of Brussels of 12 January 1989, and for Government of the German-speaking Community in Article 51 of the Act of 31 December 1983 concerning the Reform of the Institutions of the German-speaking Community.

依据特别组织改革法案，政府成员可获得一些授权。[33] 这种授权也包括了制定规章的权力，授权必须由政府性法令明确规定，实施该规定的政府性法令禁止对规章制定权的再授权。所以现在，语言区和大区政府成员原则上并不具有制定任何规章的权力。

尽管语言区和大区政府成员原则上并不具有制定任何规章的权力，但政府有时会将一些规章制定权授予政府成员。就联邦政府的成员而言，这种授权仅仅只能局限于次级问题上（secondary matters）。

语言区和大区政府成员制定的法案被称为“部长法令”（ministeral decrees）。部长法案的草案必须递交到国务委员会的立法部门以获得咨询意见，但紧急情况除外。

如同它们的联邦的同僚们，语言区和大区政府成员有权制定并发布通函，设立自身有关裁量权行使的一般规则。一般而言，这些通函并不具有约束力，仅仅包含指令。

3.3 地域分权机关或地方机关

省和市镇的权限在宪法中通过抽象的一般条款予以确定。它们被授权从事所有与省或者市镇利益相关的活动。在此权限范围内，其主要针对个案作出具体行为，也具有制定规章的权力。

宪法规定，省议会可以对专属于省利益范围内的行政事务进行规制。[34] 但这种权限受到两方面的限制：一方面，省委员会不能侵犯市镇的权限范围，另一方面，如果省级以上的其他机关已对某一行政事务予以规制，则省委员会不再具备同样的管辖权。如前所述，省议会在其权限范围内，针对个案作出决定，并有立法

---

[33] Article 69 of the Special Institution Reform Act of 8 August 1980. The same rule is provided for the Government of the Brussels-Capital Region in Article 36 of the Special Act concerning the institutions of Brussels of 12 january 1989, and for Government of the German-speaking in Article of the Act of 31 December 1983 concerning the Reform of the Institutions of the German-speaking Community.

[34] Article 41 and Article 162, al. 2, 2°of the Constitution.

权——制定省规章（by-laws）。

除了这些一般权力之外，省委员会还具有其他的规范制定权。举例而言，根据宪法，省委员会可以颁布税收立法㉟，而且，其可以制定内部行政的规章（这些规章调整省行政的内部组织行为）和警察规章。㊱

常务委员会（the permanent deputation）基本上没有任何立法权，只有在省议会授权时，其才能行使立法权。绝大多数的常务委员会的决定涉及个案的处理。

省长（the provincial governor）负责该省的法律和命令的执行，以保证公民的安全和财产不受侵犯。㊲ 所以，其可以颁布警察规章，也可以针对个案作出处理决定。

市镇最重要的一项权力是处理市镇利益范围内的所有事务。㊳ 该权力包括制定规范和市镇规章的权力。同时，市镇也可以颁布税收规范和警察规范。

市镇的所有机关（市镇议会，市长和市政委员组成的委员会）具有制定规范的权力，也可以针对个案作出处理决定。

地区行政机关具有与其所在的市镇机关同样的权限。

3.4 功能分权机关

功能分权机关一般不具有制定规范的权力。其在各自的权限范围内针对个案作出处理。但是在个别的情况下，其可通过授权获得一些规范制定权。其权限在设立功能分权机关的立法中予以明确，或者在事后的立法（subsequent legislation）中予以界定。

㉟ Article 170，§3 and Article 173 of the Constitution.

㊱ Article 85 of the 30 April 1836 Province Act.

㊲ Article 128 of the Province Act.

㊳ Article 41 and 162，al. 2，2°of the Constitution；Article 117 of the 24 June 1988 New Municipality Act.

4 行政主体应遵从哪些规范?

4.1 规范的等级

如前所述，行政机关的所有行为都必须受到合法性原则的支配。这意味着，首先，除非获得法律规范的明确授权，且该法律规范并非其自身制定，政府机关不具备任何权力。其次，合法性原则意味着行政机关同其他权力机关一样，不得违背广义上的法律，包括上级机关颁布的法律规范、法律原则以及习惯法。

各个机关之间存在等级关系，但只有一个最高的行政机关，其他的行政机关都隶属于该机关，机关内部存在一个阶梯序列。下级机关必须遵守上级机关制定的法律规范。下级机关制定的法律规范在效力上低于上级机关制定的法律规范，亦即规范之间也存在一个阶梯序列。这种等级关系同样适用于对个案的处理决定。

调整规范之间等级关系有一系列的法律原则：第一，宪法处于规范体系的最高层级。其效力仅仅低于国际法和超国家法。

第二，国家的一部分从属于整个国家。根据这个原则，就市镇而言，其从属于省、语言区、大区和联邦政府。

第三，机关在等级体系中的地位取决于其民主正当性。依照此原则，常务委员会从属于省议会，因为省议会乃由省公民选举产生，而由国王任命的省长则从属于由省议会议员选举产生的常务委员会。

上述第二原则和第三原则同样经常适用于被授权机关行使授予的权力，其必须从属于授权机关。

第四，行政机关在针对个案作出处理决定时，不仅要符合上级行政机关制定的法律规范，同时也受自身制定的规范约束。

根据以上原则，比利时法律规范从高到低呈现出以下等级结构：

国际法和超国家法；

宪法；

特别法案；

议会通过的法律，以及，语言区和大区层级的法令和条例；

王室敕令，以及，语言区和大区的政府性法令；

部长法令；

省议会、常务委员会以及省长制定的地方规章和决定；

市镇议会、市长和市政委员组成的委员会以及市长制定的地方规章和决定。

另外，习惯法和正义的一般原则也应当予以考虑，它们属于法律规范等级体系中的一部分。

习惯法在行政法中比较特殊。习惯法所针对的对象决定了其在法律规范体系中的位阶。

而正义的一般原则是一个国家法律秩序的根本基础，这使得其与成文宪法本身具有同等的法律效力。行政机关也必须遵守正义的一般原则。

正义的一般原则和适当行政的原则在行政法中具有十分重要的意义，这些将在后面进一步阐述。

表 2　　比利时法律规范体系位阶的简明表

<table>
<tr><td colspan="2">国际法和超国家法</td></tr>
<tr><td colspan="2">宪法</td></tr>
<tr><td colspan="2">特别法案</td></tr>
<tr><td>议会通过的法律</td><td>法令和条例</td></tr>
<tr><td>王室敕令</td><td>政府性法令</td></tr>
<tr><td>部长法令</td><td>部长法令</td></tr>
<tr><td colspan="2">省规章</td></tr>
<tr><td colspan="2">市镇规章</td></tr>
</table>

4.2　适当行政原则

适当行政原则主要由判例法发展而来。没有一部成文法对适当行政原则进行规定。然而，适当性原则有时也可针对立法中具体事务而适用。[39]

形式意义上的适当性行政原则和实质意义上的适当性行政原则存在差别。前者涉及决定作出的程序，后者涉及决定的实质内容。[40]

4.2.1 形式意义上的适当性行政原则

形式意义上的适当性行政原则包括行政机关有义务听取行政相对人的意见，正当法律程序的权利，公正和独立原则。

正当程序或者受到正当审判的权利适用于惩戒性的程序（disciplinary procedures）。公务员必须经过正当程序方能受到惩罚，公务员必须获得辩护和陈述自己主张的机会。行政机关必须告知对公务员采取惩戒措施的具体理由，公务员有权利阅览关于惩戒的全部案卷内容。同时，公务员还必须获得一段合理的期限来准备辩护并有权获得律师的帮助。

听取行政相对人意见的义务适用于广泛的情形。受到针对其个人行为的行政处分的影响，并且可能受到严重侵害的个人，都有权表达意见。就内容而言，两个原则十分类似。听取行政意见的义务和保障正当程序的义务的区别在于，前者存在例外，而后者在任何情况下都需要履行。如果在紧急情况下，行政机关可以被豁免听取行政相对人意见的义务，但必须尊重正当程序的权利，哪怕是在紧急情况下。[41]

而根据独立原则，行政机关必须基于自身的意见而作出行政

[39] 以公务员惩戒法为例，许多规范事实上包含了对正当程序权利的保护；规定公共职能分离的法律规范即体现了公正和独立原则（比如，the New Municipality Act即禁止市长和市政委员同时担任普通法院的法官；根据该法第92条，市长和市镇委员会的成员不能介入与其个人有关的案件中等）。

[40] 适当行政原则在形式意义上一般只适用于行政机关针对个人的具体行为，比如正当程序权利的保护，但几乎不可能适用于行政机关的抽象行政行为。适当行政原则在实质意义上则一般可同时适用于行政机关的具体行政行为和抽象行政行为。

[41] I. Opdebeek, "Het recht van verdediging en het recht om zijn standpunt naar voor te brengen", in I. Opdebeek, Algemene beginselen van behoorlijk bestuur, Antwerpen, Kluwer Rechtswetenschappen, 1993, pp. 53-85.

决定，无须受到外界压力的影响。就保障公正原则而言，行政机关不能在一个案件中同时是法官和当事人，也不得偏袒当事人中的任何一方。该原则主要适用于惩罚性的行政行为。

保障公正原则不仅仅是主观上的标准。决定作出主体的内部组织和其成员的职务都应当作为保障公正应当考虑的因素。正义不仅仅要实现，而且要以看得见的方式实现。这就是所谓的“公正途径”。决定作出主体必须以一种使人们对其成员和机构作为一个整体的公正性不抱有任何怀疑的方式来组织。

但保障公正原则也存在一些例外。在惩戒性的案例中，国务委员会认为，该原则的适用并不意味着不追究纪律责任。更常见的是，该原则的适用必须与决定作出机关的内部结构相符合。

一些学说提出将正式说明理由作为适当行政更高层次的原则，但是，这并不正确。当法律明确行政机关必须履行说明理由的义务时，行政机关必须而且应当正式地说明理由，即必须在行政决定中对作出该决定的法律依据和事实依据予以说明。如前所述，1991 年 7 月 29 日颁布的法案就含有正式说明理由的内容，其意在要求行政机关在个案中对所有（书面）决定正式说明理由。因而，行政决定中必须说明所适用的法律依据和决定所依赖的与案件相关的事实。除了该法案以外，只有为数不多的法律规范要求行政机关对作出行政决定正式说明理由。

这并不意味着，如果法律没有明确规定行政机关正式说明理由的义务，行政机关在行政决定中便不需要说明理由。因为行政机关仍须受实质说理原则（substantive motivation）约束。根据该原则，所有的行政决定必须同时具备法律依据和事实根据上的正当性。作出行政决定的理由，或者在行政决定本身中说明，或者在行政决定准备阶段的文件中予以明确。因此，该原则已经不仅仅是一项纯粹的形式化的适当行政原则，还涉及了行政决定的实质内容。因此，其也可以被视为一项实质意义上的适当性行政原则。其同时对具体行政行为和抽象行政行为具有约束力。

4.2.2 实质意义上的适当性行政原则

正如前言，实质性原则关涉行政行为的实体内容方面。实质说理原则（substantive motivation）即是其中一个方面。其他实质意义上的适当性行政原则包括平等原则、比例原则、适当注意（due care）原则、法律安定性原则、信赖保护原则以及合理性原则。

平等原则在宪法上得到了确认。[42] 根据该原则，所有人在同等情况下应该得到同等对待。只有在合理和公正的情况下，类似情况才可以采取不同的对待。不同对待必须考虑所要采取措施的目的和效果。当在采用的手段和追求的目的之间不具备合理的比例时，行政行为即应被视为违反平等原则。

接下来要讨论的是比例原则，其与平等原则之间具有十分紧密的关系。根据该原则，针对一方或多方当事人的行政决定所带来的不利效果与其所追求的目的之间应成比例。换言之，行政决定应当在相关的各种利益之间取得平衡。

第三个原则是适当注意原则，其具有双重意义。首先，准备和作出一项行政决定之时，行政机关必须考虑所有相关的因素和情形。行政机关应当确保所有与案件有关的信息都纳入考量。在必要的情况下，特别是涉及具备专业性和技术性的事务上，行政机关还应听取专家意见。行政决定的作出机关的所有成员应当了解所有的案卷并针对案件进行讨论。就此而言，适当注意原则更接近于一项形式意义上的适当行政原则。根据该原则，行政机关应当平衡案件牵涉的各方利益。行政决定的后果可能与行政决定所追求的目的并不成比例。在这个意义上，适当注意原则与比例原则有些类似。

合理原则在于界定行政机关裁量权的行使。行政机关在作出

[42] Article 10 and 11 of the Constitution. The principle is repeated, especially for educational matters in Article 24 of the Constitution, and for tax law in Article 172 of the Constitution.

行政行为时具有广泛的自由空间。在不涉及合法性问题的情形下，行政机关能够以不同的方式作出决定，但是他们的决定应当合理。对行政行为合理原则的审查十分谨慎：只有任何一个理智的人在同样情形下都不会作出该行政行为时，行政行为才被认为不合法。

实际上，合理原则的内涵十分模糊，有些时候难以判断合理原则是否得到行政机关的贯彻。比例原则属于合理原则运用的一种方式，当某一行政决定相比所追求的目标而言，不成比例地侵犯公民权益时，即违反比例原则，因而也违反合理原则。合理原则适用的另一个子原则是经济原则。如果行政机关有多种方式可供选择，则其应当选择最经济的一种方式。

而根据法律安定性原则，法律应当具有可预见性并向所有公民公开。民众应当能够预见自身行为所产生的法律后果。因此，所有的法律规范应当正式公开。同样，行政机关的决定不能具有溯及力。行政机关的行为在特定情况下也具有溯及力：在执行司法判决时，行政机关可以使其决定针对过去发生法律效力。

信赖保护原则构成更为广义上的法律安定性原则的一部分。根据信赖保护原则，行政机关应当尊重其作出的行为对公民产生的合法预期。一个重要的问题是信赖保护原则是否可以适用于违法行为。长期以来一直认为，如果违背法律，适当行政原则不再予以适用，这是因为根据合法性原则，行政行为的活动应当遵循法律规范。但是这种观点在当今不再被普遍认可。归根到底，正义的一般原则是法律秩序的基本规范。就如同成文宪法一样，正义的一般原则具有根本性。尽管正义的一般原则没有写入宪法，但实际上属于宪法的一部分。正义的一般原则并不从属于合法性原则，尽管后者在宪法中以基本原则的形式得到确认。两个原则都同样具有宪法上的效力。因此，如果合法性原则和信赖保护原则发生法律冲突，合法性原则并不必然占据上风，毋宁在两者之间进行利益平衡。这种利益的平衡可能导致的结果是，信赖保护原则更值得保护，尽管行政决定违反法律，但其产生的公民的合法预期应当保护。[43]

5 对抗行政行为的法律保护机制

公民若要针对行政行为诉诸法律保护，可以有不同的途径。这些途径可以分为两大类：预防性的保护和事后的保护。

从定义上来看，预防性的法律保护在于防止争议的发生。这种类型的法律保护在最近几十年变得越来越重要。其最终发展出所谓的“避免争议产生的程序”，即行政机关在作出行政决定的准备过程中必须考虑的步骤。

如前所述，比利时行政法律规范中并不存在调整行政决定作出的一般规范。行政机关必须遵从的规范，特别是有关适当行政原则的一些规范，绝大多数由法院的案例发展出来。

立法机关仅仅在少数情况下，制定了一些保障适当行政的制度。而这些制度中的大多数关涉的是行政决定过程中的公民参与，或者使行政机关负有听取意见的义务，从而有利于公民的意见影响行政机关的决定。但是，这些规范仅仅只适用于特定的事项。[44]

但是，前文也已经提到新近的一些立法中规定了普遍适用于行政机关的决定过程，而不仅仅适用于特定事项的规范。这些规范是 1991 年 7 月 29 日颁布的关于在个案中正式说理（formal motivation）的规范，以及各种各样保护公民获悉公共文件权利的法律和规章。

这些法律规范确定了行政机关在行政决定作出过程中更加审

---

[43] 有关此问题参见 S. Lust，“Time is money. Over overmacht en vertrouwen in het fiscale contentieux. Enkele beschouwingen naar aanleiding van het arrest van het hof van cassatie van 18 januari 1999”，*Tijdschrift voor Notarissen*，2001，pp. 639-658。

[44] 举例而言，1999 年 5 月 18 日的计划法促使行政机关在是否作出建筑许可决定前多次听取专业性的机关的意见（比如，如果申请颁发建筑许可涉及具有历史意义的遗址或者在该遗址边上营造新的建筑物，则应当听取相关文物保护部门的意见），或者展开民意调查，从而使得利益主体可以针对行政机关即将作出的决定进行评论（比如，涉及建筑许可或者计划规制的项目许可）。在环境法中，行政机关在作出类似工业活动的许可决定时也被课予了类似的责任。

慎和注意的义务，因而实质上属于对抗行政行为的预防保护的具体形式。预防保护的各种途径并不能解决公民与行政之间的所有问题，两者之间的争议仍然可能产生。即使行政决定的过程控制机制十分完善，事后保护的各种争议解决机制仍然有存在的必要。

在比利时公法中，根据提供法律保护机关的不同类型，事后保护可以分为三种方式，即政治上的法律保护、行政上的法律保护以及司法上的法律保护。

5.1 政治上的法律保护

政治上的法律保护（Political legal protection）由政治机关提供。然而政治上的法律保护的构建目的并非在于提供公民对抗行政行为的救济途径。对行政行为的政治控制毋宁是对公共利益的保护。

政治上的法律保护的方式之一是由民选机关对行政机关进行政治控制。联邦议会作为代表机关，行使对联邦政府进行政治监督的权力。语言区和大区的议会则对所在的政府进行监督。政治监督的基础是政治责任原则。其行使的具体手段有质询（questions）、干预（interpolations）和议会调查（parliamentary investgation）。[45]

只有议会机关成员才能行使这些政治监督权力。在特定的情况下，公民也可请求他们行使监督权。由此而论，政治监督权似乎属于保护公民个人的途径。其实不然，任何人不能迫使议会机关成员行使这种监督权力，因为该种监督方式设立的目的只在于公共利益的保护。

除了以上直接的政治法律保护以外，间接的政治监督亦属于代表机关应当承担的任务的一部分。联邦议会、语言区和大区的议会还可以通过以下方式行使政治监督权力，批准或者不批准税收规章、财政预算和决算。

㊺ 基于宪法，议会调查权被同时赋予了联邦议会的两院（宪法第 56 条）。

最后应该提及的是审计署行使的监督权。审计署属于特殊的宪法性和议会性质的咨询机关，甚至还拥有一些司法性质的权力。其协助联邦议会、语言区和大区议会对相应政府的预算草案及其合法性进行检查，并对政府执行预算情况进行定期的监督。本来，审计署在宪法上只有权力对国家的账目（accounts）进行监督。后来，这种权力通过法律逐渐延伸到省和功能分权组织的账目。在联邦化的过程中，审计署经法律授权，还可以对语言区和大区的预算和账目进行检查控制。

所有这些政治上的控制的目的并非在于保护公民的权利，公民也没有义务利用这些监督方式。如果公民意图寻求对抗行政机关的保护途径，这些政治控制方式并无多大助益。

就对抗行政行为的法律保护的视角而言，更重要的是新近发展起来的监察专员制度。原则上说，监察专员制度独立于行政机关。监察专员制度设立的目的一方面在于保护公民个人，另一方面在于监督和改善行政机关履行职责。其任务包括：处理公民个人的诉愿、对行政机关就个人领域和结构领域提出建议。除了这些任务外，监察专员有时还具备传达信息的功能（informative function）。

在比利时的法律系统内，监察专员不仅在公共部门存在，在私人部门里也得以设立。就公共部门而言，监察专员包括联邦监察专员[46]、佛兰芒监察专员[47]、瓦隆监察专员[48]、市镇监察专员[49]以及自治公共公司的监察专员。[50] 除了自治公共公司的监察专员外，所有上述的监察专员都由代表机关进行任命，并需定期向这些代表机关报告其工作内容。所以，监察专员制度是针对行政行为提供的政治法律保护制度的一部分。

㊻ 1995年3月22日的法案涉及联邦监察专员的设立。

㊼ 1998年7月7日的佛兰芒法令涉及佛兰芒监察专员的设立。

㊽ 1994年12月22日的瓦隆区法令涉及瓦隆区监察专员的设立。

㊾ 这些通过市镇的规章予以调整。

㊿ Articles 43 – 46 of the Act of 21 March 1991 concerning the reform of some economic government companies.

作为公民对抗行政机关的保护人，监察专员不仅仅对行政行为的合法性进行监督，同时对作出行政决定的适当性进行监督。因而，其监督的范围比行政机关更为广泛，后者仅仅只关注行政行为的合法性。另一方面，监察专员提供的保护并没有法官所提供的保护强度大，原因在于其不具有最终解决争议的能力，而只能作为争议的斡旋者，并只是给行政机关提供建议。监察专员没有权力命令或者迫使行政机关作出或者不作出特定的行为。公民在向法院提起诉讼之前，可以自主选择是否要向监察专员提起申诉。

5.2 行政上的法律保护

比政治上的法律保护更有效率的是行政上的法律保护。这种类型的法律保护由行政机关提供。其可以是预防性的，即在行政决定的过程中提供保护，也可以是事后针对行政决定提起的行政复议。[51]

首先，行政复议的特征之一，是其对象总是针对行政行为。显然，事实并非皆是如此，许多行政机关具有司法性的权力。以常务委员会为例，其可以作为一个裁判机关，解决选举过程中产生的纠纷。其作为裁判机关采取的行为并不受行政复议审查。

其次，行政复议机关也是行政机关。其解决行政纠纷的行为属于行政行为，而非司法行为。其决定不具有司法效力（res judicata effect），仍然可以在法院受到挑战。

最后，行政复议机关不仅仅审查行政行为的合法性，还审查其适当性。即使行政机关没有违反任何法律，如果其行为不适当，行政复议机关同样可以对其进行评价。所以，行政复议机关对整

[51] 这些上诉仅仅涉及行政法规以及非事实的行为，但针对这些非事实行为可以向监察专员提起申诉。A flemish decree of 1 june 2001（belgisch staatsblad 17 july 2001）也提供了公民针对行政机关申诉的权利。公民若认为行政机关的行为不适当，可向有权的机关提起申诉。这种申诉权利同时适用于司法行为和事实行为。公民在向监察专员提起申诉时应当首先行使该权利。

个案件进行全面审查，而且原则上不会将争议局限于被审查的行政行为的某一方面。只有当公民针对部分的行政决定提起行政复议，并且该部分可以与整个行政决定相分离时，行政复议才可以进行部分审查。

行政复议可以根据行政复议机关和行政行为作出机关的不同关系，分为三种不同的类型。

其一，公民可以向行政行为的作出机关提起行政复议。这种类型的行政复议被称为“重新考虑的行政复议”。行政复议的当事人请求行政机关重新考虑其已经作出的决定并变更其决定，或者当行政机关不作为时，请求行政机关及时为一定的行为。相关的行政机关有权在特定的条件下[52]，撤销其已作出的行政决定并重新作出决定，或者不作出任何行为。

其二，公民可以向行政机关的上级行政机关提起行政复议，即提起层级性的行政复议。当有上级监督行政机关存在时才可能发生，这意味着可适用于权力下放的情形。行政复议机关有权对下级行政机关发出禁止令，撤销其决定，变更其决定或者在撤销后自行作出一项新的决定。

其三，行政复议可以向行使行政监督权的机关提起。这种类型的行政复议显然只在分权的情况下适用，只有存在分权，才存在相应的行政监督。行政复议机关的权限取决于监督的权限范围。行政监督本质上属于一种消极的控制方式。只是，上级行政机关不能代替分权机关，变更分权机关的决定或者直接对分权机关下达命令。中央机关只能通过中止和撤销行政行为的方式防止分权机关作出一定的行为，但是不能批准下级行政机关的决定或者要求作出特定的行为。根据作出决定种类不同，规范监督的法律对于此种监督方式予以了进一步的具体化。

因此，在不同情形的案件中，这些行政复议或者受法律调整，

[52] 在判例法上，只有行政行为违法，针对诉讼当事人以外的第三人创设权利的行政决定才能被撤销。在此情况下，在向国务委员会提起上诉的期限内，即在决定通知后60天内，行政行为的撤销才有可能。

或者不受法律调整。

即使没有法律上的依据，公民总是可以诉诸行政复议的途径。[53] 如果法律没有明确规定可以提起行政复议，公民并非必须得提起行政复议。另一方面，行政复议机关也没有义务受理行政复议，其可以对此不采取任何行为。

如果法律明确规定了公民可以提起行政复议[54]，行政复议机关有义务受理公民提起的行政复议。如果其拒绝受理，有权机关可以强制其受理。至少就国务委员会而言，其案例法发展出的司法原则表明公民在向法院提起行政诉讼前，必须穷尽所有的行政复议途径。普通法院认为经过行政程序提供救济的途径不能视为向法院提起行政诉讼的前提条件。只有在一种情况下，当事人向法院提起行政诉讼前，必须穷尽法律提供的行政复议途径，即税收争议。在此情况下，公民应先穷尽行政法律救济。[55]

穷尽行政复议的义务并不适用于法律没有规定的行政复议（unorganized appeals）的情形[56]，但这并不意味着法律没有规定的行政复议对司法程序不产生任何影响。相反，当事人向有权行政机关提起法律没有规定的行政复议，这将对向国务委员会提起诉讼的期限产生影响。

法律没有规定的行政复议根本上不会对向国务委员会提起行政复议的期限产生影响：既不会中止提起行政复议的期限，也不

[53] 这种形式的复议被称为“法律没有规定的行政复议”（unorganized appeal）。

[54] 这种形式的复议被称为“法律规定的行政复议”（organized appeal）。法律规定的行政复议或者允许对行政决定重新进行审查（比如，1999 年 5 月 18 日颁布的联邦法案涉及行政公开，如果行政机关拒绝公开公共信息，公民可以针对行政机关的不作为提起复议），或者允许层级化的复议（比如市镇作为分权机关授予建筑许可。1999 年 5 月 18 日颁布的计划法提供了向常务委员会提出复议的途径，而常务委员会是市镇的上级行政机关），或者允许向行使监督权的机关提出复议（比如，如果市镇或者省拒绝公开政府信息，2000 年 7 月 17 日颁布的佛兰芒法案提供了向佛兰芒政府提起复议的机会。(参见 Belgisch Staatsblad 11 August 2000。)

[55] Article 1385decies of the Civil Procedure Act, as inserted by law of 23 March 1999 concerning the judicial organization in tax cases.

[56] 在行政复议程序结束前，公民甚至可以向法院提起上诉。

会中断行政复议的期限。[57] 但国务委员会创造了一些例外。

除非发现了新的案件事实导致复议机关重新调查案件，要求重作的复议以及层级性的行政复议并不会使向国务委员会提起上诉的时效中止或者中断。若是发现了新的案件事实，行政复议的时效中断，新的时效自新的行政行为通知行政相对人时重新开始。但这仅仅适用于下述情况，即上诉应当在规定期限内向国务委员会提起，如果期限届满，则无时效中止或者中断之说。

如果同时在规定的期限内向国务委员会上诉和向行政监督机关提起复议，向这种行政监督机关提起行政复议，可以中断向国务委员会提起行政上诉的时效。依据传统判例法的要求，当行政复议机关作出决定并通知相对人，该中断的时效重新恢复；或者复议机关没有作出任何决定，行政监督的期限届满时该中断时效重新恢复。最近的案例修正了这一原则，因为判断行政监督的期限何时届满十分困难。在 2001 年 2 月 13 日，国务委员会裁决，当行政复议机关向当事人送达其行政决定或者告知当事人其并不会行使监督权，中断的行政诉讼时效即行恢复。[58] 如果行政监督的期限届满，中断时效并不会自行恢复。

5.3 司法保护

就目前来看，法律保护最重要的形式是司法保护。因为司法机关能对行政争议的解决作出具有既判力的判决（res judicata），因而可以终局性地解决争议。

比利时司法机关的构建基于两个主要的原则：对于每一个争议应当由法院或者裁判所进行裁决以及普通法院和裁判所对涉及主观权利的所有争议具有管辖权。宪法区分了“民事权利”争议和“政治权利”争议。尽管在宪法中并没有对这些概念进行界定。

[57] 当期限中止后，在导致期限中止的原因消失后，期限继续计算；而当期限中断，当导致期限中断的原因消失后，期限重新计算。

[58] Council of State ，Van Middel，nr. 93 290，13 February 2001（http：// www. raadvst-consetat. be).

可以确定的是，所有的权利要么是民事权利，要么是政治权利，没有第三种权利存在。[59]

传统上，投票权、纳税权、入伍权和担任公职权被认为属于政治权利的范围，但不仅仅只有这些。政治权利的范围十分广泛。政治权利与公共机关有关，是指公民主动或者被动参与的所有权利总称。行政机关依法履行的职责和国家公共机关权力之间的相互关系，对于政治权利而言具有决定性的意义。

民事权利和政治权利的区分十分重要，其决定了比利时不同司法权力管辖的范围。根据宪法第 144 条，有关民事权利的纠纷专属于普通法院管辖。有关政治权利的纠纷同样由普通法院管辖，但这种管辖权不再是排他性的：联邦立法机关可以将有关政治权利的纠纷分配给特别裁判所管辖。这种例外有历史上的缘由。1830 年宪法的起草者期望所有的纠纷都交由普通法院管辖，以作为对之前“行政机关自己做自己的法官”时代的回应。然而，起草者也希望为普通法院的管辖权留有一些例外，特别是税收争议的解决排除普通法院的管辖权，因为税收争议可能产生深远的影响。在那个时代，纳税数额依赖于行政机关的分配：行政机关首先决定纳税的整个数额，然后将其在应当纳税的公民之间进行分配。如果有公民对税收的分配有异议，并且其主张是正确的，税收的分配应当重新考虑。而这必然会对那些没有参与到诉讼中的公民产生影响。所以，此类税收争议的解决一开始就交由征税机关或者其上级机关管辖。

税收纠纷与有关选举权的纠纷联系十分紧密。在过去的那个时代，人们的选举权依赖于纳税的数额。因此，税收纠纷的解决对选举权的享有会产生影响，纳税数额的分配反映了投票权的享有程度。

[59] 尽管如此，民事权利的概念在比利时宪法上与《人权保护和基本自由保护公约》中对人权的定义并不一致。所以，权利相对于比利时宪法具有政治意义，而相对于《人权保护和基本自由保护公约》具有民事权利的意义，并且内容更为广泛，因而可通过公约第 6 条的保障来实现保护（cf. A. Alen，supra note 1，pp. 550-552）。

尽管普通法院对所有纠纷的司法管辖权仅仅存在少量的例外可能，但立法机关利用这种权力，创设了一些特别法院，以各种名义建立了行政法院和行政裁判所。这些行政法院和行政裁判所并不属于司法权的分支。只有宪法第五章所提及的法院和裁判所才属于第三种权力——司法权的分支。立法机关依照宪法第 145 条所创设的法院和裁判所属于行政权的分支。但仲裁法院[60]除外，其在司法系统中具有独特地位。

5.3.1 普通法院和裁判所的法律保护

针对行政行为的司法保护主要由普通法院和裁判所提供，即属于司法权分支的法院和裁判所。这些法院组织在宪法第五章中被提及。其司法管辖权范围不仅仅限于公民之间的纠纷，还包括公民与行政机关之间的纠纷以及行政机关之间的纠纷。除非立法机关明确将这些纠纷划归行政司法权管辖，普通法院和裁判所拥有对以上案件的管辖权。

首先，对行政行为的司法审查间接存在于起诉的过程或者其他的司法程序中。被告可以主张，行政行为适用的规章和命令违反上位法，包括习惯法和法律的一般原则。其还可以请求法官适用宪法第 159 条。宪法第 159 条禁止普通法院和行政法院的法官适用违法的行政命令和规章。这属于公共秩序规则，所以法官负有绝对的义务，不允许任何例外存在。即使没有任何当事人提出适用规章和命令违法的主张，法院也必须遵守该规则。

但法院和裁判所开始在行使宪法第 159 条赋予的权力时显得十分拘谨和保守，其视该条款为对抗违法行政行为的一种方式，只是消极被动地拒绝适用违法的规章和命令，除此之外再无其他进一步的处理措施。它们同样认为，根据该宪法条款，

[60] 这个法院是宪法法院，仅仅受理和解决法律、法令和条例的合宪性争议。这些争议并不涉及行政行为，而只涉及立法行为，故在此对于仲裁法院并不予以详细的讨论。

其只是对行政行为的外部合法性进行审查。换言之，其只需要审查行政机关是否具有作出该行政行为的权限，以及行政机关是否违反了重要的程序规范。

从最近来看，法官在适用宪法第 159 条上变得不再那么拘谨和保守。现在一般认为，根据宪法第 159 条，法院不仅可以对行政行为的外部合法性进行审查，还可以审查行政机关是否侵犯了实质法治原则，是否存在滥用权力的情形。换言之，所有的法院和裁判所具有最广泛的司法审查权。其必须审查行政行为是否符合所有的法律规范，包括习惯法和法律的一般原则。

司法审查的对象不仅仅针对具体的行为，还包括法律规范在内，援用宪法第 159 条在期限上不存在限制。但上述规则也有例外：国务委员会认为在对具体行政行为提起诉讼的情况下，宪法第 159 条的适用应有时效的限制。针对违法的行政行为，公民必须在向国务委员会提起上诉的时效期限内主张权利，或者在程序结束之前向国务委员会申请救济（即在收到行政决定后的 60 天内）。

法院的司法活动并非局限于被动的评价。其不仅仅只是拒绝适用违法的行政命令和规章，法院可以直接对违法行政行为进行评价，禁止行政机关执行其作出的行政决定，或者对行政机关发布禁令。法院不具备下列权限：用自己的决定代替行政机关的决定，变更争议的行政决定或者撤销该决定。

司法审查同样适用于侵权行为。调整侵权责任的基本法是比利时民法典第 1382 条至第 1386 条。就违法行政行为而言，与此相关的最重要条款是比利时民法典第 1382 条和第 1383 条。根据民法典第 1382 条，任何对他人造成损害的个人行为，侵害人存在过错并且造成了损害，应当承担赔偿责任。民法典第 1383 条则进一步补充，侵害人如果因过失造成他人损害，同样应当承担赔偿责任。原告若要获得赔偿，必须证明：（1）侵害人存在过错；（2）对原告的人身或者财产造成了损害；（3）在侵害人的过错与造成的损害之间存在因果关系。如果原告能够证明上述事实，则能够获得侵害人对其造成损害的全部赔偿。

上述条款不仅仅适用于公民行为造成的侵权损害，也适用于行政侵权损害。根据比利时法律，适用于个人和公司的侵权损害规则也适用于行政机关。然而在实践中，行政机关很长一段时期内几乎享有侵权损害赔偿的豁免，因为法院态度十分消极，法院不愿意将民事侵权规则适用于行政机关的行为和决定。1920 年之前，比利时普通法院和裁判所宣称，当政府作为公权力机关行使权力作出错误的行为，对于政府的侵权行为，其不具有司法管辖权。普通法院和裁判所认为，其只对政府以私人身份与私人之间产生的纠纷才具有司法管辖权。法院之所以不愿插手有关行政的纠纷，乃是受到严格权力分立观念的影响。即法院在对行政行为进行司法审查时，意味着法院像行政机关那样行为。除了普通法院和裁判所以外，再也没有其他司法机关对于行政机关错误或者疏忽大意的行为，或者不作为造成的损害，向公民提供救济，公民的救济陷入了投诉无门的境地。显然，这违背了宪法的起草者当时将所有的纠纷解决赋予法院和裁判所管辖的初衷。

在 20 世纪初，对政府的侵权行为缺乏司法保护导致立法机关考虑设立国务委员会，旨在针对滥用行政权力侵权损害提供救济。这使得该机关重新考量其作出的判例法。1920 年 11 月 5 日最高法院判决，所有的民事权利，包括受到行政机关侵犯在内[61]都应当获得司法保护。因此，其实质上建立了行政机关应当为其所有侵权行为承担责任的原则，不管其是作为公权力机关抑或是私人行为。

自 20 世纪 60 年代以来，对于行政机关错误的或者疏忽大意的行为，或者不作为等造成的损害，向公民提供的救济得到逐步改善。现在公认的是，行政机关对其过错行为都应当承担赔偿责

---

[61] Cour de Cassation 5 November 1920, Pasicrisie 1920, I, p. 199.

任，即事实行为、具体行政行为[62]、所有规章中的过错[63]，以及过失[64]，包括制定规章的过失。[65]

作为私主体，行政机关也可能违反特别法而具有过错。所以，每一个违法行为必然预示着过错的存在[66]，行政机关没有像人们事先预料的那样理智和谨慎地行为，也具有过错。然则，在不可避免的过失或者另一种责任分配原则下，违法行为并不构成过错。[67] 很明显的是，这种情形很少发生，因为公民被推定为知晓法律，对行政机关更是如此。

违反一般的注意义务也构成过错。每个人应当如一个普通的持谨慎和小心态度的个体，在同样的情形下以同样的方式行为（bonus pater familias）。同样的规则也适用于行政机关。特别是在牵涉行政机关的情形下，注意义务实际上是适当行政原则的具体化体现。

就损害而言，行政机关也受支配私人和团体的法律规范约束。所有的损害应当考虑在内，包括对民事权利的侵害[68]、对政治权利

[62] Cour de Cassation 7 March 1963, *Pasicrisie* 1963, I, p. 744, concl. W. J. Ganshof van der Meersch.

[63] Cour de Cassation 26 April 1963, *Rechtkundig Weekblad* 1963 - 64, p. 287, *Revue Critique de Jurisprudence Belge*, 1963, p. 116, annotated by J. Dabin.

[64] Cour de Cassation 20 December 1951, *Arresten van het Hof van Cassatie*, 1952, p. 188, *Revue Critique de Jurisprudence Belge* , 1953, p. 161; Cour de Cassation 11 April 1969, *Arresten van het Hof van Cassatie*, 1969, p. 745, concl. W. J. Ganshof van der Meersch.

[65] Cour de Cassation 23 April 1971, *Revue Critique de Jurisprudence Belge*, 1975, p. 5, annotated by D. Delpérée, *Rechtkundig Weekblad*, 1970 - 71, p. 1793, concl. F. Dumon.

[66] Cour de Cassation 19 December 1980, *Arresten van het Hof van Cassatie*, 1980 -81, p. 449, concl. F. Dumon. , *Revue Critique de Jurisprudence Belge* , 1984, p. 5, annotated by R. Dalcq.

[67] Cour de Cassation 13 May 1982, *Arresten van het Hof van Cassatie*, 1981 - 82, p. 1134, *Revue Critique de Jurisprudence Belge* , 1984, p. 10, annotated by R. Da lcq.

[68] Cour de Cassation 5 November 1920, *Pasicrisie* 1920, I, p. 193, concl. P. Leclercq.

的侵害[69]以及对法律利益的侵害。[70]

损害并不必然引起经济上的赔偿。如果可行，并且损害不构成滥用法律，赔偿一般可以恢复原状的方式实现，也即通过具体的措施（比如强制令，行政机关付费而由第三人代履行）。[71] 就宪法第 159 条的适用来看，法院不能撤销违反上位法的法律规范，不能用自己的决定代替之，也不能对其进行修改。

司法裁判的执行同样面临问题，因为行政机关享有执行的绝对豁免权。行政机关不能被强迫执行法院的裁判。但是，比利时的立法机关对有关支付一定数额赔偿原则创设了例外。在特定的前提下，可通过强制处置行政机关财产的方式来履行赔偿责任。但是强制处置的财产仅仅限于行政机关宣称可处理的财产，以及对于行政机关履行公共职责或者保持公共服务的连续性“明显没有影响”的财产。

但是，法院颁布的强制令不能强迫行政机关执行，即使该命令可由原告本人来执行或者由行政机关付费、第三人代履行。法律对此种类型判决执行之豁免没有规定任何例外。然而，一些判例主张，只要不会给公共服务的连续性造成困难，法院的强制令照样可以强制执行。其主张的理由在于，法院裁判执行豁免原则的目的仅仅在于保障公共服务的连续性。[72]

除了普通法院和裁判所有权管辖公民与行政机关之间的纠纷外，法律还明确赋予其管辖一些特别行政纠纷的司法权。比如，

[69] Cour de Cassation 16 December 1965, *Pasicrisie* 1965, I, p. 513, concl. W. J. Ganshof van der Meersch, *Revue Critique de Jurisprudence Belge*, 1969, p. 308, annotated by Ch. Goossens.

[70] Cour de Cassation 13 May 1982, *Arresten van het Hof van Cassatie*, 1981－82, p. 1134, *Revue Critique de Jurisprudence Belge*, 1984, p. 10, annotated by R. Dalcq.

[71] Cour de Cassation 16 June 1980, Pasicrisie 1980, I, p. 1341, concl. J. Velu, *Revue Critique de Jurisprudence Belge*, 1983, p. 173, annotated by D. Delpérée, *Administration Publique trimesteriel*, 1981, p. 127, annotated by D. Déom。当然，这些损害赔偿的履行方式必须在法律的范围下实施。法官并不能代替行政机关，也不能用自己的判断来代替行政机关的判断。

[72] Article 1412bis of the Civil Procedure Act.

政府征收产生的纠纷由治安法院和初级裁判所管辖。有关环境规划的纠纷同样由初级裁判所管辖。在上述案件中，法院享有全面的司法审查权。

现在，大多数的社会治安纠纷的初审属于劳动裁判所管辖，上诉审由劳动法院管辖，尽管在较早的时期，这些属于一些行政法院管辖。同样的还有税收纠纷，在较早的时期，大部分的税收纠纷的初审由行政法院处理。1999 年 3 月 15 日和 1999 年 3 月 23 日颁布的法律取消了行政法院对税收案件的管辖权，并将此分配给初级裁判所的税收法庭解决，上诉案件则有上诉法院管辖。以上变化具有重要的意义，这是为了应对行政法院数量的减少和将一部分行政案件的司法管辖权转移到普通法院和裁判所。

最后有必要提及刑事法院，其同样行使司法审查权。如同其他普通法院一样，刑事法院也可以适用宪法第 159 条。而且，在少量的案件中，行政机关的行为可能导致刑事上的惩罚，举例而言，当公共机构（civil agents）侵犯了宪法权利，其在特定条件下可受到刑事处罚。[73] 如果法律规定了刑事处罚，受害人可以向刑事法院起诉并请求课以刑事责任，其还可以请求获得赔偿。其请求权的基础是比利时民法典第 1382 条、第 1383 条以及侵权法的规定。

5.3.2 通过行政司法机关的司法保护

针对行政行为的法律保护主体不仅有普通法院和裁判所，还包括行政法院。在组织上，行政司法机关并不属于司法权的分支，而是行政权的一部分。行政法院创立的法律基础，在于宪法第 145 条规定立法机关可以将政治权利保护的司法管辖权分配给司法权以外的机关。

联邦立法机关经常运用这一立法权力，并在需要时创设行政法院。这些行政司法机关管辖特别案件，并且适用特别法律规范。

[73] Article 147 - 159 of the Criminal Act.

在创设行政司法机关及其司法管辖权方面，立法机关从来没有制定出适用于拥有特别权限的行政司法权的统一模式或者一套完备的法律体系。甚至有时，立法并不设立合适机构专门来解决行政纠纷，而是将司法权赋予既有的行政机关。所以，界定是否将司法权授予行政司法机关十分困难，而且很难弄清楚应当适用何种程序法规范。

要对行政司法机关作系统的介绍在这里不大可能，但有些行政司法机关有必要提及。

首先有必要提及常务委员会。该机关主要履行行政职能，但立法机关也对其授予了一些司法职能，特别是有关市镇议会、社会福利公共中心委员会以及一些市政代表的选举纠纷。市长和市政代表组成的委员会对于一些选举纠纷也具有司法管辖权，特别是涉及选民名册编纂方面的纠纷。

其次，有关外国人的立法创设的一些特别组织。有关申请获得政治庇护的纠纷通过难民管理局获得裁判，该机构显然属于行政机关，而不属于司法权的分支。上诉则必须向难民上诉常务委员会提起，其同样属于行政司法权的范围。

同样比较常见的是各种纪律追究的司法机构，特别是在各种职业命令的系统内。比如，纪律检查委员会即是纪律责任追究的裁判机构，上诉则向纪律上诉委员会提起。

最重要的行使行政司法权的机关是国务委员会，特别是其行政部门。[74] 其拥有的司法权不局限于特定的范围，而是在一般的层次上宣告各种行政活动无效，无论具体或抽象的行政行为或规章，也不论其背后的立法依据为何。

国务委员会行政部门的设立首先是为了弥补公民个人权利对抗行政行为法律保护之不足，因为普通法院和裁判所往往不愿意行使司法审查权。公民个人权利对抗行政行为法律保护的另一个

[74] 如前所述，比利时国务委员会拥有两个部门：立法部门和行政部门。前者针对立法机关和政府（当政府在制定规则时）提供建议，后者主要属于一种行政司法机关。

缺陷是公民不能针对行政决定的合法性直接提起宣告无效的诉讼。所以国务委员会的行政部门对于行政行为拥有最广泛的权力，在必要的情况下可以宣布其无效。宣告行政行为无效无疑是国务委员会司法权中最重要的内容，但其还具有其他的司法权，将在后面进一步阐述。

5.3.2.1 撤销非司法性行政决定之权力

根据 1972 年 1 月 12 日颁布的国务委员会协调法第 14 条第 1 款，国务委员会首要的工作在于，处理针对单方面具有约束力的规章和命令提起的宣告无效请求。只有单方面的行为才属于国务委员会的司法权管辖范围。国务委员会不能处理涉及合同的纠纷，乃是因为这些行为不属于单方性行政行为的范畴。然而，国务委员会裁定认为，其可以审查为达成行政合同的单方面行政决定的合法性。为达成行政合同的行政行为以及涉及合同的纠纷归属于普通法院的管辖权范围，这并不会影响国务委员会保留对行政合同的预备性行政行为的管辖权。

如果行政行为侵犯了公民的权益并造成了损害，对该行政行为只能在国务委员会提起诉讼。诸如没有约束力的建议、预备性行为、确认性行为等等并不属于此范围，盖其并不会造成直接的损害。

国务委员会宣告无效的权力不仅针对积极的作为，在特定条件下，不作为同样可成为诉讼的对象。具体的条件在国务委员会协调法第 14 条第 3 款中有详细的规定：如果行政机关有义务为一定行为，但其没有采取任何行动，则公民有权请求其积极作为。如果行政机关在公民提出请求后 4 个月内没有作为，则构成消极不作为，公民可以针对该不作为向国务委员会提起诉讼。但该条款仅仅只适用于法律没有对行政机关不作为规定其他后果的情形。[75]

[75] 比如说，在除了国务委员会协调法第 14 条第 3 款规定的条件下，一些法规将行政机关的沉默视为积极的决定或者消极的决定。这些特别的法规的效力优于国务委员会协调法第 14 条第 3 款。

国务委员会只能对行政机关的行为作出宣告无效判决。但最近，立法机关将该宣告无效权力的对象扩展到一些司法行为和立法行为，也就是立法机关及其组织（包括监察专员、审计署、仲裁法院在内）、司法机关以及司法高等委员会（the high council of justice）的行政行为，只要这些行为关系到政府采购或者公职人员的身份。

国务委员会所拥有的宣告无效的司法权具有一般性。所有的行政活动都纳入了审查的范围。其中有一些特别要提及的地方。

首先，国务委员会的司法管辖权具有辅助性：当事人只有穷尽了所有能提供救济的其他法定（organized）行政诉讼后才能提起宣告无效诉讼。[76]

其次，该司法管辖权具有补充性，即：只有当其他司法机关不具备管辖权时，国务委员会才能予以处理。如果普通法院或者裁判所对纠纷具有管辖权，则国务委员会不能干预。同样其他行政司法管辖权排除国务委员会的管辖权。一些特别的纠纷被授权给普通法院管辖，从而排除了国务委员会的管辖权。但是如果根据宪法第 144 条，属于普通法院和裁判所的一般管辖权范围内的纠纷，国务委员会也无管辖权。依该条的规定，凡涉及主观权利的纠纷都属于司法机构的管辖范围。由于过去对于民事权利和政治权利的区分并不清晰，产生了许多问题，因而学者主张，申请宣告无效诉讼属于客观诉讼，与主观权利无关。该宣告无效诉讼只与客观法有关，仅需要审查其是否违法，而无须考虑其是否侵害了当事人的个人权益。宪法第 144 条与第 145 条仅仅在于解决有关主观权利的纠纷，不能适用于无效宣告诉讼，因此国务委员会不具有竞争性管辖权。最高法院往前更进了一步。其裁决认为，基于无效宣告诉讼的是客观诉讼，国务委员会不能裁决有关涉及主观权利的纠纷，即使这些纠纷仅仅涉及政治权利。

[76] *Supra* 5. 2.

这种理论导致了新的问题，比如，如何判断案件是否涉及主观权利？这个问题的答案十分重要，因为其决定了司法管辖权是属于国务委员会还是属于普通法院和裁判所。

最高法院裁决，国务委员会在提起诉讼的实际和直接目标在于保护主观权利的情况下，不具有司法管辖权。对此予以判断存在两个标准：第一，如果争议行为是行政机关拒绝履行具体的职能，该职能的履行在于对当事人权益的保护，则主观权利存在。这种情况发生在行政机关不具有任何裁量权，具有为特定行为的义务时。第二，提起司法审查的理由在于具体行政职能的不履行。这就意味着，行政机关违反了主观权利存在的基础规范。

这些标准很难在实践中运用。然而事情十分简单：原告提起无效宣告诉讼，即意味着国务委员会具有司法管辖权。如果诉讼请求以另外的形式出现，诸如申请经济赔偿或颁发禁令等，则司法管辖权属于普通法院和裁判所。因此，国务委员会和普通法院、裁判所对同一个案件拥有平行的管辖权，问题的关键是当事人提出什么类型的诉讼请求。

如果国务委员会宣称其有权或者无权受理某一案件，当事人可就该裁决向最高法院提起上诉，从而解决所谓的管辖权冲突。[77]

国务委员会审查各种类型的合法性问题：外部合法性（不具备管辖权，违反重要的程序要求）以及内部合法性（行为的实质性要求是否满足，行政机关是否合法行使其权力，是否存在滥用职权）。

大多数情况下，法律规范仅仅对公权力机关的权限范围作了概括的描述，从而为行政机关留下进一步的裁量空间。国务委员会无权对裁量权行使中的政策考量作出审查。然而，其可以监督行政机关是否超越了裁量权的范围，是否存在恣意武断的情形。为此，国务委员会将适当行政的原则作为审查的标准。国务委员

[77] 参见宪法第158条。如果普通法院或者裁判所都主张其对某一争议应当由国务委员会管辖，该程序同样可以适用。

会无权用自己的决定代替行政机关或者法律授权行使裁量权主体的决定，但如果行政机关作出的决定是明显不合理，即一个具有理性的行政机关在相同的情形下不会作出该决定，则国务委员会可以认定行政机关的裁量权行使不合理。

宣告无效诉讼的请求必须以书面的形式，在规章公布后的60天内，或者在具体行政行为通知后的60天内提出。如果法律规定不需要公布或者通知，则60天的期限自当事人知晓后的第二天开始计算。当事人应当足够知晓决定的具体内容和含义，从而可以形成决定向国务委员会提起诉讼请求。

如果60天的期限届满，国务委员会可以不再宣告一项行政活动无效，但其仍然可根据宪法第159条，依职权宣布违法的规章或决定无效（set aside）。[78]

公民只有证明诉的利益的存在，才能向国务委员会提起诉讼。即宣告无效诉讼对当事人能够带来益处。这种利益应当是与个人有关的[79]、直接的[80]、可确定的[81]、在诉讼的开始和结束时存在[82]并且是合法的。[83] 该种诉的利益也可以是纯粹道德方面的。

法人在同样的条件下，与自然人一样可以作为具有诉的利

---

[78] 如前所言，如果公民没有在这些决定公布或者通知后60天内提起诉讼，即使针对个人的决定违法，国务委员会也拒绝宣布该行政决定无效。这是基于法律安定性原则的要求。

[79] 诉讼提起者必须具有自身的利益。

[80] 宣告无效判决应当给予诉讼提起者益处。当诉讼提起者唯一能得到的好处是，无效宣告判决使其能更容易在民事诉讼中获得金钱上的赔偿（如果行政决定被宣告无效，在侵权诉讼中不需要再证明行政机关的过错），则其不能向国务委员会提起诉讼。（相关文献见 Council of State ，Steenbeek，nr. 73 834，25 May 1998，*Rechtskundig Weekblad*，1998-99，p. 883；Council of State ，Defour，nr. 74 260，11 June 1998，*Tijdschrift van Bestuurswetenschappen en Publiek Recht*，1999，p. 210；Council of State ，De Briey，nr. 78 007，7 January 1999，*Tijdschrift voor Milieurecht*，1999，p. 148。

[81] 这并不意味着，诉讼提起者在向国务委员会提起宣告无效诉讼前必须已经遭受损害。他只需要主张可以合理地预见到可能受到行政行为的侵害。

[82] 相关文献可见 Council of State，Henrix，nr. 72 832 ，30 March 1998，*Tijdschrift van Bestuurswetenschappen en Publiek Recht*，1999，p. 213；Council of State，Vande Casteele，nr. 93 847，12 March 2001（http：//www. raadvst-consetat. be）。

[83] 可参见 Council of State，Hauzeur，nr. 51 467，1 February 1995（http：//www. raadvst-consetat. be）。

益的当事人。但法人不能仅仅为了维护其中一个成员的利益而提起诉讼。行政决定必须对法人本身或者法人成员作为一个整体产生侵害。另一个方面，法人可以主张，就利益的维护而言，团体利益是授权目的一部分。

当事人可以自己参与诉讼程序，其可无须借助律师的帮助。但是，律师代表当事人参加诉讼最为常见。一般而言，只需一名律师就可代表一方当事人参与诉讼。

当事人提起的无效宣告的诉讼请求只可能导向对违法决定的无效宣告判决。该判决具有对世既判力。对任何一个人作出的宣告无效判决对所有人发生法律效力。同样的规则适用于判决理由：每一个人应当承认，行政决定因国务委员会所发展出来的特定违法事由而被宣告无效。

无效宣告判决具有溯及既往的法律效力：被宣告无效的决定被认为自始没有被作出。[84] 但也仅仅限于此。国务委员会没有判决应当采取何种具体的措施对违法的行为进行全部矫正。有权机关应当自己确定采取何种决定和行为来恢复合法性。有时，有权机关必须作出新的决定。为作出这些新的决定，行政机关应当与国务委员会的判决内容保持一致。行政机关不得重复作出已被追责之违法行为。但如果只是因形式上的缺陷被宣告无效，行政机关可以重新作出同样的决定。虽然作出同样的行政决定，但形式上缺陷的弥补足以修复这种违法性。

为了保障判决得到执行，申请者可以请求国务委员会对拒不执行的行政机关强制处以民事罚金。当行政机关根据法律规定有义务作出一项新的决定，但其拒绝遵循法律上的义务条款，其必须缴纳罚金直到其履行完成法律所要求之义务。如果根据判决，行政机关作出了判决所禁止的决定，其同样要被处以罚金。国务委员会可以命令其撤销该决定，否则将被科处

[84] 然而依照 Article 14ter of the Co-ordinated Acts on the Council of States，国务委员会可以决定所宣布无效的行政决定部分或者全部保持其法律效力，直到一段特定的期限经过。但这种可能仅仅只针对抽象行政行为，而不能针对个人的具体行政行为。

罚金。

只有当宣告诉讼判决作出后，并且行政机关没有及时履行判决，科处罚金的方式才能使用。罚金并非向申请者支付，而是作为特别基金，用于行政法院组织的现代化改造。

国务委员会原则上无权命令公权力机关对于给公民已造成的损失予以经济赔偿[85]，也没有像前面所提到的情形那样——如果行政机关没有履行宣告无效判决则可请求对其科处罚金，国务委员会不能向行政机关颁发强制令，命令其应当如何行为。只有普通法院才具有权限处理公权力机关的侵权诉讼。另外，最高法院判决认为，侵权行为往往涉及民事权利[86]，即使损害是对政治权利的侵犯造成的。有关民事权利的纠纷专属于普通法院的管辖范围，行政法院不能判决行政机关因其违法活动对公民造成的损害给予赔偿。

如果所造成的损害不能通过无效宣告诉讼本身来修复，受到侵犯的公民应当向民事法院以侵权行为诉讼的形式主张赔偿。在国务委员会对行政决定作出无效宣告判决后，公民再行提起赔偿诉讼。在此情况下，其无须举证行政机关存在过错，而只需要证明行政机关造成了损害并且是由于行政机关的过错造成的。

受到侵犯的公民不需要等到国务委员会对案件作出结论。在

[85] 对此存在唯一的例外，国务委员会可能命令一方当事人承担诉讼的费用。这些诉讼费用仅仅包括当事人应当承担的 125 欧元或者 175 欧元的登记费用（提出宣告无效请求和对决定的执行请求两者的登记费用合计 175 欧元；如果只是请求对正在审理的案件进行介入，则登记的费用是 125 欧元）。除了这些，基于上诉程序而产生的对一方当事人的诉讼费用，国务委员会或者民事法院没有赔偿的义务。民事法院同样可以判决一方当事人承担诉讼的费用。这些包括登记的费用和其他诉讼费用（传票、专家咨询费等）。一方当事人不能被裁判要求承担其他费用，比如律师费。这些费用通过法定的固定支出方式予以解决。

[86] Cour de Cassation 16 December 1965, Pasicrisie 1965, I, p. 513, concl. W. J. Ganshof van der Meersch, *Revue Critique de Jurisprudence Belge*, 1969, p. 308, annotated by Ch. Goossens; Cour de Cassation 23 March 1984, *Arresten van het Hof van Cassatie*, 1984-85, p. 984, concl, E. Krings; . 161; Cour de Cassation 9 January 1997, *Arresten van het Hof van Cassatie*, 1997, p. 43.

程序的进行中，其可以向民事法院提起侵权赔偿诉讼，甚至可以不需要先向国务委员会提起无效宣告诉讼而径行向民事法院提起赔偿诉讼。在这种情况下，其仍然需要证明行政机关存在过错，同时民事法院自行对行政行为的合法性进行审查。

针对请求宣告无效[87]的诉讼，国务委员会具有停止行政行为执行的一般权力。在特定的条件下，国务委员会还能裁定采取临时性的措施[88]以防止对当事人造成不可挽回的损失。

只有当行政行为的继续或者即刻执行可能对当事人造成严重的和不可挽回的损害，国务委员会才能决定行政行为的停止执行。如果宣告无效的主张初看起来是正当的，则应当予以认真考虑这些主张。主张的正当性无法排除的事实，不足以得出相关主张具有严重性的结论。

争讼决定不利后果的判断与两个因素相关，一是损害的严重程度，二是无效宣告并非一种充分的救济方式。如果行政决定只是造成经济上的损害，并不足以构成不可挽回的损害，即使这个损害比较大，其最终仍然可以得到赔偿，因此并不是不可逆转的。纯粹的精神上的损害也被视为可以挽回的。国务委员会认为，精神上的损害可以通过无效宣告本身获得救济。

同样的情形可以适用于请求采取临时性救济的措施。而且，所采取的临时性救济措施可能与民事权利没有任何联系。宣告无效并不必然导致行政行为停止执行或者其他临时救济措施。这些临时救济请求必须与无效宣告请求一并提起，但是属于独立的诉讼请求。根据法律规定，有关行政行为停止执行或者临时救济措施的判决必须在提出请求后 45 天内作出。在这段期限内，争诉行政行为可能会对当事人造成实际的和不可逆转的损害。所以，在紧急情况下，申请人可以请求立即停止行政行为的执行或者采取其他临时救济措施。在此情况下，裁定必须在非常短的期限内作

[87] Article 17 of the Coordinated Acts on the Council of States.

[88] Article 18 of the Coordinated Acts on the Council of States.

出，甚至在一天之内。如果案件情形非常紧急，以至于不能按照正常程序通知作出违法行为的行政机关，命令行政行为立刻停止执行或者采取其他临时救济措施的裁定必须重新考量并在3天内作出决定。

如果行政决定被停止执行，国务委员会应当在当事人提出无效宣告请求后的6个月内作出判决。在实践中，国务委员会往往超越了这一规定的期限。

有时，尽管符合规定的条件，国务委员会并不必然会判决行政行为立刻停止执行或者采取其他临时救济措施。其还必须考虑这些临时措施会对各方当事人带来的可能影响，如果经过权衡之后认为带来的消极影响超过对当事人所保护的权益，则可能不会命令行政行为立刻停止执行或者采取其他临时救济措施的救济。

5.3.2.2 国务委员会作为最高行政法院

国务委员会的行政分支是比利时最高行政法院。其作为最高的司法机关，具有司法管辖权。[89] 如果请求行政司法判决获得其最高司法审判机关之审查，则必须向国务委员会提出请求，除非法律规定应当向最高法院提起。

作为最高审级的司法机关，国务委员会对下级行政法院判决的外部合法性和内部合法性进行审查，但不会对争议的事实方面进行重新审查，而仅局限于法律审查。

当国务委员会撤销下级行政法院的判决，会将案件发回类似的司法机关重审或者——如果只有一个这样的行政司法机关存在，则将该案发回作出判决的行政法院，如果可能有其他类似的司法机关，则由另一个主体重新审理。下级行政司法机关必须尊重国务委员会的决定，遵循撤销决定中的法律理由部分。

5.3.2.3 国务委员会作为完全管辖法院

在少量的一些案件中，特别是法律明确规定，国务委员会的

[89] Article 14 § 2 of the Coordinated Acts on the Council of States.

行政分支拥有完全的司法管辖权。也就是说，国务委员会可以处理有关涉及政治权利的争议，对案件的实体部分作出裁决。其管辖范围有时是第一审级的案件，有时是上诉审的案件。不管是哪一审级的案件，对于国务委员会的裁判，当事人不能提起进一步的上诉，甚至不能向最高法院提起上诉。

5.3.2.4 特别赔偿的给予

原则上，国务委员会无权判决公权力机关对侵权行为予以经济赔偿。后者专属于普通法院和裁判所的权限范围。

时有发生的是，行政机关的行为对公民的权益造成了损害，但行政机关不存在任何过错。在这种情况下，只有当法律明确规定行政机关应当赔偿，受害人方能获得赔偿。比如，有关环境规划的立法规定，当公民因环境规划而遭受损失时，在特定的条件下，其可以获得相当于损失百分之八十的赔偿，而无论行政机关是否存在过错。损害赔偿的请求应当向初级裁判所提起，上诉则向上诉法院提起。

普通法院和裁判所在相邻人致害（neighbourhood nuisance）的情况下还可以判决行政机关给予经济补偿或者承担其他的法律责任，无论行政机关是否存在过错。该种类型判决之权限基础在于比利时民法典第544条，该条规定了行政机关对财产权的保护义务。

国务委员会有权判决行政机关对于公民造成的额外损害给予公平合理的赔偿。[90] 但是这种司法权力的行使具有剩余性，即：只有当其他法院不具备管辖权时，国务委员会才能予以处理。如果行政机关具有过错，国务委员会则不具备管辖权，这是因为侵权行为的诉讼专属于普通法院和裁判所。如果行政机关不存在任何过错，而法律规定受害人有获得赔偿的权利，或者当普通法院和裁判所主张其具有权限对赔偿进行判决，则国务委员会也不具备管辖权。

[90] Article 11 of the Coordinated Acts on the Council of States.

如果对权利人造成的损害是额外（exceptional）的，国务委员会只能判决给予赔偿。只有当损害是非正常的、直接的、可确定的和可归于个人的，才能称之为额外的损害。如果损害并非牵涉一个或者多个个人，而是公民的整体，则不能称之为额外的损害，也不能根据国务委员会协调法第 11 条获得赔偿。

国务委员会根据公共利益和私人利益的各种不同情形，判决给予当事人公平合理的赔偿。如果给行政机关带来的消极后果或者公共服务的连续性超过了当事人的个人利益，则国务委员会可以拒绝判决给予赔偿。

最后，国务委员会有关特别损害赔偿的司法权具有辅助性：只有当事人首先向行政机关请求损害赔偿后，才能向国务委员会提起赔偿诉讼。而且，其时机也受到限制，只有国务委员会拒绝给予赔偿或者在受理后的 60 天内没有答复，当事人才能提起诉讼。

因为法律对于额外赔偿所要求的苛刻条件很少能够得到满足，所以案件中的当事人极少成功通过诉讼获得赔偿。

表 3　　对抗行政行为的法律保护

<table>
<tr><td rowspan="4">政治法律保护</td><td>民选机关的政治控制</td><td rowspan="2">目的不在于保护公民权利</td></tr>
<tr><td>议会调查</td></tr>
<tr><td>审计署</td><td rowspan="2">1. 处理公民个人的申诉，包括针对事实行为和法律行为；对行政机关个人和组织提供建议；有时具有提供信息的职能。
2. 公民向监察专员申诉并非法定要求。
3. 监察专员对行政行为的合法性和适当性进行审查。
4. 不能最终解决纠纷。只能对纠纷进行斡旋、调解，并给行政机关提供建议。</td></tr>
<tr><td>监察专员</td></tr>
</table>

续前表

行政法律保护	申诉的权利	1. 有权机关（有关联的机关）。 2. 处理所有类型的申诉，包括针对事实行为和法律行为。 3. 在向监察专员提起申诉前，公民必须先向有权机关提起申诉。除此以外，公民可自由选择是否向有权机关提起申诉。 4. 申诉既可以针对行为的合法性，也可以针对行为的适当性。 5. 有权机关应当针对申诉作出答复。
	行政复议	
	向作出机关提起行政复议	1. 有权机关，即行政决定的作出机关。 2. 如果法律没有规定的（not organized）：公民没有必要先行提起行政复议。行政复议对于向国务委员会起诉的期限不会产生任何影响，除非行政机关对案件重新作出了决定。如果行政机关重新作出了决定，向国务委员会起诉的期限自复议决定作出之日开始计算。行政机关没有对公民提起的复议作出答复的法定义务。 3. 如果法律已有规定的（organized）：公民在向国务委员会提起申诉前必须先行提起行政复议。如果没有及时向作出机关提起行政复议，则不能向国务委员会提起申诉。行政机关有义务对公民提起的复议作出答复。 4. 公民即使没有向作出机关提起行政复议，其也可以向普通法院提起行政诉讼。 5. 行政复议机关对行政行为的合法性和适当性进行审查。 6. 行政复议导致新的行政行为的作出。行政复议机关作为行政行为的作出机关具有相同的权限（同一机关）。其可以撤销先前作出的行政行为，变更行政行为，确认行政行为合法。如果无行政复议前置要求，行政机关可以不作出答复。 7. 针对行政机关的复议决定（一种新的行政行为），公民可以向法院提起诉讼（包括普通法院、国务委员会，或者有时是其他行政法院）。

续前表

	向监督机关提起行政复议	1. 有权机关（有权行使行政监督权的机关）。 2. 如果法律没有规定的（not organized）：公民没有必要先行提起行政复议。如果行政复议及时提出，向国务委员会申诉的时效会中断。直到行政复议机关对复议作出答复或者告知复议申请人不会对复议作出任何答复，中断的时效予以恢复。行政机关没有义务对公民提起的复议作出答复。 3. 如果法律有规定的（organized）：公民在向国务委员会提起申诉前必须先行提起行政复议。如果没有及时向作出机关提起行政复议，则不能向国务委员会提起申诉。行政机关有义务对公民提起的复议作出答复。 4. 公民即使没有向作出机关提起行政复议，其也可以向普通法院提起行政诉讼。 5. 行政复议机关对行政行为的合法性和适当性进行审查。 6. 行政复议导致新的行政行为的作出。行政复议机关的权限取决于监督权的范围：中止行政行为的执行；宣告行政行为无效；对行政行为不予批准；对行政行为不予授权。
司法保护	普通法院和裁判所	1. 审查的基础： (1) 每一个法官，包括行政法院的法官，除个别例外能对行政行为进行审查（宪法第 159 条）。 (2) 向民事法院提起的侵权诉讼。 2. 针对行政机关的所有决定，包括针对个案的具体决定和抽象行为。 3. 审查只涉及行为的合法性。审查的依据包括上位法、法律的一般原则和不成文法。 4. 审查后将作出具有既判力的（res iudicata）判决。 5. 法官有权作出赔偿判决或者恢复原状判决，但是不能宣布法律行为无效，用自己的决定代替行政机关的决定或者对行政机关的行为作出变更。

续前表

	向国务委员会申请宣告无效（或者中止行政行为的执行）	1. 基础：1973 年 1 月 12 日颁布的协调法第 14 条有关国务委员会的规定。 2. 针对行政机关的所有决定，包括针对个案的具体决定和抽象行为。 3. 审查只涉及行为的合法性。审查的依据包括上位法、法律的一般原则和不成文法。 4. 审查后将作出具有对世的、既判力的（res iudicata）判决。 5. 国务委员会可以命令行为停止执行，或者宣布行为无效。但其不能作出赔偿或者恢复原状的判决。在此之外，只有当申请人请求处以民事罚金以强制执行，国务委员会才能通过新的程序颁布相应的命令。

6 结论

由于缺乏针对行政程序的统一立法，比利时行政法显得异常复杂。然而，判例法在一定程度上填补了这一空缺，其通过对适当行政原则的详细阐述，使得所有的行政行为都有依据可循。

比利时行政程序法部分程度地通过案例法很清楚地予以展现，对于行政行为的司法审查也存在许多种不同的方式。但是这仍然有待进一步完善。

比如，立法机关从来没有制定出适用于拥有特别权限的行政司法权的统一模式或者一套完备的法律体系。所以，人们在寻求救济时很难分辨，其案件是否归属于行政司法权的管辖范围，其如何提起申诉，应该适用何种行政程序法条款。国务委员会提供的法律保护仅仅适用于宣告无效请求，也有不少问题。因为国务委员会的司法权只能对行政的违法行为作无效宣告。如果该裁判不能对原告的损害予以救济，原告仍然需要向普通法院和裁判所提起诉讼以获得损害的救济。如果将完整的救济权赋予同一司法机关，并适用同一程序，不管是赋予国务委员会，抑或是赋予普通法院或者行政裁判所，都将更有利于公民权利的保障。

7 参考文献

Alen, A. , *Handboek van het Belgisch Staatsrecht*, Antwerpen, Kluwer rechtswetenschappen, 1995, 889p.

Berx, C. , *Rechtsbescherming van de burger tegen de overheid*, Antwerpen, Intersentia, 2000, 649p.

Bocken, H. en De Bondt, W. (ed.), *Introduction to Belgian Law*, Brussel, Bruylant, 2001, 464p.

Craenen, G. (ed.), *The institutions of Federal Belgium*, Leuven, Acco, 2001, 175p.

Delpérée, F. ; *Le droit constitutionnel de la Belgique*, Brussel , Bruylant, 2000, 1048 p.

Lambrechts, W. , *Geschillen van bestuur*, Antwerpen, Kluwer rechtswetenschappen, 1988, 399 p.

Leroy, M. , *Contentieux adiministratif*, Brussel , Bruylant, 1996, 805 p.

Lewalle, P. , *Contentieux administratif*, Luik, ed. Collection Scientifique de la Faculté de Droit de Liège, 1997, 921p.

Lust, S. , *Rechtsherstel door de Raad van State* , in *Administratieve rechtsbibliotheek*, Brugge, Die Keure , 2000, 527p.

Mast, A. , Dujardin, J. , Van Damme, M. en Vande Lanotte, J. , *Overzicht van het Belgisch Administratief recht*, Antwerpen, Kluwer rechtswetenschappen, 1999, 1018p.

Opdebeek, I. , *Rechstbescherming tegen het stilzitten van het bestuur*, Brugge, Die Keure, 1992, 482 p.

Salmon, J. , *Le Conseil d' Etat*, Brussel, Bruylant, 1994, 627 p.

Vande Lanotte, J. en Goedertier, J., *Overzicht Publiekrecht*, Brugge, Die Keure, 2001, 1291 p.

Van Orshoven, P., *Bronnen en Beginselen van het recht*, Leuven, Acco, 2000, 205 p.

2

法国行政法

琼 · 伯纳德·奥比

1　行政法的定义和范围

1.1　历史背景

关于法国行政法肇始于何时迄今没有统一的认识。一些行政法学者主张法国行政法起源于中世纪的各种制度，但普遍接受的观念是——事实上法国行政法的产生可追溯到至今仍是法国最高行政法院的参事院的创建。

国家参事院（Conseil d'Etat）创建于 1799 年拿破仑执政之初的宪政咨询政体之下，其形成先于拿破仑帝国的建立，但是在此期间拿破仑使国家参事院取得了主导地位。对于法国行政法未来的发展极其重要的一点是国家参事院的地位不仅仅在于其作为裁判机构，还在于其一直兼具审判职能的同时，也是法国中央政府法律事务的咨询机构。

国家参事院建立后朝着这两个方面发展。即使国家参事院仅处于居间调停地位①，但它独立的裁判功能还是得到了长足发展：一个重要的里程碑就是 1872 年得到立法确认。

国家参事院朝着更加独立的方向演进，尤其到了 19 世纪末 20 世纪初，一系列的司法审查的技术建立起来，其中形成了一些显著的司法技艺，如越权之诉就是其中之一（Recours pour excès de

① 显然，自 Procalo 案件以后欧洲人权法院对欧洲人权公约第 6 条的解释，法国行政法院的这种终局地位是有疑问的。

pouvoir)，越权之诉是获得行政法院对行政决定进行审查最主要的诉讼。

1873年，权限争议法庭（Tribunal des Conflits）（该法庭于1872年建立，其负有决定案件是由普通法院还是行政法院管辖的功能）在布朗哥一案中发布了其最为著名的判决[②]，该案是关于一个小女孩被国有烟草厂的卡车撞倒并受伤的案件。权限争议法院在本案的判决中发表了两点重要的意见。

第一点意见：决定一个案件属于行政法院管辖而不是普通法院管辖，要特别考察案件是否和公共服务有关（service public）。

第二点意见：行政责任不受私法规则的支配，而是从属于适应公共服务需要的特定规则。正如我们今天所看到的那样，适用特定规则对于行政法获得较高程度的认受尤其重要。

1.2 行政法的范围：属于行政法的事务

和大多数国家相比，法国行政法最显著的特征之一就是行政法所涵盖的范围十分广泛。在描述为什么会存在这种状况之前有必要进一步明确这句话的内涵。

如果说受到行政法规则支配的事务范围非常宽泛的话，那么有两个原因可以解释这个问题。

第一个原因与特定的行政法程序类型即可以导致行政法官对行政权力进行审查的特别诉讼类型有关。此处需要强调的是，这些程序和诉讼并非仅仅涉及法官对行政行为合法性进行的司法审查：它们中的一些可能与公务合同有关，其他的可能与公务机关合同以外的责任有关。与其他许多国家的情况相反，在法国，法律体系中公共责任与公共合同并不被认为是私法和普通法的事务。法国法中公共责任与公共合同主要适用（虽然不是全部）特别的公法规则，因而也适用特别的司法诉讼程序。

② Tribunal des Conflits, 8 février 1873, *Blanco*, *Rec.*, 1° supplt. 61, conclusions David.

这一点实际上已暗含为什么法国行政法涉及的范围十分宽广的第二个原因。其源于这样一个事实：法国法中存在大量的特别行政法规范，它们涉及每一行政行为和行政主体。比如有关于公务员（droit de la fonction publique）的法律、关于公务合同（driot des contrats administratifs）的法律、关于公共财产（driot du domaine public）的法律和公共工程（driot des travaux publics）的法律等。并非所有的行政机关作出的行为和行政机关都受公法支配。同样公职人员、公务合同、公共财产和公共工程也并非全部适用公法。它们经常适用私法，尤其是当它们符合如下特定标准时就总是如此：在缺乏行政活动的领域，在某种程度上不易受到公法的影响。

法国行政法所支配的事务范围十分广泛的原因何在？为什么会出现上述情形？最主要的原因在于法国公私法划分的基本假定。法国属于罗马法系，其法律体系非常强调公私法的划分，公私法的划分在法国被认为是分析法律和法律体系运作的最基本的工具。行政法本身就深深地根植于公私法分离的传统：行政法由特定的公法规则组成并回应特定的行政活动需要。

行政活动什么样的特质使其适用特别规则并得以正当化？法国法学家给出的传统解释是公共服务理论和公共权力理论：行政活动通常具有提供公共服务（théorie du service public）的功能，同时运用公共权力（théorie de la puissance publique）组织并提供公务服务的法律手段是特别的。③

公共服务和公共权力的成分存在于各个领域的行政活动中，甚至在那些与私法活动十分相似的领域也存在。实际上在公共经济活动中——如供水、供电等——具有部分公共服务的属性和部分公共权力的属性（如强制收购、作出财政决定等）。这就是在法国任何行政活动一定程度上都受公法支配并适用行政法之特别规范的原因。

③ 事实上，自从19世纪晚期、20世纪初期这两种理论问世以来，公务服务理论和公共权力理论是否是主流的理论一直备受争议。参见：R. Chapus，*Droit administratif général*，15th ed.，Paris，Montchresien，p. 3。

后文将提到，这种观念与一套独立的行政法院系统的存在以及行政法院管辖权的划定具有密切的联系。

2 行政机关的法律构架

2.1 公法人和公共机关

行政机关从结构上而言被认为是由称为公法人（personnes publiques）或公法法人（personnes morales de droit public）的特别法人构成的。它们是履行公共职能的主要机构，虽然私法人或私人也可能因公法人的委托而被授权承担一些公共事务并履行一个公法人的职责（这种情形在特许经营或委托公共服务（elegation de service public）时尤为常见，下文还要提及）。

尽管判例法承认以下分类仍可能为其他特殊法人的划分留有空间，但绝大多数的公法人可以归为三种：第一种类型是完全由国家机关构成的公法人，第二种是地方自治团体（collectivités locales，or collectivités territoriales），第三种是除了国家和地方公法人之外的各种负责公共事务的公务法人（établissement publics）。

公法人由公共机关代表其从事法律活动，公共机关以公法人的名义作出法律行为。代表公法人的公共机关可以归为两类。其中一类是个人机关：如总理、市长、公共组织的负责人等。另一类是集体机关：比如在地方自治团体中，大多数重要的决定都是由民选的委员会集体作出的。

通常情况下，创建某个法人的特定行为会表明其为公法人抑或是私法人。然后，有时也不乏产生分歧的情形，法官们会采取各种标准确定某一法人究竟属于公法人还是私法人，如根据法人创设机关的性质、法人所具有的功能性质等标准来判断。④

④ 例如：Tribunal des Conflits，14 février 2000，Groupment d' intérêt public "Habitat et interventions sociales pour les mal logés et sans abris"，*Actualité Juridique Droit Administratif*，2000，p. 465。

2.2 国家层面的法律安排

在国家层面，大多数行政权力由政府（总理和部长）和总统来行使。政府和总统之间的权力划分十分复杂，但值得一提的是一些重要的决定（如立法行为，重要的公职人员的任命）都必须经过双方的同意。

接下来的一个问题是关于独立行政机构（Autorités administratives indépendantes），尽管和其他有类似机构的国家一样，其在法国一开始都遭遇些许抵触，但如今这些独立机构被授予了广泛的权力。其中的很多机构拥有广泛的权限：如作为一种监察专员的调解员（médiateur），保护公民隐私不受网络数据建设侵犯的国家信息与自由委员会（Commission Nationale de l' Informatique et des Libertés），作为竞争法主要实施机构的竞争理事会（Conseil de la Concurrence）等。还有一些负责经济特别领域或社会领域的机构：例如银行监管委员会（Commission bancaire），证券监管委员会（Commission des operations de bourse），广播电视监管委员会（Conseil supérieur de l'audiovisuel），通讯监督委员会（Autorité de regulation des telecommunications）和电力监管委员会（Commission de regulation de l' électricite）等机构。

中央国家机关有一个非常重要的特色，就是其中包括许多既非中央的也非地方的机关或组织。它们是在地方建立，并且其职权限定在被建立的行政区域（这即所谓的“权力下放”概念 déconcentration，其与地方分权不同，它们与下文将要提到的地方政府类似）。主要的国家地方行政机关是省长（Préfets）：被任命为大区和省的行政长官（préfets de region and préfets de département），他们由中央政府任命（正如前文所述，实际上他们是由中央政府和总统共同任命），并置于政府的层级控制之下，他们在地方行政事务中代表中央政府，并行使广泛的权力。

表 1　　国家行政机关

国家行政权	议会
共和国总统（Président de la République） 中央政府 ＋独立行政机构（Autorités administratives indépendantes） ＋由中央政府管理的公务法人（établissements publics）（全国性的公务法人，具有法律人格）	两院：众议院（Assemblée Nationale，直接由公民选举），参议院（Sénat，由地方和众议院议员共同选举产生）
地方国家机关（Autorités déconcentrées）： 主要在大区和省层面 省长（préfets）和各部长在地方的分支机构	

2.3　地方政府

法国传统上是一个中央集权的国家，其国家机关（通过中央国家机关和地方国家机关）负责大部分涉及公共利益的事务和作出绝大多数公共决定。尽管如此，法国的中央集权传统事实上逐渐削弱，地方团体已得到渐进发展并获得实实在在的权力和财政手段。20 世纪 80 年代一次较大的改革使法国的地方分权得到重大的发展。尽管法国的行政体系仍是欧洲最为集权的体制之一，但自从那个时期开始，其也已经朝着其邻国已经表现出的地方政府自治和区域化的方向发展。

地方分权的法律基础主要源于以下几个因素。第一，地方团体被认为是一种公务法人：它们形成前文已经提到的地方公共团体（或地方政府）。第二，宪法的规定确保了地方团体拥有一定程度的自治权：宪法第 72 条规定"地方团体由选出的议会依照法律规定的条件，自主管理"（collectivités territoriales... s'administrent librement par des conseils élus）。基于该宪法规定，宪法委员会已经表明了保护地方团体的权限和财政自治等方面的重大意义。

地方分权行政组织的结构设计如下所述。

其本土基本结构由三个层级构成。在最高层有 22 个大区（régions），中间有 96 个省（départements），底层大约有 36 700 个市镇（communes）。

在法国市镇数量如此之多，往往使其难以有效地处理各类事务：这些事务虽小但却是经常性事务，所以市镇承担着非常重要的职责，比如在其辖区提供输电、供水、垃圾处理、兴办小学等公共服务。这种状况促使了很多与市镇合作组织的产生，在过去的几年，这些合作组织的数量和规模都获得了大幅度的增长：大多数的城市群中都已设有所谓的城市圈共同体（Communauté d'agglomération），它们已经替代市镇负责已联合城市的市政和经济发展。

最后值得一提的是法国的海外大区具有一套特殊的行政体系，在其中可以发现海外省（départements d'outre-mer）和海外领地（territoires d'outre-me）之间最基本的区别，后者享有较大的自治权和具有很强的法律自主性。

地方分权实体（collectivités locales）与国家的关系主要表现在两个层面。

一方面，在国家整个系统内地方团体仅仅享有适当的分权，国家在很大程度上依然保留对地方事务进行干预的手段：比如许多事关基础设施的决策最终需要国家有关部门的同意，或者需要国家的财政支持（这种情况并非是什么罕见之事）。基本上，国家为地方安排的警力由地方调动，特别是可以由省长调动。

另一方面，二者的关系体现在国家机关对地方团体的监督——事实上是由省长控制——省长应该审查地方团体决定的合法性，当这些决定不合法、该地方团体官员拒绝纠正或拒绝撤回时省长有权提起诉讼。在 20 世纪 80 年代分权改革之前国家都可以通过省长对地方实施强有力的控制，省长在一些案件中甚至可以基于授权撤销地方的决定，或者行使否决权阻止决定的生效。如今，省长对地方的监督主要是一种合法性审查（因此被称作 contrôle de légalité），如果认为地方团体的决定确有问题，则由行政法庭审查该决定是否需要撤销。[⑤]

表 2　　地方政府机构（欧洲领土部分，海外地方机构另有特定的组织结构）

22 个大区（régions），由大区议会（Conseil regional，由公民直接选举产生的议会组织）和大区议会长（President du Conseil regional，由大区议会选举产生）共同管理。
96 个省（départements），由省议会（Conseil general，由公民直接选举产生的议会组织）和省议会长（President du Conseil général，由大省议会选举产生）共同管理。
36 700 个市镇（communes），由市议会（Conseil municipal，由公民直接选举产生的议会组织）和市长（由市议会选举产生）共同管理。

3　行政权力的基本内容、行政行为

3.1　公共权力

国家以及数量众多的行政机关之所以不同于个人、私人组织，本质在于它们被赋予后者所不具备的特殊法律能力（个人、私人组织只有在承担公共任务时才可能偶尔拥有这种能力）。在法国法中，这些特殊的法律能力被称作公共特权（prérogatives de puissance publique）。

行政机关这些特殊的法律能力之中最为重要的就是单方面作出决定的权力。然而，行政机关拥有的不限于这项权力。当然，行政决定不是行政机关通常作出的唯一的行政行为：行政行为往往还以行政合同的方式实现。

最高行政法院在 1982 年的一个案件（2 juillet 1982，Huglo）[⑥] 中阐明了最基本的公法规则，就是允许行政机关采取单方面

⑤　相关法律规定可见《地方政府法律通则》（*Code général des collectivités territoriales*）L. 2131-6 *et seq.* 。

⑥　*Rec.* , p. 257.

的决定并能对公民附加义务：也即行政机关具有不必经当事人同意而作出行政行为从而改变法律秩序的权力。

授予不同的行政机关作出单方面决定的范围有所不同，但对于每个行政机关来说，其作出行政决定的能力都能够在设定该机关及规定其权限的法律和规章中推导出来。然而有一种情形除外：所有行政机关的首长都被认为有权作出建立他们领导管理的机构组织，并设定它们的职能的单方面决定，同时他们据此作出的决定有时可能会对公民的权益造成影响（例如，因为他们将决定公民申请资料的公开范围，所以在设定该机关时就必须就授权和费用等问题与行政机关进行沟通）。

有关作出、撤销行政决定的程序性要求，以及那些具有普遍约束力的行政决定的特性在此也需要详细说明。

法国行政程序没有统一的依据，不像其他法系国家一样拥有一部普遍适用的法典或法规来规定作出行政决定的程序性要求，在法国，作出行政决定的程序性要求既可能来自特定法律规定（这些条款主要分布在 1979 年 7 月 11 日的法案、1983 年 11 月 28 日的法令和 2000 年 4 月 12 日的法案中）⑦，同时也可能来自判例法所确定的一般法律原则。其中，最为重要的行政程序主要有以下几个方面：

许多行政决定（尤其是不利的行政决定：如设定义务、拒绝许可、禁止为某种行为的行政决定）原则上要求事先给予公正的听证。当然也存在一些例外的情形，比如当事人要求不予听证的情形。在法律要求公正听证的情况下，相对人如果没有获得行政主体对作出决定是如何考虑的通知，或没有提早获得通知而缺乏充分的时间准备听证，或没有获得向行政机关申辩的机会，行政主体作出的行政决定都是违法的。

大多数行政决定需要在决定中说明理由，或者以附件形式说

⑦ Loi du 11 juillet 1979 relative *à* la motivation des actes administratifs; Décret du 28 Novembre 1983 relatif aux relations entre l' administration et les usagers; Loi du 12 avril 2000 relative aux droits des citoyens dans leurs relations avec les administrations.

明作出行政决定的原因。需要说明理由的行政决定的范围主要在上述提到的 1979 年 7 月 11 日的法案中规定：说明理由与给予公开的听证相似，主要适用于对当事人不利的行政决定。在要求说明理由的前提下，如果行政决定中没有说明理由或未以附件的方式告知，以及给出的理由太过于模糊、抽象（例如，仅仅在复述法律条文，没有对案件的特定情形作解释说明），该行政决定则是不合法的（并且，这种违法的行政决定通常不能通过事后说明理由得到补正而产生效力）。

法律规定很多行政决定作出之前需要咨询其他特定行政机关，甚至有些行政决定需要其他职权机关的同意。相应的近几年来立法规定了大量的作出行政决定前要求咨询、公开辩论、环境评测的情形。如果行政主体没有进行咨询或者没有恰当地进行咨询，即咨询不符合适用该程序的行为所要求的（详细）规则等，该行政决定仍是违法的。

关于撤销（或变更）行政决定的规则可以总结为以下方面：

为了描述撤销（或变更）行政决定的限制，首先四种基本的两分法需要进行说明。第一种是具体行政决定（特定行政决定，见下文）和抽象行政决定的划分，后者更容易撤销或变更。第二种是面向作出决定之日的撤销（称之为“撤回” retrait）和面向未来的撤销（称之为“终止” abrogation），前者有严格的限制条件。第三种是合法的行政决定和非法的行政决定之分，后者的撤销或变更更为容易。第四种是赋权的行政决定（actes créateurs de droits）和非赋权（actes non créateurs de droits）的行政决定。[⑧]这种二分法的重要性在于：撤销（或变更）赋权的行政决定比非赋权的行政决定困难。判定一个行政决定是否赋权的标准有二：首先，规章、普遍适用的行政决定不直接赋予个人权利。其次，

⑧ 应当注意要理解赋权行政决定和非赋权决定与行政主体的关系：有些行政法上认为不是赋权的行政决定可能会为某些私人创造权利（例如，公务员的家庭成员根据民法的规定可以对公务员的薪酬享有一定的权利，然而，如后文所提到的，行政机关支付报酬并未和公务员家人形成直接的关系）。

具体的行政决定（具体行政决定，参见下文）能够直接赋予个人权利，但也有一些例外的情形。一些纯粹的确认性（recognitive）的行政决定，仅仅是认可某种情形，本身并不授予权利：这涉及很多金钱方面的决定，本身根本没有变通的空间（例如，向公务员支付薪水的决定）。再次，通过欺诈的方式诱使行政主体作出的行政决定也不产生授权的法律效力（例如，通过提供虚假的工程特点的信息获得的建设许可没有效力）。

基于以上四种分类，关于行政决定之撤销或变更的规则可以通过对比两种情形加以概括，实际上这两种情形也是最重要的情形。

第一种情形是行政机关意欲撤销一个普遍适用的抽象决定应遵循三个原则。第一个原则：除法律特别规定的情形外，规则不能从生效开始撤销（retirée）（这是法律不溯及既往原则的一个体现）。第二个原则：规则能够面向未来中止（abrogée），公民不能因此宣称其权利受到损害。第三个原则：当具有普遍拘束力的行政决定不合法，且其作出机关已经收到对其进行撤销的请求时，该机关必须撤销该决定。

第二种情形，当行政主体意欲撤销（或变更）的决定是一个赋权性的具体（或特别）行政决定时。此时遵循两个原则，原则一：只有在作出行政决定所依据的法律允许撤销（或变更）时方能为之（例如，法律授权进行危险活动——installations classées——当出现授权时未考虑到的新的风险时，该授权就可以被变更，甚至撤销）。原则二：如果具体行政决定是非法的，该决定自决定发布之日起四个月内能够被撤销（或者对该行为进行纠正）。

以下将对抽象行政决定以及行政机关作出抽象决定的权限进一步说明。

与其他国家不尽相同，法国行政法认可行政机关作出抽象行政决定与作出具体行政决定本质上并无不同。二者同属行政决定，有着共同的形式，它们在发布规则（例如，关于咨询、公开的规则）、合法要件以及行政诉讼等方面都有共同适用的规则。当然，除了这些共同的规则外，它们各自也有一些特别适用的规则：只有具体行政决定适用给予公正听证的规则（当然，如前所述有时会有例外），抽象行政决定因为没有授予权利，所以可以废止（针对未来发生的效力），等等。

区分行政决定种类的标准并不难理解。如果一个决定是针对确定的人作出的，其对象是一个人，就可称之为具体决定（décision individuelle），对象是多人可称之为特定决定（décision particuliére）。如果一个决定针对的是不特定的对象，即其针对"匿名"的不特定者作出，其设定一个处于某种情形的所有人都是适用的规范，那么就可以说这是一个抽象行政决定（décision réglementaire）。

那么作出抽象行政决定（pouvoir réglementaire）的权力在行政主体之间是如何分配的？总理是这种权力的主要行使者：当然如前文提到的，总理的权力也会受到限制，总理所作出的许多抽象的行政决定（在法国称作法令：décrets）需要总统签署（总统和总理共同发布，总统能够反对法令的通过）。大多数的行政法规都是总理为了实施议会通过的法律而制定的（在法国称作执行性行政法规：pouvoir réglementaire d' application des lois）。但是现行宪法（1958 年宪法，见下文说明）也授予了总理制定针对其他事项而非执行议会法律的法规的权力（相应的这被称为自主性法规：pouvoir réglementaire autonome）。宪法第 34 条和第 37 条划定了议会制定法律的事项范围：在这些事项范围内制定的法规只要是执行法律规定，同时这些既定范围之外的事项就是法规自主立法的范围。

总理拥有最主要的规则制定权力，但总理并非独享这项权力。部长有时也会被授权针对特定事项制定普遍适用的规则，尽管这种情形并不常见。这种情形在地方也同样存在。例如市议会负责制定地方治理规划，而市长能够发布关于道路交通、停车和其他类似事项的地方规章。

另外，法国判例法认可授权各行政机关首长以制定条例的方式建立下属机关并决定其权限（前文业已提到：这种条例有时候可能对公民课以不利负担）。

行政机关作出单方面的决定的权力毫无疑问是行政机关最主要的权力，但却不是唯一的权力，行政机关还有其他一些特定的权力（prérogatives de puissance publique），例如，基于公共利益的需要强制征收财产的权力，后文将要提到的行政机关为了公共利益而变更已生效合同的权力，或者基于市政工程建设需要的征用权力（如临时占用土地）。

以上说明并不意味着法律规则仅仅赋予行政主体作出行政行为的优先权力。首先，在没有必要利用上述行政权力的情形下，行政主体不会随意使用这些权力。其次，即使行政主体能够作出单方面的决定，有时也会倾向于采取行政合同的方式为之。再次，行政主体在其履行职能的时候在许多方面都受到在私法中并不多见的特定规则的约束：比如，须通过特定的竞争程序选拔公务员，政府具有信息公开的责任，作出行政决定前须进行咨询等。法律一手授予特定的公法权力，另一手也对其施以特定的限制。

3.2 行政合同

为了说明行政合同在法国行政法中是被如何理解的，在行政法制中允许适用行政合同的范围有必要论及，同时关于行政合同立法涉及的主要方面也应有所介绍。

法律并未授权行政机关无论任何事物都可通过行政合同解决。更确切地说，法律禁止针对某些行政主体职权范围内的事项订立行政合同。基于判例法确定的原则，法律要求行政主体以单方面的行政决定处理的特定事项，行政主体不能以合同方式替代，也不能以协议的方式自缚规则制定权之“手脚”。这种限制在警察行政（police administrative）中尤显严格，在法国，广义的警察行政涉及所有以保护公共秩序为目标的行政权力运用之情形。例如，建设许可、环境许可不能以合同的方式进行授予。

尽管有这样一些限制，事实上行政合同的适用范围仍相当广泛，而且有日益扩大的趋势。就经济性、法律性日益增长的行政合同来说，其最重要的种类包括：政府采购合同（marchés publics)、公共特许合同或公共服务委托合同（délégations de service public)。与此同时，订立行政合同的公共主体之间的数量在不断增长，尤其在地方行政事务中通过合同设定合作，确定资金分配。这种合同在国家与地方之间、地方与地方之间都被广泛运用。

尤其需要强调的是法国行政法中的行政合同（或者其中的绝大多数）适用特别规则（相应的行政合同的诉讼通常也在行政法院进行)，行政合同不适用普通民法或商法规则。但这不适用于行政合同的全部情形，虽然认为行政合同应受公法的支配（因此才被称作行政合同（contrat administratif）或者公法合同（contrat de droit public)，与行政主体订立的私法合同（contrat de droit privé de l 'administration）相对，但是许多行政合同仍相当开放（这指的是合同中可能包含私法合同中常见的条款，或者委托订约人承担公务服务的职责)。

适用特别公法规范的行政合同（大多数情况如此）受诸多一般规则之约束（同时，如上文所述，受到行政法院的监督)，因此这些规范有别于私法上处理合同事务的规范。其中最为显著的差别体现在：基于迫切之公共利益需要（要求给予对方当事人补偿)，公法允许作为当事人一方的行政机关单方面变更合同。当然还有其他一些区别，例如关于不可预见的情势发生致使合同当事人的权利义务不再平等时：在这种情形下，承包人应继续履行合同，但是他们能够获得继续履行合同所承担额外负担的补偿（至少是部分补偿)。

除了行政合同适用的一般规则外，各类行政合同根据制定法和判例法还具有一些适用特别规则的情形。最主要的（既是理论上最重要的，也是实践中最常见的）行政合同包括四类：第一类是政府采购合同（marchés publics)，调整政府采购合同的规则主要源于 2001 年修订的《政府采购法》，该法在法国国内法的规则的基础上融入了欧盟指令的要求。第二类是公共特许合同以及其他类似的涉及公私合作的合同：这些合同统称为公共服务委托合同（délégations de service public），调整该类合同的是 1993 年 1 月29 日颁布的法典[⑨]（法典根据当时的财政部长的名字被命名为“沙平法”loi Sapin）。第三类是由私人支配公产的公共占有合同（contrats d' occupation domaniale），调整这类合同的规则主要源于判例法。最后一类是公共雇佣合同，虽然行政机关的大部分工作人员属于公务员，他们与行政机关并非是合同关系，但仍有许多公共雇佣人员与行政机关具有合同关系（多见于地方公务机关之中）：这类合同一方面适用共同的规则，另一方面公共雇佣立法根据雇佣者不同（国家机关、地方团体和公立医院三类），确定了它们各自订立的雇佣合同同时适用各自特定的规则。

4　行政法规范、行政法治

4.1　行政法规范的层级

我们现在要考虑的问题是法国行政法如何理解行政机关受制于法律的控制。这个问题所关注的内容包括两个方面：行政机关所遵守的法律源于何处，以及它们之间的关系是什么？遵守法律对于行政机关来说意味着什么，以及其为行政机关留下多大的裁量空间？

与凯尔森金字塔式（Kelsenian pyramid）规范结构的观念相似，法国法以一种层级的视角看待法律的结构。行政法同样如此，行政机关应遵守的规则也被认为形成了类似的层级结构，这个层级机构被称为“法律体系”（bloc de la légalité）。下文首先对“法律体系”的基本构架进行描述，然后再对其中两个重要的层级内容——宪法规则和国际法规则的地位进行介绍。

⑨　Loi du 29 janvier 1993 relative *à* la prévention de la corruption et *à* la transparence de la vie publique et des procédures publiques.

“法律体系”的层级架构安排如下：根据法国判例法确定的规则（后文将要回到这个问题上），在法律体系的最上层是宪法，然后是国际法规则，其次是议会法（lois）。[⑩]

下一层级是法律的基本原则（principes généraux du droit）。因为成文法规定法院可以这样做，直到20世纪中叶，最高行政法院才开始使用这个概念去发掘法律文本背后蛰伏的基本原则。尽管最高行政法院声称他们只是从一般的法律语境中推导出这些原则而非创造它们，但这确实是一项创造性的工作，因为最高行政法院从未认为这些原则需要和具体的法律渊源联系起来，不论是宪法还是其他成文法。迄今所确定的大部分法律原则都与保护公民的基本权利不受行政机关的侵犯有关，如平等原则（适用于征税、提供公共服务以及公产的利用），法不溯及既往原则等。然而需要明确的是，行政法院在审查行政行为时援引法律基本原则的情形日趋式微，这是因为这些重要的原则在宪法和国家国际法规范中都逐渐得到体现。

最次层级的是行政条例，行政条例在法律体系（bloc de la légalité）中的位阶序列通过以下几种解决方式得以实现。国家机关发布的规章的效力优于地方发布的规章的效力；在同种类的公法人中（不论是国家还是其他的），地位相对较低的机关制定的规章从属于另一个地位更高的机关制定的规章。这两个原则常常意味着某个行政机关必须遵守另一个行政机关制定的规章，这也正是规则能够被纳入行政法律体系（bloc de la légalité）中的原因所在。

表3　　最高行政法院确定的法律规范层级

宪法规范，即： 1958年10月4日制定的宪法＋该宪法所指引的：“1789年8月26日通过的《人权和公民权利宣言》（Declaration des Droits de l'Homme et du Citoyen），1946年宪法的序言，以及共和国法律公认的基本法律原则（主要是由判例法确定的，其中大部分又是由宪法委员会确定的）”

⑩ 尽管loi与英语中的law的拉丁词根相同，但“loi”在法语中仅指议会制定的法律，law在法语中对应“Droit”。

续前表

国际法规范 主要是欧盟法以及欧洲人权公约 条约效力高于议会立法（宪法第 55 条的规定）
议会法（lois）
一般法律原则（principes généraux du droit），源于判例法（尤其是最高行政法院的判例）
行政条例（Règlements administratifs），由中央政府及其他行政机关制定发布

4.2 宪法规范

什么是影响行政法的宪法规范？

在列举宪法规则之前，必须弄明白宪法规范源于何处。事实上，由四部分组成的法国宪法规范结构十分复杂。第一部分是法国 1958 年 10 月 4 日颁布的宪法。第二、三部分是现行宪法所指引的宪法规范：法国大革命时期通过的《人权和公民权利宣言》(declaration des droits de l'homme et du citoyen：1789 年 8 月 26 日)，以及前宪法的序言部分（1946 年 10 月 27 日）。第四部分由共和国法律认可的基本原则构成（principes fondamentaux reconnus par les lois de la République），这些基本原则在 1946 年宪法中提及。

在上述一系列的文本和原则中有很多是与行政法有关的原则。其中最为重要的原则可以分为四类：第一类原则（尽管不多）与行政法的存在、行政介入的范围和行政法的范围有关：比如说工业贸易自由、经营自由。第二类和司法审查以及审查的范围相联系：例如宪法委员会的裁决确立了一条保护行政法院独立的宪法规则（1980 年 7 月 22 日）[11]；行政法院可以对行政决定宣告无效或变更行政决定的原则，或者可以这么说，至少公共权力（prerogatives de puissance publique）的行使必须处于行政法院和行政

⑪ Conseil Constitutionnel，22 juillet 1980，Indépendance de la juridiction administrative，*Rec.*，p. 46.

法庭的监督之下（1987 年 1 月 23 日）。[12] 第三类包含了保护公民基本权力不受行政机关侵犯的原则：如平等原则（如前述，这一直被最高行政法院作为法律基本原则援引，但根据宪法委员会判例，平等原则也是一项宪法原则），听取对方申辩原则（audi alteram partem），教育自由原则等。最后一类原则涉及行政作用的其他方面，诸如公共服务连续性原则（这对公共服务中的罢工法影响甚大）。

4.3 国际法规则

和其他类似的国家一样，法国正加入越来越多的对行政法事务有重要影响的国际条约之中（关于外国人的地位，环境保护，国家之间的行政主体合作等）。

从现实适用的情况来看，占据主要地位的影响行政法的国际法渊源有两类：欧盟法和欧洲人权公约。它们之所以重要是因为它们在法国法中具有不需转化而直接适用的效力[13]：这意味着二者均可直接作为审查行政决定的法律依据。不过，必须强调的是，理论上对法院直接适用欧盟法仍然是有限制的，因为根据最高行政法院的判例[14]，欧盟的指令不能被直接适用而作为推翻某个行政决定的根据。但目前这仅仅是一种理论上的限制，实际上，最高行政法院已经受理了当事人主张国内法（法律或规章）与欧盟指令不符因而缺乏合法性根据并据此请求法官撤销某个行政决定的诉讼。[15]

国际法规范（欧洲的或除欧洲以外的）对行政法、司法审查都产生了广泛的影响。从 13 年前开始，最高行政法院一直裁决国际条约的效力总是高于国内法的效力。在 1989（1989 年 10 月 22

[12] Conseil Constitutionnel, 23 janvier 1987, Conseil de la concurrence, *Rec.*, p. 8.

[13] 这也要求欧盟法和欧洲人权公约的相关规定至少足够产生这样的效力。

[14] Conseil d'Etat, Assemblée, 22 décembre 1978, *Ministre de l'Intérieur c. Cohn-Bendit*, *Rec.*, p. 524.

[15] Conseil d'Etat, Assemblée, 30 octobre 1996, *SA Cabinet Revert et Badelon*, *Rec.*, p. 397.

日的 Nicolo 案）以前[16]，最高行政法院一直认为如果国内法和国际条约相冲突，后制定的效力优先。在 Nicolo 案中，最高行政法院接受了国家条约效力始终优先的观点，即使它是在国内法之前制定的。

4.4　合法性原则

法治国家（Rechtstaat）[17] 的本质在于行政机关应当尊重法律，遵守一切其应当遵守的法律规则，这就是所谓的合法性原则（principe de légalité）。

我们在下文将讨论合法性原则在法国行政法中的实现至少体现为两种方式。一是司法审查，二是行政责任：任何违法、非法的行政决定被认定为有错，并与造成的损害之间具有因果关系，将导致公共赔偿责任。

在各法系之中都普遍承认行政裁量是依法行政的一个限制，那么法国行政法是如何处理裁量问题的？当行政机关能够在不同的行动步骤中作出选择就被认为具有行政裁量权，甚至行为结果已经明确，但只要行政机关能够选择如何实现这个结果就存在裁量。当然裁量不能是在合法和非法之间选择，只限于在多种（两者或以上）合法的情形中选择。

在法国行政法中自行政裁量被认为是一个行政机关对作出决定的现实情境进行评估，以及行政决定与其依赖的事实根据（motifs de fait）之间的关系问题。对于裁量最基本的问题是根据某些特定的事实，可以允许行政机关作出什么决定以及应当作出什么决定？如果行政机关必须作出决定，那行政机关所具有的权限是羁束性的（compe-tence liée）；如果行政机关可根据对事实的理解和情势的把握有是否作出决定的自由，那么行政机关则具有裁量权（pouvoir discrétionnaire）。

需要强调的是在法国行政法的观念中，裁量性权力或者羁束

[16] Conseil d'Etat, Assemblée, 20 octobre 1989, *Nicolo Rec.*, p. 190, concl. Frydman.

[17] 法语为："*Etat de Droit*"。

性权力的存在并非总是非黑即白的。没有绝对的裁量性决定（判例法从 19 世纪末期开始采用这个概念）。一个特定的行政决定总会体现部分的裁量权和部分羁束性权力。例如，某些建设许可申请肯定不能批准（如申请拟建造的大楼高于规划的高度），但只有对现实进行评估后，相关行政机关认为欲建设的大楼可能与周边的建筑不协调时才会作出这样的决定。

在赋予行政机关裁量权的同时，也可以在指令（directives）[18]中对裁量权行使的方式予以说明（换句话就是制定“政策规则”）。这些指令的法律地位在 1970 年的“Crédit Foncier de France”[19]案中已经得到具体说明。指令对行政机关具有约束力，除非行政机关能够证明其要面对的情势与指令所预设的事实并不相同。

行政法院审查行政裁量的强度并非始终保持在同一水平。在多数案件中，法院审查所采用是事实评价明显错误标准[20]：在对事实评价明显错误的基础上作出的行政决定是不合法的（例如，对某个公务员的制裁明显过分地考虑了其所犯的纪律性错误的种类）。

也存在着法官对行政机关作出的包含着大量裁量权的决定根本不加审查的情形，例如行政机关针对公共服务由本身直接提供和签约外包提供之间作出选择的决定。

然而在有些案件中，行政法院会对比例性进行审查。比例性原则虽然不属于法国行政法的基本原则，但它是法官在许多情形下挑战行政决定的固有理论根据：行政机关是否正确地权衡了其决定维护的利益和导致了不利后果。

传统上这是适用于警察行政领域审查的标准[21]，近几十年该标准已经扩展到其他许多领域，例如强制征收领域，1971 年[22]最高行政法院主张如果需要认定强制征收是否基于公共利益，法院

⑱ 法语所用的词和英文相同。

⑲ Conseil d'Etat, Sect., 11 décember 1970, Crédit Foncier de France, *Rec.*, p. 750.

⑳ 法语表述为：*erreur manifeste d'appréciation*。

㉑ Conseil d'Etat, 19 mai 1933, Benjamin, *Rec.*, p. 541.

㉒ Conseil d'Etat, Ass., 28 mai 1971, Ville Nouvelle Est, *Rec.*, p. 409.

可以对工程建设之增进的公益及所致损害的“平衡表”进行核实。

5 行政诉讼：保护公民免受行政权的侵犯

5.1 法院组织

现在开始介绍行政诉讼法[23]，这部分我们依次讨论三个问题。第一个问题是什么法院和法庭负责行政诉讼，然后进一步描述行政诉讼中最为重要的一种诉讼类型：越权之诉（recours pour excès de pouvoir），最后对法律如何规定行政侵权责任进行简单介绍。

处理行政争端的司法机关组织可以从四个方面加以说明。

对于行政诉讼，法国司法体制属于“二元化”的传统，其中存在一套专门的法院系统负责行政诉讼案件（或者说至少大部分行政诉讼案件）。

正如前文所提到的那样，法国的这种特色具有深厚的历史传统。大革命的领导者们普遍不喜欢普通法院在上一个时代结束时所表现出的那种反对的态度。因此，他们希望阻止法院干涉政治事务，甚至是行政权做决定的事务。

大革命的领导者们看到大革命前期法院所持的那种反对态度，当他们需要运用行政权力决断时，他们希望阻止法官对政治事务的干预，这导致 1799 年国家参事院，即与普通法院（法语中称之为：juridictions judiciaires，与 juridictions administratives 相对）相分离的最高行政法院雏形的诞生。

在下文的介绍中，我们将会看到其他的行政法院都是后来创建的。但一套专门的行政法官的遴选机制一直保持着。

现有的行政法院体系以下述方式组成。

行政法院的核心部分是由三个层级组织的普通行政法院（不

[23] 大多数调整诉讼法律关系的规范规定在《行政司法法》（*Code de Justice Administrative'*）这部法典中。

属于专业性的行政法院，负责处理属于行政法院管辖的各类案件）构成。最高级是最高行政法院，中间是 7 个行政上诉法院（cours administrative d' appel），基层是 36 个行政法庭（tribunaux administratifs）。

当事人能够对行政法庭作出的裁决向上诉法院提起上诉，上诉法院有权对其有管辖权的上诉案件进行全面审查。对于上诉法院作出的裁决也可在最高行政法院通过一套特殊复核审程序（pourvoi en cassation）挑战其效力，最高行政法院有权复核上诉法庭是否遵循法定程序，是否正确地解释和适用法律。

通常，案件首先会呈交行政法庭，然后上诉至上诉行政法院，最后申请最高行政法院复审。不过，有一些行政案件的诉讼必须直接向最高行政法院提起，这些案件的范围将在后文进一步界定：主要是针对一些重大规则制定的决定和一些由中央政府作出的重大行政决定。[24]

除此之外，法国还有几类专门的行政法院专司负责处理特定行政争端的案件，例如社会福利案件，法官和教师纪律惩罚案件，公共账户监督案件等。只有最高行政法院有权否决专门行政法院作出的裁判。

表 4　　法院组织

<table>
<tr><td colspan="2">宪法委员会（Conseil Constitutionnel）
（有权请求宪法委员会审查法律的合宪性的只有总统、中央行政机关、和议会议员，而非任何法院和公民）</td></tr>
<tr><td colspan="2">权限争议法庭（Tribunal des Conflits）
（当行政法院与普通法院对管辖权有争议的时候负责确认管辖权）</td></tr>
<tr><td>行政法院
（juridictions administratives）</td><td>普通法院
（juridictions judiciaires）</td></tr>
</table>

[24] Décret-loi du 30 septembre 1953 portant réforme du contentieux administratif, Article 2.

续前表

最高行政法院（Conseil d'Etat） 上诉行政法院（Cours administrative d' appel） 行政法庭（Tribunaux administratifs）	最高法院（Cour de Cassation） 上诉法院（Cours d'appel） 民事高级初审法院和低级初审法院（大审法院和小审法院）（Tribunaux de grande instance et tribunal d' instance），商事法院（tribunaux de commerce），劳资调解法院（conseils de prud' hommes）……

5.2 行政法院的管辖权

行政法院的管辖权十分复杂，以至于用几句话说明管辖权限的划分是十分困难的，在此只能说明行政法院管辖权划分的主要方面。

首先，必须强调行政法院并非对全部的行政案件都有管辖权。下文我们将会谈到，行政机关只是部分适用特殊的规则并受制于公法管辖，只有部分的涉及行政机关的争端属于行政法院的管辖范围，其他一些案件可能完全由普通法院管辖，包括刑事、民事、商事法院。

其次，如果说对哪些案件属于行政法院管辖进行描述并非易事，那是因为行政法院管辖划分建立在不同的标准之上。有时，某一部成文法径直规定普通法院或行政法院对某些案件具有管辖权。例如，因为 1987 年的一部法律规定挑战涉及竞争委员会（Conseil de la Concurrence）作出的竞争规制决定的诉讼必须在普通法院进行，尽管竞争委员会作为行政机关，其作出的行政决定按常理应由行政法院管辖。有时候不是由成文法规定，而是随着判例演进形成的不成文法特定原则确定某些案件应属行政法院管辖或普通法院管辖。例如，行政机关作出的决定严重违法（这种情形称作“voie de fait”）或行为对公民的基本权利造成损害，虽然按常理行政法院应该具有管辖权，但遭受侵害的公民只能够向普通法院请求救济。

如果成文法条文和判例法确定的原则都没有明确行政决定应属行政法院抑或普通法院管辖，就需要运用一般概念来划分行政法制运作中的公法领域：

行政活动引起的案件是否是提供公共服务，如果是的话，那么该公共服务的种类是什么；法国行政法对所谓的行政公共服务（services publics administratifs）和工商业公共服务（services publics industriels et commerciaux）作了区分，前者属于公法问题，后者由普通法院管辖；

所讨论的合同是否属于公法合同；

案件是否和公法统辖之下的公产相关（公域（domaine public）和私域（domaine privé）相对：公共财产属于私法问题）。

最后，权限争议法庭专司裁决案件属于行政法院管辖还是属于普通法院管辖。权限争议法庭于 1872 年创建[25]，其法院一半法官来自最高行政法院，另一半法官来自最高普通法院。

只有法官和特定的国家机关有权请求权限争议法庭对案件管辖作出裁决，个人没有这种权利。

为了更好地理解公民与行政机关的纷争是如何得到有效解决的，必须明白这样一个事实：向法院提起诉讼并非唯一的救济途径。

和其他国家的行政法体制一样，在法国有时候其他的救济程序或机关也会起到重要的作用。

首先，当公民对行政机关作出的决定不服时，公民可向行政机关请求救济（既可以是作出有争议的行政决定的行政机关本身或上级机关，也可能是其他监督机关）。有时，基于成文法的特别规定，在申请司法救济之前必须以申请行政救济作为前置条件（即所谓的行政复议（recours administratif））。如果行政机关对公民的请求在两个月内不予答复，则视为对公民申请的拒绝，请求

㉕ Loi du 24 mai 1872 sur l'organization du Conseil d'Etat.

人可以针对此拒绝答复向行政法庭提起诉讼（行政机关在两个月内不答复的结果相当于行政机关在此期间作出一个否定性的行政决定）。㉖

同样值得一提的是，当公民因行政机关作出的决定而处于不利地位的时候也可以向特别调解专员（Médiateur）寻求帮助。调解专员属于议会监察专员的一种，但在法国其没有瑞典议会监察专员那样的权力和影响力。在法国调解专员由政府任命，任命后能够保持真正的独立地位。但是调解专员没有裁决的权力，其只能与适当的当事人沟通并说服他们进而寻求问题的解决。公民不能直接向调解专员提出申诉请求，申诉案件必须经过国会议员转交给调解专员。当案件已经呈交到法院后调解专员就不得对案件进行干预。

现在我们要对到目前为止在行政法院和法庭中最为常见的一类诉讼进行讨论：越权之诉。㉗

其与英国法上的司法审查相似，该程序具有两个重要的特点。第一，该程序挑战行政决定的合法性：公民主张行政决定违反一项或多项行政机关应当遵守的法律规定。第二，如果主张行政决定违法的理由成立，法院将撤销行政决定；同时可能颁布禁止令，但不能要求判决行政主体赔偿。

以下将从四个方面依次介绍越权之诉中的受案范围，起诉资格，时效限制和审查标准。

绝非所有的行政行为都能够成为越权之诉的审查对象；同样，认为只有行政决定才能被审查也并非事实，因为有些行政决定是

㉖ Loi du 12 avril 2000 sur les droits des citoyens dans leurs relations avec les administrations.

㉗ 行政诉讼程序传统上可分为两类。一类属于合法性审查诉讼（contentieux de la légalité），这种诉讼中法院以行政决定的合法性作为审查对象，并且可能判决行政决定无效或宣告行政决定违法（越权之诉就属于这一种类）。另一类属于完全管辖权之诉（contentieux de pleine juridiction or plein contentieux），在这类诉讼中，法官可以行使全部审判权力，不仅可以确定个人的权利，还可以宣布行政决定无效、确认行政决定违法，也能判决行政主体赔偿损失——关于行政合同以及公共行政责任诉讼就是完全管辖之诉的主要类型。

不可诉的。

越权之诉只适用于具有决定性质的行政行为。这一条件将被认为不具有决定性质的特定行为排除在外，不适用越权之诉的行为主要包括：

——合同，约定不可以对关于合同的决定，甚至对有权机关决定签订合同的行为可以提起诉讼；

——通知、指令、指导方针等。因为这些文件被认为只具有解释性质，本身并不能创造新的法律规范。但如果它们创造了新的规范则属例外，即具有可诉性：那样的话它们可能因为非法和无权限而被撤销；

——咨询、提议等。行政程序要求权威机关、委员会等必须接受咨询，其作出的咨询意见或提议等本身不能成为司法审查的对象：只有在针对行政程序最后阶段作出的行政决定的诉讼中才能够对它们进行质疑；

——资讯。行为的内容仅仅包含提供信息不能被起诉；

——声明行为：行为的目的仅仅在于宣告某种事实（例如，说明关于公务员在行政机关的工作年限以及其所供职位的行为）。然而，法院在排除对这类行为的审查时非常之谨慎，这是因为这类行为中有时包含着真正影响当事人权利的因素，而这些因素如此重要以至于必须对其进行审查（例如，对私有财产和公有财产的划分的界限也能够起诉，即便这种划分理论上属于纯粹的声明行为）。

如果说只有决定才具有可诉性，按常理而言针对所有的行政决定都能够提起诉讼，而不论是具体行政决定抑或普遍性行政决定。有几类行为尽管具有决定的性质，但是不具有可诉性。其中两类这样的行政行为值得一提。

传统上，由公立学校、军队和监狱机关作出的决定被排除在司法审议之外，因为这些行为被认为是纯粹的组织内部事务。这一类别的范围目前已经缩小，最高行政法院近年来也缩小这些决定的范围，但是目前还能举出一些例子。

在学校：例如将某个学生安排在某一部分学生之中，而非其他部分学生之中的决定。相反，由学校作出的许多决定能够被起诉，当然学校拒绝批准修某个课程的决定也除外。

在军队：例如禁止军官与媒体联系的决定。直到 1995 年的 Hardouin 案㉘，仍然还有许多制裁是不可诉的。

在监狱：例如将囚犯从一个监狱转移到另一个监狱的决定。监狱内部所有的决定都是不可诉的。但在 1995 年的 Marie 案中㉙，最高行政法院承认将一个囚犯单独禁闭 8 天的决定是可诉的。

另一类不可诉的行为称作国家行为（actes de gouvernement）。国家行为理论是一个古老的理论，该理论认为中央政府或总统采取的某些决定不能受到审查，因为它们并不具有真正的行政性质（它们是“统治性”的），或者它们涉及行政法院无管辖权的机构（如议会、外国政府）和中央政府之间的关系。

事实上，支持这个理论的依据是有争议的。不过，判例法确认了一个公认的不受司法审查的国家行为清单。这个清单所列举的国家行为数相比 19 世纪该理论诞生时已经急剧锐减。如今，不受司法审查的政府行为主要包括两类：

第一类是由政府（或总统）作出的与议会有关的决定：无论是发行纸币还是议会程序中的各种干预行为（如宣布紧急状态）、公布法律、向宪法法院提请法律审查等问题。

第二类是由政府（或总统）作出的与外国和国际组织有关的决定：关于国家协议谈判的决定，国际条约的批准等。最高行政法院几年前曾把这个概念适用于总统恢复在法属波利尼西亚进行核试验的决定（1995 年的法国绿色和平组织案）。㉚

㉘ Conseil d'Etat, Ass., 17 février 1995, *Hardouin*, *Rec.*, p. 82.

㉙ Conseil d'Etat, Ass., 17 février 1995, *Marie*, *Rec.*, p. 85.

㉚ Conseil d'Etat, Ass., 29 septembre 1995, *Association Greenpeace France*, *Rec.*, p. 348.

5.3 起诉资格

为解释诉讼地位的规则[31]，有三个问题需要说明：在理论上谁可以成为行政诉讼的原告？当与特定的行政决定相联系时，谁具有起诉资格（法语中的表述“intérêt pour agir”）？最后一个辅助性的问题，是谁能代表原告诉讼？

对于原告的类型问题有三点需要交代。第一是法人能够像个人一样提起诉讼。通常情况下，法人只有在获得法人资格的前提下才能诉讼。但这也存在例外：社团一经成立就能够提起越权之诉，即便社团未经过授予其法人资格的法律程序。

第二，公法人能够同私法人一样进行诉讼。

第三，外国人和外国法人也能作为原告。例如，最高行政法院曾受理邻国地方政府针对位于边境的核电站工程提起的诉讼[32]，因为该工程可能加重两国共同河流的污染程度或造成其他后果。

决定谁有起诉资格的关键是法律上的利益（intérêt pour agir）。公民或法人，只要对宣告有争议的行政决定无效具有利益就能被授予提起越权之诉的原告资格。

在进行更加详细的说明之前需要强调一点，判例法在不断地扩大诉讼资格的范围，如今，诉讼资格的范围已经十分宽泛。

关于诉讼资格核心的细节可基于以下两个问题展开：

首先，从行政法院的视角来看什么是法律上的利益？法律上的利益并不要求必须与物质或经济利益相关，其可以是道德利益和观念上的利益（如社团的保护环境、自然景观、地区语言等）。法律上的利益不仅是个体的利益，还可能是集体利益，诸如工会所保护的利益：工会具有活动资格，然而他们的行动可能因某个成员而受到限制。这是因为判例法裁决有争议的行为是针对某个

㉛ 大部分的规则源于判例法，有一些存在于制定法中，还有一些存在于《行政司法法》中。

㉜ 例如，Conseil d'Etat，27 mai 1991，*Ville de Genève*，*Rec.*，p. 205。该诉讼是由日内瓦当地政府针对关于位于该地区附近法国领土上的一个核电站的决定提起的。

工会成员不利的否定性的决定时，如果该成员不行动，则其他人也不能提起诉讼。

谁的物质状况、精神状况或者预期可能受到行政决定的影响。法院一般依据个案情势而确定，但判例法反映出法院或多或少持一种宽松的态度，而且有时体现得特别宽松，如地方的纳税人可以就当地政府作出的具有一定经济影响的决定提起诉讼[33]；公共服务的使用者能够对任何改变这些公共服务的决定提起诉讼。有时候，法院持以严格的态度：只有建设许可涉及的相邻人才有权请求法院取消许可证，并非居住在同一市镇的所有人都有资格。

其次，在特定的案件情形中如何决定法律上的利益的存在？对此有这样几个一般原则[34]：判断是否具有法律上的利益的时间是行政行为作出之时，而非提起诉讼之时。例如，在规划许可证颁发之后一直作为相邻人的一方可以提起诉讼（当然要求没有超过诉讼时效）。法律上的利益的确定根据原告的请求，而非根据案件所涉争议和其动机决定（即便是原告的目的在于诈骗行政决定利益相关人的财产）。

在特定的案件情形中，法院确定利益圈中受行政决定影响的原告在很大程度上是一个因时制宜、因境而变的问题，但总体来说，对于法院还是有两点指引，法院在确定时需要解决两个问题：确定涉及原告的利益是否受到行政决定足够直接的影响？行政决定是否以足够确定的方式影响到涉及原告的利益？

最后一个问题是谁能代表原告进行诉讼，这个问题可分解为两个议题。

当行政诉讼的原告是法人，谁有权代表法人向法院申请，以及谁在程序中代表法人行使有关诉讼权利？有时这是一个棘手的问题。例如，当一个社团要提起诉讼时，需要通过查询其章程来确定诉讼是否能够由其管理机构来决定，或是否需要召开全体会

[33] Conseil d'Etat，29 mars 1901，*Casanova*，*Rec.*，p. 333.

[34] 这些一般性原则仍源于判例法。

议决定。

另外，对原告的诉讼提供律师援助是必需的吗？答案是否定的。在越权之诉中，无论原告是谁，法院都没有提供律师援助的义务。

越权之诉的起诉时效通常是两个月㉟，但仍存在一些例外的情形。有时诉讼时效之所以不同是因为成文法的特殊规定，例如针对从事有污染活动的许可证的诉讼的时效是四年。在少数案件中则根本就没有时效的限制，比如，最为显著的是针对严重非法或严重侵害基本权利的行政决定的诉讼（前文也提到这个问题），另外还有通过欺诈的方式促成的行政决定（例如，颁发的建设许可证是基于申请者提供的虚假信息作出的）。

一旦超过诉讼时效，行政决定就不可能通过诉讼的方式使之无效。但是有两点需要注意。

第一，如果决定具有规范性的特质（acte réglementaire），当对实施该规范性决定的具体决定提起诉讼时，该规范的效力仍然受到间接的挑战（exception d'illégalité）。而且，在 1989 年的 Compagnie Alitalia 案中㊱，最高行政法院裁决公民能够在任何时候请求废止违法的抽象性行政行为，如果请求遭拒绝，可向行政法院申请裁决。

第二，超过越权之诉的诉讼时效并不影响基于行政决定违法而提起行政侵权责任的诉讼（无论该决定是具体行政规定还是抽象行政决定）：如果原告能够证明他们因为违法的行政决定而受到损害，尽管不能撤销行政决定，但是原告也能够获得补偿。

两个月的诉讼时效是如何计算的？诉讼时效开始于行政决定公布或决定通知当事人（通常，抽象的行政决定会在官方公报上发布，具体决定会通知当事人）。

具体起算的方式如下，时效从行政决定公布或决定通知的次

㉟ Décret du 11 janvier 1965 relatif aux délais de recours contentieux en matière administrative.

㊱ Conseil d'Etat，Ass.，3 février 1989，*Compagnie Alitalia*，*Rec.*，p. 44.

日起算，到两个月后的同一日期结束。如一个行政决定是 4 月 4 日通知的，那么诉讼时效结束的日期是 6 月 5 日。如果到期时间是午夜，诉讼必须在午夜之前在行政法庭登记。

实践中还有一个需要说明的是诉讼期限因为当事人向行政机关申请行政复议（见上文）而被推迟。如果当事人在两个月内申请行政救济，申请人在行政机关答复后或两个月不予答复后仍然可以向行政法院提起诉讼，这样，诉讼时效又增加两个月。[37]

5.4 司法审查基础

接下来讨论司法审查的基础。司法审查基础的范围是建立在对行政决定构成要素的理论分析基础之上，因此分析司法审查基础的捷径就是逐条列举行政决定构成要素。

任何一个行政决定包括：

——决定机关：作出决定的特定的人或集体机关；

——某种形式以及作出决定应遵循的一套程序；

——内容：决定所表达或记载的东西；

——特定的动因和理由：作出决定所根据的特定事实和法律根据；

——一个（或多个）目标和意图：欲达到的效果或实现的结果。

在法国的司法审查模式中，以上每一要素对应着一个司法审查的基础，因此司法审查基础的范围如下：

——无权限（incompetence）：决定不是由有权的机关作出；

——程序上的缺陷（vice de forme ou de procedure）：行政决定欠缺必要的形式或程序，或者行使权利不符合法律规定的程序；

——违反法律（violation de la loi）：行政决定的内容违反了行政机关应当遵守的一条或多条规则。[38]

[37] 该规则适用于申请行政机关救济作为诉讼前置的情形和不需要作为前置的情形。

[38] 具体包括宪法、国际法以及其他行政法规则，详见第 4 部分。

——依据不合法（vices des motifs）：依据不合法有三种情形存在：事实错误（erreur de fait），法律错误（erreur de droit），不适当的限制或错误的事实条件（具体包括多种不合法的情形：对事实定性的错误，评价明显错误等“erreur dans la qualification juridique des faits，erreur manifeste d'appréciation”）。

通常，以上审查的基础是原告在法院审查行政决定时才提出的，但也有法院依职权（ex officio）[39] 审查的基础，最主要的是无权限。

5.5 行政责任

关于行政侵权、非合同产生的责任，有三个问题需要说明：行政责任应适用特别规则的范围，行政机关需要为其过错负责的情形以及没有过错也需承担责任的情形。

在大多数案件中，公共侵权责任属于行政法院的管辖权范围，这与前面我们讨论过的区别管辖权的标准相一致。

再者，行政法院在裁决承担责任的问题时并不适用普通侵权法以及私法上关于侵权责任的规定。在著名的布朗哥案中（1873年，前文业已提到）[40]，权限争议法庭对公共服务中的责任作了如下裁决：

> “（公共服务产生的责任）不能适用民法典确定的关于私人之间关系的原则……这种责任既不是普遍性的也非独一无二的……根据不同公共服务的需要和调和国家私人利益平衡的必要性，公共服务责任适用自己特殊的规则。”

事实上，自布朗哥案后，最高行政法院和其他行政法庭针对公共责任逐渐形成一套独立的规则。这套公共责任规则在有些方面确实不如私法相关领域规定得那样“慷慨”（如行政法院比起普通法院来说更倾向于裁决仅支付纯粹的经济损失），但在有些方面

[39] 在法语中称作“*moyens d'ordre public*”。

[40] *Supra* note 2.

行政法院却又显得大方些（最明显的就是无过错责任方面的范围更大）。

必须明确的是，如果普通法院必须处理涉及公共责任的案件，有时也需要适用特别规则。例如，当普通法院在裁决因警察搜查犯罪证据或试图逮捕时引起的损害（这种活动在法国称为“police judiciaire”），他们会适用公法责任规则而非民事侵权责任法。普通法院之所以诉诸这些重要的规则，原因在于特定法律规定对行政机关运用典型公共权力从事各种活动而产生的责任应适用公法规则，当行政活动和私人活动类似的时候则没有这样的要求（上文提到的在行政机关从事工商业公共服务的情况下）。

通常，公共责任是一种过错责任，也就是说，公共责任的承担须以行政机关有过错作为前提。对这一前提的理解还应注意以下三点：

法国行政法对什么构成行政过错有很宽泛的解释。

在任何行政决定之中任何违法的情形单独以及本身就构成过错[41]，即便仅仅是形式或程序上的错误也是如此。但值得注意的是这个原则也有限制：事实和实体问题正确、仅仅是程序有瑕疵的违法不能导致承担公共责任。

除了违法以外还有其他种类的过错，疏忽、失职、过分拖延、不遵守承诺等都能构成过错。

还有两个问题必须要强调。第一，行政法院并非运用一个统一的方法确定行政行为是否构成过错，特别是行政法院没有必要通过解释行政机关应遵守的法律进而对特定语境下的过错进行界定时。

第二，通常情形，证明加诸原告之上的行政过错的责任应由原告承担，但法国行政诉讼程序总体上是讯问式的，因此原告可以期待着法官予以帮助。除此之外，在某些情况下学理上接受过

[41] 这意味着任何一个对行政决定提起诉讼的人可以选择撤销诉讼或要求赔偿，或二者兼而有之。同一法院（通常行政法庭作为初审机关）对三种情形的案件都有管辖权。

错推定，从而将举证责任倒置，例如在公立医院的某个很小的医疗行为导致了严重的后果，再如因使用公共营造物而招致损害的情形。

还有一些案例确定了行政过错属于重大过错（faute lourde）的情形。重大过错由判例法而不是成文法确定：最高行政法院长期以来一直坚持重大过错作为一个特定的条件适用于那些难以执行的行政活动。

难以执行的行政活动范围日益减少，如今主要包括：警察公务活动[42]，不构成法律决定但至少是体力性活动的税收服务——但仅限于在对纳税人的情况评估时遇到特殊困难的情形，以及构成被授权国家机关监督地方政府和各种公私组织（如银行）的控制活动。

当然，一个行政过错产生责任和导致赔偿，还需要满足其他条件，主要是损害事实和因果关系。

对于损害，有两点需要说明。损害不必是身体受伤或经济和物质损失，而可以是妨害，心理或道德上的损害，或精神痛苦。损害可以是已经遭受的，也可是尚未造成的，但损害必须是确定的。确定性条件常常是限制对未来经济损失进行赔偿的一个障碍。

至于因果关系，也需要注意两点规则。第一，原告主张的行政过错事实上是造成其宣称的损害的直接原因：少数案件中（主要是公立医院医疗责任案件），学理上接受机会损失理念（perte d'une chance）使原告可豁免举证。第二，如果行政机关能够证明损害（部分或全部）是由其他原因而非是其过错引起，则可（部分或全部）免除责任，其他原因可能包括原告自己的过错（faute de la victime）、第三人的过错或不可抗力（force majeure）。

从19世纪末开始，法国行政法就已经认可某些情形下行政机关应承担证明自己无过错的责任。

如此开放的责任理论有两点依据。有些案件中的理论背景是

[42] Conseil d'Etat，10 février 1905，*Tomaso Grecco*，*Rec.*，p. 139.

“风险理论”。有时候行政获得依法实施而并无过错，但行政活动就其性质及范围而言极易产生特定的风险（也就是说这些行政活动极易造成损害），因此把行政活动产生的风险留给遭受不特定损害的人而不给予补偿是不公平的。另外一些案件与“平等理论”相联系。有时行政活动没有任何过错，但仍对某些人造成特别的、非正常的损害，对于这些遭受损害的人如果不予以补偿将是对公平原则的严重损害。鉴于受害人遭受异常严重的损害，他们应该得到补偿（dommage anormal et special）。

无过错责任所源于的风险观念在现实中主要有四种情形，这些情形的共同之处在于损害都是基于特定事件而非持久性的。

第一种，无过错责任基于行政活动在本质上是危险活动这一事实的结果。一个经典的例子就是旁观者因警察使用武器致害的情形（1949 年的“Lecomte et Daramy”案）。[43] 但这种情形还适用于危险品造成损害的情形，例如被污染的血源（公立医院有输血行为时）。

第二种，与在缺乏公共雇佣关系的情形下帮助或代替行政机关完成任务的人有关（collaborateurs bénévoles，ou occasionnels，du service public）。他们因其遭受的损失有获得补偿的权利，即便行政机关无任何过错。这适用于见义勇为的情形，例如某人在救助河里或海里的溺水者时受伤或死亡。

第三种，是关于公营造物对使用者以外的人造成损害的情形，例如，修复路面所铺撒的化学物质污染了周边的农作物。

第四种，是示威游行造成的损害。即使公共机关没有任何过错，游行示威者给旁观者和游行线路周边的商店造成的损害也应由国家进行补偿，除非游行示威者的行为已构成犯罪，行政机关方可免责。

另外，判例法中还确定了三种基于违反公平原则导致的无过错行政责任。它们的共性在于前述所提到的它们都以造成特别和

[43] Conseil d'Etat，Ass.，24 juin 1949，*Lecomte et Daramy*，*Rec.*，p. 307.

非正常的损害为前提。

第一种是持续的（即非偶然的，基于特定事件发生的）损害是由公营造物和公共设施引起的：例如重新修路导致进入某一商店或旅店的道路在一段时间内不能通行。

第二种是（非正常和特别的）损害是由合法的行政决定引起的。鉴于造成这种损害的条件，该种责任类型并不多见。其最主要的例子就是行政机关基于公共秩序的考虑拒绝出动警力协助司法判决的执行（1923 年的“Couitéas”案）。[44]

第三种是由法律规定和国际条约引起的损害（也是特别和非正常的）。最高行政法院在 1938 年的“Compagnie La Fleurette”案[45]和 1966 年的“Compagnie d'énergie radio-électrique”案[46]中分别认可了法律和国际条约造成损害的国家无过错责任。事实上这种无过错责任只适用于很少的案件之中：在“Compagnie La Fleurette”案中，法律规定意味着只禁止 La Fleurette 公司出品的产品。这种责任非常独特的原因不仅在于其损害条件之异常，也在于理论上认为，当法律或条约会公开宣称排除责任或主要服务于公共利益时，国家不应承担责任。

6 结论

最近一些年来，法国行政法正在经历着重大的变革，最为显著的几个方面如下所述：

通过创建行政上诉法院（1987 年），以及各种各样扩大行政法官权力的改革（尤其是在颁发禁止令以作出阻止行政机关违法行为的紧急裁决方面），使行政诉讼法获得较大的发展。通过这些

[44] Conseil d'Etat，30 novembre 1923，*Couitéas*，*Rec.*，p. 789.

[45] Conseil d'Etat，Ass.，14 janvier 1938，*Société anonyme des produits laitiers La Fleurette*，*Rec.*，p. 25.

[46] Conseil d'Etat，Ass.，30 mars 1966，*Compagnie d'énergie radio-électrique*，*Rec.*，p. 257.

改革，大大改善了行政司法的效率。

许多传统的行政法概念随着欧共体法的演进也有所调整，但是有些概念却难以随之变迁，尤其是关于公共服务概念的案件体系较为明显，尽管公共服务与欧共体基于共同利益的经济服务概念之间的差别随欧共体法的进化而有所减少，尤其是自“Commune d'Almelo 案”以来，前者含义及范围无论过去还是现在还是远大于后者。

法国行政法的未来走向如何是值得考虑的问题，以下两个问题需要在此说明。

根据 Procola 案判决确定的原则，法国最高行政法院的特殊地位未来需要重新考虑。没有人能够预见到未来改革的方式是什么，是否要取消最高行政法院的咨询功能？或是将其分为两个机构，一个机构具有咨询建议权，另一个机构具有审判权？抑或是将其审判职能并入普通法院从而形成单一的司法体统？这三种路径都值得同等重视。

未来法国为了给予地方更多的权力和财政手段，强有力的分权改革也极有可能发生。法国可能压缩和其他主要欧洲国家有关的行政机构。尽管有前述法国 20 世纪 80 年代的分权改革，但法国仍然是欧洲最集权的国家，其行政体制在未来可能会发生深刻的变革。

7　参考文献

著　作

R. Chapus, *Droit administratif general*, Montchrestien, 15th ed., 2001.

A. de laubadère, J. C. Venezia and Y. Gaudemet, *Traité de droit administratif. Librairie Générale de Droit et de Jurisprudence*, 15th ed., 1999.

J. Rivero and J. Waline, *Droit administratif*, Dalloz, 18th ed. ,2000.

G. Vedel and P. Delvolvé, *Droit administratif*, Presses Universitaires de France, 12th ed. ,1992.

期 刊

Revue francaise de droit administratif (bimonthly-publisher: Dalloz).

Actualité Juridique Droit Administratif (monthly-publisher: Dalloz).

Droit Administratif (monthly-publisher: Editions du juris-Classeur).

百科全书

Juris-Classeur Administratif (publisher: Editions du juris-Classeur).

Répertoire Dalloz de Contentieux administratif- Répertoire Dalloz de responsabilité de la puissance publique (publisher: Dalloz).

3

德国行政法

迈哈特·施罗德

1 导 论

1.1 行政的含义

“行政”一词很难予以界定。行政的典型特征在于，通过履行公共职责，保护和促进公共利益的实现。从更为制度化的层面看，该公共职责必须由政府来行使，不过，立法性的、司法性的以及统治性的活动也具有行政的特征。故而，行政宜采用消极的定义，即除了立法、司法和统治活动以外的，政府和执行部门对公共职责的履行的活动。在实质意义上，公共行政在于使主权正当化。所以，行政法是有关公共行政的一种特别法，是使得行政主体履行公共职责的活动正当化的所有规范的总和。

从历史上来看，德国行政和行政法深受所在时代的宪法的影响。尽管宪法只是对国家组织原则进行了粗略的勾勒，但对所有的国家机关具有很强的约束力。曾经担任过联邦行政法院院长的弗里茨·温纳（Fritz Werner）就认为，行政法是具体化了的宪法。[①]宪法中有关政府的决策、职责、能力以及与公民的关系等规定，必须通过行政和行政法来实现。[②]从这种意义上说，行政法也在制定宪法。但是宪法并非影响行政和行政法的唯一法律渊源。

① F. Werner, “Verwaltungsrecht als konkretisiertes Verfassungsrecht”, *Deutsches Verwaltungsblatt*, 1959, p. 527.

② H. Maurer, *Allgemeines Verwaltungsrecht*, 13th ed., Munich, Beck, 2000, note 1 at 12.

行政法如同宪法那样，也受到所在时代的政治、经济、科技以及文化的状况及其发展的影响。考虑到对行政法的现代历史的了解有助于对现状的理解，接下来的综述将关注行政和行政法的晚近发展。在 19 世纪，行政法的两大基本原则——合法性原则和个人权利及自由保障原则得以确认。法律职业家奥托·迈耶是斯特拉斯堡（Strasbourg）的一位精通法国行政法的教授，在 1895 年到 1896 年间，写下了有关行政法总论的经典著作③，对德国行政法的发展产生了深远影响。对德国行政法产生重要影响的还有 1863 年首次在巴登州建立的行政法院以及 1872 年到 1875 年在普鲁斯亚（Prussian）建立的一些行政法院。许多行政法的一般原则由这些行政法院发展出来并予以贯彻，特别是普鲁斯亚（Prussian）的最高行政法院提出了许多重要的行政法原则。

尽管在魏玛共和国时期，宪法结构发生了巨大的变化，但行政法的发展并没有受到影响。现代行政法的基础是 1949 年的德国基本法，它已经完全不同于迈耶所勾勒的行政法图像，而是在法治原则下构建了社会福利国家。基本法至今对行政和行政法的发展产生着重要的影响，特别是在新的法律组织和新的行政活动形式方面。这说明，行政法并非一成不变（not only fix the status quo），而是同样在不断地变化与发展。因为 1990 年统一后的德国采纳的是联邦德国的联邦行政法，原民主德国的行政法并没有对其产生特别的影响。（图 1 展示了德国国家法律结构的初步印象。）

1.2 宪法背景下的行政法

基本法对行政法产生了深远的影响，包括对传统法律概念的否定和对新法律制度的确认。法律实践和法律理论在这场变革中具有同等的作用，有时法律实践甚至占据主导的地位。宪法性的

③ O. Mayer, *Deutsches Verwaltungsrecht*, volume I, 3rd ed., Berlin, Dunker&Humblot, 1924.

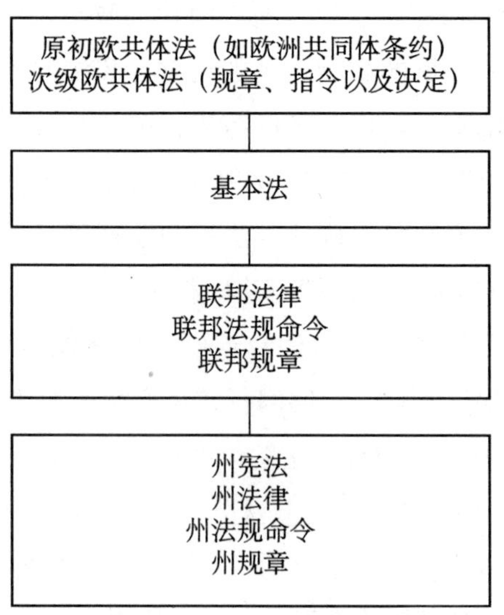

图1　法律渊源的位阶

原则和动力如下：

（1）宪法保障了行政权的独立性，在国家组织中也属于民主国家合法性的权威之一。基本法第 20 条第 2 款的权力分立规定保障了行政权的独立性，但根据基本法第 20 条第 3 款，行政必须对议会负责；根据基本法第 19 条第 4 款和第 92～104 条，行政还要受到法院的监督。④

（2）现行宪法区分了给付行政与干预行政。相对于干预行政而言，给付行政是新社会福利国家的产物，这在现行基本法第 20 条第 1 款和第 28 条第 1 款中都可以找到依据。然而，宪法同时对两种形态的行政作出了规定。这种差异所带来的是行政方式上的变化，行政方式必须符合特定社会和文化背景下新行政任务的要求。行政和行政裁判系统影响到机会、风险、利益和负担的分配。

④　议会必须拥有作出实质性决策的权力，但行政也应当具备自主的空间，9 *Entscheidung des Bundesverfassungsgerichtes*（BVerfGE）268（282）；and 49 *BVerfGE* 89（94）。

（3）根据基本法第 1 条，基本法的价值在于保障个人的尊严和自由。个人并不仅仅是行政或者国家的客体，还是一个负责任的成熟公民。[⑤] 因此，个人公权利以及公民与政府之间的行政合同可以据此推出。行政诉讼的权利和一些特定的程序权利必须受到保护，只是这一重要特征的部分结果。基本法，即包括基本法第 2～19 条规定的基本权利、其余的宪法性法律、宪法的基本原则诸如合法性原则、社会福利原则等，对所有的国家权力都具有约束力。与魏玛时代不同，基本权利无所不在，不容剥夺。

（4）尽管基本法没有对法治原则作出界定，许多条款却触及了该原则的实质内容。[⑥] 基本法第 28 条第 1 款第一句明确国家的宪法秩序应符合法治原则。联邦宪法法院在一些裁判中进一步明确了公共机关与公民之间的关系，以符合法治原则。这些基本要素包括对基本权利的保障、权力分立、行政的合法性、法律的合宪性、司法独立、刑法不溯及既往、司法救济以及司法审查、法律和司法的确定性，这些对法治原则而言是不可缺少的。故而，行政法的基本原则都来自于宪法，其中包括信赖保护原则。

1.3 行政法总论与部门行政法

公法应包括国际法、宪法、行政法、社会法、财政法、诉讼法以及刑法。按照德国法律传统上一般的区分，行政法可进一步分为行政法总论和部门行政法。适用于某些领域的法律规范被排除在此分类之外——主要是基于实践的原因。

行政法长期以来一直没有被编纂成法典，也没有形成完整的法律规范体系，主要与行政行为以及作为行政行为依据的规则的有效性和可撤销性（revocability）有关。行政法总论涵括了可以

⑤ 6 *BVerfGE* 32（36，41）；50 *BVerfGE* 166（175）；and 87 *BVerfGE* 209（228）.

⑥ 基本法第 1 条第 3 款，第 19 条第 4 款，第 20 条第 2 款、第 3 款中，权力分立原则、获得法院救济的原则以及平等原则都体现了法治的精神。7 *BVerfGE* 87（92）and 45 *BVerfGE* 187（246）.

适用于所有部门行政领域的规范、基本原则、法律概念。其在1976年的行政程序法和相关州法律中得到部分修正。所以，行政法总论的内容能在法学著作、司法判决和行政法制实践中得到体现。部门行政法，抑或特别行政法，则包含了适用于特定行政管理领域的实体法规范，包括协会的活动以及许多领域如警察、公共安全、社会保险、公共卫生、福利、住房以及环境保护中公共主体的活动。

1.4 公法与私法

行政能自主选择履行职责的组织形式和行政结构形式，一般通过自己制定的行政法规范来实现。这并非没有例外存在。在一些——虽然非常少见——公法领域，只有私法可以适用，或者有私法至少可供选择。一些商法领域，比如政府物品的采购、经济性活动或者其他私法的活动形式即能履行行政活动的义务（observation）。

因此，公法与私法的区分变得十分重要，特别是从实践的层面上而言。尽管在理论上，这种区分一直备受争议。[⑦] 许多学说试图作出这种区分。其中的三种学说，即利益理论、从属理论和主体理论值得关注。

利益理论首先由罗马法学家乌尔比安提出，他认为公法是以保护国家（公共）利益为目的的法律，私法是以保护私人利益为目的的法律（Dig. I1. 1 Section 2）。区分法律所要保护的利益是利益理论的关键，但是这种界限有时候是模糊的，因为许多法律规范的目的既保护公共利益，也保护私人利益。[⑧]

从属理论则根据当事人双方的不同关系而对公法与私法作出

---

⑦ 尽管公法与私法的区分在理论上看似简单，但在非典型性的案件中，行政主体的活动并不能被简单地进行归类，而需要进一步辨别。

⑧ 联邦行政法院曾使用公共利益作为判决论理的依据，19 *Entscheidung des Bundesverwaltungsgerichtes*（BVerwGE）308（312）；41 *BVerwGE* 127（130）.

区分。规范服从关系的法律是公法，而规范平等关系的法律是私法。[9] 所以，公法的典型特征体现在其单方性约束力的法规以及行政行为（administrative acts），而私法的特点在于当事人双方的合意，诸如合同。在 20 世纪，行政局限于干预行政的理念，这种理论得到了发展，但显然，它无法解释公共服务行政下的当事人双方之间的关系。

主体理论则需根据权利义务的配置主体来对公法与私法作出区分。公法是调整当事人之一为享有权力的主体的所有法律规范的总和，而私法可以对任何人授予权利或课以义务。[10]

然而，上述理论仍然充满疑问并且饱受争议，至今没有一种理论获得普遍的支持。所以，大多数学者综合了以上三种最重要的学说，即根据公共利益、享有权力以及与政府之间的关系等标准来对公法与私法作出区分。

1.5 法律的渊源

行政法具有不同形式的法律渊源，包括正式法律、法规命令（statutory orders）以及规章；联邦法律、州法律以及自治规范；习惯法和惯例（observances or practices）。法律渊源理论有义务将这些法律渊源置于合适的位阶。对于这些法律渊源作出分类可有不同的方式，图 1 是比较常见的方式。将欧共体法置于最高的位阶是源于德国的联邦结构。任何层次的联邦法律皆优先于州的法律，所以联邦的规章的效力高于州的宪法。值得注意的是，根据基本法第 31 条，这种优先性是在效力的层次上而言，并非在法律的适用上。低位阶的法律在适用与解释时必须符合上位法的规定。[11]从图 1 可以看出，宪法优于其他任何法律规范。在联邦层次，

⑨ 在很长一段时间里，法院普遍以从属理论作为论理的依据。166 *Reichsgericht in Zivilsachen*（RGZ）218（226），14 *Bundesgerichtshof in Zivilsachen*（BGHZ）222（226）and 29 *BVerwGE* 159（161）.

⑩ 在所有法律理论中，该理论占据优势，但并未获得普遍支持。

⑪ Questions of compatibility can be brought before the Federal Constitutional Court，Articles 93（1）number 2 and 100（1）of the Basic Law and Section 13 no 6，Sections 76 – 79 of the Code of the Federal Constitutional Court（*Bundesverfassungsgerichtsgesetzs*）.

宪法之下是正式法律、法规命令及规章。联邦议会制定并通过的规范属于正式法律。法规命令是由行政机关，特别是政府或者联邦的部制定的正式规范。根据基本法第 80 条，法规命令必须以法律作为依据。作为一种派生立法，法规命令主要在授权法的框架内予以细化。而规章是由具有自治权利的公共主体所制定的自治规范。[12] 法规命令和规章不仅仅是法律的渊源，还是行政的手段。在联邦层次上，法规命令和规章比较少，但在州和自治团体的层次上非常多。

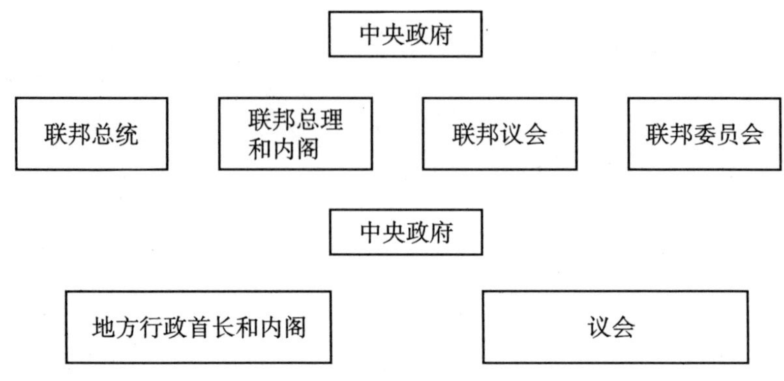

图 2　德国政府架构图

根据基本法第 25 条，国际法之一般规则构成联邦法律之一部分，且其效力优先于法律。依基本法第 59 条第 2 款，国际条约构成联邦法律的一部分。一些国际协议不需要经过议会的批准而直接成为法规命令。

还有一些不成文法渊源存在。首先是习惯法，在当今仅仅扮演着很少的角色。惯例（Observances）是一类特殊的习惯法，通过法定机关在实践中发展形成，相当于规章。习惯法一般具有法律的地位。

在法律适用方面，法官提出了新的法律标准以及具体的司法

⑫　Constitutionally guaranteed for the communes，Ariticles 28 (2); 93 of the Basic Law, 83 *BVerfGE*363 (381).

原则，比如法律的普遍性原则。尤有疑问的是，行政规则（Verwaltungsvorschriften）是否属于法律的渊源。因为其属于上级行政机关制定的约束下级行政机关的程序规则或者对法律的解释性规则，尽管也属于行政活动的手段，但并不如法规命令和规章一样可以直接约束公民。不过，法院认为一些行政规则——实体性的法律规范——对公民一样具有法律约束力。

1.6 行政法的基本原则

行政合法性原则要求行政必须符合法律，也必须接受司法的监督和控制。它包含两个要素，法律优先与法律保留。法律优先意味着行政必须依法进行，不能违背任何层次的法律规范。这里的法律包含了优于各种国家法律的欧共体法。[⑬] 对合法性原则的强调主要在于法律保留原则。所有的行政活动必须能找到法律的依据，获得法律的授权。依照基本法第 20 条第 3 款，政府除非通过制定法的方式，不能限制或剥夺公民的权利。但是，行政合法性原则在行政的社会服务领域受到弱化。干预性行政要对公民施加义务，对公民的权利造成限制，因而必须具备法律依据，而就社会服务行政而言，行政活动的灵活性显得更加重要。联邦宪法法院认为，凡是必须由立法机关作出的实质性决策，不得授予行政机关。[⑭] 这些相关领域中特别涵盖对宪法权利的行使。当然，我们必须避免对合法性原则采取过于宽泛的解释，以防止所有的行政都必须接受立法机关的管辖。

优势原则意味着行政和司法必须尊重立法机关。行政和司法不能对法律作出变更，即使不会对公民的权利造成影响。法律不仅为政府行为设定框架，而且为其确定了界限。受法支配的原则要求行政机关只有在法律授权的情况下才能作出相应的行为。而且，来自法院和学界的观点要求立法本身必须在直接影响公民的

⑬ 这得到了联邦宪法法院的确认，89 *BVerfGE* 155（157）and *BVerfGE* 2 *BvL* 1/97。

⑭ The so called *Wesentlichkeitstheorie*；see 49 BVerfGE 89（126）.

问题上设定所有基本的原则。与基本权利之行使相关的所有实质性决定必须通过一般法律作出。[15]

在适用过程中，法律规范的结构也必须予以考察。法律规范分为两个部分，构成要件（Tatbestand）和法律效果（Rechtsfolge）。如果案件事实的要求得到满足，相应的法律效果将会产生。如果在案件事实方面行政机关对决定具有裁量权，或者在法律后果方面行政机关对不确定法律概念具有一个评估的空间，合法性原则将受到减损。如果放松对合法性原则的把握，法院的审查也会更加宽松，因为，法院仅仅只是对合法性的监督，而非对行政决定的合目的性（practicality，接下来的章节将会进一步论述）进行审查。行政机关拥有裁量或评估的余地，也可以有作出最后决定的权力。

2 行政组织

联邦主义是行政组织的基本特征，所以各个州作为联邦的一部分，拥有自身的权利和主权，尽管这些权利受到限制，也并非来自于联邦的授予（见图 3）。[16] 各州立法和行政的权限各自独立，并不相吻合。[17]

几乎所有的法律，包括联邦和各个州的法律，都需要州来具体执行。也许难以理解的是，联邦拥有广泛的立法权限，而州仅仅在少数领域享有专有的管辖权，比如警察和规制法、地方政府法、学校法和大学法。对联邦法律的执行可以分为三类：各州以执行联邦法律为其本身职责（基本法第 84 条），各州代表联邦来执行（基本法第 85 条），联邦自己来执行（基本法第 86 条）。基于联邦结构，联邦和州的行政都必须遵从联邦忠诚义务，亦即联

⑮ 49 *BVerfGE* 89 (94); and 90 BVerwGE 112 (122).

⑯ 见基本法第 20 条第 1 款，13 *BVerfGE* 54 (77)。

⑰ 根据基本法第 30 条、第 70、83、92 和 105 条（f），义务与权限是分开的。

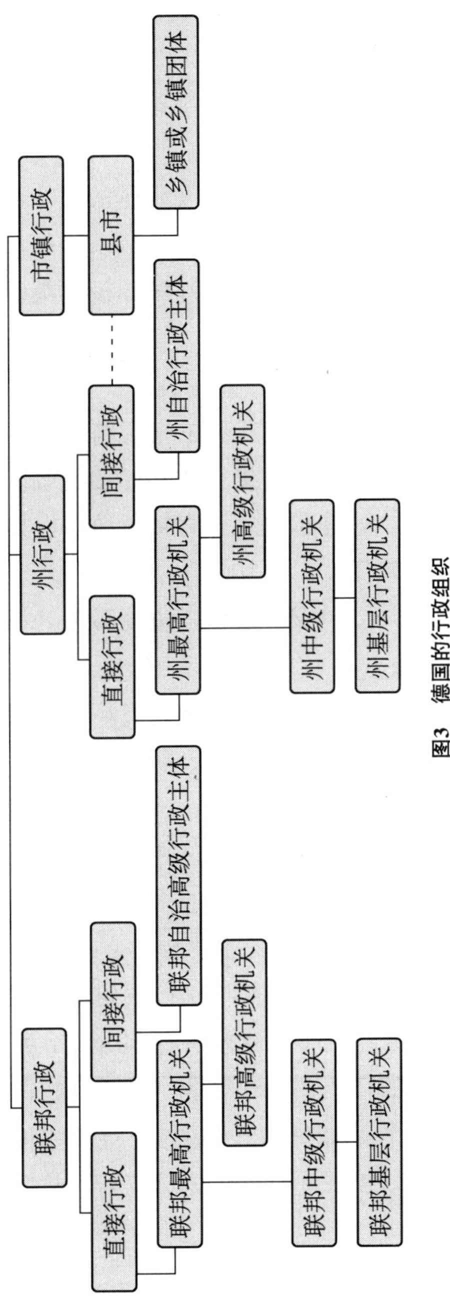
联邦行政
直接行政
间接行政
联邦最高行政机关
联邦高级行政机关
联邦中级行政机关
联邦基层行政机关
联邦自治高级行政主体
州行政
直接行政
间接行政
州最高行政机关
州高级行政机关
州中级行政机关
州基层行政机关
州自治行政主体
市镇行政
县市
乡镇或乡镇团体

图3　德国的行政组织

邦和州必须站在对方的立场上，相互考虑对方的法律利益。⑱

同时，图 3 还表明了地方自治的独立受到联邦行政程序法的保障。所以，在考察州行政时，同时要注意到州权力可能代表地方，也可能代表联邦。

联邦行政程序法是规范行政活动程序的法律，同时适用于联邦和州的行政。各个州也制定了各自的行政程序法，来规范州的行政和社会团体的活动。州法与联邦法律极其类似，甚至简单地重复联邦的法律规范。

2.1 联邦行政的一般结构

联邦行政事务可以分为直接行政和间接行政。如果联邦直接履行其自身的义务，这种行政属于直接行政，但如果通过独立机关或机构来履行行政任务，则是所谓的间接行政。⑲ 图 3 即展示了三种不同类型的行政：外交、财政、边境防卫处以及国防（根据基本法第 87～91 条）。

中央层级的行政机关有联邦各部、最高联邦机关，其中包括联邦总理和大臣、联邦各部的首脑、联邦宪法法院、联邦总统办公室以及联邦审计署。通过基本法，这些机关被赋予了相应的权力和义务，并处于行政的较高级别。在这一层级，还有其他联邦机关和组织，比如联邦档案局。这些机关的权限遍及整个联邦，而且其权力的行使以政策制定为主要特征。

中央机关在中等级别和较低级别行政层次上拥有分支和亚分支，而在联邦行政系统内却几乎没有任何分支。新的行政分支的建立是为了履行新的行政义务和功能。第二层次的是一些各种中间层次的行政机关，诸如高等（higher）行政主体，从属于一个或多个最高联邦行政机关，没有地方分支，其权限范围及于整个

⑱ 联邦忠诚义务来自于基本法第 20 条第 1 款，1 *BVerfGE* 299 (315)；and 12 BVerfGE 248 (254)。

⑲ 11 *BVerfGE* 105 (108)；and 63 *BVerfGE* 1 (36) .

领土。[20] 它们具有监督权。第三层次的是较低级别的行政机关，具有地方的组织，其权限也仅仅局限于特定的地方。举例而言，地方财政办公室（office）、地方水路以及航运办公室即属于第三层次的行政机关。地方性的联邦行政机关扮演着地方行政主体的角色，比如海关总署。[21]

对于联邦行政而言，联邦有权力发布一般性行政规程，制定行政程序法和建立新的公共机关，但一般而言，联邦机关并不具有任何亚分支。

间接行政则通过团体和基金会来执行行政任务，诸如社会保险组织、联邦广播组织和联邦劳动组织。如果联邦具有足够的立法权，还可以建立更多的类似组织。这些组织在法律上具有自己的权力能力，受联邦行政机关监督。

2.2 州行政的一般结构

行政的主要义务由各州来承担。[22] 但是，行政组织并没有标准化的模式。依据基本法第 28 条，各州所享有的行政组织的自主权应当受到保障。一般而言，尽管各种组织在当下得到较大的调整，各州仍具有别具一格的行政组织。联邦行政程序法是各州对法律执行的依据，可能是直接的适用，也可能由相应的州法[23]予以具体化导致间接的适用。根据联邦行政程序法第 1 章第 1～3 条，其适用范围有两种情况，一种是由联邦行政自己来执行行政任务，另一种是通过州代表联邦来执行行政任务。如果相关州法律不存在，州行政程序法则既适用于本州执行州法律的行政活动，也适用于代表联邦执行的行政活动。

⑳ 举例而言，联邦行政办公室、联邦宪法保护办公室以及联邦健康办公室是典型的中间层次的行政机关。

㉑ 依基本法第 86 条，联邦政府具有建立行政机关并发布一般性行政规程的权力。

㉒ 依据基本法第 83 条，11 *BVerfGE* 6（15）：前提是州具备相应的权限。

㉓ Berlin，Lower Saxony，Rhineland-palatinate，*Saxony and Saxony-anhalt* 等地方制定了相应的州法。

所有较大的州起初都拥有相当复杂的多层次的行政结构。[24] 这些州的行政基本包含三个层次，且与联邦行政的结构类似，并增加了一些特别的行政委员会。

第一个层次是基本的行政主体诸如州政府、州长或者行政首长、州各部，以及州的审计署。这个层次行政的基本特征是政府责任和行政责任之间存在着顺利过渡。基本行政主体与其所属行政机关存在着合作与指导的关系，也可建立、变更和终止与公民之间的行政关系，如给予补贴。州高级别的行政主体相当于联邦高级别的行政主体。它们直接隶属于一个部，承担特别的法律义务，对整个州的领土行使权力。这是一类特殊行政主体，可以减轻部所承担的特殊的法律义务，包括州犯罪调查署、州保险组织以及统计办公室等。

并非每一个州都存在中间层次的行政主体，特别是一些较小的州只具有两个层级的政府组织。[25] 中间层级的行政主体直接隶属于高级别的行政主体，只在州的一部分范围内具有权限，其主要职能在于监督少量的（Minor）的下级行政机关。这个层级的特征反映了行政统一原则下的行政职责的横向分权。最重要的角色是地方政府的行政首长，其权限遍及所有事务，除了自身的管辖权外，还享有一些特别行政权力。

低级别行政主体诸如乡镇首长、非区辖市的市长或矿务局局长，这些主体仅仅对乡镇的一小部分领域具有管辖权，并附属于一个中间层次的行政主体。

联邦行政和各个州的行政互相独立，具有各自的组织和功能。但是，基本法提供了联邦和州之间各种形式的合作和配合的途径，比如行政协议，甚至还有行政惯例。

基本法第 83 条要求联邦法律一般应由州来执行。如果存在例外情况，则基本法必须明确谁来承担责任。联邦政府可制定规范，撤销已设立的行政机关，为州设定行政程序，并在联邦委员会的

[24] 州宪法和一般的州法决定了行政组织的设立和架构。

[25] 诸如 Brandenburg，Mecklenburg-Vorpommern，Saarland，Schleswig-Holstein and Thüringen。还有独立城市如不莱梅，汉堡和柏林不具有中间层级的行政机关。

授权下对州执行联邦法律的活动行使法律监督权（因此不是对行为的适当性进行监督）。这些规范具有法律约束力，联邦政府有权发布命令。一般情况下，当州执行法律的时候，联邦政府的监督仅仅局限于其活动是否符合上位法（Rechtsaufsicht）。

2.3 代表联邦的行政（Bundesauftragsverwaltung）

授权联邦行政指由各个州代表联邦来执行联邦法律（依据基本法第 85 条）。依基本法第 90 条第 2 款，各州或依各州法律有管辖权之自治团体，应代联邦管理联邦高速公路及其他长途运输之联邦公路。依据基本法第 108 条第 2 款，州财政机关受联邦行政机关委托管理部分类别的税收行政事务。授权行政必须符合明确性原则才能有效，在宪法中应予以明确规定，而且必须属于真正的州行政（genuine State administration）。联邦有权对州授权行政的合法性和适当性进行监督（基本法第 85 条第 3 款），而且，联邦能发布指令[26]和一般规章来规范州的行政程序。

2.4 共同行政责任（Verwaltung von Gemeinschaftsaufgaben）

共同行政责任是指联邦在州执行行政任务时共同参与并给予协助。早前的实践并不透明，也没有宪法上的根据，于是在 1969 年修改基本法时增加了第 91 条 a 项和 b 项，规范联邦和州的共同任务。在这种情况下，联邦和州之间的权限不再有严格的区分。这些共同行政责任包括大学的建立与发展、地方经济结构的改善以及农业结构和海岸防御之改善。有关共同任务的细节应由联邦参议院通过的联邦法律进行规定。

2.5 自治行政和委托行政

间接行政意味着由法律上独立的行政主体来执行。这种组织的基础在于自治原则。[27] 这些组织包括公法团体、公法组织、公法

[26] 发布指令的合法性经常受到质疑，如在 81 *BVerfGE* 310（336）中即有体现。

[27] 受到基本法第 28 条第 2 项保障，12 *BVerfGE* 205（255）；13 *BVerfGE* 54（75）；以及 83 *BVerfGE* 363（381）。

基金会以及其他社会团体和协会，具有法人的性质，通过宪法或法律设立，独立地履行特定公共职能，但也要受到州的监督，因而被称为间接行政。团体包括地方性组织和公法团体，其中公法团体成员资格依赖于个人情况（personal facts）。地方性的组织隶属于间接行政，包括乡镇和县市。这种地方行政主体是自治性的法人主体，管辖自身的行政事务。乡镇是地方政治的基层单位，一般比县市要小，但履行着类似的行政功能。因此，地方性的代表机关相当于城市或县市的议会，其代表一般称为乡镇议员。

团体可以分成如下几类：乡镇、乡镇团体、具有特定目的的团体、县市以及较高级别的市政组织。所有这些主体都受乡镇规章、县市规章以及州法律的约束。[28]

每一个乡镇都有经选举产生的代表机关。这种代表机关的名称包括乡镇代表机关、县（市）议会或者议会。执行机关的首长是市长或者大城市的市长（Oberbürgermeister），并受到选举办公室的支持。若干乡镇组成一个县（市），每一个县（市）拥有一个经选举产生的机关，即县（市）议会。执行机关是一位职业性的官员，即县（市）长，其隶属于州行政机关，并且是州和市政之间沟通的桥梁。如果乡镇规模过小，不能维持自我的管理，这些乡镇的团体会在一些州设立，其处理的事务超出了单个乡镇的管辖范围。乡镇团体拥有一个代表机关，其领导是乡镇联合产生的首长。[29]

㉘ 地方自治团体的权利包括发布命令和设定法律规范，52 *BVerfGE* 95（117）。

㉙ 联邦有义务保障各州的宪法秩序符合基本权利和自治原则，以及基本法第20条第2项、第28条第3款之规定。

3 公共行政活动的方式

行政机关在履行职责时，具有若干不同的活动方式（见图4）。首先，行政机关可以采用公法和私法的方式。公共活动可以通过合意达成行政合同来实施，也可以单方面地提供可选择的若干行政手段。行政机关可进一步决定其行为是否采用纯高权行为，即通过事实行为的方式进行，或者通过作出裁决（ruling）的方式进行。这种裁决可能具有外部法律效果，对行政机关外的个人或团体造成影响，也可能仅仅具有内部法律效果，诸如行政规则或指南。这种内部法律效果表示只拘束行政机关和官员，但是，行政规则和指南也可能对个人的公权利造成间接的影响。单方面的行政手段则具有外部法律效果，包括行政行为、法规命令和规章。[30] 如果法律没有作出限制，行政机关可以在以上不同的活动方式中进行自由选择。

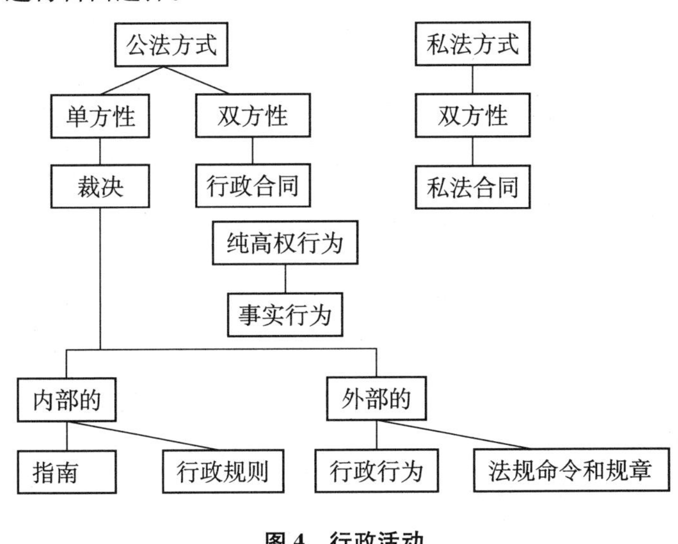

图4 行政活动

[30] H. J. Wolff, O. Bachof and R. Stober, *Verwaltungsrecht*, 11th ed. Vol. 2, Munich, Beck, 1999, §44, note 8.

3.1 行政行为（Verwaltungsakt）

行政行为是最为常见的一种行政活动方式，适用于单个的针对个体的情况。其反映了传统行政法上的政府与公民之间的服从关系，并对相关的个人施加权利和义务。行政行为对规范予以具体化，是规范的必要补充。行政程序法第35条对行政行为进行了界定：行政行为是行政机关处理公法领域的具体事务，发生直接外部法律效力的命令、决定或者其他高权措施。行政行为也可以是一般命令，这在该条第2款予以了界定。一般命令是指管理依照共同特征确定或者可确定的人群，或者规定一种物或公众使用的物的公法性质的行政行为。

行政行为乃高权措施，既可以是命令，也可以是决定。通过比较广泛的定义，法律试图涵盖行政主体所有具有单方性的决定，并将此与合意性的行政活动方式（比如行政合同）区分开来。

行政行为只能由相应的主体作出，而这个主体必须履行公共行政的职能。这些主体是宪法上的组织，包括联邦和州的行政机关、乡镇和县市。特定的个人也可以被授予公共的权利和义务。如是，这些主体可谓获得授权的承包人，一方面是行政组织，另一方面却置身于政府性的行政组织之外。[31] 私法上的自然人或法人在被授权后也可以自己的名义履行行政职责，比如技术监督委员会的专家。立法机关和其他法律机关一般并非该类主体。公法领域处于私法领域的对立面。规制标准要求机关的目标在于创造法律效果。这些法律效果包括设立、变更和终止行政法律关系中的权利和义务。[32] 由于缺乏规范效果（in default of），所有的建议、警告或者告知并不属于行政行为。存在疑问的是，仅仅是宣示性的行政行为是否具有规制的性质以及是否存在。但是，该行政行为从性质上消除了不确定性，并使得权利、义务清晰化，因而充分具备了规范的前提条件。

㉛ 根据联邦行政程序法第1条第4款，行政主体是指实施行政任务的机关。17 *BVerwGE* 41（42）。

㉜ 77 *BVerwGE* 268（271）；and 58 *BVerwGE* 280（285）.

相对于行政规章而言，一项行政行为只涉及个案的处理，而行政规章是抽象的法律规范。行政行为针对具体的特定个案，对特定或者可确定的一群人发生法律效力。所以，如果一项措施旨在针对特定数量的个人或者处理特定的案件事实，它是具体的、针对个人的行政行为；如果一项措施针对不特定的人群或者案件事实，则是抽象的、一般的法律规范。[33] 行政行为的内容，同样可能表现为具体的一般规范。如果其是开放性的，并且能够被扩展，其所规范对象的范围就是概括的。这些行政行为被称为一般命令，行政程序法第 35 条第 2 款有具体的界定，其是规定一种物或公众使用的物的公法性质的行政行为，如对公共街道公法性质的规定。

最后，行政行为具有直接的外部法律效果。这意味着政府和公民之间的权利和义务关系可以经过具体行政行为被设立、变更和终止。而纯粹的内部行政行为，诸如指南和行政规则，无法对外部的行政相对人产生外部法律效果。[34] 这同样适用于所有的准备性和调查性的行政活动。它们只是单一的行政活动中的一项独立的行为。

行政行为的概念对于司法救济具有十分重要的意义。其功能之一是清晰地表示出期望，即受行政行为影响的个人应当如何行为，另外一个功能是行政行为具有执行性。不同于公民，行政机关不需要诉诸法院获得一项具有执行力的判决。根据行政程序法第 43 条，如果行政行为有效，并且申诉不被允许，则行政行为本身能够被执行。只要行政行为不是无效或者被法院所撤销，那么它就具有法律效力；如果在法定期限内未受到起诉，那么它将受到行政终局性的保护。这使得法律具有稳定性，从而为公民提供更多的保护。

行政行为涵括了不同种类的公共行政活动，根据不同的标准，可以划分为若干类型。当然，这种类型化只是基于理论上的便利，并不具有法律上的效果和意义。

㉝ 以一般命令形式存在的行政行为和法规命令的区别特别重要，但两者之间的界限很难界定。具体案例有 29 *BVerwGE* 207（209）及 18 *BVerwGE* 1（3）。

㉞ 60 *BVerwGE* 144（145）；and 81 *BVerwGE* 258（260）.

3.1.1 根据处理行为的内容

以处理行为的内容为标准，行政行为可以分为命令性行政行为、形成性行政行为和确认性行政行为。命令性行政行为是以命令或者禁止令的形式要求特定行为义务，比如警察命令、交通标志等。形成性行政行为建立、改变或者消灭具体的法律关系，比如入籍登记、更改姓名、公务员录用、毕业确认等。确认性行政行为是指确认某人具有法律意义的地位。其仅仅用于确认，而非对法律关系的变更，比如对公民资格的确认或者救济金的确认或者居留权的确认。[35]

3.1.2 根据法律效果

以行政行为对公民的法律效果为标准，行政行为可以分为授益行政行为和负担行政行为。[36] 授益行政行为设定、支持或证明权利或者具有法律意义的利益，诸如对法人团体的拨款或者发放建设许可证。负担行政行为的作用对行政相对人不利，可能是权利的限制，可能是对优待申请的拒绝，诸如拒绝发放援助、开除公职等。

有的行政行为对同一关系人可能同时是授益和负担，比如国家给付附加了特定的义务，或者只批准了部分给付申请。行政行为可能不仅对相对人，也可能对第三人产生法律效果，典型的例子是侵害相邻人权利的建设许可。

3.1.3 根据对行政主体的法律限制

根据对行政主体的法律限制，行政行为可以分为裁量性行政行为、羁束性行政行为和自由行政行为。羁束性行政行为仅仅只有在法律设定的要件满足时才能采用。而裁量性行政行为保留了行政主体裁量的空间。自由行政行为则没有任何规范设定条件的

㉟ 6 BVerwGE 228 (231) and *Neue Zeitschrift für Verwaltungsrecht* 1987 p. 3017.

㊱ 可对比行政程序法第 49 条第 1 款、第 2 款和第 48 条第 2 款。

限制。

行政程序法对行政行为必须满足的形式、内容和程序都作出了规定。行政行为可以采取各种各样的形式，可以是口头的、书面的，或者采取其他形式。如果有法律利益的确认，口头的行政行为还需进一步得到书面形式的确认。书面的行政行为必须包含行政机关首长或者得到授权可以代表行政机关的其他个人的签名或者姓名（singnature or name）。例外的情况是自动化行政不适用该规则。

行政行为的内容必须特定和明确。也即行政行为的接受人、处理行为的内容、法律效果以及法律条文的确定性必须清晰而不含糊。而且，每一项行政行为必须书面说明理由。[37] 如果一项行政行为没有满足所有的要求，其可能具有不同的法律效果，依据瑕疵的严重程度，可能是无效的，也可能是可宣告无效的。

3.2 法规命令（Rechtsverordnung）

法规命令是指行政机关依据法律授权制定的法律规范。当行政机关在执行法律规范时，有数量不可预测的情况需要处置，法规命令就显得特别重要。议会不可能针对所有的情况制定法律。所以议会将一部分立法性权力授予行政机关，但同时依据权力分立原则，仍然保留了对授权的范围、内容和目的的监督权。联邦和州行政机关都具有制定法规命令的权力。[38]

基本法第 80 条第 1 款对满足法规命令有效性的法律要求作出了规定，法规命令必须符合州的宪法和法律规范。其必须获得授权，一般的条件和内容必须符合授权法律规范，不得违背上位法。如果具有裁量的空间，裁量不得有瑕疵。

首先，法规命令必须具备授权根据。授权规范必须符合基本法的要求。根据基本法第 80 条第 2 项，授权的内容、目的和范围必须在授权制定法规命令的法律规范中予以确定。一般而言，行

---

[37] 行政程序法第 39 条第 1 款对于负担行政行为的行政相对人特别重要，说明理由将有助于他们更好地对抗行政机关以保护自己的权利。

[38] 18 *BVerfGE* 407（414）：州制定的法规命令属于州法律。

政机关依据授权制定法规命令存在裁量的空间。

其次，为了符合有效性，法规命令必须符合形式上和实质上的正当性。一项法规命令不符合其中的一项要求就是无效的。行政机关不能予以适用，公民也可以置之不理。针对法规命令的司法保护一定程度上是不充分的。如果公民对法规命令侵犯其个人权利提出异议，1961 年的行政法院法第 47 条提供了司法救济渠道，从而可以通过法院宣告法规命令无效。然而，法院的救济程序是有限的，因为该救济渠道仅仅针对州制定的法规命令，而不包括联邦政府制定的法规命令。

3.3 章程

章程属于自治性的立法，是具有自治权的公共主体所制定的正式规范。一般而言，章程指的是地方乡镇所制定的规范。[39] 章程从性质上而言，部分属于行政手段，部分属于正式的法律规范。但从市政自治的重要性来看，章程更多地被视为一种法律规范。

3.4 指南

与外部行政手段相对的是内部行政手段，指南即属于后者。指南只能是行政机关内部的命令，仅仅涉及个案，影响一个或一个以上的个体。行政机关的首长经授权发布该类指南。但该指南具有内部法律效果，只拘束行政机关。所以，这种指南不能直接受到法院的司法审查。

3.5 行政规则

内部行政手段中最常见的是行政规则。行政规则是由上级行政机关针对下级行政机关发布的一般命令，或者涉及程序问题，或者涉及对法律规范的解释。

行政规则类型具有不同特点。首先是有关业务活动和内部组织的命令，比如服务的期限、职责或者权限的分配以及职责履行的程序。行政规则同样可能表现为解释性的细则，其对法律规范

[39] 33 *BVerfGE* 125（156）.

的执行和解释予以具体化，特别是对不确定法律概念的解释，从而使得法律的适用统一化。解释性的规则应当与具体化法律规范的规则区分开来。通过联邦行政法院的判例，这种界限并没有完全厘定。[40] 后者不同于解释性的规则，对法院具有拘束力，能够被视为一种法律规范。但是联邦行政法院在界定此类规范时采取了十分严格的标准，这类规则主要在环境和技术安全领域得到承认。

一般而言，行政规则仅仅具有内部法律效果，仅仅影响行政机关本身，对外没有拘束力和执行力。它们能够间接地拘束行政机关，如果法律给行政机关留有裁量的空间，行政机关通过行政规则的形式对法律适用的标准予以具体化，如果行政机关在个案中偏离了其行政规则中的法律适用标准，个人可以通过平等权的行使主张司法保护。尽管行政机关可以修改行政规则，但如果这种行政规则具有一般的法律效果，其并非针对尚未处理的个案而制定，那么这种修改才是有效的。[41]

3.6 行政计划

在当今社会，政府的职责和活动已经不再局限于通过传统上的高权手段来实现。社会正义和福利国家的原则在基本法中同样得到确认，而反映这种日渐重要的宪法原则的则是行政计划手段。行政计划因应社会福利国家产生，其目的在于扩大福利享有的主体范围，使有限的社会资源能以最优的方式得到利用。然而，行政计划作为行政法的新型手段，可能对公民的权利和自由造成很大的影响。行政计划的性质使得许多将其归入一种具体的行政活动的尝试变得困难。计划一词范围很广，涵括了不同类型的活动，而且风格迥异。[42] 最古老的计划形式是政府预算，而行政计划应用比较突出的一个领域是建筑法，其表现为区域规划，既可以是具体的计划，如某一建筑的规划，也可以是一个地区建筑发展的总

[40] 在环境保护和防治污染保护中特别重要，55 *BVerwGE* 250（256）。

[41] 在原子能法中，行政规则具有约束力，72 *BVerwGE* 300（320）；以及 81 *BVerwGE* 185（190）。

[42] 并非所有的计划都受到法院的限制，特别是当其仅仅具有内部法律效果时，62 *BVerwGE* 342（246）。

体规划，如发展规划。行政计划同样也被应用于一些复杂的行政活动，比如机场或者核电站的兴建。

计划本身并非一项具体的法律手段类型，它有不同的表现形式，法律、章程、某一建筑计划或者法规命令等。它同样也可表现为政府的决策，如财政计划、行政内部规则、具体行政行为，发布公告或者事实行为。进一步说，所有的政府机关可以运用行政计划，包括联邦、州和市政，但很少有法律对计划的性质作出界定，故而在大多数的案件中需要根据具体情况对计划的性质进行判断，比如计划制定的主体、计划的内容、计划的拘束力等。一般而言，计划需要得到批准的是行政行为。

德国学界对于计划的分类有比较大的争议。比较有代表性的标准有内部与外部法律效果区分、抽象——一般和具体—个案的规制、法律效果和事实效果的区分、单方性和双方性行为的区分，但这些区分都无法涵括所有类型的行政计划。学者并不认同行政计划为一种独立的制度。

告知性的计划公布相关的数据并对当前形势作出评估。影响性的计划期望公民以特定的方式作出一定的行为，比如给予激励的行政计划，确定了特定的对象范围以及给予的优惠措施。这类计划不一定具有拘束力。同样还有命令式的行政计划，如建筑计划，联邦建筑法第 10 条即作出了规定。这类建筑计划具有拘束力，所以也是最重要的一种计划类型。建筑计划以章程的形式出现，在各种类型的计划中占有最重要的地位。

计划的创制需要不同步骤的程序，包括计划的草拟、计划的批准、计划的执行等。计划通常由一个机关提出。为监督行政计划的制订，其中重要的一点是受行政计划影响的公共机关和其他主体的参与。㊸ 行政计划的批准可以用法律允许的任何形式，依据行政程序法第 74 条，在许多情况下这种批准是行政行为。如同其他行政行为，计划批准在获得批准一个月之后，当事人不能再对其提出异议。计划批准调整着申请者与受行政计划影响的其他个

㊸ 如果公民对计划的合法性给予信任，那么其不能请求赔偿。参见 Bundesgerichtshof, *Neue Juristische Wochenschrift*, 1983, p. 215。

人或机关的公法关系。只有通过计划批准程序，行政计划的变更才具有法律效力。

3.7 事实行为或纯行政活动

事实行为与前述法律手段，尤其是行政行为的区别在于，事实行为是以某种事实结构而不是法律后果为目的的所有行政措施，对公民的法律地位不会产生影响（纯行政活动）。行政实践中有大量的、各种各样的事实行为。公法领域中的事实行为和私法领域中的事实行为应当予以区分，两者适用不同的法律标准。行政法只关注发生在公法领域中的行政事实行为，或者执行公法职责的行政事实行为。在公法上的事实行为内，表示性的行为和纯事实性的行为应当区分开来，前者包括通知、公共警告[44]、报告、安排或者专家意见等，而后者则包括支付金钱、警察巡逻或者驾驶公务车辆等。

现行法很少对事实行为作出相应的规定，但是事实行为无疑必须符合法治原则[45]，只是事实行为的合法性要求相对比较宽松灵活，因而，行政事实领域一定程度上也更加复杂和零散，但其重要性不亚于法律行为。

不同于其他的行政法律手段，基于事实行为本身不具有法律效果，事实行为违法性的法律效果并不是很重要。但是，事实行为有时也会产生重大的事实效果。行政机关有义务去除违法事实行为造成的损害，并且尽可能在合理的范围内恢复合法的状态。因违法的事实行为而遭受损害的公民享有向行政法院提出救济的权利，也可以就其损失向民事法院提起诉讼。

3.8 行政合同

迄今所讨论的行政手段都具有单方性，合意性的或双方性的

---

[44] 公共警告属于向民众发布的公开说明，或者政府机关或组织向民众发布的带有提醒、警告内容的解释说明。

[45] 相关的基本原则有合理原则、平等原则和合法性原则，见基本法第 20 条第 3 款；87 *BVerwGE* 37（42）；82 *BVerwGE* 76（80）。

协议尚没有论及。但是，在不少法律领域特别是在市政公共服务领域，这种双方性的协议用途广泛。行政合同在行政行为的范围之外，因为合同是仅适用于平等的主体双方或者两个不同的机关签订协议的方式[46]，所以，行政合同的重要性不言而喻。行政合同相对公法领域而言，反映了政府和公民之间平等协作的理念，双方之间的义务通过协商并在正式的协议中予以确定。在一些领域，行政合同代替了行政行为或者是行政行为的准备行为。一项行政合同或者由法律授权，或者通过行政机关行使裁量权来决定采取。

有关行政合同的法律规范迄今仍然不完善并在发展之中，但是有关公法合同的一些基本原则可见诸行政程序法第 54～62 条、一些联邦和州的法律以及司法程序法中。德国民法典同样对于公法合同的适用有所助益，只是公法合同与私法合同受不同的法律原则支配。因此，两者之间的区别和界限必须厘定清楚，特别是因为行政机关同样有可能采取私法合同的形式[47]，在此情况下应当适用德国民法典。

根据联邦行政程序法第 54 条第 1 款的法律定义，公法合同是指设立、变更和终止公法上的法律关系的合同。尽管该法采用了公法合同的概念，但行政程序法第 54 条并不能扩展到所有的公法协议。因此，行政合同的概念应更为恰当和适宜。

行政合同相对于私法合同，必须受合法性原则和平等性原则的约束。合同自由并非没有界限。只有通过相关双方对某一具体结果共同的意思表示，行政合同方能有效。民法有关意思表示的规则同样适用于行政合同，同时，行政合同必须经双方签字以书面的方式达成。行政合同的内容只能是公法上的权利和义务，合同主体并不必然是权力主体。在一些特定的情况下，行政合同的双方可以是私人，其关键的判断标准在于该合同是否为了达成公法上的结果。如果合同中的任一条款被法律要求应当通过行政机关的书面指示或命令，或者通过行政行为或从属立法或规章的形

[46] 30 *BVerwGE* 65（67）；40 *BVerwGE* 237（239）；52 *BVerwGE* 183（187）.

[47] 合同的对象可以有许多种类，见 22 *BVerwGE* 138（140）；42 *BVerwGE* 331（332）；49 *BVerwGE* 359（365）；以及 96 *BVerwGE* 326（332）。

式来实施，那么该行政合同应被禁止。[48]

如果行政合同对第三人的权利进行限制，必须获得该第三人的书面同意。同样的，如果行政机关以行政行为代替行政合同，而且该种行政合同必须获得上级行政机关的批准、允许或者同意，那么该行政行为的作出应当经过上级行政机关的批准、允许或者同意。如果不满足行政合同的其中一个条件，则行政合同无效。除非符合法律规定的严格条件，实施公共服务或公共利益不得建立在损害个人利益的基础上。

行政合同可以是主从权型的或者对等权型的，两者在合法性和无效性方面存在较大的差别。[49] 对等权合同是指地位相同或者基本相同的合同当事人之间或者具有公权利或义务的私人之间所签订的合同。主从权合同是指具有命令服从的上下层级关系的主体，比如行政机关和公民或者其他从属性的法律主体之间，或者市政主体（community）和上级行政机关之间所签订的合同。因此，通过主从权合同，行政机关履行本应通过行政行为实现的行政职能，例如授予规划许可、支付公务员继续学习的费用。另一个重要的应用领域是补助金。

行政程序法还规定了两种不同的合同，即和解合同（第 55 条）和双务合同（第 56 条）。和解合同和双务合同既可能是主从权合同，也可能是对等权合同。根据行政程序法第 54 条第 2 款，行政程序法第 55 条和第 55 条的直接调整范围只限于主从权合同。这是基于主从权合同产生的典型危险所致。

和解合同是通过合同双方主体的相互让步来消除合理判断中的事实或者法律问题的不确定状态（如果行政机关在裁量的范围内认为通过合同消除这种不确定性是适当的）。所以签订和解合同需要具备三个条件：事实或法律问题的不确定性之存在，这种不确定性不能被查明或者非经重大努力不能被查明，通过双方当事

[48] 公务员的任命、安全部门或征税部门人员的雇用只能通过行政行为的方式实现，而不能通过合同的方式实现。

[49] 行政程序法第 54 条第 2 款、第 58 条第 2 款、第 59 条第 2 款以及第 61 条都是规范不对等合同的专门条款。

人的让步可以取得一致的认识。[50]

双务合同是指合同双方当事人设定对等义务的合同。为了保护公民，防止“出卖”主权，这种合同只有具备特定条件才具有适法性。为防止行政合同成为双方当事人之间利益的交换，双务合同必须受到一些限制。公民的对等给付必须符合以下条件：(1) 符合特定的目的；(2) 为了制定公共任务；(3) 适当；(4) 与合同中的给付具有客观联系。[51]

合法性原则是对行政合同的限制。私法遵循的是意思自治原则，而行政法将合法性原则作为指导思想。当今社会，合法性原则已经应用得十分普遍。公民在签订行政合同过程中的影响相比行政机关而言微弱得多，这是因为公民时常依赖于行政机关的决定，除了接受行政机关提出的意见外没有其他的选择。

如果法律没有授权，行政机关不能通过行政合同扩展其行政权力。如同其他所有的行政行为，行政合同也需要受到法律的约束，并且不能与法律相违背。合法性原则要求只有在公民可以自愿放弃个人的权利时才可以有所放宽。公民个人放弃自身的法律权利必须符合以下条件：(1) 只有当法律权利赋予了公民利益时，权利人才有权放弃；(2) 在具体案件中，放弃不违反不正当禁止联结原则。

然而，行政合同并不是唯一的合意性手段，在单方性手段的领域中同样存在非正式的合意行为，只是这种合意性行为并不具有约束力（君子协定）。尽管行政合同尚没有得到清晰的界定，甚至有时被批评为危害了行政的合法性和对第三人的保护，非正式的行政合同并不属于一类陌生的行政活动类型，其在环境法以及涉及贸易和工业的行政法领域发挥了重要的作用。[52]

---

[50] 49 *BVerwGE* 359 (365).

[51] *BverwGE*, *Neue Zeitschrift für Verwaltungsrecht*, 1994, p. 485.

[52] 有关的例子包括：对过时的东西的容忍，或者通过一项协议允许营业点在非营业时间销售特定的商品。

3.9 行政私法活动

只要法律的规定没有要求作出特定类型的行为，行政机关就可以自由地决定采取何种行为方式。[53] 如果法律不禁止，行政机关还可以采取私法的手段。随着服务行政的增长，私法手段的重要性日益凸显。如果公法缺乏多元的行政手段以至于不能充分满足行政任务的需求，或者私法提供了广泛的行为方式来选择，行政机关可以采取私法的手段。但是，这种方式的扩张也失去了重要性，因为行政程序法有许多不同的方式可供选择。

单纯的财政活动方式与履行公共职能的活动方式不同。一般而言，行政机关通过私法合同提供服务，完成工作，获得商品或者提供租赁。通过公司和伙伴关系，私人资本得以吸收和利用，政党政治的影响也相应地减少。

另一方面，通过私法手段的采用来履行公共职能也导致了一些新的危险。当行政机关通过私法来履行公共职能时，其是否能如一般人一样坚持相同的立场？行政必须服务于社会共同利益，并依其法律基础和所欲达到的目标而具有独立性。所以，其必须享有合理和必要的特权，也受到合理和必要的限制。公法和私法的融合是行政私法活动的典型特征。[54] 公法遁入私法不可能，行政机关并不能逃避其宪法义务。行政机关有义务尊重基本权利，特别是自由权、平等权、比例原则或者合理性原则，意味其行使行政权力必须符合基本法第 1 条第 3 款的精神。故而，如果为了提供城市的交通服务而成立公共有限责任公司，行政机关在给予学童优惠待遇的情况下必须符合平等对待原则。尚有疑问的是，行政机关应在多大程度上以怎样的方式受到公法约束。至于是行政机关自己来实施这些行政私法活动还是由某些机构来实施，则并不重要。

---

[53] 团体在所在区域影响建筑活动的可能性，参见 92 *BVerwGE* 56（62）。

[54] 91 *Bundesgerichtshof in Zivilsachen*（BGHZ）84（96）.

4 行政程序

根据行政程序法第 9 条，行政程序是指“行政机关为查明要件，准备或者作成行政行为，或者签订公法合同，而进行的对外发生效力的活动”。其不适用于仅仅发生内部法律效果的行政行为和行政决定，也不适用于除了行政行为和行政合同以外的其他行政活动。但是，行政程序法对于其他的行政活动可以具有参考的作用（respectively）。[55] 1976 年制定的行政程序法和相应的州法律是规范行政程序的主要法律。

4.1 实体性和程序性的规则

行政程序法仅仅调整部分领域的行政程序，但是其中包含的若干规则，对于整个的行政程序都行之有效。[56] 基本法第 1 条所规定的个人的自由和尊严的基本原则是整个法律系统的基础。所以，在每一个案件中，行政机关都必须注意有没有违反这些原则，行政决定是否需要推翻重作?[57] 这种义务源于法治原则。它使得公共行为变得具有可预见性、可计算，也以追求实现正义为目标。以下实体性和程序性的原则是法治原则的主要体现。

4.1.1 实体性的法律原则

4.1.1.1 行政合法性原则

在德国，不成文法仅仅占有很小的比例。行政行为只有经过正式法律的授权才具有合法性。现有的成文法和正义原则严格地拘束着行政机关的行为。行政决定的合法性所产生的行政责任表现为，如果一项行政行为不符合法律规范，行政机关有义务撤销或者废除所作出的行政行为，即使未被提起司法审查。

而且，行政合法性原则保障诉诸法院救济的权利。基本法第

[55] H. Maurer，*supra* note 2，sect 19，note 2.

[56] 仅仅适用于行政行为和行政合同，行政程序法第 9 章。

[57] 合理性原则，基本法第 1 条第 3 款和第 20 条第 3 款。

20 条第 3 款约束行政权和司法权，但是，如果违法行为并无法律效果，该原则并不适用。所以，基本法第 19 条第 4 款保障了公民向法院提起诉讼。行政机关不能游离于法律之外，其必须在基本法第 20 条第 3 款下对作出的行政行为的合法性负责。

4.1.1.2 平等原则

对裁量权行使的限制通过平等对待原则来实现，基本法第 3 条即规定了平等原则。公共机关必须前后一致地行使裁量权，在没有正当理由（good reason）的情况下不能偏离其以往的实践。这要求公共机关必须坚持自我节制（self engagement）。

4.1.1.3 比例原则

比例原则可以追溯到警察法和法治原则，用以对政府行为作出限制。如果行政机关有若干不同的途径来实现行政目标，其必须选择对受影响的行政相对人造成最小负担的方式。行政行为所造成的对行政相对人的损害必须与期望达到的行政目标成比例。比例原则要求行政行为的方式与行政目标相比是适当的，并且成比例。亦即，如果行政行为能够达到期望的行政目标，其是适当的；如果行政行为在所有适当和可能的方式中对行政相对人造成的损害最小，其是成比例的，该行政行为在所有可能的方式中是最柔和的。最后，行政行为所造成的损害必须与期望的结果成比例。如果行政行为对行政相对人的限制没有造成过分的损害，则该行政行为是合理的。[58]

4.1.1.4 信赖保护原则

信赖保护原则源于民法典第 242 条。任何信赖公共行政决定之合法性的人都应受到法律保护。同时，信赖保护原则在行政程序法第 38 条、第 48 条中予以规定。法律保护原则与透明度原则、可预见性原则和法律确定性原则如影随形。[59] 每一个公民应当能够预见到影响其权益的政府行为，所以，成文法必须明确和准确，

[58] 26 *BVerwGE* 305（309）；39 *BVerwGE* 190（195）；43 *BVerwGE* 101（106）；60 *BVerwGE* 75（77）.

[59] 源于法治原则，基本法第 20 条第 3 款。

这样才能使公民个人能够预知行为所能发生的后果。

特别是，公民必须能够信赖授益性的行政行为。这个规则在给付金钱或者事实好处（factual merits）的无效行政行为的背景下特别重要。如果接受人信赖行政行为的有效性并且这种信赖值得法律保护，那么该行政行为不得撤销。在这种情况下，行政机关必须平衡行政合法性原则和信赖保护原则。

4.1.1.5 经济原则

行政机关在履行行政职能时必须遵守经济效率原则（sound economics），这是行政机关的义务。这并不意味着行政机关应当选择支出最少的行政行为方式，而是说行政机关必须寻找相对于支出最优效率的方式。

4.1.2 程序性原则

有若干原则主要适用于行政程序领域，包括行政程序参加人有听证的权利，有卷宗阅览权，或者行政机关有告知和给行政程序参加人提供建议的义务。同时，行政机关还有照顾和监督的义务。在行政程序中，一些参加人不应受到行政机关的不平等对待。行政程序作为一个整体必须受调查原则（inquisitorial）支配。如果将这些原则与行政程序的适用形式结合起来，将能更好地了解行政程序的基本原则。

4.2 非正式程序

根据行政程序法第 10 条，行政程序一般不受特定形式的拘束。行政程序应当简单、符合目的地进行。非正式原则是行政程序的核心原则。[60] 其为行政机关履行职责提供了灵活性，不用受正式程序的拘束，同时也使得行政程序相对于公民而言更加多元化。同时，这也将产生一种即时性的行政程序。

如果没有关于程序形式的特别规定，行政机关往往可以适用非正式的行政程序。其一般比特定类型的行政程序非正式化，也

[60] 这给履行公共职能带来了灵活性和选择的空间，24 *BVerwGE* 23（27）。

只受少量行政程序法规定的程序原则的拘束。其主导原则是非正式程序原则，该原则使得行政程序简单、迅速、适当以及符合目的地进行。

4.2.1 行政程序的启动

联邦行政程序法第 22 条规定，行政机关根据合义务性的裁量，决定行政程序是否以及何时开始。行政机关行使裁量权必须符合授权的目的。行政程序和司法程序的主要区别体现在：后者只有通过当事人的申请予以启动，而不能依据职权（ex officio）开始。但是一旦两种程序启动后，其都受一些共同的原则支配。

根据行政程序法第 22 条的规定，该原则存在两种例外的情况，职权原则（Offizialmaxime）和申请原则（Antragsprinzip）。如果为了保护基本权利、其他宪法和法律价值不被个别的事件所侵害，行政机关必须依据职权启动行政程序。在这种情况下，行政机关的裁量被压缩至零，只有一种选择和可能性是被允许的并且是合宪的。[61] 根据申请原则，行政程序只能依据当事人的申请而启动。当事人的申请必须符合法律规定的要求。如果没有当事人的申请，行政机关不能依据职权开始行政程序。[62]

行政程序法第 22 条还包括了便宜原则和法定原则。即使行政机关可以依据职权开始行政程序，它也可以决定不予启动。便宜原则必须受到法定原则的限制。

一些人应被排除参与到行政程序中，这是为了保证公民的权利，使得行政机关的决定客观公正。如果行政程序的参加人与行政程序的结果有利害关系，无疑会影响到行政决定的作出，这样的决定也是无效的。偏见是对平等正义（even-handed-justice）标准的偏离，而该平等正义来自对司法中法官的要求，为行政程序法所肯定。只有对可能存在不公正有合理的担忧，才足以使某一

[61] 10 *BVerwGE* 202（204）；37 *BVerwGE* 113（114）.

[62] 如果当事人已经提出申请，行政机关有义务对此请求予以考虑。当事人的这种权利受到宪法保障，基本法第 17 条对此作出了规定，H. Maurer，*supra* note 2，note 16 at 462。

行政主体被排除在行政程序之外。如果在行政程序中有不合资格的人员参加，则通过该行政程序作出的行政决定是有瑕疵的。

4.2.2 行政程序的进行

依据行政程序法第24条，行政机关依职权调查与行政决定有关的案件事实（所谓的调查原则）。行政机关决定调查的范围和方式，有义务寻找相关的信息，询问各方当事人、召集证人和专家，并调查相关的档案和记录。该义务源于法治原则，特别是源自合法性原则。因为对行政活动和决定的合法性和适当性承担责任的是行政机关而非公民。[63] 然而，除非法律明确规定，公民不能被强制与行政机关合作。[64]

根据行政程序法第26条，为了查明事实，公权力机关可以以符合义务的裁量使用其认为必要的证明方法。这包括收集各种相关信息，对参加人进行听证，询问证明人和鉴定人，取得参加人、鉴定人和证人的书面陈述，调取证明文书和案卷，以及进行实地勘察。但是这仅仅是一项义务，一般并不能强制要求行政机关作出特定行为。证据的收集没有严格的要求，程序参加人可以提出证据申请，但行政机关不受其约束；行政机关可以拒绝申请，也可以考虑另一种证据形式。

4.2.3 行政程序的结束

根据行政程序法第41条，行政机关必须将行政行为告知行政相对人，否则该行政行为不生效。[65] 一项书面的行政行为必须有对行政决定所考虑的主要事实和法律根据的说明（行政程序法第39条）。对书面说明理由的规定有利于公民有效地对抗行政机关，保护自由的合法权益。同时，行政机关还必须告知公民适当的法律

[63] 这同样源自政府行为的效率原则，见60 *BVerfGE* 253（270）和61 *BVerfGE* 82（110）。

[64] 合作的义务在一些情况下存在，可见：11 *BVerwGE* 274（275）和34 *BVerwGE* 248（249）。

[65] 这是法治原则和诉诸法院救济保障的结果，参见基本法第19条第4款，*BverwGE*，*Neue Juristische Wochenschrift*，1984，p. 189。

救济方式。否则，公民对行政行为申诉的日期可以维持一年的期限。

更进一步而言，为保护公民向行政法院提起诉讼的权利，行政机关必须针对行政行为说明理由。原告只有知晓了行政行为所依据的理由，才能主张其个人的权利。如果缺乏理由说明，行政行为无效，可被法院撤销（voidable and can be annulled）。对行政行为说明理由也存在若干例外的情形，这些情形既有成文法的规定，也有非成文法的例外，或者基于和解的可能（reconciliation）。行政法院对于和解可能性的审查采取了十分宽松的审查态度。所以，如果行政机关没有对行政行为说明理由，其可以在法院的口头辩论的最后一天对此进行补正。

4.3 特别行政程序

4.3.1 正式程序

正式程序在行政程序法第63～71条进行了规定，仅仅适用于法律规定的特定情形。其具有特殊性和正式性的特征。[66] 正式行政程序的基础是司法程序中经常采用的正式的言辞审理程序。

4.3.2 计划确定程序

行政程序法第72～78条规定了一种特殊的正式程序，用于特定项目的计划的批准。该程序比较正式，主要应用于大规模的环境影响评估项目，比如道路、飞机场和垃圾清理设施的建设等。计划确定程序比正式程序更加严格，特别是必须进行口头审理的听证程序，以便研究有关被申请计划的各种反对意见。如果在口头审理的听证程序中没有提出反对意见，那么在随后可能进行的法庭审理中不得再行提出。[67]

结束计划确定程序的计划确定裁决是行政行为，可以取代其

[66] 对于正式程序的特征，参见 H. J. Wolff, O. Bachof and R. Stober, *Verwaltungsrecht*, 5 th ed.，vol. 3, Munich, Beck, 2002, § 157, note 2。

[67] 这样规定的目的在于获得法律的确定性和可预见性。

他本来需要作出的决定，特别是公法许可、特许、认可、批准和同意。它确立了对计划的接受，行政程序法第 75 条第 1 款第 1 项对此做了规定。

4.4 行政复议程序

行政复议程序在于控制行政决定的合法性和适当性（expediency）。行政法院法第 68 条和行政程序法第 79 条是救济程序的主要法律依据。行政复议程序也属于一种行政程序，是行政相对人对抗行政机关决定的一种监督机制。所以，在公民提出诉讼以寻求宣告行政行为无效或获得履行判决前，必须通过这样一个异议提起程序。如果上级行政机关没有撤销或者撤销下级行政机关作出的行政行为，受行政行为影响的主体仍然提出异议，可以随后向法院提起诉讼。[68] 行政复议程序具有双重性质，不仅是行政主体实施的一种行政程序，也是司法程序的一种前置程序。

4.5 参与人及其权利

4.5.1 参与人

根据行政程序法第 11 条，每一个个人和法人团体、享有法律权利的团体具有权利，而每一个行政机关有权利能力参与到行政程序中来。依照行政程序法第 13 条，参与人包括：（1）申请人和被申请人；（2）行政机关的行政行为要针对的或者已经针对的人；（3）行政机关要与其或已经与其缔结行政合同的人；（4）按照第 2 款为行政机关要求参与程序的人。[69]

4.5.2 参与人的听证

根据行政程序法第 28 条，影响参与人权利的行政行为公布

[68] 这些程序在特定的案件中还附有其他的规定。如果成百甚至上千的当事人就相同的案件事实提起同一诉讼，在具有多个当事人的程序或者涉及团体行为的程序中，这些特别的规定能有助于程序的加速进行，起到简化程序的作用。

[69] 该程序规定非常不完整，需要辅以其他法律规定，即行政法的一般法律原则和行政法院法第 63 条。

前，应当给予参与人对有关决定的重要事实进行陈述的机会。[70] 如果公民通过书面的形式参与，也意味着听证权的享有。行政听证并不一定要通过个人参与和口头的言辞辩论的形式。如果公民个人对听证权利予以放弃，而行政机关也不给予支持，听证不是必须的。公平的听证程序包括听证的申请、提出主张以及相关参加主体的辩护等。

根据行政程序法第 28 条第 2 款和第 3 款，听证程序的适用存在许多例外的情形，尤其是在面临紧急危险必须立即作出决定时。在行政机关发布一般命令的情形下也不需要举行听证。如果听证的权利受到侵害，根据行政程序法第 45 条第 1 款，听证程序可以在随后行政法院的对质程序中予以补正。行政程序法第 67 条规定的正式程序则明确采用了口头的言辞辩论程序。然而，如果一项行政行为影响到非常多的公民的权利，比如道路和飞机场的修建，则通过听证了解影响广泛的要求是必需的。

4.5.3 告知和建议的义务

基于调查原则，行政机关有给予公民关照和协助公民的义务（行政程序法第 25 条）。公民不能因为知识、帮助或者经验的缺乏导致权利的丧失。无疑，行政机关主要在于公共利益的保障，但是其必须通过告知公民的权利和义务、提供有关行政程序中的必要步骤或者相关文书的意见，给予公民必要的协助。[71] 在服务行政中，如果公民无法找到最佳的办法来获得一项特许或许可，行政机关应当给予必要的协助。

参与人还有卷宗阅览权（行政程序法第 29 条），只要该阅览对其主张和维护法律权益有所必要。[72] 该项权利涉及与程序参与人有关的文书，对于行政决定的作出十分重要。如果妨碍行政机关执行公务，行政机关没有准许当事人阅览卷宗的义务。

---

[70] 基本法第 103 条第 1 款对法院的听证权予以了确认。

[71] 法律知识欠缺的外行人应当获得比律师更多、更完善的建议，见 21 *BVerwGE* 217 和 29 *BVerwGE* 261（268）。

[72] 卷宗阅览权仅仅在行政程序中存在。

4.6 有瑕疵行政程序的法律后果

行政程序法针对行政程序存在的不同类型的瑕疵，规定了不同的法律后果。这些瑕疵从形式的角度来说，包括形式、程序和权限等方面。除了形式方面的合法性，实质方面的合法性同等重要。如果行政行为的内容满足授权的法律要求，则其具有实质的合法性。具体的行政部门法对这些行政行为的实质性要求作出了明确的规定。

4.6.1 行政行为的无效

根据联邦行政程序法第 44 条第 1 款的规定，行政行为具有重大的瑕疵或者根据最普通情况下的理智判断具有显而易见的瑕疵，该行政行为无效。亦即，如果行政行为具有重大明显的瑕疵，该行政行为无效。在这种情况下，行政行为的效率和法的安定性原则让位于行政行为的合法性原则。无效的行政行为不具有法律后果，行政行为的相对人也不需要予以遵从。行政程序法第 44 条列举了行政行为无效的若干不同情形。值得注意的是，行政行为的无效可以分为绝对无效和相对无效。一些行政行为的瑕疵十分重大从而导致行政行为无效，不需要辅之以其他的证据予以证明。行政程序法第 44 条第 2 款列举了这些重大瑕疵，包括行政行为没有注明作出机关，行政行为形式的瑕疵，违反地域管辖的规定以及因客观原因无法实施。如果要求实施违法行为或者违反善良风俗，该行政行为同样无效。如果不符合上述情形，但行政行为具有重大的瑕疵，并且是明显的，根据行政程序法第 44 条第 1 款，该行政行为也无效。无效只是涉及行政行为的一部分，如果该无效部分如此重要以至于缺少该部分，行政机关就不会作出该行为，那么该行政行为全部无效（行政程序法第 44 条第 4 款）。一般而言，在行政行为无效的情形中，没有程序或形式或实体上瑕疵的情形非常少见。[73]

---

[73] 例如，就主管法院而言缺乏管辖权，see 30 *BVerwGE* 138（139）；或者 60 *BVerwGE* 297（308）；F. Hufen，*Fehler im Verwaltungsverfahren*，3rd ed.，Baden-Baden，Nomos Verlagsgesellschaft，1998，note 506 at 325.

4.6.2 行政行为的可撤销性（Voidability）

因为行政行为被宣告无效的情形十分少见，行政法院主要着眼于行政行为是否可撤销的审查。行政行为可撤销有形式或者程序上的原因，但更多的是实体上的瑕疵。根据行政程序法第 43 条，不管是否有瑕疵和违法，在行政行为经过作出行政行为的机关、其上级行政机关或者行政法院在受影响的公民的请求下予以撤销前，行政行为继续有效。

4.6.3 行政行为瑕疵的治愈

并非所有有瑕疵的行政行为都会被宣告无效或者可撤销。行政程序法第 45 条提供了若干瑕疵可以被调和的情形。所以，必需的理由说明或者当事人所要求的听证可以在最后补作。然而，如果听证或其他的程序行为在后面补作，这种补作所导致的行政行为的变更必须有利于受行政行为影响的当事人，否则，听证就会沦为一种形式，而没有任何实质内容。[74] 发布行政行为的事情也可以在事后提出。如果法律要求特定的委员会必须参与到行政行为的过程中来，该委员会事后的参与也可以补正行政行为的合法性。甚至行政行为要求其他行政机关参与的程序也可以在事后进行补救。

4.6.4 不相关的瑕疵

行政程序法第 46 条明确了一些瑕疵，诸如违反程序、形式和地域管辖权等，属于无关紧要的（irrelevant）瑕疵。这些瑕疵明显不会实质上影响行政决定的作出。然而，该规则不适用于裁量性的行政行为。如果属于羁束性的行政行为，对这些形式要求的不遵守不能侵犯参与人的任何权利。[75]

---

[74] 66 *BVerwGE* 291（293）；F. Hufen，*supra* note 73，pp. 378-379，notes 595-596.

[75] 依照行政程序法第 46 条，实体瑕疵不属于不相关的瑕疵，参见 90 *BVerwGE* 25（32）。

4.6.5 撤回违法行政行为的简单条件

行政程序法第 47 条规定一项有瑕疵的行政行为可以转换为不同的但是有效的行政行为。如果所追求的目的相同，有关行政机关能够依法以可执行的程序方式和形式发布，并符合发布的条件，有缺陷的行政行为可以转换为一个其他的行政行为。

5 对行政活动司法审查的基础

为保障行政行为的合法性，法律提供了两种独立和迥然不同的监督方式：行政自我规制和司法监督。行政自我规制既可以是正式的，也可以是非正式的。非正式的救济包括对特定行为进行反对（Gegenvorstellung），向上级机关申诉（Aufsichtsbeschwerde）或者纪律申诉（Dienstaufsichtsbeschwerde）以期望其对下级机关发布指令。正式的救济包括抗议（Einspruch）、正式申诉（förmliche Beschwerde）和行政复议（Widerspruch）。除了提出异议外，所有的救济方式都属于行政自治的范围，只有提出异议具有一定的特殊性（在后文将会论及）。

所有非正式的救济途径不必拘泥于任何形式，其可以针对任何形式的行政行为，但公民没有提起非正式救济的权利。公民可以诉诸正式的救济途径，但必须符合一些特定的条件和前提，有权机关有义务对此作出处理决定。监督机关应当对行政行为的合法性和适当性进行审查。抗议和正式申诉多少局限于财政行政领域，税法第 348 条和第 349 条作出了详细的规定。

行政自我规制最重要的手段是行政法院法所规定的行政复议。该行政复议必须由行政行为的相对人提起。行政行为的作出机关对其作出的行政行为进行审查，但如果其拒绝提供救济，监督机关将针对行政复议作出裁决，而对此可以寻求司法保护。[76] 其不仅仅属于行政程序，还属于审前审查，但这并没有改变行政复议独

[76] H. J Wolff, O. Bachof and R. Stober, *Verwaltungsrecht*, *supra* note 66, vol 3, Section 161, notes 14 - 29.

立的特征，行政机关的决定并不能对后续诉讼的法官形成拘束力，法院也不能针对行政机关的决定发布命令或者以任何方式施加影响。

在启动司法程序前，行政的自我监督通过提供自己改过的机会，缓解了行政法院的负担。此外，它扩大了针对个人的法律保护。其涵盖了针对公法法人的所有监督措施，比如对市镇自治的监督。

5.1 法院对行政行为司法审查的强度

一般而言，行政必须受法律约束，但并非所有的行政行为都受制于同样的强度。其中，羁束性行政受司法审查的强度尤为强烈。如果行政机关对于行政行为的方式选择只有一种可能，该行政行为称为羁束性行政。

就羁束性行政而言，如果有权机关拒绝作出相应的行为，公民可以诉诸法院救济，要求法院作出特定的行政行为。法院对羁束性行政的决定保持全面的司法审查。

同时，为了保障行政的灵活性，特别是行政机关能处理具体的特定的个案情况，行政机关被授予了裁量权（Ermessen），不确定法律概念（unbestimmte Rechtsbegriffe）也因此作为法律处理个案的一种手段。[77] 许多法律条款由不确定法律概念和裁量构成。首先，行政机关必须具体化不确定法律概念，然后再行使裁量权。具体化（Completing）不确定法律概念属于法律问题，而对裁量权的行使属于便宜行事的范围（a matter of convenience）。

如果存在若干被立法者都视为合法的不同选择，行政机关便拥有裁量。其要做的便是通过衡量，决定何种法律效果最佳以及最适合法律的目的。这种裁量只有行政机关才有。在处理具体的争议时，法院不能取代行政机关，以自己的决定代替行政机关的裁量决定。所以，法院仅仅只能审查行政是否逾越了行政裁量的范围。

行政裁量属于一种最棘手的行政活动，也显得特别重要。根

[77] 最终来看，裁量权属于权力分立的结果，参见基本法第 20 条第 2 款。如果法律规范确定了实质的标准即已足够，参见 8 *BVerfGE* 71（76）。

据行政法院法第 114 条和行政程序法第 49 条，尽管法院不能对行政机关的裁量进行全面审查，公民具有法律权利要求，行政机关只有在经过了案件的合义务评价之后才能行使裁量并作出自由选择。法院只能对行政机关在行使裁量权的过程中是否在合义务的方面存在错误进行判断。[78] 行政法院法第 114 条区分了裁量逾越和裁量滥用。如果行政机关在发布行政行为时偏离了法律的界限，属于裁量逾越。如果行政机关没有考虑到全部要考虑的可能时，这种裁量的不充分同样属于裁量逾越。最常见的情况是裁量滥用，比如行政机关考虑了跟案件无关的因素。[79]

由于不确定法律概念的使用，因而一些规范性事实要件显得并不精确。公民因此对于行政行为的可预见性减弱，从而给法治原则造成困境。但是立法者无法预见到所有未来的个案问题，因此，公民应当接受法律规范上一定程度的不明确性。

不确定法律概念大量存在，诸如“公共安全”、“公共利益”、“不合理”和“紧急情况下”等。行政机关经常通过行政规范来对这些不确定法律概念进行解释，以获得行政活动的统一性。根据基本法第 19 条第 4 款，行政法院一般对行政机关法律的适用进行全面的审查。行政法院，特别是联邦行政法院，倾向于可以没有任何限制对不确定法律概念进行审查。[80] 仅仅只有在涉及高度属人性的决定时，这种审查才能受到限制，诸如教师、教授、导师或者特别委员会对于小学生、学生和公共机构的评价。[81] 这主要是基于对个别的情形进行评价。在此情况下，行政法院仅仅对行政机关是否存在错误或者不全面的案件事实、违反法律的强制性条款、不相关的考虑和没有遵守评价的一般适用原则等情形进行审查。[82]

[78] 对于是否存在一个更佳或者更适当的决定，法院无权进行审查，参见 44 *BVerwGE* 156（159）和 57 *BVerwGE* 174（181）。

[79] 34 *BVerwGE* 241；102 *BVerwGE* 63 and 52 *BVerwGE* 84.

[80] 15 *BVerwGE* 207（208）；24 *BVerwGE* 60（63）；29 *BVerwGE* 279（280）；and 94 *BVerwGE* 307.

[81] 8 *BVerwGE* 272；21 *BVerwGE* 127；60 *BVerwGE* 245；and 84 *BVerfGE* 34 and 59.

[82] 瑕疵的案例诸如：61 *BVerfGE* 261（279）；49 *BVerwGE* 89（136）；and 88 *BVerfGE* 40，(56)。

5.2 德国司法系统和行政法院概述

图 5 展示了德国法院系统的五种不同的分支。这些是普通法院（处理刑事和民事案件）、行政法院（具有专门的行政案件管辖权）、财政法院、社会法院以及劳动法院。联邦法院处于法院系统的最高级，而较低一级的法院则分布在各州。德国司法系统属于一个统一的整体。特别是，州法院既适用联邦法律，也适用州法律。只有联邦法院，基于联邦原则，仅仅局限于适用联邦法律。

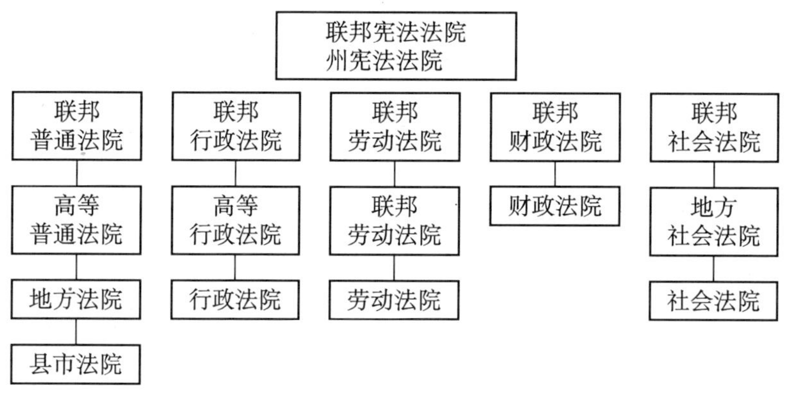

图 5　德国法院系统结构图

这五种不同类型的法院相互独立，在级别上平等。处理宪法案件的最高法院是设立在卡尔斯鲁厄的联邦宪法法院。其对立法行为、行政行为和所有法院的行为进行监督，只有联邦宪法法院，才能宣布一项法律违宪。联邦宪法法院法列举了所有的受案范围，包括各种宪法机关之间的争议和对公民宪法权利的保护。但是，联邦宪法法院并不会受理每一件申诉的案件。对并非基于违反具体宪法条款而提起的申诉，其都会拒绝受理。[83]

行政法院不仅与普通法院分离，也独立于行政机关。这种形式的行政司法保护在过去的几百年中得到了发展。在 1945 年后，随着行政司法一般条款的引入，这种保护日臻完善。该条款使得

[83] 所谓的 *Hecksche Formel*：18 *BVerfGE* 85（92f）；30 *BVerfGE* 173（188）；85 *BVerfGE* 248（258）。

一切未被联邦法律划归为属其他法院管辖的非宪法性质的公法上争议，均可被提起行政诉讼（联邦行政法院法第 40 条第 1 款）。

行政法院的组织结构被分为三种不同的审级（行政法院法第 2 条）。第一审级是行政法院，行政法院的法庭由 3 名职业法官和 2 名非职业的法官审理案件（行政法院法第 5 条）。[84] 第二审级是上诉行政法院，也称为高等行政法院。高等行政法院内设有法庭。高等行政法院的法庭由 3 名职业法官组成并行使审判权；州法律可以规定该法庭由 5 名法官组成，其中 2 名为非职业法官（行政法院法第 9 条）。其处理不满行政法院判决所提起的上诉。这两个审级的法院都由州所设立。每一个州至少有一个行政法院，但是最多设立一个上诉行政法院。地方的行政法院依据行政法院法第 45 条处理所有的行政案件。上诉行政法院是行政法院的上诉法院。但在一些情况下，也可以作为一审法院，行政法院法第 48 条对此案件范围予以了界定，特别是涉及具有重大技术价值的项目，诸如核电站和飞机场的项目。地方行政法院的判决对于州行政具有重要的影响。联邦行政法院是行政法院系统的最高法院，1952 年设立于柏林。其法庭一般由 5 名职业法官组成。其主要作为上诉法院，在特定情况下也受理少量的一审案件（行政法院法第 50 条）。因此，在这种情况下，联邦行政法院不仅仅是一审法院，还是处理州和联邦之间非宪法性质争议的终审法院。值得注意的是，相较于上诉法院可以同时适用州和联邦法律，联邦行政法院只能适用联邦法律。上诉行政法院和联邦行政法院同时设有联合法庭（行政法院法第 11 条和第 12 条）。作为一种特殊类型的法庭，行政法院欲在某一法律问题上偏离行政法院另一法庭或联合审判庭的判决时，由联合审判庭来作出判决。[85]

法院的独立依赖于法官的地位和角色。基本法第 97 条第 1 款规定，法官独立，只服从法律。[86] 这对于行政法院的法官同样适

[84] 对法院合议庭的任命取决于活动的分配（业务分配计划）。

[85] 该制度的目的在于保障法治的统一性，参见 16 *BVeruGE* 273（276）。

[86] 与此相关的是基本法第 92 条与第 98 条。

用。全职法官不得被免职、停职或者在违反本人意愿的情况下被调离岗位。[87] 法官必须具有个人的独立性，应保护其不受行政手段的间接干预。[88] 所以，法官只有在依据基本法第 97 条第 2 款的情况下，经过法院判决或者经其本人同意，方能被免职，或永久或暂时停职。第 98 条表明只有联邦特别法律才能对联邦法官的法律地位予以规范，对法官进行弹劾的最后决定必须由联邦宪法法院作出。

基本法对于法院的任命、职责、转任、免职和监督作出了规定。德国于 1972 年制定的法官法和相应的州法律对所有法官适用，是基本法的有关原则的补充。法官具有两种不同的类别：职业的和非职业的。尽管一般条款对两种类型的法官都适用，但两者在资格条件、任命和任期等方面仍然存在重要的区别。

职业法官必须在德国大学毕业后，通过两次国家法律考试，还必须供职于政府的司法部门，才有资格被任命为法官。只有达到一定年龄，一般是 35 岁，才能获得联邦法院法官的任命。在经由为遴选联邦法院法官而设立的专门委员会选拔提名后，联邦总统对联邦行政法院的法官予以任命。该委员会由 16 名政府部长（德国共 16 个州，每个州有 1 个委员）以及 16 名经联邦议会选举产生的议员组成，负责法官的选拔。该选举委员会由联邦司法部长领导，但其在选举法官的过程中没有投票权。不管是行政法院还是上诉行政法院，根据一个州的宪法条款，在经过州法官选举委员会选举后，由州政府或者有权的州部长任命。而且，在法官选举过程中，还必须听取总统委员会的意见。

职业法官经任命便是终身制。在州行政法院和上诉法院，兼职法官也可以被任命。在州基层行政法院，见习法官和受委任法官可以被任命。委任制（on commission）法官是公务人员，其希望转变为法官的角色。这两种类型的法官分别在 2 年和 3 年后，必须被任

[87] 36 *BVerfGE* 174（185）；和 60 *BVerfGE* 175（214）.

[88] 14 *BVerfGE* 156（162）；和 4 *BVerfGE* 331（345）.

命为终身法官，否则，基于其不适合该职位，其在期限届满前必须被解聘。因此，基于这种职位的不确定性，这两种类型的法官的独立性受到威胁，应当得到保障。超过一名试用制法官和委任制法官参与到审判中来是一种例外情况，必须具有正当的理由。

在言辞审理和法院裁判的作出上，非职业型法官与职业型法官平等，并具有同样的独立性。非职业型法官保证了司法的民主性，是社会力量参与到司法判决过程中的重要因素。其不需要特别的技能或者资格条件。但是，其地位相比职业型法官较弱，比如，在言辞审理前的证据调查上，非职业型法官没有权利。

5.3 司法救济的条件

就寻求司法救济而言，当事人提起行政诉讼还必须满足特定的条件。这些条件因不同的诉讼类型而有区别，但存在一些一般必须满足的必要条件。

5.3.1 行政诉讼管辖权

行政法院法第 40 条（所谓的概括条款）对提起行政诉讼的条件作了原则性的规定。凡是属于政府机关作出的任何性质的对当事人不利的决定或行为，当事人都有权利向行政法院申请救济。一切未被联邦法律划归为属其他法院管辖的非宪法性质的公法上争议，对之均可提起行政诉讼。所以，公法与私法、宪法与行政法之间的区别在司法管辖权上具有关键性的作用。然而，这种区别很难界定。法律关系的真实性质具有十分重要的价值。如果争议的基础在于公法上的权利和义务，则该争议应归行政法院管辖，否则应属于普通法院的管辖范围。[89]

基本法第 19 条第 4 款表明，公民的权利如果受到公权力机关的侵害，公民可以向法院提起诉讼以获得救济。[90] 19 世纪，公民

[89] 在此问题上，利益理论与从属理论显得十分重要。

[90] 原告必须主张自身受到公权力机关行为的不利影响，13 *BVerfGE* 132（151）和 27 *BVerfGE* 297（305）。

在其权利受到行政行为侵害时还只能向行政机关提起申诉。Fudolf von gneist 第一个要求建立独立的行政法院系统，继而在 1863 年，德国第一个行政法院得以设立。然而，行政诉讼的概括条款并不彻底，因为存在若干的例外使得一些行政争议被分配给行政法院以外的其他法院管辖。社会法、财政法和劳动法争议都由特殊的法院系统来管辖。而且在许多情况下，普通法院也具有管辖权。行政诉讼的一般条款被特别条款所取代而排除适用，诸如赔偿诉讼或者行政合同诉讼（依据基本法第 14 条第 3 款）；行政法院法第 40 条第 2 款以及行政程序法第 49 条第 6 款第 3 句。

最后，行政诉讼必须向适格的行政法院提出，根据行政争议的对象，行政法院必须同时具有实质的和地域上的管辖权。

5.3.2 参加人

行政诉讼中的参加人包括原告、被告以及法律利益受到行政决定影响的其他主体，而后者可由法院传唤作为第三人参与到诉讼中来。一般而言，法院对传唤第三人参加诉讼具有裁量权，当判决影响第三人权利时，必须传唤其参加诉讼。如是，行政法院法第 65 条赋予了法院在特定情况下传唤第三人的义务。在行政诉讼中，联邦检察官或者其他公共利益代表也可参加，而且为了参加诉讼必须行使其拥有的权限。

行政诉讼的参与人必须证明其具有足够的能力独立地参加诉讼。这种能力表现为能承担诉讼的权利和义务。如果一个主体缺乏相应的能力，其提出的诉求并不被允许。一般而言，所有的自然人和法人，包括公共机关，都具有参加行政诉讼的能力。

行政诉讼的参与人必须有行为能力参加诉讼，并且应当到庭参与审理的过程，比如提出主张（法院组织法第 61 条）。自然人、法人、社团和州法律规定的行政机关具有权利能力参加诉讼，而任何有权签订合同的个人、社团和行政机关的法人代表具有权利能力提起诉讼。然而，这两种能力并不要求相互匹配。但是，如果一方当事人不能亲自参加诉讼，其可以委托律师或德国高校教师在联邦行政法院作为其全权代理人。而在基层行政法院或者上诉行政法院，除非法院指定代理人，有权提起诉讼的当事人都有权到庭参与诉讼。

5.3.3 行政诉讼的形式

在 1945 年前，只有被法律列举的特定类型的行政行为方能进入法院司法审查的范围。基本法第 19 条第 4 款使得这种传统的列举式的方法成为历史，并确保了对公民有效的司法保护。所以，司法保护与行政行为的法律形式没有必然联系。对于提起行政诉讼不再被列举范围所局限。相反，对于公民提出的每一个请求必须存在相应的诉讼类型。所以，公民提起诉讼的范围从封闭变得开放。立法机关可以通过法律设定新的诉讼类型。[91] 但是绝大部分的诉讼类型（sui generis of special suits）最终可以归为以下类型：变更权利义务或者法律关系的形成诉讼（Gestaltungsklage）、履行诉讼（Leistungsklage）以及确认诉讼（Feststellungsklage）。除此之外，法律对于规章和法规命令的控制提供了特殊的司法程序。诉讼请求的提出取决于对何种行为提出异议以寻求司法保护。

就前两种类型而言，如果行政行为是诉讼请求的对象，则两种诉讼请求需要作进一步区分。所以，变更（权利或者法律关系）诉讼可细分为撤销特别诉讼（Anfechtungsklage）即仅仅直接针对行政行为提起，以及一般的变更权利的诉讼（allgemeine Gestaltungsklage）。履行诉讼则可分为课以义务诉讼（Verpflichtungsklage）及一般的履行诉讼（allgemeine Leistungsklage）。

撤销诉讼是行政诉讼的经典类型。其目的在于变更权利或者法律关系，其对象为可撤销的行政行为而非无效的行政行为。[92] 撤销诉讼主要应用于警察行政[93]或者财政行政领域，行政机关针对公

[91] 具体的例子有庇护法或者选举审查程序。但是各州不能通过州法创造新的诉讼类型，参见 20 *BVerfGE* 238（251）。

[92] 51 *BVerwGE* 15（24）.

[93] 德国法律区分预防性的警察活动和镇压性的警察活动。调整后者的相应规范包括刑法以及刑事诉讼法。

民作出的非刑罚性质（incriminating）的行政行为。但是，如果公民在诉讼开始时对于行政行为的法律效果不甚明白，而随后才能被确认为无效或者可撤销，其也可以提起撤销诉讼。所以，一般情况下只能提起确认诉讼，但基于这种法律效果的不清晰，公民也可以提起可撤销诉讼。[94]

如果期望行政机关作出或不作出一定行为，公民应当提起履行诉讼。在履行诉讼中最重要的是课以义务诉讼，该诉讼在行政机关拒绝作出或不作出一项负有法律义务的行政行为时提起。该种诉讼类型应用于社会服务行政，公民需要经过行政机关同意或者批准从事一项活动，或者需要贷款的分配（allocation of a loan），或者申请其他的社会扶持（socialassistance）。即使行政机关拒绝作出一项行政行为，恰当的诉讼类型是课以义务诉讼而非撤销诉讼。[95] 普通的履行诉讼在于促使行政机关作出一项行政行为而非行政立法。[96]

确认诉讼必须满足特定的限制条件才能提起。它仅仅适用于：当原告拥有一项及时发现（in a speedy discovery）的正当利益时，确认一项法律关系是否存在和一项行政行为是否有效。该种诉讼类型的对象可以是未来发生的法律关系或者法律关系发生的未来可能。公民必须主张其对于及时确认有具体的利益存在，比如，一项行政行为的法律效果在行政行为结束之后仍然继续存在。这种利益可以是法律上、经济上的，甚至是观念上的。如果在原告提起行政诉讼前，行政行为或者行政行为的法律效果已经不再存在，确认诉讼也可以提起。如果原告拥有正当的利益，基于该行政行为可能重复发生的威胁，法院可以宣告该行政行为无效。

行政法院法第 47 条规定了对于规章和法规命令的合宪性提起

[94] 35 *BVerwGE* 334（335）：原告不应当承担不容许诉讼所带来的风险。

[95] 80 BVerwGE 270（271）.

[96] 比如判决行政机关应当公布相关的信息，如仅仅公布行政机关所完成的工作，甚至在管辖区域内对道路的修缮，*Verwaltungsgerichtshof München*，*Bayrische Verwaltungsblätter*，1987，p. 41 and *Verwaltungsgerichtshof München*，*Neue Zeitschrift für Verwaltungsrecht*，1989，p. 269。

司法审查属于一种特殊的确认诉讼。[97]

5.3.4 原告资格

不同诉讼类型对原告资格的要求不同。除非法律另有规定，原告人只有在认为其自身权利被一个行政行为或行政不作为侵害时，方可以提起撤销诉讼和课以义务诉讼（行政法院法第 42 条第 2 款)。原告只有在自身的权利受行政行为侵害时方能提起诉讼，而不能代替别人行使权利。民众诉讼一般不被允许，但在法律上也存在例外。[98] 公民只需要认为其权利受到侵害，而无须证明该侵害是否确实存在。

当事人针对行政机关的不利行政行为和管制行政行为，表面上即可看出（prima facie case）其法律权利受到侵害，则进一步的举证要求不再必要。第三人受行政行为或行政不作为侵害的情形更加复杂。第三人若要提起诉讼，必须证明行政机关针对他人作出的行政行为侵犯了其个人权利。[99]

然而，在课以义务诉讼中，原告的资格并不那么重要。如果原告对于确认（prompt declaration）有正当利益（legitimate)，则并不需要具备法律（legal）利益。各种利益，包括经济利益、文化和宗教利益等，只要基于合理的考虑，都应该符合提起诉讼的条件。

5.3.5 行政复议（Widerspruch）

除了行政法院以外，传统上行政机关自身内部也对公民提供了救济的程序。行政复议程序由公民通过向作出行政行为的行政机关提起而启动。行政复议是提起行政诉讼的必要前提。所以，原告在向法院提起撤销诉讼或者课以义务诉讼前，必须穷尽所有

---

[97] 56 *BVerwGE* 172（178）和 82 *BVerwGE* 225（230）.

[98] 例如根据环境法，某一协会提起的法律诉讼，参见 35 *BVerwGE* 173（174）和 37 *BVerwGE* 47（51)。

[99] 诸如，建筑许可不仅影响到行政相对人，还影响到相关的邻居。

的行政救济程序。[100] 该要求仅仅适用于两种形式的行政诉讼。

如上所述，穷尽行政救济原则存在一些例外。依据行政法院法第 68 条第 1 项第 1 句，如果行政行为是由一个联邦最高行政机关作出，或由一个州最高行政机关作出的，包括联邦总统、联邦总理或者部长，行政复议程序并非是必要的，因为这些高级行政机关的行政行为被视为经过了成熟的考虑。同时，在行政复议程序之后，受复议决定影响的第三人不需要经过行政复议程序即可径行提起行政诉讼（行政程序法第 70 条）。

行政复议申请必须以书面方式提出，或者由行政机关书面记录。行政复议必须在行政行为宣告后 1 个月内提出，但行政机关必须告知行政相对人可能的法律救济方式。如果行政相对人没有被告知，其可以在行政行为宣告后 1 年内提起行政复议。

调整行政复议的法律规范有行政法院法、与行政法院法有关的州法律、行政程序法以及其他有关法律救济程序的法律。作出行政行为的机关及其监督机关都必须参加行政复议程序。行政机关认为复议申请成立的，应纠正有关错误（行政法院法第 72 条）。[101] 否则，行政复议决定一般直接由直接上级行政机关作出，但如果属有关地方自治事务的，行政复议决定由自治机关决定。[102] 复议决定中必须说明理由，附具法律救济方式告知，决定须送达。复议决定机关可以针对原行政行为作出对行政相对人更为不利的变更。[103] 如果原行政行为经行政复议得以维持，则公民可再行对该行政行为提起行政诉讼。行政复议决定一般应在 3 个月内作出（根据行政法院法第 75 条）。一般而言，行政行为在行政复议作出

[100] 当事人不能放弃该权利，66 *BVerwGE* 342（343）。

[101] 还有一种可能是，行政机关也可以撤销该行政行为。但在司法实务上存在争议，参见 101 *BVerwGE* 64（70）。

[102] 行政程序法第 73 条第 1 款，如果公共机关没有对公民提起的复议提供救济，有权机关应当针对此复议作出处理决定。这个处理决定可由以下机关作出：（1）第二高的机关，除非法律制定其他高级机关来履行此任务；（2）作出行政行为的行政机关，当第二高的行政机关属于联邦最高机关或者州最高机关；（3）自治机关，当是涉及自治事务的案件，但法律另有规定的除外。

[103] 一些具体的案例说明了复议不允许作出不利变更，如 8 *BVerwGE* 45（46）以及 14 *BVerwGE* 175（178）。

之前具有停止执行力，也即行政机关应当在行政复议期间应当停止执行行政行为。但也存在一些例外，比如公共税捐及费用方面的命令，警察局执行官员不可延迟的命令和措施等。除此之外，行政机关或者法院可以作出中止执行行政行为的决定（行政法院法第 80 条）。行政复议在德国发挥着重大的作用，这从实践中可见一斑，90%的案件中，公民对行政复议决定予以接受而没有再行提起行政诉讼。

5.3.6 期限

对于撤销诉讼和课以义务诉讼，原告必须在收到行政复议决定后一个月内向行政法院提起，根据行政程序法第 68 条不需要作出复议决定的，应在行政行为公布后 1 个月内提起诉讼（行政法院法第 74 条）。如果起诉期限届满，行政法院应当拒绝受理并对行政争议作出实体判断。在特定情况下，应无过错而未能遵守法定期限人的请求，可允许对其回复原状。原告应向行政法院提起回复原状的请求（行政法院法第 60 条）。除此之外的其他诉讼，起诉期限规定不予适用，但如果经过过长的期间，原告可能会丧失起诉的权利。

仅在行政相对人以书面方式得知法律手段，针对法律救济或其他法律手段的期间才开始计算（行政法院法第 58 条）。行政机关有义务告知行政相对人法律救济的手段、诉诸法律手段的行政机关或法院、法院所在地及应遵守的期间。告知未作出或告知不正确的，原告可在送达、公开或公布后 1 年内提起行政诉讼。如果行政复议机关未在 3 个月内作出复议决定，则原告可以针对复议机关的不作为提起行政诉讼。[104]

5.3.7 权利保护必要

若要提起诉讼，原告必须证明针对该诉讼存在正当的利益。如果过早或者过迟寻求保护导致法律保护的目的不可能实现，抑

[104] 44 *BVerwGE* 294（298）.

或诉讼属于滥用法律，则属于该种正当利益缺失。[105]

5.4 行政诉讼程序

法院裁判一般只能在经过言辞审理以后方可作出（行政法院组织法第 101 条第 1 款）。法院必须传唤所有的参与人参加言辞审理。同时，依据基本法第 103 条，诉讼参与人具有请求公平审判的权利。诉讼参与人有权陈述事实和法律根据，针对对方当事人和庭审证据所表明的事实作出回应和辩护。他们同样有阅览案件记录的权利。因为一般当事人并无必要请律师，所以法院有义务给予帮助。如果经过双方当事人同意，法院也可以不采用言辞审理的方式。[106]

与言辞审理原则紧密相关的是及时原则。行政法院组织法第 96 条第 1 款要求法院在言辞审理中取证。法院判决必须通过参加了审判的法官在诉讼的基础上作出（行政法院法第 112 条）。法院最后不能仅仅依据证据，而应以整个诉讼所形成的确信来进行判决。

行政诉讼的另一个原则是调查原则。法院有义务查明所有与案件有关的事实，而不能局限于当事人所提出的诉讼请求和证据。但是另一个方面，法院而非当事人，有义务对案件进行调查。法院可以采用权限范围内的各种手段，但是不能将调查的义务重新施加给行政机关。同时，法院不受申请内容的约束，可以在行政争议的范围内提出新的法律问题进行审判，但不得超越诉讼请求（行政法院法第 88 条）。

与调查原则相随的是当事人处置原则。在诉讼的过程中，各方当事人可依据各自的权利进行处置。原告可以撤回行政诉讼（行政法院法第 92 条）和变更诉讼（行政法院法第 91 条）。原告和被告还可达成和解（行政法院法第 106 条）。诉讼双方

[105] 当一个诉讼申请足以达到原告的目标，原告不允许同时提出两个诉讼申请。

[106] 放弃言辞审理必须具备的前提，可参见 62 *BVerwGE* 6（7）。

当事人都可以放弃法律救济（行政法院法第 126 条、第 140 条）。

5.5 法院裁判和救济

5.5.1 法院裁判

行政法院的裁判有若干不同的形式。这些形式包括判决（Urteil）、法院通知（ Gerichtsbesheid ）、法院裁决（Beschluss）、命令（ Anordnung）、指示（ Verfügung）和 临时性决定（Vorbescheid）。

对于起诉应以判决形式作出决定，另有规定的除外（行政法院法第 107 条）。撤销诉讼判决在于变更行政法律关系，课以义务诉讼则判决行政机关应当作出或者不得作出相应的行政行为，而宣告判决则适用于宣告诉讼。

基于法律效果问题的立场，区分程序性的判决和实体性的判决十分重要。如果起诉缺乏相应的前提条件，程序性的判决则予以适用；而如果依据案件的事实作出实质判断，形成实质上的法律效果，则实质性的判决予以适用（行政程序法第 121 条）。与终局性判决相对的是，如果只需要处理诉讼中的问题，可通过中间判决预先作出决定（行政法院法第 109 条）。所以，中间判决并不意味着诉讼的终结，而只是对诉讼中某一个具体问题作出，比如诉讼是否受理的问题。

法院的裁决不需要经过言辞审理即可作出。而命令则是针对诉讼程序的进行而作出（行政法院法第 87 条，第 87 条 a，第 87 条 b）。命令的功能是协助诉讼的准备和诉讼步骤的顺利进行。

5.5.2 救 济

原告不服行政法院和高级行政法院的判决，可以提起上诉、复审或者申诉。救济的特征是，通过提起救济，已经发生的法律效果能够得以停止，诉讼得以在一个层级更高的法院进行。

上诉既可以针对判决的法律问题，也可以针对事实问题。[107] 上诉行政法院对下级行政法院的判决起着监督的作用。受到一审判决不利影响的一方当事人都可以提起上诉，具体的上诉条件可见行政法院法第 124 条。如果一审判决可能具有严重的错误，或者行政案件十分重要，上诉即具备容许性（granted）。复审则是针对上诉行政法院的判决而提出，在一些情况下也可以针对一般行政法院的判决而提起。但是复审只审查法律问题。[108] 如果行政案件十分重要，或者下级行政法院期望偏离联邦行政法院以往的判决，复审具有容许性（行政法院法第 132 条）。

申诉是针对行政法院的任何决定向上诉行政法院提起的法律救济手段。在上诉或者复审的情况下，法院不仅可以作出撤销或者维持判决，还可以作出变更判决。甚至在复审中，法院还可以将案件发回下级法院审理。在穷尽了所有的法律救济后，或者没有法律救济手段可使用的情况下，如果基于诉讼程序上的瑕疵，判决即具有了终局的约束力。因为诉讼程序上的违法，没有任何规定可以使得法院的判决无效和可撤销。

5.6 暂时权利保护

为避免不可推翻的行政决定，基本法第 19 条第 4 款赋予了公民广泛的和有效的司法保护。暂时权利保护的目的在于阻止行政行为的执行，使得公民不致遭遇不可弥补的损害。给公民造成的负担越重，弥补其损害越困难，司法保护越应该加强。行政法院法第 47 条、第 80 条、第 123 条对暂时权利保护作出了规定。

根据行政法院法第 80 条第 1 款，申请复议及撤销诉讼（invalidity）可以当然地终止行政行为的执行。此谓中止执行

[107] 只有当法院允许，上诉才具有容许性，宪法上的原因可见 4 *BVerfGE* 47 (95)。

[108] 19 *BVerwGE* 323 (327)：目标在于法治统一性的维护以及法律的改善。

的效力，仅仅适用于撤销诉讼。行政法院法第 80 条第 2 款列举了行政行为中止执行效力适用的若干例外，比如在紧急的警察措施中，停止执行的效力不适用；再如作出行政行为或者正在处理行政复议的行政机关为了公共利益或者压倒性的一方的利益命令该行为立即执行等这些在实践中具有重要性的任何其他情况。在这些情况下，法院根据申请，可以命令行政机关中止执行（行政法院法第 80 条第 5 款）。行政行为的中止执行效力和暂时权利保护因不同情况而具有多种可能：法院可以为了原告利益的保护而中止行为的执行，也可能应第三人的申请解除中止执行而命令立即执行一项行政行为（行政法院法第 80 条第 3 款和第 80a 条第 1 款第 1 句）。

行政法院法第 80 条所规定的中止执行效力原则上仅仅适用于撤销诉讼。在其他情况下，当事人可以通过寻求暂时性权利保护而获得法院的临时性命令（行政法院法第 123 条）。临时性命令的颁布在于维护现状不被改变，从而避免有关公民的权利被侵犯。它也可以在某一有争议的法律关系上，调整国家事务的临时状态。如果关涉法规的合宪性的司法审查，防止出现严重不利或基于其他紧急需要，高等行政法院可以根据申请作出临时性命令（行政法院法第 47 条第 6 款）。

6　德国行政法新近和未来的发展

财政危机是德国行政改革的主要阻碍。人们普遍认为，国家的经济效率和国民生产总值总是赶不上行政职能的扩张。政府所能利用的资源极其有限。财政危机所引发的不仅仅是有关财政问题的公共讨论，还有对政府活动的其他框架性现状的争论。由于行政官僚主义的增长、行政资源的浪费、行政革新的缺乏和日益膨胀的行政设施，财政危机并非公共行政的最大问题。然而，财政危机激励了对政府的现代构造、行政活动的方式以及公共职能的种类等的普遍研究。人浮于事的公务员队伍、源于 18 世纪的公务员制度、在行政领域普遍存在的行政等级制度以及高权性的行政活动，所有这些都是过去时代的遗产，在现在看来，这些都在不断受到挑战。

因此，已有观点提出，政府应该从传统的一些职能领域退出，特别是政府不应该再通过高权来履行行政职能（sovereign form of observing duties）。因为这实际上在逃避私有化的广泛采用。德国邮政系统和铁路系统的私有化是这一变革的典型体现，同时私有化也广泛影响到公共安全领域。

行政职能的模式和范围也值得进一步研究。并非每一种类型的行政活动都可以私有化。但行政机关可以采用其他类型的行政活动方式，诸如行政计划、行政合同来履行行政职能。这些活动形式更有利于保障公共参与和行政的透明度，在公共服务行政领域适用特别广泛。最后，行政应当从各种各样的私人经济活动领域退出。

政府组织的重新架构将使政府更加有效率，比如行政组织的分权。更加简练的工作流程、行政组织的更加明晰化、交流的改善，特别是透明度的增加，仅仅只是扩大保护有限资源利用的一些手段。

与私有化概念紧密相关的是如何使得行政活动更加有效率。通过行政职能的私有化，这些只是讨论的开始，行政的改革将导致更为广泛的区别于以往的规制，而不是放松规制。

7 概括和结论

法律界定了行政的地位。立法只能为行政制定粗略的框架，设定行政的目的，而不可能规定行政的方方面面，所以通过行政的执行和适用，行政获得了自身独立的活动空间。行政的职责在于将法律转化为具体的规范，具体化不确定法律概念或者行使裁量权，这些都属于十分复杂的技艺。

由于资源的短缺，具有命令性质的行政开始部分撤退，因而有利于社会自我规制的形式得到相当大的发展。合作和契约型的行政活动诸如行政合同则日渐增多。而已经落后于行政实践的行政法，特别是行政活动形式的理论、行政程序理论和法律保护理论等，在面对这些新的发展时仍然表现出了不甚清晰的态度。

另一方面，对于行政活动（actions）的法律控制也应当置于行政自主责任的背景下来讨论。行政法院倾向于个人权益的法律保护，其对立法赋予行政的自主空间的控制已经力不从心。在今天，行政法院越来越倾向于适用自我发展出来的标准（self-developed standards）来控制行政活动。但是，这会破坏行政和司法功能领域的平衡。为应对这一发展，行政和司法应当共同和合作地承担责任。同时，对于法律保护条款，特别是基本法第 19 条第 4 款和司法审查的强度，应当重新思考并予以修正。

8　参考文献

H. -U. Erichsen, *Allgemeines Verwaltungsrecht* 11th ed. Berlin, 1998.

H. Maurer, *Allgemeines Verwaltungsrecht* 13th ed. Munich, 2000.

H. J. Wolff and O. Bachof, *Verwaltungsrecht*, vol. 1, 11th ed., Munich, 1999; vol. 2, 6th ed., Munich(2000) vol. 3, 5th ed., Munich, 2002.

E. Schmidt- A Bmann, *Das allgemeine Verwaltungsrecht als Ordnungsidee*, Berlin, 1998.

F. Hufen, *Fehler im Verwaltungsverfahren*, 3rd ed., Baden-Baden, 1998.

D. Lorenz, *Verwaltungsproze Brecht*, Berlin, 2000.

W. Hoffmann-Riem, E. Schmidt- A Bmann and G. F. Schuppert, *Reform des Allgemeinen Verwaltungsrechts*, 1st ed., Baden-Baden, 1993.

K. G. A. Jeserich, H. Pohl and G. -C. von Unruh, *Deutsche Verwaltungsgeschichte*, vol. 4; *Das Reich als Republik und in der Zeit des Nationalsozialismus*, and vol. 5: *Die Bundesrepublik Deutschland*, Stuttgart, 1987.

4

荷兰行政法[①]

勒内·西尔登，弗里茨·斯特罗因克

1 导 论

1.1 什么是行政法

行政法与宪法的关系十分紧密，在二者之间难以划分出一条清晰的界限。各种文献对二者作了各式各样的界定，但这些定义却也在不断地更新变化。定义主要服务于教学目的，其本身并不会产生任何法律后果。因此，本文不纠缠于行政法的定义之争，而更愿意从全球的视野提供一种对宪法和行政法进行理解的图景。传统意义上，宪法主要包括和国际法有关的内容、基本权利、立法、议会体制、司法组织及其权力以及分权几部分。这些内容分别体现于荷兰宪法（Grondwet）第 93～94 条，第 1～23 条，第 112～122 条以及第 123～136 条的规定之中。

行政法的核心是处理国家和公民之间的关系。行政机关具有影响公民的法律地位、在各个领域运用各种行政手段引导和组织社会关系的权力。其中，行政机关可利用的主要手段是（详见下文第 2 部分的内容）受公法调整并能在具体案件中确定当事人权利义务的一个法律概念——行政决定（beschikking）。诸如许可、授予利益、资助、估税和执行命令等都属于行政决定范畴（具体

① 本章关于荷兰行政法的写作部分参考了以下著作：F. A. M. Stroink and J. G. Steenbeek, *Inleiding in het staats-enbestuursrecht*, 4th ed., Alphen aan den Rhijn, Samson H. D. Tjeenk Willink, 1993 and F. A. M. Stroink and R. J. N. Schlössels, *Algemeen Bestuursrecht, een inleiding*, 4th ed., Deventer, W. E. J. Tjeenk Willink, 2000.

见第 3 部分的内容)。行政法中更为重要的内容是对行政行为进行控制（申诉、上诉以及向法院提起诉讼）的制度（具体见第 4、5 部分的内容)。

除此之外，行政法和刑法之间也具有密切的联系。行政机关拥有诸多执行措施，当事人未经许可经营或违反许可证的限制经营范围可能构成犯罪。[②] 鉴于传统上起诉犯罪的检察官（officier van justitie）并不被认为是行政机关的一部分，因此在荷兰的传统上，同是公法分支的行政法与刑法被区分开来。然而新近基于效率之考虑，可以看到公诉人是某一行政机关，某一行政机关有权以刑事指控的方式作出制裁（符合欧洲人权公约第 6 条规定的要求）或者以某种公诉人的名义行事。[③] 因为刑事诉讼和行政诉讼适用不同的原则和规则，甚至因混同使二者的区分被忽视，所以当需要对二者进行选择的时候，这种职能的交叉就可能引发问题。

行政法和私法之间也存有联系（主要体现在民法典中的规定)，行政法依照私法的规定来确定公民的地位：或对公民的契约自由进行限制，或对公民的财产自由进行限制，比如行政许可；或扩大了公民的契约、财产自由，如行政资助。

由斯特拉斯堡人权法院判决的宾利（Benthem）案对行政法与私法关系作了很好的诠释。[④] 因为环境污染许可证会限制申请者的财产权和契约自由，拒绝颁发许可证确实会对申请者的民事权利和义务造成影响，这意味着申请者有向欧洲人权公约第 6 条要求独立的司法机关寻求救济的权利。而当时在荷兰，法律还没有赋予当事人这样的权利。但在许多案件中法律赋予了当事人有向国王（即政府）提起上诉的权利。除了欧洲理事会框架下的欧洲人权法之外，欧共体法与国内行政法（和宪法）的关系日益密切，

② 规定经济犯罪的主要依据不是刑法（*Wetboek van Strafrecht*)，而是经济犯罪法（*Wet op de economische delicten*)。

③ 例如在交通违法领域行政机关可作为公诉人；在环境执法领域已经授权行政机关进行“辩诉交易”的实验。

④ 1985 年 10 月 23 日欧洲人权法院：*Administratiefrechtelijke Beslissingen* (AB) 1986，1。

其中大部分体现于卢森堡欧洲法院的判例之中。

行政法由许多不同的部门行政法构成，如环境法、土地使用（规划）法、公共安全法、公务员管理法、教育法、税法、健康法和庇护法等。[⑤] 这些特殊的部门行政法在过去一段时期内由不同的国家机关、部门通过立法而获到较大的发展。这些法律和行政条例可能和完全不同的社会情势相关，并常常呈现出不同的体系和形式。[⑥]

行政法最基本的组成部分被认为是适用于所有行政领域的原则和规则，因此，原则上说一般行政法均适用于所有部门行政法。在荷兰，所谓的一般行政法发展较晚。直到最近，荷兰仍缺乏一个具有概括性权限的一般行政法院（见第 5 部分）。

在很多情况下，依据具体的立法规定，公民有权针对行政决定向国王提起上诉或特别设立的司法机构提起上诉，比如在社会安全领域。尤其在第二次世界大战后，这些特殊的上诉机构通过对合理行政之一般法律原则（algemene beginselen van behoorlijk bestuur）所作的诠释对一般行政法的发展有举足轻重的贡献。这些原则包括合理注意原则——在作出决定之前应考虑相关事实和利益；说明理由原则——行政决定的作出必须合理地说明原因并且相关的说理必须是可理解的；合理预期原则——（在某些特定的案件中）合理的期待应该予以尊重（见第 4 部分内容）。

由上诉机构及法院发展出的合理行政的一般原则大部分在 1994 年得以法典化并体现在行政法通则之中。1983 年荷兰宪法修订时就强调将制定包含行政法的一般规则的行政法通则，在荷兰宪法第 107 条第 2 款中我们可以发现该依据。在 19 世纪初该条第

⑤ 必须强调在列举的法律领域，如环境法并非是纯粹的行政法，其中也可能包括刑法和私法的内容，对（公共）环境法的比较分析参见：R. Seerden，M. Heldeweg and K. Deketelaere，*Public Environmental Law in the European Union and the United States. A Comparative Analysis*，London-The Hague-Boston，Kluwer Law International，Comparative Environmental Law and Policy Series，2002。

⑥ 由首相发布，C. Borman 编纂的指导方针：*Aanwijzingen voor de regelgeving* 以提升立法草案的统一性，Zwolle，W. E. J. Tjeenk Willink，1993。

1 款规定中就包含了立法机关有制定实体与程序私法和刑法法典的义务的要求。

1.2 行政法通则（Algemene wet bestuursrecht，Awb）⑦

一般行政法新近获得极大发展，得益于行政法通则的生效实施，目前该法共由十章内容组成。

行政法通则不仅包括了对判例法的确认规则，也包含许多使行政法达致更加简洁明了目的的条款。各种在特别立法中规定而无须在行政法通则中重复的内容都已经省略，诸如提出异议或上诉的程序规定。

行政法通则由行政争诉和非争诉两部分内容构成，法典的前半部分是规范初始（primary）行政决定作出的程序，后半部分关于对行政决定提出异议，向更高级的行政机关上诉和向行政法院（地区法院）提起诉讼。

围绕着行政法通则第 1：3 条确定的行政决定（besluit）概念进行构架是该法第二个特色。行政决定指的是行政机关作出一个受公法规范的法律行为，其包括针对个案的具体行政决定（beschikkingen）、具有普遍约束力的行政条例（algemeen verbindende voorschriften）以及其他普遍适用的行政决定（besluiten van algemene strekking）。该法中许多重要的条款也适用于行政机关的其他行为，不论这种行为本质上是事实性（非法律性）的抑或是由私法调整的行为（见该法第 3：1 条第 2 款的规定）。⑧

行政法通则的另一个重要的特色是其内容递进式地分层组织，即该法中先是规定一般性内容条款的章节，接下来是规定具体内

⑦ 1994 年 6 月 4 日通过，1994 年 1 月 1 日生效，官方公报（*Staatsblad*），1994，nr. 1。

⑧ 诸如第 3：1 条这样的条款被称为关联条款（*schakelbepalingen*），这项立法技术是从荷兰民法典借鉴而得。

容的章节。[9] 例如第 3 章包括了关于行政决定的一般性规定，这些规定因此适用于上述各种行政决定。第 4 章第 1 部分包含了关于具体行政决定的特定条款，这些规定也有针对性地适用于具体行政决定。因此，如果要想了解关于具体行政决定的规定，就必须了解第 3 章和第 4 章第 1 节的内容。

再如第 6 章和第 8 章的规定。第 6 章规定了提出行政异议（bezwaar）、向上级行政机关提起行政复议（administratief beroep）以及由地方法院进行司法审查（beroep bij de rechtbank）的一般性规定。而第 8 章中包含了调整地区法院司法审查的具体规范，如果一个人欲知应如何向地区法院提起诉讼的程序就必须查询第 6 章和第 8 章的内容。

从技术上说行政法通则的起草者成就的是一项上佳的立法工作，但其层级架构对于欲了解其规定的非专业人士来说却非易事。正是因为这种立法技术上的安排，其中的个别条文可能被忽视。

除了需要在行政法通则不同的条款中寻求法律依据，更为复杂的是须求助于其他法律的特别规定。行政法通则实施后，其他特别的法律仍有适用余地的原因如下：

a. 合法性原则：行政法通则本身并不是授权法，但其提供了行政权如何依法运作的指引。其他特别法可能是授予行政机关某些权力，而这些权力应在相关法律界定的范围内行使并应符合法律授权的目的。

b. 实体行政法大多由这些特别法规定。行政法通则仅包含作出决定的规则（程序法）。例如该法中确定了申请环境许可证的程序，但特别法如环境管理法（Wet Milieubeheer）和其中的规定却决定了这些许可证的实体性内容——许可证设定的权利与义务。

c. 特别法也需要援引还因为特别法中包含着许多行政法通则中没有规定的行政程序。尽管该法中的所有条款的适用覆盖整个行政法领域，但特别法中却经常包含例外不予适用的规定，这些

⑨ 这种结构也是吸收“民法典”的立法技术。

特别法与行政法通则具有同样的效力位阶。也就是说，立法机关适用宪法第 81 条制定的法律的规定发生冲突时，应当适用特别法规则（lex posterior rule）：特别法优于普通法（或后法优于前法）。这些不同的规定在确定诉讼时效、起诉资格和管辖法院等情况下均可能遇到。例如，在环境许可和实施与环境保护相关的行政决定的案件中，地区法院并不具有管辖权，国务委员会行政法委员会（Afdeling bestuursrechtspraak van de Raad van State）才是行政诉讼的管辖机构（环境管理法第 20 条第 1 款）；而具有诉讼资格的申请者的范围比一般诉讼的资格范围要广（环境管理法第 20 条第 6 款）。

行政法通则除了规定调整作出行政决定的程序和行政法庭的司法审查这两方面核心内容外，也有一章涉及行政执法的内容（第 5 章：检查与制裁）。基于本章和有关特别法的规定，行政机关被授予监督性的检查权力（toezichtsbevoegdheden），例如要求提供信息，进入特定场所，搜查交通工具、货物的权力。同时，行政机关也拥有进行制裁的权力（handhavingsbevoegdheden），如进行罚款（dwangsom），命令停止违法行为和强制执行的权力（bestuursdwang）。[10]

最近行政法通则增加了地方层级的申诉制度（附属于监察专员制度）条款，在不久的将来其他章内容将增设需要多个行政机关共同作出行政决定的协调机制。3.4 和 3.5 节关于作出行政决定的准备程序的内容目前正在修改。

1.3 行政权（的运用）

基于宪法和不成文法的合法性原则是行政法中最重要的原则。一个行政决定要合法，原则上（有例外情形）作出决定的行政机关必须有源于宪法或国会法案的授权。

⑩ 行政法通则中并没有规定撤销许可证的制裁，但在特别法中，如房地产法、环境管理法等法律中都规定了这项制裁措施。

行政权最基本的特征就是行政机关能够作出单方面的决定并具有公定力。在这方面行政法与私法具有本质的不同，私法中双方或多方基于合意约定责任。当然，行政权的单方性并不妨碍公民参与行政决定，相反，在现代法治国家，行政机关必须给予权利和利益受影响的公民听证的机会。但是，最终对行政决定负责的仍是行政机关。只有行政机关能够作出具有约束力的决定，或者套用一句老话说就是运用“公共权威”。如果是基于公共利益的需要，行政机关可以违背公民的意愿行使该权力。行政机关同样有权力通过命令强制执行其单方面作出的决定（见行政法通则第5章）。有时，私法手段是必要的选择，这是因为没有可供采用的行政执行手段或执法来针对财产权（见下文），采用事实胜于依法强制。[11]

从法律技艺的角度来看，授予行政机关权力的方式只有两种：一种是固有权力，二是授权。固有权力即授权原始权力；授权即法律授权获得原始权力的机关将其部分或全部权力再授权其他机关行使。

行政法通则第四阶段的立法草案中包含了一些专属权条款。[12]授权意味着权力和责任的转移，因此需要有明确的法律授权（行政法通则第10：15条）。例如基于“省组织法”（provinciewet）第107条的规定，就性质和范围而言适宜转授的权力，省可将这些权力授予市镇或水域管理委员会。类似的情形也存在于市议会向市长和市政委员组成的执行委员会授权中。[13]

专属权和授权常常作为判断行政主体是否适格的工具（尤其是法官）。专属权和授权必须与委托（mandate）区分开

---

⑪ 事实上的执行，比如基于一个行政命令收缴罚款，就必须运用普通私法规定的方法。

⑫ 目前行政法通则的条款由一特定的评估委员会（*Evaluatiecommissie Awb*）不定期进行评估，这会促使对该法案的不断调整。

⑬ 举一个不适用这样标准的例子，见国务委员会行政法委员会，2001年12月28日，*Jurisprudentie Bestuursrecht*（JB），2002/63。

来，关于委托最常见的一个例子就是某部门公务人员以部长的名义作出行政决定。对外而言是部长代表该机构作出决定和承担责任。委托仅仅涉及机构内部的职能分工，并不存在权力和责任的转移问题，因此无须法律制定规则作为进行授权的法律基础，除非法律明确规定某项权力因其性质使然不宜委托（行政法通则第 10：3 条第 1 款）。[14]

特别是在行政法通则第 3 章第 2 部分包含了一些重要的源于合法性原则的内容：

a. 第 3：2 条要求作出行政决定之前必须收集相关事实和证据的必要信息，以及对所涉各方利益进行考量和权衡（合理注意原则，zorgvuldigheid）。[15]

b. 第 3：3 条确定了禁止滥用权力原则（détournement de pouvoir），该原则是从合法性原则发展而来——权力的运用应符合授权的目的。

c. 第 3：4 条第 1 款确定了相关性原则（specialiteitsbeginsel），这个原则也是从合法性原则发展而来——要求行政机关作出决定是只应考虑和权衡相关立法意欲保护的利益。

d. 最后，第 3：4 条第 2 款确定了比例原则，行政决定对一方或多方产生的不利影响应与决定所达到的目标成比例。[16]

2 谁拥有行政权？

2.1 机关和法人

行政权由机关（organen）或以更适用于当代的术语“办公室”（offices）掌握和运用。私法中自然人和法人都能作出具有

⑭ 省执行委员会决定建设许可的权力就不适宜委托给个别公务人员，参见：*Afdeling bestuursrechtspraak Raad van State* 1 May 2000，JB 2000/177。

⑮ 这个原则与第 3：46 条确定的说明正当理由原则（motiveringsbeginsel）关系十分密切。

⑯ 法官必须对行政机关的裁量进行约束。参见第 5 章第 3 节。

一定法律效力的行为。在公法中，各机关被授予制定和执行法律的权力。

国家、省和市镇都属于法人（rechtspersonen）（荷兰民法典第 2：1 条第 1 款）。文献中公共机关有时指的就是公法法人（openbare lichamen），修饰语“公法”表明它们内在的组织性质。在表明它们与外部其他法人的关系时，它们是私法所界定的法人。机关和公法法人应作严格区分，但在大多数案件中，它们的身份犹如一枚硬币的两面。

根据宪法的规定荷兰国家机构的组织结构如下：

<table>
<tr><th colspan="2">机构</th></tr>
<tr><td colspan="2">中央政府</td></tr>
<tr><td>王室</td><td>国会</td></tr>
<tr><td>国王和内阁各部长</td><td>第一院，第二院</td></tr>
<tr><td colspan="2">地方政府</td></tr>
<tr><td colspan="2">省（12 个）</td></tr>
<tr><td>国王任命的省长和省执行委员会</td><td>省议会</td></tr>
<tr><td colspan="2">市镇（496 个）*</td></tr>
<tr><td>市长，市长及市政委员（alderman）组成的执行委员会</td><td>市议会</td></tr>
<tr><td colspan="2">水域管理委员会及其他公共团体</td></tr>
</table>

* 构成市政区域组织。

图表 1

市镇层面的机关由市议会、市长和市政委员组成的执政执行机关以及市长构成。作为市镇的公共团体本身是法人，与市执行委员会或市议会之间不可能形成合同关系，但是当市镇作为一个公共团体的时候却能与之建立合同关系。在适用私法的情形下，市议会或执行委员会（市镇法，Gemeentewet，第 108 条第 1 款、第 147 条第 2 款和第 156 条）通过授权决定市长作为市政正式的代表进行活动（市镇法第 171 条）。在其他场合对二者的区分对于程序法而言是非常有意义的，在民事案件中，公共团体、法人是一方当事人；而在行政诉讼中，机关则是一方当事人。

为了更好地适用行政法通则，该法第 1：1 条对机关作了界定。[17] 欲详细了解该条及其他重要条文的规定，可阅读本文的附录部分。

不仅需要对机关（办公室）和法人（公共团体）严格地界分，对机关（办公室）的概念与其代表人——长官之间的区分也必须弄清楚。制定法中对二者并没有作严格的区分，有时对二者采用同一表述，比如“市长”。

行政权力授予机关，如果某特别法授权市长作出某种决定，那么这个决定将由市长办公室作出，而非在某个特定时期由担任该办公室的负责人作出。过一段时间后，如果另一个人接替任职，决定也仍然有效，因为该机关仍然存续。

从以上说明可推断出法人（在此即公共团体）并不重要，事实上从实体法的角度讲的确如此。因为公共团体并没有创造实体法的权力，但这并不意味着，从公法的视角看公共团体的概念毫无意义。相反，公共团体在“宪法星座”中构成具有独特地位的“星群”。它们也深深地根植于历史之中，正是因为他们的集体性，某个公共团体中的各机关才得以相关联系。如市执行委员会必须对其决定向市议会负责。

一般认为公共团体具有以下几个方面的共同特征：

a. 一个确定共同的范围或其他共同的事实。所有人都居住在属于同一个公共团体的地域。这对于具有某种特定的能力的人，如土地所有人或某种职业人也不例外；那些属于特殊的公共团体的组织（从功能上描述）也同样如此，如水域管理合作组织（waterschappen）和生产合作社（productschappen）。

b.（直接）选举公共团体最高层级机构的代表。如市议会的成员就是直接选举产生。(宪法第 129 条)。

---

⑰ 对基于第 1：1 条如何处理涉及对行政机关进行界定的案件概要，可参见 J. F. A. Peter，“Bestuursorgaan in bestuursrechtelijke handen”，*Jurisprudentie Bestuursrecht Plus*，2000/2，pp. 78-90. 有趣的是对于是否构成符合行政法通则所界定的机关，并非一定需要基于清楚明晰的法律基础，有时只需要基于完成某项公共任务即可。

c. 公共团体的最高机关有制定条例的权力。尤其在权力下放地区分权的情形下，这种权力没有被僵化地界定，相反更加开放。市镇法案第 149 条规定市议会为了市政的利益，必要的时候可制定条例。有时候这也可认为是市镇议会的自治权——它们可根据自己的动议制定相关规则。

d. 然而，大多数的条例都是在所谓“共同治理”（Medebewind）的背景下基于执行上级立法或授权立法而制定的，即国会法案要求市议会适时制定执行法案的条例。公共团体一些重要的作出具体决定的权力也是通过这种方式授予的，如进行环境许可权、区域规划权。在功能性分权（与地域分权相对）的情形下这种授权则更加确定，在某种意义上授予的权力只被允许用于与公共团体预设职能相关的事宜，如《水域管理机关法案》只授予水域管理机关控制水量的权力。

e. 拥有地方税种，尽管从地方税中用于财政支出通常只占很小的部分，如市政征收的财产税。

2.2 分权、权力下放与独立行政机构

分权（地域和功能性）。分权（decentralization）的概念必须和“权力下放”（deconcentration）、独立行政机关（zelfstandige bestuursorganen）的概念区分开来。权力下放指的是公务人员，通常是非中央公务人员拥有原始的或派生的权力。虽然它们拥有这样的权力，但是他们完全隶属于部长，部长向他们提供基本的指导方针并完全对他们的行为负责。既然权力下放涉及下级官员独立作出大量的需要特定专业技术的具有执行性质的行政决定，立法就往往直接授予这些下级执行官原始性的权力，其中最明显的一个例子就是对税务稽查官的授权。荷兰（宪法性）法律中还涉及许多其他类型的监督官员，例如在公共健康监督和劳动条件监督领域。分权制中不具备这样严格的层级隶属要求。

当然分权的公共团体也不是完全独立的，荷兰是一个单一制分权国家，这意味着中央政府对下级政府具有特定的监督权力

（具体例子参见宪法第 132 条的规定）。[18]

如果部长与某一机关之间没有层级隶属关系（该机关也不属于分权机关的一部分），那么这样的机关就是独立行政机关。既然这些机关是独立的，部长对相关立法确定的独立行政机构至多起一定的影响作用。在荷兰独立行政机构的数量正在激增，目前已经达到数百个。支持建立独立行政机构的观点如下：

a. 行政管理涉及多方当事人例如执行社会保障法的机关同为雇主和雇员的代表；

b. 某些社会领域需要特定的专业技能（也可能将这样的公共权力授权私人行使），例如车辆检验；

c. 立法机关认为某些特定的执行任务由与传统行政机关保持一定距离的机关执行更为可取。

荷兰数据注册监督管理局（Registratiekamer）就是一个典型的例子，该机关也监督政府从事的私法活动。独立行政机关和分权机关的区别在于前者不具有共同体性（communality）或仅具有共同体性的初级形式，也就是说如果具有，也仅涉及管理针对的多方当事人。[19]

3　行政机关可运用的法律手段

行政机关运用法律行为的权力已在公法中确立，当然通常限于成文法的规定（合法性原则）。如前所述，公共团体仅具有法律人格，行政机关才是行政权“真实使用者”。

行政机关能够运用的维护公共利益最重要的法律工具是由公法所调整的法律行为。

这里需要讨论两个重要的问题，一是关于公法调整的法律行

⑱　既包括上级机关在行政决定作出之前的预防性控制，也包括行政决定作出之后的抑制性控制，另可参见第 5 章第 7 节。

⑲　目前国会已经在准备规范独立行政机构的立法：（国会文件）*Kamerstukken* II 2000－2001，27426。

为可能的范围，二是基于公共利益的需要行政机关所能使用的私法手段的限度。[20]

3.1 公法调整的行政决定（besluiten）

行政机关实现其公法职能、履行公法职责的最重要的方式就是行政决定，其中又属具体行政决定（beschikking）最为重要。过去荷兰教义学将普遍适用的条例（algemeen verbindend voorschrift，avv）——本质上属于法律的一种，例如法规——归入宪法性法律之列。在某种程度上由于授予行政机关制定条例的权力日益增多，这个法律概念目前也归为行政法律的一部分。行政法通则第 3：1 条第 1 款界定的行政决定概念非常宽泛，包括了所有受公法调整的法律行为。[21] 然而，第 3：1 条第 1 款要求只有普遍适用的条例符合决定的性质时才适用第 3 章第 2 部分的规定。[22]（参见附录关键法条）

在普遍适用的条例和具体行政决定这两个概念之内还发展出二者之外的其他概念：具体规划、政策性规则以及所谓“具体规范”（concrete norms）。这些概念（以下将简要讨论）与普遍适用的条例共同构成普遍适用的抽象决定（besluiten van algemene strekking，bas）。了解行政决定和行政行为之概观，可参见图表 2。

[20] 行政机关也能够以不具有意思表示和法律效果的方式作出事实性行为（*feitelijkehandelingen*）。这些行为包括能够由私人完成的行为，事实上，自行政委托私人行使增多后由私人完成的行为日益增多，例如垃圾收集、道路维护和景观维护。这种行为在此就不再赘述。

[21] 原则上这些包括国会立法。但依据行政法通则第 1：1 条第 2 款 A 项之规定，中央国家立法机关不属于该法定义的“机关”范畴。只有该法所指的“机关”作出的决定才受该法的调整。

[22] 与该条规定一致的是第 8：2 条，该条规定对于具有普遍约束力的行政条例不能向行政法院起诉。

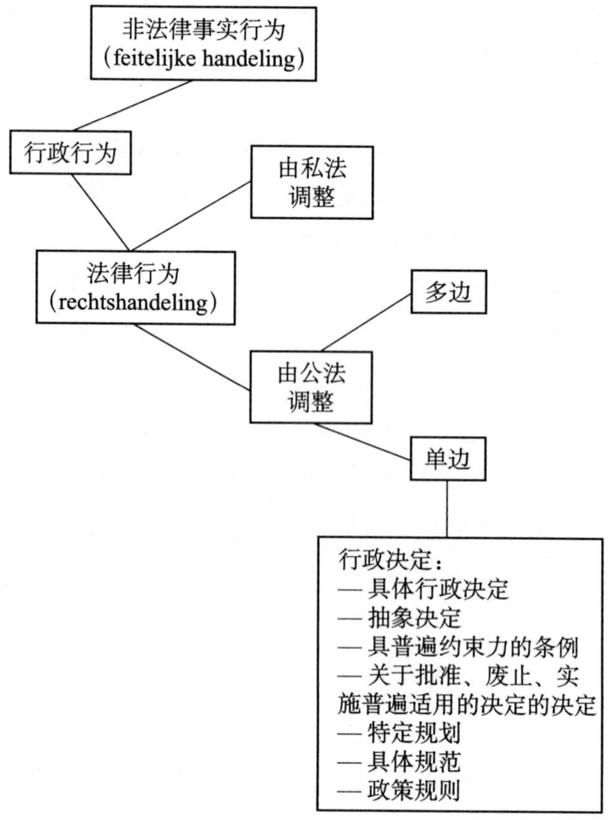

图表 2　行政行为和决定

3.2　公法调整的具体行政决定 (beschikkingen)

将具体行政决定与其他类型的决定区分开来非常之重要。行政法通则 4.1 部分对具体行政决定作了规定，该规定适用所有类型的具体行政决定。该法中其他部分或节中也包含了规范某种具体行政决定的内容，例如 4.2 部分所涉及的是行政资助，5.3 部分涉及执行令的内容。

另外，特别法中还包含了许多关于具体行政决定的规则。在这些特别法中，尤其是早期的立法，对很多问题并未给出答案：能否根据特定的条件或条款作出具体行政决定？如果可以的话，作出具体行政决定需要什么样的条件或依据什么条款？已作出具体行政决定的案件对其他案件是否有约束力等诸如此类的问题。如果根据成文法的规定无法解决这些问题，那就必须有赖于判例和学者的论著来解答。

具体行政决定根据不同的标准又分为以下几类：

a. 依申请作出的具体决定和依职权作出的具体决定

“申请”在行政法通则第 1：3 条第 3 款中被定义为“利害关系人要求作出决定的请求”，最常见的例子就是申请建设许可和申请社会福利。很多行政决定不是依申请作出而是依职权作出的，如估税和进行行政制裁的决定。

b. 针对具体的人的决定和针对具体物的决定

绝大多数的具体行政决定都是针对具体的人作出的：如颁发许可证和给予行政资助、估税等。涉及物的一种具体行政决定的一个典型的例子是住房法（Woningwet）规定的宣告建筑物不安全的决定。

c. 针对人的决定和针对物的决定

针对人的决定是具体行政决定是否作出在一定程度上取决于申请者自身的素质和条件，例如颁发驾驶执照。在针对物的决定中，如授予建设许可和环境许可，申请者自身的素质条件原则上与是否许可无关。作这种划分的意义在于据此可判断决定是否具有可转性（多数情况是许可证）。

d. 宣示性决定和形成性决定

行政机关作出的宣示性决定证实具有特定法律效果的事实。而形成性决定能够创造新的权利与义务。这种相反的区别并不是绝对的。通过宣示性决定说明某项权利的存在也有形成性的因素。如果缺乏形成性的要素，那么这种权利或义务则直接源于法律本身。事实上，对二者进行区分似乎没有必要，因为下文将讨论的羁束性决定和裁量性决定的区分可以涵盖这种分类，而且后者更加清楚明了。

e. 形成性决定和执行性决定

“形成”这个表述与“执行”这个术语也有联系。行政机关制定新的法律（行政机关作为立法者）并通过各种行政制裁手段执行其创制的法律。

f. 裁量性决定和羁束性决定

对具体行政决定一种重要的区分就是可以将其分为裁量性决定和羁束性决定，这种更加细致的划分实际上是指行政机关的裁量性权力和羁束性权力。但这种划分也不是绝对的，决定要么裁量性要素多些，要么羁束性要素强些。这种区分与司法审查的程度相关联，也在于使行政决定满足某些条件。在行政决定的裁量性较强时，法官原则上必须尊重行政机关的裁量自由。

g. 肯定性决定和否定性决定

这种区分也不是绝对的，具体行政决定常常二者兼具。例如批准许可本质上是肯定性决定，但许可所附加的条件又具有消极的属性。许可证对申请人来说是肯定性，但对申请人以外的第三方来说就是否定性。这种区分也与行政决定的可撤销性、可补救性或可溯及既往性相关。

h. 持久性决定和临时性决定

许多具体行政决定在一段确定的时期内有效，例如根据住房法颁发建设许可证或根据游行示威法（Wet openbare manifestaties）批准的游行许可。这些许可仅针对某个特定原因作出，行为实施后行政决定就失去效力。关于持久性决定的一个典型例子是环境许可（至少在大多数情况下如此），尽管这类许可能够根据外部条件的变化进行调整，但其许可的期限往往是不确定的。这种区分也与决定的可撤销性相关，临时性的许可不能撤销，相反，一个持久性的许可则可撤销。

i. 免于处罚的决定和不免除处罚的决定

这种分类与在许可设定的范围内从事活动能否构成对同业者（民事）侵权的问题有关。[23] 这是一个难以给出确切答案的问题。其答案取决于多重因素，例如许可的性质、许可的内容、据以作

[23] 这个问题必须和没有获得许可或违法许可证设定限制而构成的普通侵权区别开来。通常，许可条件的设定也要考虑对特定公民群体的保护，如相邻人。参见最高民事法院判决，（*Hoge Raad*）1982 年 9 月 17 日，AB，1982，537（*Zegwaard/Knijnenburg*）和最高民事法院判决，Hoge Raad（HR）1985 年 6 月 20 日，*Nederlandse Jurisprudentie*（NJ），1986，356（*Claas/Van Tongeren*）。在另外一个稍有不同的案件中，没有许可证的情形下活动本身就是违法的，可参见最高民事法院判决，2000 年 11 月 3 日，*JB* 2001/2。

出许可的法律规范的立法意图以及案件的外部条件。[24] 在一个关于环境许可案中，荷兰最高民事法院主张房屋相邻人必须容忍许可证给其所有权带来的限制与立法目的并不相符。这个案件还涉及的相关问题是，许可证是否属于一个长久性的许可证。由于许可证本质上具有持续性，许可机关因而无法正确评估在未来长期一段时期内可能涉及的各方利益。并且许可机关的裁量自由在授予许可中也发挥很重要的作用。在羁束性较强的许可中，如建筑许可，第三方的利益应在据以作出许可的规划计划和当地建设法规确定的规则层面予以考量。

以上所讨论的各种类型的具体行政决定仍需一个抽象的分类。与这种分类相关的法律效力在分类中具有重要的意义，指出基于行政决定对个体和社会所产生的如立法者所设想那样的效力而进行的分类非常具有启发性。[25] 具体行政决定可进一步作出如下子分类：

（1）具有占有目的的决定

例如，征收，即根据公共工程法（Belemmeringenwet privaatrecht）容忍特定公共或私人活动，根据畜牧法（Veewet）对染病的家畜强制扣留并销毁。

（2）设定经济负担的决定

最常见的是估税。

（3）与命令或禁令有关的决定

最常见的是颁发许可证和免税，免除义务和特许。

（4）授予利益、提供经济支持和设备的决定

根据社会保障法作出的决定就属于这一种类。

（5）提供财政资助的决定

（6）赋予获得赔偿权的决定

㉔ 最高民事法院判决，1972 年 3 月 10 日，*NJ*，1972，278（*Vermeulen-Lekkerkerker*）。

㉕ G. H. A. Addink，J. M. J. M. ten Berge and B. W. N. de Waard，*Administrative Action Course*，Open University，Heerlen，1986，p. 36 *et seq*.

这种决定是由行政机关的违法行为引起的，但合法行为也能引发。在后一种原因引起赔偿的案件中，公共负担面前人人平等（égalité devant les charges publics）的原则构成这种决定的基础。[26]

（7）赋予某种地位的决定

例如，公务人员的任命。

（8）包含有利于其他机关内容的决定

对以上列举的具体行政决定外，还有根据行政公开法（Wet openbaarheid van bestuur）提供信息的决定。

3.3 普遍适用的抽象决定（besluiten van algemene strekking）

普遍适用的行政决定又可以进一步分为普遍适用的条例和不能普遍适用的决定。行政法通则中没有对普遍适用的条例进行界定。荷兰最高民事法院在判例法中对司法组织法（Wet op de rechterlijke organisatie）第 99 条的系统阐述，对判断什么是普遍适用的条例提供了指引。[27] 最高民事法院认为[28]：“法律（wet），指的是具有外部效力的普遍规则，即获得立法机关制定法授权的公共机关向所有不特定的公众发布的一般性规则。”“普遍”可能指任何时间、地点、人和具有法律意义（rechtsfeiten）的行为或事件。[29] 这里所指的普遍性也是相对的，并非在所有案件中，任何时间和地点，具有普遍适用的条例均适用于所有公众，其效力和特定的地点、事件以及它们所属种类相关。具有普遍适用的条例的一个主要特点就是法律赋予了行为或事件一定的法律效果，并且这种法律事实能够重复适用。每次某种特定的行为或事件发生，同样的规则能够反复适用。例如，每个想从事特定经营活动的人

[26] 具体内容参见第 5 章第 5 节。

[27] 在 1963 年以前，最高法院探寻了法律（wet）中的违法或错误适用。1963 年将“wet”（法律）这个术语被更改为“recht”（法）。

[28] 最高民事法院判决，1919 年 6 月 10 日，*NJ*，1919，647。

[29] F. R. Böhtlingk and J. F. Glastra van Loon，“Het begrip rechtsregel”，*Rechtsgeleerd Magazijin Themis*，1959，p. 3 *et seq*.

需要根据某条或某些规则申请许可。

以下抽象性决定不是普遍适用的条例：

1. 与实施普遍适用的条例有关的决定

例如，批准、废止、撤销或确定普遍适用的条例生效的决定。

2. 规划多数情况属于普遍适用的抽象性决定

规划被认为是行政机关为追求特定组织有序的目标而采取大量连贯一致的措施。[30] 最常见的例子就是空间规划法（Wet op de ruimtelijke ordening）第 10 条规定的区域规划。

3. 政策规则[31]

政策性规则制定的目的在于使行政权的运作得以具体化。但政策规则基于行政机关既有的权力，而不涉及某种具体的行政权。根据行政法通则第 4：81 条的第 1 款的规定，行政机关可以制定政策性规则（具体定义可参见附录部分行政法通则关键条文第 1：3 条第 4 款的定义）。这些政策规则与行政机关本身的执行权、由行政机关负责行使的权力或者行政机关根据授权行使的权力有关。行政机关必须依据其制定的政策规则行事，除非政策规则因特定的情势的出现给某一利害关系方造成不利后果，并与政策所追求的目标不成比例（第 4：48 条）。自我抑制是“政策规则”这个概念的一个基本特征，从这方面来说，政策规则不同于普遍适用的条例。

4. “具体规范”，也称“行政措施”

学者创造了“具体规范”这个概念，根据他的解释，具体规范是一个行政法律行为（rechtshandeling），能够为具有普遍约束力的条例提供具体适用的内容以及因地制宜、因时而异的切实适

[30] A. D. Belinfante, E. M. van Eijden and P. W. A. Gerritzen-Rode (eds.), *Kort begrip van het administratief recht*, 8th (final) ed., Samsom H. D. Tjeenk Willink, Alphen aan de Rhijn, 1988, p. 81.

[31] 政策规则过去也被称作“伪立法”（pseudo-legislation）或“*spiegelrecht*”。应注意政策规则与私法组织发布的纲领或者上级机关发布的与行政权的运用无关的指导纲领（*richtlijnen*）相区别。具体可参见 H. E. Bröring, *Beleidsregels*, Deventer, 1998。

用的途径。[32] 例如带有强制性指令的安装交通信号标志的决定或根据当地法令指定停车地点的决定。具体规范并不是一个具体行政决定，因为其对象是不特定的全体公众。同时，它也不是具有普遍约束力的条例。根据国务委员会行政法委员会（Afdeling bestuursrechtspraak van de Raad van State，ABRS）最近的一个判例，授权立法和具体规范的差别在于行政具有委任的立法权的情况下，被授权机关（the delegatus）因此获得某种制定规范的权力。如果某机关只能作出具体规范，那么说明该机关并未获得该项立法授权。在普遍适用的条例中常常出现这种规范。根据司法组织法第 99 条的规定这种规范不是法律，因此最后也不能上诉到最高民事法院。最后，其与普遍适用的条例的一个重要区别还在于具有普遍适用的条例不受司法审查（行政法通则第 8：2 条），但行政法院能够对其他普遍适用的抽象决定进行审查。

3.4 行政机关适用的私法

在第 2 部分已经讨论过，公共团体（在私法上）具有法律人格，因此，它们能够订立协议，而就这种有关合同的纠纷民事法院具有管辖权。荷兰没有像法国、德国那样，将某些协议纳入公法调整的范围并由行政法院管辖。尽管在实践中行政机关为达成公共目标运用公法权力远甚于其私法上的权限，但指出这些私法手段的范围仍非常重要。

到 1987 年为止，处理私法事务的最高民事法院都一直将行政法人与其他法人、自然人同样对待。1990 年以前，最高民事法院一直坚持：即使在行政权应受公法规范的时候，行政机关也能够运用私法手段实现同样的公法目标。这就是所谓的“双轨制”原则（tweewegenleer）。对行政机关唯一的限制就是禁止行政机关

[32] A. D. Belinfante, *Kort begrip van het administratief recht*, 2nd unrevised ed., Alphen aan den Rhijn, Samsom, 1969, p. 36.

滥用权力及其优势权力地位。在 1987 年的"Ikon"案中[33]，最高民事法院判决行政行为即使由私法调整，也必须受合理行政之一般原则的约束。在这个继承租赁（erfpacht）案中，最高民事法院审查了公共机构在行使权力是否遵循了包括平等原则（gelijkeids-beginsel）在内的合理行政之一般原则。阿姆斯特丹市政当局将通常作为根据空间规划法制定的区域规划的一部分的条件置于出租协议之内。Ikon Beleidsconsulenten BV 购买了一幢用于居住的楼房，他计划将之改造为办公楼并使用。阿姆斯特丹市政当局援引继承租赁协议的条款，禁止他这么做，该条约定除了市政当局主管机关事先书面批准之外，继承出租人不得改变建筑地基以及地上建筑的结构。这个理论由最高民事法院发展而来，其中部分已经体现在行政法通则之中。[34] 该法第 3：2 条第 2 款规定了第 3 章第 2 部分到第 5 部分的内容可适用于除了公法决定以外的行为，即由私法调整的事实行为和法律行为，只要行为本身的性质不排除适用。

1990 年，最高民事法院认为如果行政机关具有公法上的与通过运用私法手段达到同样目标的权力，行政机关仍可适用私法的主张将不成立。关于协议（在学术文献中有时也称作"政策协议"），最高民事法院提出如下主张[35]：

> 在这里需要检视问题的是，行政机关在被公法授予追求特定利益的权力的情况下，是否在原则上也能够运用私法赋予的权利追求实现这些利益，诸如和所有权相关的权利，订立私法协议的权利，作为被侵权一方提起民事诉讼的权利。如果公法规则没有对这个问题提供确定的规则，那回答这个问题的关键在于运用私法私利是否不可接受地侵犯了公法规

[33] 最高民事法院判决，1987 年 3 月 27 日，*AB*，1987，273 and *NJ*，1987，727。

[34] 之所以说是"部分"，是因为并非所有的合理行政一般原则都以体现于行政法通则之中，其中未被立法吸收的原则仍适用 Ikon 案。

[35] 最高民事法院判决，1990 年 1 月 26 日，*AB*，1990，408 and *NJ*，1991，393（Windmill）。

则，其中，规则的内容、立法目的（也可从立法相关历史中推导出）、规则设定的保护公民权利的方式和程度都是应予考虑的因素。同时也应与其他成文或不成文的公法规则结合起来考察。再者，需要检视的第二个问题是行政机关利用公法上的权力相比运用私法权利是否能够达到同样的效果。这是因为如果能够运用公法达到同样的目的，则无采用私法路径之余地。

在这个案件中，肥料生产商 Windmill 在国有的“新航道”（Nieuwe Waterweg）中处理废石膏。国家作为航道的所有者主张赔偿的权利。然而根据地表水污染控制法（Wet verontreiniging oppervlaktewateren），这类案件中可以对当事人进行排污收费，该法中规定了强制收费的法律基础、收费条件和具体的收费执行内容。最高民事法院主张，根据私法主张赔偿，对地表水污染控制法确定的公法规则构成被不可接受的侵犯，尤其在政府确实这样做的时候更加如此，这将使公法关于收费的法律基础、收费条件和收费标准的规定被彻底规避。

1990 年后，最高民事法院宣判了许多被认为包含“双轨制”原则的案件。上述案例没有得到始终如一的贯彻，例如，最高民事法院认为关于空间规划的案件，行政机关可以充分运用私法手段。[36]

在公共执法领域，法院更多坚持“一元制”原则，如果行政机关对当事人具有每日加处罚款（dwangsom）的权力，行政机关就不能针对违法者提起民事侵权诉讼。[37]

下一个要说明的是行使行政权的政策协议（beleidsovereenkomsten），其是指取代作出公法上的行政决定而订立的协议。如果

---

[36] 最高民事法院判决，1990 年 7 月 8 日，*AB*，1991，659（*Kunst en Antiekstudio Lelystand*）。

[37] 例如，最高民事法院判决，1994 年 10 月 7 日，*AB*，1995，47（*Zomerhuisje Nieuwveen*）。这与公共团体基于财产权作为私主体（或主要不是以行政机关的身份）不同。

行政机关和公民就如何行使行政权达成一致的合约，就形成一个政策性的协议。在绝大多数案件中，协议内容着眼于公民如何针对其期望行政机关所为行为进行经济补偿。在这些案件中，一种朝着更加严格的解释的进路已经出现。就此，最高民事法院在1962年的一个案件中发表了这样的看法[38]：

"一个为实现某种可欲的合法目的人需要和他人互相合作，为了获得合作，而用于交换的财产之转移必须具备合法的基础，在取得合作的相应成果后，已交付相关财产必须经过适当的程序方可要求返还，除非这个过程的发生不具备这样的基础，例如提供合作一方滥用优势地位故意抬高支付对价。"

在这个案件中，克鲁兹曼向阿姆斯特丹市镇当局交付了大笔用于住房提存款基金（Fund for the Withdrawal of Residential Accommodation）的款项，目的在于基于住房法（Woonruimtewet）第1条第6款的规定从当局获得一个商业用房建设许可。克鲁兹曼根据协议约定的可将住宅部分空间变为商业用途的附随条件购买了一幢房屋，其交付的款项作为住宅空间损失的补偿金。克鲁兹曼基于支付的不适当理由申请返回已付款，最高民事法院没有同意其请求。

在最近一些年的判决中，最高民事法院对政策协议更多地持一种非难的态度。[39] 豪恩坎普与阿尔克马尔市镇当局订立了对其建造的四幢楼房地区规划检查/不受地区规划限制的合作协议。在检查之前，豪恩坎普必须与该市政当局订立协议，根据该协议支付4 000荷兰盾作为检查费用支出。另外，根据协议，豪恩坎普所建盖的楼房（或者至少其中的三幢）只能向该市镇的居民或经济上依赖于该市镇支持的对象出售或出租。在最高民事法院受理的终审程序中该政策协议的可接受性问题被质疑，就此问题最高民事法院作出了否定性的回答：

[38] 最高民事法院判决，1962年4月13日，*NJ*，1964，366（*Kruseman*）。

[39] 最高民事法院判决，1998年4月3日，*JB*，1998/128（*Alkemade-Hornkamp*）。

> 按照以上观点，上诉法院没有确证市政当局所持有的是一种错误的法律观。市政当局在毫无根据的情况下通过订立授予当事人要求的豁免权利的合作协议，从而排斥其利用公法上的权力。该当局要求与豪恩坎普的合作须建立在他所建盖的楼房只能向该市镇的居民或经济上依赖该市镇的对象出售或出租的合同条款上。当局使用其权力的目的并非法律所授予的目的，这显然违反了禁止滥用权力的原则（prohibition against détournement de pouvoir），该约定与公共秩序相抵触故而无效。

应当牢记的是行政法官很可能面临以上问题。行政机关通过订立一个政策协定从而回避公法的路径。这意味着如果行政机关拒绝通过作出行政决定行事，根据行政法通则第 6：2 条的规定，对这种情况可诉诸法院。如果行政法院遇到这种情况，则可能对行政机关决定适用公法的合法或不合法以及适用私法的合法性发表意见。

政策协议中的公民一方如果拒绝履行其经济义务导致行政机关拒绝使用协议确定应行使的行政权，因此引发的纠纷也可诉至行政法院。法院则必须审查相关法律是否允许明确支付经济赔偿的责任。

然而，如果法律明确规定行政机关可以使用私法手段，则不存在这方面的问题，如土壤保护法（Wet bodembescherming）第 75 条规定当行政机关希望弥补修复被污染土地的费用时，可使用私法手段。[40]

[40] 当然，行政机关需要遵循所有私法设定的必要条件，关于此参见：R. Seerden and M. van Rossum，《荷兰土地污染和净化的法律形势》，载 R. Seerden and K. Deketelaere (eds.,)《欧盟成员国和美国土地污染和净化的法律形势》，安特卫普，intersentia，2000，pp. 326-333。

4 行政机关必须遵守的规范

4.1 导论：规范层级

行政机关作出行政决定时应遵守以下规范（见表 3）：

行政法通则中的条文及相关判例法；

由判例法发展起来的不成文法律原则；

行使权力所依据的普遍适用的条例[41]；

具有更高效力的普遍适用的法律规定，如荷兰宪法第一章关于人权的规定；

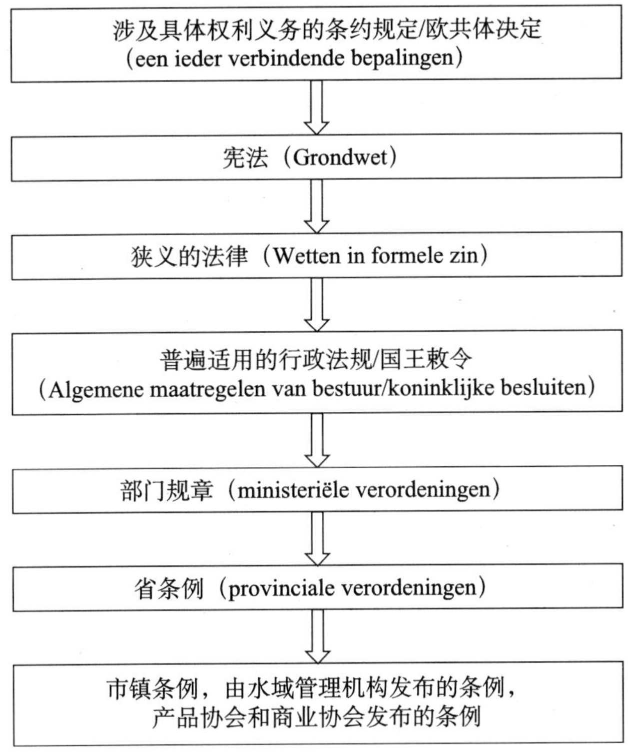

图表 3 普遍适用的规范的层级

---

[41] 这既可以是国会制定的法令，也可以是授权立法，如省和市政条例。

涉及具体权利义务的国际条约规定和有关决定（宪法第93、94条），其中部分与欧洲人权公约所载的人权规定相关；

欧共体条约规定以及由欧共体机关制定二级立法（和作出的决定）。欧共体所体现的是一种超国家法律秩序。早在1962年，欧洲法院就裁决欧洲经济共同体构成一个全新、在其限制范围内国家主权必须让位的国际法律秩序，其不仅确认成员国的权利，也为成员国公民创造权利。[42]

应该注意行政机关发布的规范也是法官在司法审查时必须适用的（具体内容见第五章关于司法审查的内容）。但同时也应指出根据宪法第120条的规定，法官不能审查国会制定法案的合宪性，但却有责任审查这些法案是否与涉及个人具体权利义务（可直接适用）的条约规定和欧共体法相一致。判例法中关于具有普遍约束力的条例能否因违反法律基本原则而被否决仍未确定。对于委任立法的司法审查却是可能的，比如说国王敕令的审查。[43]

4.2 合理行政原则（algemene beginselen van behoorlijk bestuur，abbb）

以下将要详细介绍的是行政法通则中已经确认的以及尚未被

---

[42] *Algemene Transport-en Expeditieonderneming Van Gend en Loos v. Nederlandse Administratie der Belastingen*，Case26/62 [1963] European Court of Justice 1. 两年后，欧洲法院判决欧洲经济共同体已经创造了其独有的未被成员国在执行共同体条约中吸引的、但各成员国法官在判决中必须予以考虑的法律秩序。这意味着，共同体成员国必须将条约中的具体权利义务转化为共同体的法律秩序，它们的主权因此受到具体限定，*Coast v. Ente Nationale per l' Energia Elettrica*（*ENEL*），*Case* 6/64 [1964] *European Court of Justice* 585. 20世纪七八十年代欧洲法院判例中出现了许多关于直接适用欧共体二次立法（规章和指令）的案件，如Case 43/71 [1971] 1039和Case 8/81 [1982] ECR 3989（International Dairy Arrangement）。更多内容请参见本书R. Widdershoven所撰部分。

[43] 具体例子可参见最高民事法院判决，1986年3月16日，*AB*，1986，574（*Landbouwvliegers*）。但对于国会法案是不可能或者是非常困难的（取决于法案在不同具体案件中不予适用的合法性是否会遭受质疑），参见最高民事法院判决1989年4月14日，*AB*，1989，207（*Harmonisatiewet*）。

纳入法典的合理行政原则。[44]

4.2.1 合理注意原则

行政法通则第 3 章第 2 节规定了合理注意原则（zorgvuldigheidsbeginsel）和利益衡量原则（afweging van belangen）。第 3.2 条是对合理行政原则精髓的确认并具有程序性特征，其要求作出行政决定之前要进行合理准备。其条文表述是："行政机关在作出行政决定的准备阶段，应收集与案件有关的事实和与将衡量的利益有关的必要信息。"

行政法通则中的许多条款都被认为是对合理注意原则的具体阐释和运用。例如：

a. 关于规范咨询建议的规定（第 3.5 条及以下相关内容）；

b. 关于大量的预备性（广义的）程序规定（第 3 章第 4、5 节）；

c. 规范作出具体行政决定前需适用听证的规定（第 4：7 条和第 4：8 条）；

d. 第 4：5 条关于补正不完整申请的规定。

除此之外，还有一些其他的条款与合理注意原则有紧密的联系，例如：

e. 向有管辖权的机关移送相关材料的义务（第 2：3 条和第 6：15 条）；

f. 公正无偏见行为（第 2：4 条）；

g. 行政机关在行政决定明确告知当事人提起行政异议、行政复议和行政诉讼的义务（第 3：45 条）。

4.2.2 限定性原则

行政法通则第 3：3 条中包含了禁止权力滥用原则：行政机关

[44] 限于篇幅，这里不能讨论基本权利和人权。事实上，在荷兰教义学中，这些原则被认为是宪法中的内容。

不能利用其权力作出与法律授权目的不相符的行政决定（specialiteitsbeginsel）。禁止滥用权力原则由规定在第 3：4 条第 1 款的限定性原则发展而来。[45] 行政机关只能考虑相关法律意欲促进的公共利益和保护私人利益。正如第 1 章所讨论的那样，限定性原则与合法性原则有很紧密的联系。严格地说，限定性原则和与之相关的禁止权力滥用原则都不是行政法的基本原则，而是基于依法治国的“法治国”（rechtsstaat）概念的一个宪法原则。关于行政机关的权限——美国人更喜欢使用“authority”这个词表达——则需要与规范行政权力的规则分开考虑。

4.2.3 比例性原则

第 3：4 条第 2 款规定了比例性原则（evenredigheidsbeginsel）。该原则要求行政机关作出的行政决定对一方或多方利害关系人的不利影响不得与行政决定所追求的目标不成比例。换句话说，就是要对相关利益进行平衡。

4.2.4 合理说明理由原则

包含在合理行政中的说明理由原则具有形式性的特点。行政决定的作出必须基于正当理由（第 3：46 条），并且这些理由必须在通知相对人决定时予以说明（第 3：46 条第 1 款）。合理说明理由原则具有两方面的功能：一是增加行政决定的合理性；二是作为公民对行政决定提出异议和复议的一个起点。

4.2.5 诚实信用、法律确定性与平等

尚未被行政法典确定的原则包括诚实信用原则（vertrouwensbeginsel）、法律确定性原则（rechtszekerheidsbeginsel）与平等原则（gelijkheidsbeginsel）。

---

[45] 关于这个原则可参见 R. J. N. Schlössels，*Het specialiteitsbeginsel*，Den Haag，SDU Uitgevers，1998。

许多情况下，行政机关没有尊重当事人的合法预期会构成违反诚实信用原则。因此一个重要的问题就是谁能够提出合法的预期。毫无疑问，最重要的主体是相关行政机关。在行政机关由多个成员构成的情况下，如市镇执行委员会由市长和市政委员组成，则市政委员在其职责范围内也能提出合法预期。在某些情况下，行政机关工作人员或内部成员也能提出这样的合理预期，例如公务人员基于委托作出行政决定。

一个重要的问题是行政机关尊重公民提出的合法预期是否要以牺牲法律（contra legem）的实施为代价呢？判例法对这个问题的回答并不明确。国务委员会行政法委员会裁决原则上不能违反法律，然而中央上诉行政法院（Centrale Raad van Beroep）却认为可以。对两个机构产生这样分歧的一个可能的解释就是前者受理的往往是涉及第三方主体的争议，然而中央上诉行政法院（和税收法院）处理的争议原则上仅涉及双方主体。换句话说，就后者处理的争议而言，第三方主体的利益不会受到一个违法决定的影响。过去，诚实信用原则在政策规则领域发挥着重要的作用，行政机关没有依照政策规则行事被认为是违反诚实信用原则。[46] 自从行政法通则在第 4 章第 3 节中规定了政策规则并将其描述为行政决定后，（行政法通则第 2：3 条第 4 款），在关于政策规则的案件中法官不再运用诚实信用原则，因为违法政策规则被认为是违反成文法的规定。然而存在行政机关明确承诺的相关领域，该原则仍然发挥着重要的作用。

与诚实信用原则非常相近的一个原则是法律确定性原则。[47] 国务委员会行政法委员会的前身部门之一的国务委员会行政法律司（Afdeling Rechtspraak van de Raad van State，ARRvS）在以下两种情形下适用法律确定性原则，一是适用于撤销授益性（肯定性）

---

[46] 参见最高民事法院 1979 年 1 月 5 日判决，*AB*，1970，130（*Belastingresolutie*）。

[47] 很多学者和法官都认为诚实信用原则和法律确定性原则是同一原则。如果那样的话，诚实信用原则就是法律确定性原则的一个子原则。

具体行政决定，二是曾经作出某种具体行政决定，而后来在类似的案件中没有作出类似的决定。后一种情形经常发生于延长以年度为基准期限的资助项目中，在这类案件中，任意终止资助是不允许的。[48]另外，法律确定性原则还适用于确定说明行政决定的义务的标准，公民必须知道自己处于何种地位，如行政强制执行的通知，相对人被确定负有何种义务，必须予以清楚地说明。[49]最后，法律确定性原则还可能与具有普遍约束力的规定的法律溯及力问题有关，因为溯及既往可能使公民处于一个更加不利的境地。

荷兰1983年宪法第1条规定的平等原则很少被用以作为撤销行政决定的依据，这与现实中没有两种情形是完全相同的事实有关。关于适用平等原则的例子是1979年1月30日弗里斯兰省行政执行机关作出的决定，该决定拒绝豁免一个农场必须配备有篷卡车，事实上与之适用同一产业规划政策的邻近产业却能得到豁免。[50]

通过一系列的裁判，国务委员会行政法律部[51]已澄清不予适用平等原则的情形：

a. 不构成决定违反（制定法）的理由；

b. 不妨碍政策的改变；

c. 不会导致一个已经作出的错误行政决定需重新作出；

d. 在类似的案件中行政决定是由其他行政机关、而非被告机关作出的，诉诸该原则并不能使原告胜诉。

4.3 决定作出的程序

前一部分内容介绍了作出行政决定应遵循的重要原则。尽管很多原则被认为具有程序性特征，但这些原则必须与行政法通则

[48] *Afdeling Rechtspraak van de Raad van State*（ARRvs），1979，10月27日，Ten Berge/Stroink（tB/S）Ⅲ，p. 778。

[49] 例子可参见国务委员会行政法律部（ARRvS）1979年1月30日裁决，（tB/S）Ⅲ，p. 571。

[50] ARRvS 1979年1月30日裁决，（tB/S）Ⅲ，p. 580。

[51] 其承继机关国务委员会行政法委员会（ABRvS）也遵循该判例法。

中关于作出行政决定的纯程序性规定区分开来，比如：

a. 申请者如何准备请求行政机关作出决定的申请；

b. 草案决议是否必要（在依职权作出的决定的案件中）；

c. 行政机关作出决定前是否应先进行咨询；

d. 作出行政决定的时限[52]；

e. 行政决定必须以何种方式公开；

f. 是否给予听证的机会等。

其中部分问题在行政法通则第3、4章都已规定。[53] 当下还规定了许多预备性程序（为数不少，并且取决于决定是依申请作出还是依职权作出），对这些程序的具体探究已超出本书的目的，故在此进一步说明。不久的将来所有的行政程序将整合为两种程序（一种是标准程序，另一种是更具体的程序）。[54]

行政法通则第6、7章中还规定关于行政异议决定和行政复议决定的正式程序要求。原则上所有对于作出初始行政决定的程序要求也适用于异议和复议决定。

5 制约行政行为的法律救济途径

5.1 行政程序

行政法通则所持的基本立场是，法院不应一开始就介入行政争议。首先，最初作出的行政决定必须先由行政机关进行复议。这主要基于两方面的考虑：一是使法院免受过度的审判负担，二是立法者认为给予行政机关对行政决定进行复议/重新考虑和纠正错误的机会也非常重要。

对于行政机关进行复议而言，最重要的法律概念是以书面形式（bezwaarschrift）对行政决定提出的异议（bezwaar），行政法

[52] 参见后文表5。

[53] 一些特别法中包含了部分内容和未列举的内容。

[54] 国会文件（*Kamerstukken* Ⅱ）1999－2000，27023。

通则第 7：1 条规定，向行政法院提起诉讼必须以对行政决定提起异议作为前置程序。[55] 提起异议的时限是最初的行政决定作出后 6 个星期（第 6：7 条）。行政异议最重要的特征包括以下几个方面：

a. 最初决定的机关对书面的异议作出裁决；

b. 最初决定的机关对决定的合法性和有效性（政策方面）进行审查；

c. 对行政决定自作出起（ex nunc）进行审查，因此与决定有关的新的情况应当予以考虑。

如果针对行政异议作出的决定没有进入到法院诉讼程序，该有争议的行政行为将获得所谓的形式效力/确定力（formele rechtskracht），也就是说，该决定获得不再质疑的效力并且可以成为事后民事和刑事法院审判中法院可援引的有效法律文书。毫无疑问，经过行政法院裁决后的行政决定同样具有这样的效力。

行政异议程序的一个潜在的缺陷在于有利害关系的公民必须向自己的“敌人”提起申诉。基于此考虑，立法者对规定了一系列的程序限制条件尽可能保证客观地作出决定，其中一些重要的保障如下：

a. 行政机关必须毫无偏见地履行其职责（第 2：4 条第 1 款）；

b. 行政法通则第 7 章第 2 节包含了关于异议的特别规定，其中最重要的就是根据第 7：2 条的规定保证异议人获得听证的权利；

c. 根据第 7：12 条对针对异议的决定说明相关理由的义务；

d. 任命由一个中立的主任委员主持的咨询委员会（第 7：13 条）。这种情况在实践中经常运用，并且咨询委员会经常实施听证。

如果对行政异议作出的决定与委员会的建议不一致的话，在决定中必须说明与委员会的建议不一致的原因，送达决定时应一

[55] 有一个正在起草之中的法案将行政复议程序作为可选择的程序；当事人双方可以通过相互同意跳过这些程序。国会文件（*Kamerstukken* Ⅱ）2000－2001，27563。

并附送委员会的建议。(第7：13条第7款)

e. 第10：3条第3款规定对书面异议作出决定的权力不能授予异议所针对的被委托作出行政决定的人。这意味着针对异议作出的决定必须由上级官员作出(在委托的情况下)或由行政机关自己作出。

对行政决定提出异议是行政法通则确定的一个基本规则。但除异议外，还有两种行政复议程序，即行政上诉(beroep)和核准(goedkeuring)。[56] 如果特别法中规定了特定案件可以行政上诉和核准，那么行政异议则不是必经程序(第7：1条第1款)，异议、上诉或核准可任选一种途径。行政上诉的本质在于决定了上诉只能由上一级机关而非作出决定的机关提起，但对决定审查则与行政异议无本质区别。过去行政上诉在荷兰是行政复议最主要的途径，如今已逐渐被行政异议这个法律概念所取代。因为上诉本身存在很多制度缺陷，如果上诉取决于属于另外的公共团体之行政机关，如对某个市镇机关作出的行政决定不服，行政上诉要向省级机关提出，这样，该行政上诉机关的决定将完全取代作出原决定机关的政策判断。[57] 这种后果实际上与地方分权的理念相背。还有很多情形，上诉决定所否决的是由一个执行机关，如市政执行委员会(市长和市政委员)，和具有一般立法权的市议会共同作出的决定。[58] 因此，这样的普通机关不应是裁决实际争议的最佳机关。

对于司法审查必须以行政复议前置为条件也有一个例外，适用行政法通则第3章第5部分规定的所谓的“广泛的公开准备程序”(uitgebreide openbare voorbereidingsprocedure)情形，可以是基于特别法的规定[59]，或是基于所涉及行政机关的决定，则可无

[56] 关于核准的规定，请参见行政法通则第10章。

[57] 直到去年还出现这样的案件，如根据烈酒控制和供应法(*Drank-en Horecawet*)撤销经营执照。

[58] 参见，如市镇法第52条规定：市议会要提供作为上诉依据的市议会条例不允许市政执行机关(即市长和市议员)或市长作出该决定的规定。

[59] 例如根据环境保护法第8.6条的规定对环境许可证的分发许可证的情形。

须经过行政异议程序而直接向法院提起诉讼。在这些涉及广泛的公开准备程序的决定中不适用行政异议程序是有道理的，这是因为在这些案件中行政机关拥有较大的行政裁量自由，并且还涉及许多第三方当事人的利益，因此要求在作出这类决定前应有适当的准备程序。由于这类准备程序非常广泛和复杂，以至于即使对其提起异议也不太可能得出不同的结果。异议程序大量适用于对具有一定羁束性的行政决定不服的情形。这些大量作出的决定被称作是具体行政决定的制造工厂。在社会保障和租赁援助方面作出的大量决定就是这方面的例子。行政异议程序能够纠正许多在最初作出决定程序时出现的错误。但如果涉及裁量自由和有争议的第三方利益，对于最初作出决定的过程就必须加以其他的“保证品质”的程序限制。

5.2 诉诸法院

5.2.1 历史沿革

在民事诉讼和刑事诉讼中，当事人有权将争议诉诸一个独立和公正的司法机关，对于行政争议也不例外。20 世纪初，荷兰民事法院就意识到这种权利，当时的民事法官认为即使是基于公法主张的债务追偿案件，法院也具有管辖权。[60] 法院认为决定性因素在于“主张”(petitum)，而非“法律关系”(fundamentum petendi)。但如果行政法院能够提供充分的救济资源，民事法官不会涉入行政争议中，因而对公民提出的诉讼不予受理。针对行政争议，民事法官仅处于一种提供附加保护的补充性地位。[61]

1985 年之前，对于能够上诉至国王（Kroonberoep）的案件，民事法院不得受理。向国王上诉这种特殊的上诉形式在超过一百

[60] 参见 1915 年 12 月 31 日最高民事法院判决，*NJ*，1916，p. 407（*Guldemond Noord wijkerhout*）。

[61] 参见 1957 年 2 月 22 日最高民事法院判决，*NJ*，1957，p. 555（*Schellen en deuropenerst*），该案认为向其他行政机关的上诉并不能为当事人提供充分的法律保障。

部的成文法中得到规定并受到特殊措施之保障。例如，国务委员会行政法律部必须以初步裁判意见的形式向国王提供建议，这种经过多重程序的上诉和行政法院诉讼程序相似。另外，涉案的部长也不能忽视国王的意见。民事法官认为向国王上诉可有诸多的保障，因此与诉诸行政法院有相似的救济效果。

1985 年，欧洲人权法院终止了向国王上诉作为行政争议的终局救济。[62] 欧洲人权法院认为环境许可影响到申请者财产权自由和契约自由，基于此原因，申请人受影响的权利属于欧洲人权公约第 6 条第 1 款界定的“民事权利和义务”，这意味着申请人可以诉诸独立和公正的司法机关寻求救济。通过该判决，欧洲人权法院将大部分的行政法置于公约第 6 条规定的范围内，许多行政决定对公民的财产自由和契约自由造成了影响。另外，欧洲人权法院将通过“刑事控诉”将少部分行政法置于公约第 6 条的范围内，例如行政处罚。Benthem 案的判决导致向国王上诉制度被废止。

严格地说，Benthem 案判决后立即废止向国王上诉的制度并无必要，因为民事法院对该制度已经改变了态度。法院认为向国王上诉的制度不再具有充分的保障机制，因此向国王上诉后仍可向民事法院起诉。[63] 但这造成民事法官超越国务委员会、可以推翻国务委员会决定，令人不情愿接受，因此，立法者选择了一个保持原则的办法：废除向国王上诉的制度。

自 1994 年 1 月 1 日起，基于行政法通则第 8：1 条的规定，对许多行政决定可以向地区法院行政庭提起诉讼。[64] 对此有必要作一些说明。在民事和刑事案件中诉讼结构要相对单一些[65]：在绝大多数案件中都要对事实和法律两方面进行核实和评价，也就是说，对地区法院（Rechtbank）和上诉法院（Gerechtshof）判决不服可以就法律问题上诉至最高民事法院。而在行政法中，鉴于以下

---

[62] 欧洲人权法院 1985 年 10 月 23 日判决，Ab，1986，1（*Benthem*）。

[63] 1986 年 12 月 12 日最高民事法院判决，AB，1987，151（*Dekker - Barneveld*）。

[64] 参见第 5 章第 3 节。

[65] 参见司法组织法（*Wet op de rechterlijke organisatie*）第 1 条的规定。

原因，这样一个简单的诉讼制度并不存在：首先，行政法本身就是一个非常复杂的系统。行政法由大量的不同或“特别”的部分组成。这些不同的法律与不同的社会事务相关；并且这些法律多是由不同的部门在不同的时期制定和发展起来。因此，针对估税、建设许可、区域规划或行政资助等不同行为的行政法救济采用同一种方式，在一开始看来并不十分容易被接受。其次，无论从科学还是政治的角度，针对行政行为应采取何种法律救济措施都形成了不同的见解。这些看法有：

a. 支持行政上诉的制度，尤其是向国王上诉。在 1985 年 Benthem 案判决之前，行政上诉在荷兰都非常受欢迎。主张行政上诉的观点持这样一些理由，如行政上诉对公民的保护是有益的，因为行政上诉对原行政决定进行全面审查（包括合法性和政策性问题）。而且应当牢记的是，法院在第二次世界大战之后发展了许多不成文的法律原则，从而使其司法审查的范围急剧扩大，行政审判才变得越来越重要，但是法院的审查仍像 19 世纪初那样只进行合法性审查，严重限制了对公民权益的保护。另外，行政上诉支持论者还主张行政机关具备专业知识以及通过上诉程序可以重新作出一个行政决定。相反法官至多只能宣布决定无效。

b. 支持特别行政裁判制度。这种特别裁判制度意味着裁判机构只能就特殊政策领域的行政事务进行裁判，如社会保险领域。这种制度的好处是非专业人士亦可参与案件的裁决，例如社会保险裁判所（Raden van Beroep）的裁决人由一个主持裁决的专业裁判官、一个雇主方代表和一个雇员代表组成。其另一个优点在于，专业裁判官在特定政策领域能够发展成为专家。

c. 支持普遍管辖权的行政审判，无论是在普通法院内部还是独立于普通法院均可。这种审判体制意味着法官原则上对整个行政法领域都具有管辖权。而且，专业知识也是其中的一个重要因素。

这种科学与政治上对采取何种行政法保护机制的分歧，加之行政法的不断发展变化，导致了不同时期针对不同行政法领域的行政救济制度形成特定的选择，因此最终在普通法院之外形成了混合的行政法律救济机制。每一部法律或相关的一部分法律中都规定了独特的制度，最终导致这样的局面：

d. 向国王上诉是行政法中的重要制度，比如在环境、环境规划、自然保护和教育领域。

e. 一系列的特别行政裁判所，比如在社会保险领域（社会保险裁判所，Raad van Beroep），公务员管理领域（公务服务裁判所，Ambtenarengerecht）和社会经济行政领域（公有企业协会裁判所，College van Beroep voor het Bedrijfsleven）。自 20 世纪 50 年代起，税收案件移交上诉法院行政庭和最高民事法院行政庭管辖（顺便提一下，这种案件管辖体制在不久后将会改变，至少地区法院对部分税收案件具有初审权）。

f. 自 1976 年起，行政司法审查法（Wet administratieve rechspraak overheidsbeschikkingen，Arob）赋予了国务委员会行政法律部（Afdeling Rechtspraak van de Raad van State）普遍行政审判管辖权。[66] 该机构对大部分具体行政决定案件有管辖权。因为国王的管辖权和特别行政审判权仍完整如初，所以该机构有时被称作“一个值得尊敬的享有剩余审判权的行政法官”。

g. 作为不成文法上行政法官的民事法官。经常存在的情形是某一特别法中没有规定法律救济，受行政决定影响的公民总是求助于向民事法院提起侵权诉讼（民事法官作为补充法官）。民事法官对不成文的行政法原则的发展同样作出了重要贡献（合理行政的一般原则）。

同样，刑事法官发挥的作用也不能忘记。行政法的执行不仅通过行政制裁，还可通过适用刑法得以实现。特别法中经常规定没有许可证，或违反许可证设定的条件是一种犯罪行为。刑事法官（像行政法官和民事法官一样）具有例外审查行政立法的权力，这意味着法官能够审查低位阶的行政条例的规定是否与高位阶的

[66] 1975 年公报（*staatsblad*），第 284 期。

法律相背，如果存在冲突，低位阶的行政条例将不予适用并被宣布不具有约束力。这已经导致了许多公民免于被进一步公诉，因为受质疑的许可制度与高级法规则相冲突。

可以认为，有人能够在这样一个多元而复杂的法律救济机制中选择而游刃有余。但是，这种多元救济机制带来的弊端也不可避免。这种复杂的机制对公民来说并不十分清楚明了，从法制统一的角度来看，这无疑是失败的。为促进法治统一和法制发展，一个在最高层只具有唯一终审法院的制度确实是有必要的。1984年，司法组织改革委员会（也称作 Van Zeben 委员会，根据其主任的名字命名）发布了一个旨在结束行政救济机制碎片化的报告。委员会的报告简洁明了，其结论是，如果行政裁判能够像民事和刑事裁判那样设置，将意味着有两个司法机构能够对事实问题和法律问题进行评价，并由唯一的终审机关仅对法律问题作出裁判。这意味着废止司法机关之外所有的行政专家组，将行政司法审查完全并入普通法院制度中。

因为这样的认识太过于激进和彻底，政府最终选择了阶段式改革路径。1994 年 1 月 1 日行政法通则的颁布，第一阶段的改革已经完成：由地区法院行政庭负责行政司法审查初审，或者说负责其中的大部分案件的初审管辖。上诉和终审上诉、将社会经济案件裁决并入法院系统以及财政裁决重组的改革将在下一阶段进行。[67]

5.2.2 现行的法院系统

根据前一段的说明，除非法律规定特别的行政法院裁判，否则行政案件的第一审都由地区法院（行政庭）负责。在行政法院没有管辖权的案件中，民事法官则享有剩余审判权，例如针对具有普遍约束力的条例进行诉讼的案件（行政法通则第 8 章第 2

[67] 关于此参见：F. A. M. Stroink，*Rechterlijke organisatie en rechtspraak in beweging*，Zwolle，W. E. J. Tjeenk Willink，1993。

节），以及针对行政机关进行的损害赔偿诉讼的（棘手）问题。[68]荷兰当下的法院具体组织如图表4所示。

表4　　法院组织（宪法第112条和第113条）

法院组织
初审
地方法院（Kantongerechten）*
地区法院（Arrondissementsrechtbank）**
上诉审
上诉法院（Gerechtshof）*
行政法院（Awb decisions）***
最高上诉审
最高民事法院（Hoge Raad）*

* 仅负责民事和刑事案件（也包括行政税收案件初审管辖）。

** 除此之外还包括公有企业协会裁判所（College van Beroep voor het Bedrijfsleven）针对贸易协会决定的裁决。

*** 具体细节见表5。

从1994年起——随着一个具体体现行政上诉的制度在第二阶段的改革中得以确立——国务委员会行政法委员会（Afdeling bestuursrechtspraak van de Raad van State）和中央上诉行政法院（Centrale Raad van Beroep）被暂时确定为负责审查在地区法院上诉的行政案件。[69]这种改革被认为是合乎情理的，因为改革对两个行政审判机构的地位变化影响并不大。国务委员会行政法委员会实际上就是原国务委员会行政法律部（Afdeling Rechtspraak）和行政争议部（Afdeling Geschillen）合并的产物。[70]如今该委员会裁决了大量在1994年前曾属于其初审的行政上诉案件。[71]中央上诉法院的地位没有变化，在1994年之前，该法院就是社会保险案

[68] 从最近国务委员会行政法律部的案例和最高民事法院的判例中可以明显地看出就此领域管辖权在行政法院和民事法院之间的严格划分仍未明确。具体例子参见*Afdeling Bestuursrecht Raad van State*，ARRvS 1997年5月6日判决，*JB* 1197/118（*Zelfstandig schadebesluit Vlodrop*）和最高法院1999年12月17日判决，*JB* 2000/4（*Groningen/Raatgever*）。

[69] 后来贸易公有企业协会裁判所根据部分法律的规定也负责部分上诉案件。

[70] *Benthem*案后国务委员会行政争议司根据王室争议临时法案（*Tijdelijke wet kroongeschillen*）由向国王提供建议的咨询机关改革为临时行政法院（从1988年1月1日到1994年1月1日）。

[71] 环境领域的很多案件初审也是唯一一次审理仍在进行！

件和公共服务案件的终审法院。1994 年，负责行政案件初审的行政事务裁判所（Raden van Beroep）和公共服务裁判所（Ambtenarengerechten）被解散，其法官大部分并入地区法院。

对行政案件上诉机构管辖权的划分作了如下安排：国务委员会法（Wet op de Raad van State）第 37 条第 1 款规定了除了对特殊行政决定的上诉向中央行政上诉法院或企业裁判所提起之外，国务委员会行政法委员会对普通行政上诉案件具有管辖权。根据上诉法（Beroepswet）的规定，中央行政上诉法院受理社会保险和公共服务案件的上诉。上诉法的附件中具体包含了中央行政上诉法院管辖的具体规定。企业司法审查法（Wet bestuursrechtspraak bedrijfsorganisatie）规定企业裁判所的上诉管辖。

因为诸多司法机关（国务委员会行政法委员会、中央行政上诉法院、企业裁判所、最高民事法院税务审判庭、最高民事法院民事审判庭）[72] 都在最高上诉审或终审中对行政法通则作出自己的解释。这种包含多元终审机关的形式，尽管可能是暂时的，事实上并未促使行政法通则统一适用，也未促进对行政法通则的统一建构。更糟糕的是不应该无限期地延续这种态势，但现在看来会这样。目前似乎没有进一步合并这些机构统一的政治见解。

荷兰最普遍适用的行政程序，见后页表 5。

5.3 向地区法院上诉[73]

5.3.1 上诉权

行政法通则第 8：1 条确定了以书面诉状的形式对行政决定（besluiten）提起初审上诉的一般规则。

---

[72] 根据行政法通则第 3：1 条第 2 款的规定，民事法官对由私法规范的公共机关作出的法律行为也必须适用行政法通则的规定。

[73] 行政法通则规定了向地区法院上诉的规则，当然，这些一般规则也适用于向中央行政上诉法院和国务委员会行政法委员会上诉程序。关于此准用规定在上诉法案（*Beroepswet*），国务委员会法（*Wet op de raad van state*）和公有企业司法审查法（*Wet bestuursrechtspraak bedrijfsorganisatie*）中都有规定。

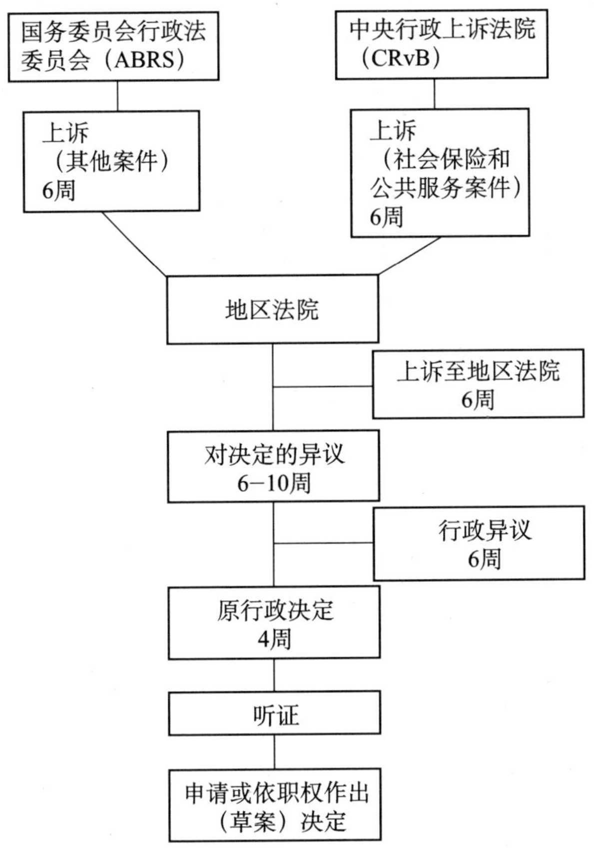

图表5 荷兰最普遍适用的行政程序

从第4章的介绍可知，上诉针对的并不是初始行政决定，而是“针对异议”作出的决定。但根据行政法通则第8：2条和第8：6条第1款的规定对普遍适用的条例和应该向其他上诉机构上诉的案件不能向地区法院上诉。[74]

对法院的裁决没有时间限制，地区法院尝试将审理裁判的时间确定为从上诉到判决不超过1年，但是有些案件中，该时限并不能执行。[75]

---

[74] 除此之外，基于特别法的规定也可以排除向地区法院上诉的可能。这个特别规定体现在根据行政法通则第8：5条作出的附件中。

[75] 法院有专门处理审判时限的内部规则。

5.3.2 申请临时裁决的权利（临时救济）

在向地区法院上诉期间，也包括针对初始行政决定提起行政异议的期间，相对人可以向地区法院院长申请临时裁决，即所谓的临时救济（Voorlopige voorziening）（行政法通则第8章第3节）。这种程序是一种基于紧急情况下的临时措施（Kort geding）。但是，这种程序与民事法庭采取的紧急程序存在重大区别。首先，临时救济必须以提起行政异议或提起行政上诉为前提（联结原则）；其次，对紧急裁决当事人不得上诉。但是地区法院院长可以依职权终止原裁决或改变原裁决（行政法通则第8：87条）。地区法院已经受理上诉且已收到临时裁决的申请后，院长也可决定直接进入上诉程序（行政法通则第8：86条）。院长能够很快作出一个临时裁决，有时候仅仅在收到请求几小时或几天后就作出。

5.3.3 利害关系人

通常只有利害关系人才能将争议诉诸行政法院（行政法通则第8：1条），行政法通则第1：2条对利害关系人的概念进行了界定。[76] 根据第1款的规定，"利害关系人"是指利益直接受行政决定影响的人。利害关系人除了自然人外还可以是法人。对于行政机关，凡是授予行政机关的利益都被认为是行政机关的利益（第2款）。关于法人，凡符合该法人设定的目标和其实际活动所表明的一般和集体利益的都可以被认为是它们的利益（第3款）。[77] 根据判例法确定的规则，必须具有直接、与个人相关的和客观的利益方可成为利害关系人。除此之外，必须证明这种利益事实上直接受到行政决定影响。相对人需要证明自己的利益不仅在诉讼程序中是必需的，在不涉及争诉的行政决定过程中同样需要。

---

[76] 在有些领域如环境法中几乎所有人都能够成为利害关系人（*actio popularis*）。

[77] 参见 M.A. Heldeweg，R. J. N. Schlössels and R. J. G. H. Seerden，"De kwadratuur van de algemeen belangactie"，*RM Themis*，2000，vol. 2，pp. 43-58。

5.4 地区法院诉讼程序

行政法通则第 8：10 条确定了独任法官审判行政案件的一般规定（enkelvoudige kamer），而其在现实中确实如此。为数不多的案件中才由三个法官共同审理（meervoudige kamer）。在荷兰这种程序具有非正式性。

诉讼法的基本原则要求当事人有权要求一名中立和公正的法官进行审判，诉讼法除了该原则外，还涉及以下内容：

a. 获得公正审判的权利[78]；

b. 公开审判[79]；

c. 合理判决[80]；

d. 无不合理迟延的书面判决[81]；

e. 执行判决。[82]

这些原则适用于所有的司法程序，无论是民事、刑事还是行政审判。问题在于行政诉讼程序还有其他的特殊原则吗？鉴于行政诉讼程序的特色，以下内容还需要说明。

一项授予所有法官的重要权力，当然也包括行政法官，是例外审查或间接审查的权力。下面的例子将说明这个问题。比如说，市镇执行委员会（市长和市政委员）根据地方法规通则（Algemene Plaatselijke Verordening，APV）的规定拒绝授予许可。[83] 针对这种情况，毫无疑问行政法官能够就拒绝授予许可是否违反地方法规通则的规定进行审查。除此之外，法官还能审查地方法规是否违反了高位阶的具有普遍约束力的行政条例、荷兰宪法、国会制定法和具有普遍约束力的王

---

[78] 行政法通则第 8：69 条第 1 款。

[79] 宪法第 121 条，行政法通则第 8：62 条。

[80] 宪法第 121 条，行政法通则第 8：77 条。

[81] 欧洲人权公约第 6 条第 1 款，行政法通则第 8：66 条第 1 款。注意这里指的是从开庭听审到作出决定的时限，通则对整个诉讼程序的整体实现没有作出具体规定。

[82] 行政法通则中其实对此没有直接规定。然而，如果行政机关不执行法院的判决，根据行政法通则第 6：2 第 2 款的规定当事人可就这种请求再次求诸该法官，法院将行使其权力确定一个履行的期限并可按日处以罚款。

[83] 在分权体制下，如荷兰的分权制中，市议会被授予制定与发展与本市经济有关的地方性法规。

室敕令，部长命令以及省级法规（见表2)。如果发生冲突，法院将宣布下位法规范违法不具约束力且不予适用。另外需要说明的是，在荷兰，法官没有审查国会立法是否合宪的权力（荷兰宪法第120条)。

除了对是否违反成文法规则进行审查外，法官还能够针对是否违反不成文法规则进行审查。当然，大部分的不成文法规则被纳入到行政法通则之中得以法典化。但是，还有一些未被成文法确认的规则，行政法通则本身并不排除发展新的法律原则或对现有原则的进一步发展。

行政法通则第8：77条第2款规定，如果法院作出支持上诉的决定，那么违反不成文规则、成文法规则抑或违反法律基本原则都必须在判决中予以说明。显然行政法通则本身为法官提供司法审查的基本框架。行政法通则前七章对行政行为的标准的规定本身也构成司法审查的具体标准。对于既构成行政行为标准又构成司法审查标准的只有一个例外，即行政法通则第3：1条第4款规定的比例原则（当行政机关具有裁量权的时候)。1996年5月9日的国务委员会行政法委员会的一个重要判决对这个问题发表了如下意见[84]：

> 我们（行政司法审查部）无法同意地区法院上述考虑。这样的考虑表明了地区法院对行政法通则第3：4条第2款关于对行政权运用的司法审查规定之内涵的解释是错误的。第3：4条第2款规定了行政决定的不利影响不应与决定所追求的目标不成比例。这一对行政机关作出决定的要求，并不表明立法者将比例性原则作为一个强化由司法审查法第8条第1款（1994年1月1日已被废止）发展而来审查权，以及根据其规定和其他内容确定的判例法进行司法审查的手段。根据（行政法通则）立法答复备忘录（TK 1990—1991，21，221，no.5 p.55 ff.)，对法官而言，立法者并没有打算要求其对哪些不利影响与行为目标是否成比例进行评价，也没有打算要求其对相关利益进行衡量并使之达到最优平衡。立法者显然站在不同于具有独立地位的法官和在荷兰宪制框架中应承担政治责任的行政机关不同

[84] 国务委员会行政法委员会1996年5月9日判决，JB 1996，158。

> 的立场上进行考虑。该备忘录还表明行政法通则第3：4条第2款所的表述包含的双重否定“不构成不成比例”，目的在于使法官在审查利益衡量的时候受到行政机关那样的限制。
>
> 地区法院显然没有意识到这点，因为涉及行政机关运用自由裁量权，据此，本案中应由上诉人在权力行使中衡量涉及的各方利益，以及决定是否运用自由裁量权。
>
> 在本案中，对于上诉人对其不应该作出免税决定所依据的利益衡量，是否具有不成比例的问题，地区法院在审理中应严格限制自己。

这个判决清楚地界定了宪制之下的行政机关和行政法院之间在行政案件审判中的关系。[85] 法官必须尊重行政机关的裁量（政策选择）自由并且只有在利益衡量明显失当时方可干预（禁止专断，willekeur）。[86]

行政裁量权（beleidsvrijheid）可以通过所谓的包含“能……”的规定来间接识别。如行政机关出于保护环境的利益需要拒绝颁发环境许可证。这种裁量权的两个最基本的要素是：进行利益衡量的义务和从法律的视角看可能有作出多个决定的可能。如果法律赋予行政机关的是一种羁束性的权力，行政机关只有作出一种决定的选择，例如给予或拒绝儿童或学生资助的决定。利益衡量是在申请者或决定相对人和公共利益以及第三方利益之间进行(平衡的各方利益都可能在相关法律中有规定)。尤其对于哪些利益应当予以衡量，必须依赖有关的法律规定。事实上，凡是能够对利益进行不同衡量（根据立法者的意图）的情况都可能导致行政机关作出不同结果的决定。法官必须尊重行政机关的裁量自由

[85] 问题是关于行政法通则第3：4条规定的“一般性”判决在与特别法有关法律适用中是否也能适用。后者常常会影响前者，具体例子参见国务委员会行政法委员会1998年4月21日判决，JB 1998/133和1999年2月4日判决，JB 1999/66，因此这可能给法官留有一些额外空间。

[86] 禁止专断原则是在最高民事法院最著名和重要的一个案件——*Doetinchem*案(最高民事法院1994年2月25日判决，NJ，1994，p.558）确立的。

（承认判断余地的司法审查）已得到公认，但是行政机关通过制定（自我约束）的政策规则进行自我限制。政策规则也被用于解释所谓的不确定法律概念（Vage wettelijke termen）。但对于不确定法律概念，法院采取严格审查的态度。裁量这个术语还用于表明行政机关能够申明什么是与案件有关的事实，根据相关法律规定认定事实以及将相关法规范应用于事实的情形。当然这也取决于相关法律规定法院是否（beoordelingsvrijheid）能够以及能够在何种程度上（beoordelingsruimte）对行政决定进行合法性审查。

荷兰行政法的特点是以行政决定（即受公法规定的法律行为）为审查的核心对象，这与荷兰在过去较为重视行政法官的监督作用的传统有关。在行政法通则说明备忘录中可以发现其法律保护方面的功能是最主要的。另外，行政法官可以作出要求行政机关赔偿损失的命令的事实也能说明该问题。然而，在新的行政诉讼法中，行政决定仍然是司法审查关注的中心，并且宣告被诉的行政决定无效以及要求行政机关根据判决重新作出行政行为（可能要求赔偿损失）。对于纠纷，常常没有最终的解决之道。

既然行政决定仍作为行政争议的对象而居于中心地位，那么，监督或法律救济的作用是否居于首要的地位事实上就无关紧要了。在任何一个案件中，要审查的是行政机关是否具有权限以及是否合法地使用其权力。然后，对于这两个方面，在案件中也需要确认哪个方面是重点。在“说明备忘录”中可以清楚看到法律救济功能包括两个方面的内容：

（1）禁止作出更不利的决定(prohibition against reformatio in peius)；

（2）禁止超越诉讼请求(prohibition against ultra petita)。[87]

禁止作出更不利的决定是指提起上诉的人因为上诉而处于更加不利的境地。禁止超越诉讼请求指的是原则上法官不允许对决定中争议之外的事项进行评价。[88]

[87] 行政法官在1994年就已经避免这样做。

[88] 例如，国务委员会行政法委员会的判决中已经明确，在行政异议阶段没有提出的请求在法院初审程序中不得提出，在初审程序中没有提出的诉讼请求在上诉程序中也不能提出。

在1994年以前法官更多地体现出能动的一面，法官能够依职权进行全面的审查。这种依职权进行的大范围审查与法官的监督职能和救济职能相协调。正是基于公共利益，行政决定被认为合法，其中处于相对弱势的相对人面对强大的行政机关应当获得法律保护方面的支持（作为一种不平等的补偿）。但需要注意的是在行政程序中律师代理并不是必须的。

1994年以后，中央行政上诉法庭在很大程度上还是沿旧例进行。然而国务委员会却很少利用职权主动审查（除涉及公共秩序的规定除外）[89]，并且所审查评价的范围限于公民提前请求的内容。但根据判例法的发展，目前就采取什么样的司法审查态度得出一个清楚、确定的结论仍为时尚早。

5.5 解决争议的司法权力

根据行政法通则第8：70条的规定，地区法院应作出“本院不具有管辖权”、“上诉不予受理”、“上诉没有根据”或“上诉有充分的理由”的裁决。

行政法官最重要的权力是宣布行政决定无效（行政法通则第8：72条）。地区法院如果支持上诉请求，其必须（部分或全部）宣布行政决定无效。宣布无效即意味行政决定自始（ex tunc）不具有法律效力。通常，行政决定被宣布无效后，行政机关应当依法作出一个新的行政行为。毫无疑问，作出新的行政决定必须考虑司法判决的要求。如果地区法院认为行政机关可能不遵守法院的判决，法院会为行政机关作出新的行政决定确定一个履行期限。除此之外，如果行政机关拒绝履行地区法院的判决或者没有遵守法院判决的要求，其将因为没有履行判决而被按日处以罚款（行政法通则第8：72条第7款）。另外，法院还能够迫使行政机关履行判决（行政法通则第8：74条第4款）。如果行政机关作出新的

[89] 尽管公共秩序这个仍在不断发展的概念与行政机关的羁束性权力并不等同，但存在羁束性权力的案件中依职权审查的强度要比存在裁量性权力的案件中大。

行政决定仍与法院判决相背或者决定违反法律规定，利害关系人可再次向地区法院上诉。在有些案件中，法官可能不会要求行政机关作出新的行政决定，而是决定以其判决取代被宣判无效的行政决定。这种做法常常被称作司法解决。此乍一听似乎令人感到奇怪：法官作出行政决定，这是否公然违反权力分立原则（Trias politica）？从行政法通则说明备忘录可以推断出法院作出新的决定代替行政决定限于少数特定案件之中，即行政机关只能作出唯一合法行政决定的情形。在这种情形下如果法官来解决更节约时间和金钱，那么毫无疑问司法解决将更有效率。例如，如果地区法院认为行政机关主张利害关系人提出的行政异议毫无根据是错误的，因为行政机关应当告知利害关系人不具有提起异议的资格（locus standi），这时法院就可以直接宣判利害关系人的上诉不成立。但是即使只存在唯一合法的决定，法官也会在直接作出一个替代性决定进行自我约束。例如，国务委员会行政法委员会认为一般情况下行政法官不能直接授予或变更建设许可（尽管建设许可被认为是羁束行政决定）。[90] 这种谨慎的态度是可以理解的，因为草拟建设许可需要法官可能不具备的与建筑相关的专业技能，而通常这些专业技能只有相关领域的公务人员才具备。如果行政机关具有裁量的自由因此具有作出决定的选择，司法解决在这种情况下就不被允许，因为法官必须尊重行政机关的裁量权。

一个宣布无效的司法判决意味着行政决定当然不具有法律效力。然而，地区法院可能会判定行政决定完全或部分有效（行政法通则第 8：72 条第 3 款）。当然这种情形只限于特定的案件情形中。如果具有明显的形式瑕疵，但决定满足基本的形式要求，就可能不会导致需要作出新的决定，这种情形下法官可能判决行政决定的效力不受影响。[91]

需要牢记的是法院审查的是针对行政异议作出的行政决

[90] 国务委员会行政法委员会 1996 年 7 月 8 日判决，*JB* 1996，188。

[91] 该上诉被支持，受争议的决定应被宣告无效。这意味着，原则上如果造成损害，相对人仍有获得赔偿的权利，见下文。

定，而非初始行政决定。[92] 针对行政异议作出的行政决定不以撤销初始决定为前提。法院可以根据行政法通则第 8：72 条第 4 款的规定直接宣告初始决定无效或者要求行政机关撤销。

先前介绍的这些解决争议的司法权都规定在行政法通则第 8：72 条。值得一提的是，荷兰行政法院不具有作出确认性判决的权限。但是，实务中越来越呈现出行政案件中的司法判决具有行政决定特点的趋势。[93] 这意味着如果这样的案件诉至地区法院，法官实际上会作出一个确认性的判决。

除了宣告无效的权力外，行政法官还被授予命令赔偿损失的权力。这项非常重要的权力规定在行政法通则第 8：73 条中，但这对于行政法通则来说确是一件新奇（novum）的事务。[94][95]这样规定对公民带来了"一举两得"的极大便利，公民可以同时请求宣告行政决定无效和判决赔偿损失。在 1994 年之前，要求赔偿损失的民事诉讼只能在宣告无效的判决作出后才能提起。[96]

但是，如果上诉成立的话，行政法通则第 8：73 条授予行政法官可以作出赔偿决定的权力也并不具有专属性，民事法官对此也有管辖权。这意味着公民对此具有选择权：他们可选择诉诸行政法院，或诉诸民事法院。正如上文所说，直接请求行政法官判决赔偿当然是最有效率的。行政法官确定遭受的损失或评估损害

[92] 有一个例外：初始裁决搁置了针对异议作出的决定。

[93] 具体例子可参见国务委员会行政法委员会 1998 年 11 月 20 日判决，AB，1999，82。在这个判决中行政法委员会认为对地区规划的解释是一项构成行政法通则规定的行政决定的行政判决。

[94] 在 1994 年以前，法官只有在公共服务案件中才能判决完全赔偿。

[95] 这与 1983 年之前的宪法文本有关，其中规定只有民事法官有权能够作出赔偿的命令，1983 年的宪法没有限制行政法官这方面的权限。

[96] 但是，民事法官并不满足行政法官宣判行政决定无效意味着一个不合法的行为，或行政机关无论如何都在一定程度上存有错误的假定（所谓的与 5.1 部分所提及的形式效力/确定力相对的不适当的形式效力/确定力）。

的程度一般会适用关于民事赔偿的实体法规定。[97] 这样的话，公民遭受损害而不能再通过民事程序获得赔偿。

对于行政行为给公民造成损害，公民还有第三种方法获得赔偿。行政法官判决行政决定无效后，公民可直接向该行政机关请求赔偿。行政机关对赔偿申请的回应决定可视为一个可上诉的决定。这种就是所谓的独立赔偿决定（zelfstandige schadebesluiten）。[98]

总之，对于行政机关作出的违法行为造成的损害（在具体案件中）公民有三种途径获得赔偿。[99]

（1）与宣告行政决定无效的上诉一起提起请求行政法官判决赔偿；

（2）行政法官作出宣告行政决定无效的裁判后单独向民事法院提起；

（3）行政法官作出宣告行政决定无效的裁判后向行政机关提起。行政机关作出的回应决定仍受制于司法审查。

除了损害赔偿外，法院还可以命令一方（基于行政法通则第

---

[97] 在判决赔偿中，无论是行政法官和民事法官，都不满足行政法官宣判公共团体的行为无效意味着一个不合法的行为，或行政机关无论如何都在一定程度上存有过错的假定。通常，被司法判决宣布无效的行政决定是针对行政异议作出的决定。行政法官对异议程序中造成的损失在判决时会比民事法官设置更多的限制。在行政法官眼中，行政机关必须有明显的过错才承担赔偿责任。由于民事和行政法院分别确立了不同判例，与行政法院作出的判例相一致的一个法案已经制定（*Kamerstukken* Ⅱ 2000－2001，27024）。

[98] 该决定必然和被行政法官宣布无效的行政决定之间具有联系，这种联系被称为“实体关联”。“形式关联”是作出赔偿判决的行政法官与宣布行政决定无效的法官为同一人。因此，如果损害是由具有普遍约束力的行政条例或具体的法案引起的，民事法院才具有管辖权。

[99] 除了基于行政机关的违法引起的损害而获得赔偿，对于行政机关的合法行为造成的损害也有获得赔偿的可能。这在行政法通则第 3：4 条第 2 款确认的比例原则中获得原则上的认可。换句话说，如果不给予任何补偿，行政决定可能是不合法的。特别立法（土地使用法和环境法）中具体规定了受害者可针对行政机关合法行为造成的损害获得赔偿。对该内容的进一步具体说明以及实体法如何规定已经超出本部分内容预设的范围。新近规定无过错赔偿的介绍可参见荷兰行政法协会 128 期刊物：J. F. Hoitink，G. E. van Maanen，B. P. M. van Ravel en B. J. Schueler，*Schadevergoeding bij rechtmatige overheadsdaad*，Den Haag，Boom Juridische uitgevers，2002。

8：75 条的规定）支付另一方支出的与上诉程序有关的合理费用（proceskosten）。在实践中这主要适用于行政机关。如果上诉被支持，行政机关应当支出这些费用，同时需（根据行政法通则第 8：74 条的规定）补偿已经支付的案件受理费。[100]

5.6 国家监察专员

从 1982 年起，荷兰开始实行国家监察专员制度。监察专员并未被授权作出具有约束力的决定，因此其不属于司法机关。公民可以对某个公共团体作出的某些行为向监察专员提出申诉。[101] 监察专员进而就申请的事项调查行政机关的行为是否适当。完成调查后，监察官员要起草一份关于调查发现和反映其调查结论的报告。尽管该报告中监察官员的观点不具有约束力，但是他的报告非常具有影响力，其会促进行政机关改善公共活动。

议会监察专员对司法审查具有补充性，公民对于行政法院无权管辖的事务，都可向监察专员寻求救济。[102] 例如，行政机关没有回信或没有及时回复，在听证或其他与公民的沟通中不适当地处理，另外还包括对维护公共秩序中的警察行为进行申诉。这些例子表明监察专员可以干预的案件都是和事实行政行为有关的案件（与法律行政行为相对）。国会任命的监察专员任期为六年（监察专员法第 2 条第 2 款）。在向监察专员提起申诉之前，必须先向有关的行政机关提出，以使该机关有对申诉问题作出解释的机会。

监察专员对合理性的审查范围比行政法院审查的合法性范围

[100] 上诉费用的类型和限额在行政命令通则（*Besluit proceskosten bstuursrecht*）中规定。案件注册费以行政法通则第 8：41 条规定。例如在社会保险案件中注册费针对自然人的大约是 30 欧元，其他没有列举的案件是 100 欧元，由法人提起的上诉注册费是 100 欧元。

[101] 国家监察专员法（*Wet nationale ombudsman*）第 12 条第 1 款这样规定："任何人都有权以书面形式向监察专员申请调查行政机关针对自然人或法人的行为方式，除非申请时自行为发生之日起已经超过一年的期限。"

[102] 监察专员与法官的关系相当复杂，例如法官已经裁判的案件监察专员就不再具有管辖权，以及只要有进行司法审查的可能监察专员在最终确定不能接受司法前也不具有管辖权。本部分仅仅作为荷兰行政法导论，限于篇幅不能进一步讨论二者的关系。

要广得多。在监察专员1990年的年度报告中，监察专员合理性审查的要求包括以下几个方面：

- 与成文法的规定相一致；
- 合理性；
- 法律明确性；
- 平等对待；
- 理由充分；
- 合理注意。

合理注意原则又可以细化为一系列的子原则，合意注意具体涉及以下几个方面：

- 程序（如无不合理的迟延）；
- 服务原则和便利原则，例如提供帮助和方便当事人；
- 公务人员的行为举止和态度，例如公务人员应采用正确方法，应一视同仁地对待相对人。

5.7 国王

值得一提的是，除了监察专员以外，国王（Kroon）能够宣布下级如省（根据省法，Provinciewet）或市镇（根据市镇法，Gemeentewet）行政机关的行政决定无效或中止其效力。尽管这种监督是属于行政内部的监督，监督的手段更多地体现了内部效力，而非外部效力。但每个人都可能向国王提起申诉——实际上是部长对各自负责的事务具有——宣布下级行政机关决定无效或中止其效力的权限。在这里的行政决定的概念比行政法通则第1：3条界定的行政决定的概念要宽广，从这个方面来说向国王申诉可以作为司法审查的一个重要补充。对于宣告无效的程序可根据行政法通则第十章的内容进行，并且被宣告的决定必须是不合法的或有悖公共利益的（行政法通则第10：35条）。[103] 因为这种程序

[103] 国王本无运用这种方法的意图，但是去一个市镇的建筑许可的行政决定被国王中止最终被宣布无效，因为该许可决定的授予与自然保护区域的规划相冲突，具体参见2001年2月19日的国王决定，JB 2000/65。

的形式非常开放，所以很少能在成文立法中找到。国务委员会行政法委员会的司法审查可以宣布国王的决定无效。但对于此，在市镇法和省法的有关条款中明确规定——这作为行政法通则第6：2条的一个例外，拒绝宣布无效不应当受到质疑。行政法通则第6：2条具体规定了国王和国务委员会之间的“微妙的”关系。

6 结论

荷兰行政法通则的引入，对行政法总论的研究以及公共行政质量的改善带来全新的气息，引发了强烈的兴趣。首先，行政法通则的通过以及基于该法形成的判例法带动广泛的学术研究。其次，行政机关一开始就非常重视行政法通则的规定，显然相对于判例法，行政机关更倾向于以一部确定的成文法作为指引。

行政法通则颁布实施并不意味着其已经完成使命，新的章节将根据需要不时修改增加。例如目前正在准备制定关于行政罚款（bestuurlijke boete）的规定。如何将这部分内容吸纳到行政法通则之中，以及规定的细致程度目前正在讨论之中。

另一个正在进行的议题是关于行政机关和法官的关系。1997年年末，凡·科米那得委员会（Van Kemenade committee）敲响了行政机关的警钟。该委员会发布了一份名为《非难中的行政机关（Bestuur in Geding）》的报告，该报告的主题是控制日趋复杂的行政法律问题的迫切性。报告对这种发展趋势和公民可以选择的法律保护手段尤为关注。除此以外，总体上这份报告还涉及以下议题和重要问题：

- 司法审查的程度；
- 不必要的繁复的规制和放松规制问题；
- 公共行政的品质，应当具有专家和专业技能保障其适当地履行职责。

看起来，司法机关的审查已失去动力，因为一个本应该是临时性的状态可能被无限期延长。这种状态下造就荷兰怪异的司法系统：将行政行为的司法审查初审权授予地区法院，然后终审上诉权却授予三个不同的机关——即针对大部分具体行政案件具有管辖权的两个行政法院以及最高民事法院，这种情形可能发生在赔偿案件中或者对具有普遍约束力的行政条例进行审查的案件中。这削弱了本欲推进行政法制统一的行政法通则的作用，因为在一个具有一部统一的行政法典的国家，应由唯一的司法终审机关来解释该法典，这才是符合逻辑的。

7 参考文献

导论

C. P. J Goorden，*Algemeen Bestuursrecht Compact*，3rd ed.，Den Haag，2001.

F. C. M. A Michiels，*Hoofdzaken van het bestuursrecht*，Deventer，1999.

F. A. M. Stroink and R. J. N. Schlössels，*Algemeen bestuursrecht*，*een inleiding*，4th ed.，Deventer，2000.

教材

W. Konijnenbelt and R. M. van Male，*Hoofdstukken van bestuursrecht*，11th ed.，DenHaag，1999.

P. de Haan，Th. G. Drupsteen and R. Fernhout，*Bestuursrecht in de sociale rechtsstaat*，4th ed.，part Ⅰ 1996，part Ⅱ 1998，Deventer.

J. B. J. M. ten Berge，*Bescherming tegen de overheid*，6th ed.，Deventer，2001.

P. Nicolaï *et al.*，*Bestuursrecht*，6th ed.，Amsterdam，1997.

Commentaar Algemene wet bestuursrecht，Vuga（Loose-leaf).

F. H. Van der Burg，P. J. van Buuren and J. H. Van Veen，

Leading cases in administrative law, *AB Klassiek*, 4th ed., Deventer, 2001.

8 附录：行政法通则关键条款

第一章 序言条款

1.1 定义和范围

条款 1：1

1. 行政机关指的是：

a. 根据公法建立的法律实体机构，或者是

b. 被授予任何公权力的个人或组织。

2. 下列机关，个人和组织都不能认为是行政机关：

a. 立法机关；

b. 议会第一院、第二院和议会联合会；

c. 依法建立的专司司法行政的独立机构；

d. 国务委员会及其下属机构；

e. 总审计署；

f. 国家监察专员以及助理监察专员；

g. 上述 b 至 f 中所涉及机构的主席、成员、记录人员和秘书，正副检察总长、最高法院的总法律顾问，还包括由 b 到 f 项中所涉及权力组织中成员组成的委员会。

3. 第 2 款规定以外的机关、个人和组织，作出的决定或采取的行为与《中央与地方人事法》第 1 条所指的非终身任职的公共雇员，他们的近亲属或法定继承人有关，该机关、个人和组织仍可被认为是行政机关。

条款 1：2

1. “利害关系人”是指其利益受决定直接影响的人。

2. 对于行政机关，凡是授予行政机关的利益都被认为是他们的利益。

3. 对于法人，他们的利益包括与他们的目的一致的以及他们

的实际行动所证实的普遍和集体的利益。

条款1：3

1. “行政决定”是指由行政机关作出的构成公法行为的书面决定（besluit）。

2. “具体行政决定”是指不具有普遍性的决定，它包括拒绝申请的命令（beschikking）。

3. “申请”是指利害关系人申请某个决定的请求。

4. “政策规则”不是具有普遍约束力的条例，而是规定行政机关在行使权力的过程中权衡利益、确定事实或解释法定条例的普遍规则的决定。

（……）

第3章　关于决定的一般性规定（BESLUITEN）

3.1节　序言条款

条款3：1

1. 具有普遍约束力的决定：

a. 只应适用3.2节中规定，除非因其性质而不要求那样做。

b. 不适用3.6节的规定。

2. 3.2至3.5节的规定应准用于行政机关的其他行为，决定的性质决定其不能适用的除外。

3.2节　注意义务和利益衡量

条款3：2

行政机关在作出行政决定的准备阶段应收集与案件有关的事实和与被衡量的利益有关的必要信息。

条款3：3

行政机关不应利用其权力作出违反法律授权目的的行政决定。

条款3：4

1. 作出行政决定时，只要授权法律规范没有限制或者行使权力的性质不排斥的话，行政机关应对直接涉及的利益进行衡量。

2. 作出的决定给一方或多方利害关系人造成的不利影响与决定的目的不应不成比例。

(……)

3.7 节 说明理由

条款 3：46

作出的决定应基于适当的理由。

条款 3：47

1. 决定作出时，应当说明理由。

2. 如果可能，命令所依据的法定条例应同时说明。

3. 如果时间紧急，作出决定的理由在决定作出时不能被及时说明，行政机关事后应尽可能迅速地通知利害关系人。

4. 在这种情形下，第 3：41 至 3：43 条的规定也同时适用。

条款 3：48

1. 如果没有必要说明理由被认为是正当的，则无须说明理由。

2. 但是，如果利害关系人要求在合理的日期内告知理由，那么行政机关应尽可能快地说明理由。

条款 3：49

为说明决定或部分决定的理由，对此，如果决定陈述的观点本身中包含了作出决定的理由以及该观点已经告知利害关系人，那么对于说明理由，决定中的观点已经足够。

条款 3：50

如果行政机关作出决定时作了违背法律规定目的陈述，那么作出该决定的事实和理由应在决定的理由中说明。

(……)

第 7 章 关于行政异议（BEZWAAR）和行政上诉（BEROEP）的特别规定

7.1 节 向行政法院上诉前的行政异议通知

条款 7：1

1. 任何有权向行政法院提出上诉的人，在向行政法院对行政决定提出上诉之前，应先就行政决定提出异议。除非该决定：

a. 已提出异议或者行政上诉；

b. 适用核准程序；

c. 是一个批准另一个命令或拒绝批准该命令的决定；或者

d. 作出的是与3.5节规定的公开准备程序一致的准备行为。

2. 可以根据规定对行政异议决定上诉的法律针对行政异议不服向法院提出上诉。(……)

第8章 关于向地区法院上诉的特别规定

标题8.1 一般性条款

8.1.1节 受理范围

条款8：1

1. 利害关系人可以针对行政决定向地区法院提起上诉。

2. 行政机关针对中央和地方政府人事法第1条所指公务人员，或兵役法第2条所指的士兵作出的相当于行政决定的行为，他们在世的亲属和法定继承人具有利益。

条款8：2

对以下命令不得上诉：

a. 一项包含具有普遍约束力的条例政策规则的命令；

b. 一项撤销或确定具有普遍约束力的条例或政策规则生效的命令；

c. 一项批准包含具有普遍约束力的条例或政策规则的命令，或撤销、实施具有普遍约束力的条例或政策规则的命令。

(……)

条款8：69

1. 地区法院的裁决应根据上诉通知，上诉提交的材料，初步调查程序和听审作出。

2. 地区法院应主动补充法律依据。

3. 地区法院应主动补充案件事实。

条款8：70

地区法院应当裁决：

a. 地区法院没有管辖权；

b. 不受理上诉；

c. 上诉无根据，或者是

d. 上诉理由充分。

(……)

条款 8：72

1. 如果地区法院受理的上诉理据充分，那么地区法院将宣告该争议的命令全部或部分无效。

2. 如果一项决定或其中部分命令被取消，那么该命令或被宣布无效部分的法律后果为无效。

3. 地区法院可能会决定被取消的决定或被部分取消的决定的效力仍可全部或部分存续。

4. 如果区法院裁决理据充分，法院可能裁决行政机关根据其判决重新作出一项新的裁决或者作出其他行为；或者决定法院判决取代已宣告无效的决定或部分决定。

5. 地区法院能够设定一个行政机关作出新的决定或者实施其他行为的期限。

6. 地区法院能够决定在判决作出之后，临时救济措施失去效力。

7. 如果行政机关不履行判决，地区法院能够作出罚款、要求地区法院确定的法人实体向指定的另一方当事人支付。该规定准用民事程序法第 611a～611i 条的规定。

条款 8：73

1. 如果法院裁决上诉理据充分，应利害关系人的请求及如果法院认为有理由这么做，地区法院可以命令其确定的法人实体向遭受损失的一方赔偿。

2. 如地区法院不能完全确定赔偿金额，那么，法院将在其判决中确定为进一步就赔偿问题作出裁决进行重新调查的准备工作。同时，区法院将决定调查应如何进行。

5

英国行政法

布莱恩·琼斯，凯瑟琳·汤普森

1 导 论

1.1 什么是行政法

在英国，“行政法”这个表达还是一个相对较新的术语。在一个世纪之前，杰出的宪法学家 A. V. 戴雪教授还认为，英国法中没有行政法这个学科。① 基于此，戴雪将英国司法控制政府的政制安排与他所认为的欧洲民法法系国家存在的制度之间作了截然不同的划分。戴雪认为，英国拥有一个在制度和理论上不同于欧陆行政法模式的法律体系，这是英国法的重要特色。对戴雪来说，“法治”意味着，所有政府机关受由独立的普通法法官主持的普通法院管辖以及对其行为负责，并且适用统一的普通法。

戴雪的观点在英国显然已经成为发展一个成熟的行政法机关的障碍。多年以来英国对行政法这个术语都存有几分疑惧，因为它被认为是一套克减公民普通法权利的规则和程序。过去人们普遍理解的观念：行政法是一系列的授予部长、尤其是特别设立的裁判所，而不是普通法院对公民与政府之间的争议作出裁决的权力的规则。

然而，过去的四十年对“行政法”的认识逐渐表现出更加积

① “‘行政法’这个词是（*droit administratif's*）最贴切的译法，对于英国法院和法官来说是完全陌生的，如果没有进一步的解释是令人难以理解的。”A. V. Dicey, *An Introduction to the study of the Law of the Constitution*, 10th ed., London, Macmillan, 1987.

极的一面：行政法一方面作为提升政府机关良好行政的程序和规则的研究；另一方面，当政府决定或行为引起不公或损害，行政法可为公民提供救济、司法审查和其他法律保护途径。

在行政法这个非常笼统的术语中其实包含了许多专业的法律领域，如规划法、移民法和税收法等。行政法学家不可能希望清楚了解所有领域的具体细节，而更倾向于关注中央、地方以及欧盟层面的行政程序；以及针对引起公民不满的行政行为进行审查的方法和适当的救济途径。尤其需要对“司法审查”从技术上说意味着什么样的程序予以了解。

为了理解英国行政法运作的背景，首先必须要了解联合王国政制在宪法层面是怎样运作的。

1.2 宪制背景

1.2.1 术语

“联合王国”由大不列颠、北爱尔兰组成。大不列颠由英格兰、苏格兰和威尔士构成。在英国存在三种不同的法律体系，因此如果采用“英国法”这种表述是错误的。但是实践中却普遍使用英国宪法这个术语，准确地说我们指的是大不列颠和北爱尔兰联合王国宪法。

位于伦敦（威斯敏斯特）的联合王国的议会由下议院②、上议院③和女王组成，其拥有针对联合王国部分地区或为整个王国立法的权力。除了英格兰没有分立的立法机构之外，苏格兰、威尔士和北爱尔兰目前都已具有成熟立法权和行政权的一些因素。

英格兰和威尔士在1536年进行合并，两个地区此后共享相同的普通法体系，也就是常说的英格兰法系。根据1998年的威尔士政府法，威尔士建立国民议会，并被授予了某些已经成熟的行政

② 下议院由659名选举代表即所谓的议会议员（MPs）组成。

③ 上议院不是选举产生的机构，其由世袭贵族、终生贵族和英国国教主教组成。尽管上议院历经改革，但却还没有将其变为一个选举机构的提案。

权力（非立法权）。

尽管苏格兰和英格兰已经根据1707年的联合法合并，但融贯于苏格兰历史中的法律体系仍与英格兰的法律体系不同。1998年的苏格兰法授予苏格兰大量成熟的立法权和行政权之后，苏格兰和英格兰在法律方面的差别就更大了。最终，苏格兰和英格兰的行政法总则、尤其是司法审查的规则在许多方面都有重大的区别，这些区别将在后面提到。④

1920年爱尔兰发生分裂，北爱尔兰加入联合王国。1920年的北爱尔兰法为北爱尔兰建立的议会制政府体系一直延续到20世纪70年代初期。从那以后，尽管北爱尔兰绝大多数情况下受到伦敦制定的直接规则约束，但这些年一直尝试建立各种形式的地方民选机构。最近一次发展地方权力的尝试源于1998年的北爱尔兰选举法，但其成效不是很显著。尽管北爱尔兰受制于“白厅”和威斯敏斯特议会，但其确实拥有一个自己独特的法院系统和法律职业体的法律体系。在行政法方面，北爱尔兰的司法审查兼具英格兰和威尔士模式，尽管英格兰的判例法没有约束力，但通常在北爱尔兰适用。⑤

1.2.2 议会至上

既然英国宪法制度对既有的行政体系具有重要的影响，那么首先应当对英国宪法制度的基本特色有所了解。英国宪法的核心是“立法至上”原则，有时也被描述为“议会主权”。

戴雪对这个宪法原则是这样描述的：

“议会主权原则意味着不多不少，即议会……具有制定或

④ See A. W. Bradlley, “Applications for Judicial Review - The Scottish Model”, *Public Law*, 1987, p. 313 and T. Mullen, K. Pick and T. Prosser, “Trends in Judicial Review in Scotland”, *Public Law*, 1995, p. 52.

⑤ See P. Maguire, “The Procedure for Judicial Review in Northern Ireland” in B. Hadfield (ed.), *Judicial Review A Thematic Approach*, Dublin, Gill & Macmillan, 1995.

不制定任何立法的权力；进一步说，没有任何个人或机构能够被授予忽视和搁置议会立法的权利。”⑥

这意味着，至少在理论上联合王国议会能够以普通立法的方式，完成其他国家的议会需要通过特别的程序甚至修改宪法的方式才能做的事情。议会具有诸如改变其存续的期限⑦，制定溯及既往的法律⑧，授予执行机关司法权和立法权⑨，授予政府违法行为豁免责任⑩等权力。当然议会唯一不能做的事就是约束继任者，如果可以这样做的话，议会就不是一个权力始终至上的机构。

1.2.3 1998 年人权法案

1998 年制定实施的人权法案，是 1997 年经选举获执政党地位的工党最早的立法之一。这部法案的宪政地位也需要予以解释。尽管这部法案确实尝试将欧洲公民权利和政治权利公约所载明的权利吸收到联合王国国内法中，但就其宪政地位来说仍只是一部普通的议会法，无论如何都不是一部基本法，从宪政的角度来说并非是不可更改的。在起草该法案的时候确实曾考虑是否要对议会至上作些许调整，但最终还是放弃了需要改变的念头。⑪ 然而，尽管人权法案只是一部普通的法律，但从政治上说，因为议会难以再制定与法案规定相冲突的法律，所以人权法案对议会的权力事实上形成了制约。

法官对该法案的解释将会非常重要。根据人权法案第 3 节⑫的

⑥ A. V. Dicey，同前注 1，第 39～40 页。

⑦ 《1911 年议会法》。Parliament Act 1911.

⑧ 如 War Damages Act 1965.

⑨ 参见已经授予的广泛的制定委任立法的权力。

⑩ 具体例子参见 Interception of Communications Act 1985，s7（8）。

⑪ *Rights Brought Home*：The Human Rights Bill，Cm3782，1997，para. 2. 16。这是一部人权白皮书（Cm），白皮书命名由部长、从技术上说根据女王的命令向议会提交。自 1833 年开始，目前已发布六个系列的白皮书，为了对这六种不同系列的白皮书作区分，对“Command”采用了不同形式的缩写，即 Cmd，Cmnd，Cm。对于 1998 年法案对宪法的影响的讨论，请参见 D. Feldman，“The Human Rights Act 1998 and constitutional principles”，*legal Studies*，1999，vol. 19，p. 165.

⑫ 议会法分为节和小节。

规定，无论何时通过的立法，对之解释都应尽可能地与公约权利相一致。另外，尽管法官没有宣布法律无效的权利，但法案第四部分仍授权法官宣布某一部法案不符合公约权利。法官这样做就无异于宣告议会的行为不当，同时授予部长通过委任立法的方法及时地修改立法的权力，但部长对此并不承担责任。正如费尔德曼所指出的那样，人权法案让法官的角色或多或少有异于议会至上原则下的传统地位。[13]

1.2.4 议会至上与欧盟

1998 年人权法是在尊重议会至上的理念下起草的。但是我们应该注意到，这些年来议会至上的原则经历着新的变化。联合王国批准加入 1972 年欧洲共同体法案后，现在已经是欧盟的成员国。众所周知，欧洲法院长期以来一直主张，如果成员国法与欧洲法发生冲突，后者效力优先。[14] 总而言之，目前能够为联合王国立法的立法机构有两个，一个是联合王国议会，另一个就是欧盟立法机构。这样不可避免的是，法院有时候会面临着国内法与欧盟法的冲突，尽管这些年法院尽其最大努力利用法官宽泛的解释权调和这种冲突（包括何种规范具有至高性的情形）。但最终在 R v Secretary of State for Transport，ex parte Factortame Ltd[15] 案中，法院不得不直接面对这个问题：当国内法与欧盟法发生直接冲突的时候谁的效力优先。根据欧洲法院对成员国法和欧洲法之

⑬ 议会法分为节和小节。

⑭ 具体例子可见 Case6/64 Costa v ENEL，ECR，1964，585。

⑮ ［1990］2 AC（Law Reports Appeal Cases）85。该案件名称指代的是：这种案件命名的形式过去是王座法院分区法院司法审查的案例常采用的一种的形式。“R”指代女王 Regina：即国王或女王。名称中的“*ex parte*”指的是申请人。“R”出现在名称中是因为国王是名义上的申请人，尽管事实是某个私法机构或个人提起申诉请求。2000 年 12 月开始采用现代的命名方式。对于本案如果采用现在的表述应该改是 R（on the application of Factortame Ltd）v Secretary of State for Transport。如果还提起上诉的话，那么“R”就不能继续采用，案件名称就变为 Factortame Ltd v Secretary of State for Transport。在国家公诉刑事案件中，以女王的名义提起诉讼的案件的名称为“R v name of the defendant”。

间冲突的初始裁决[16]，上议院接受的事实是：尽管坚持议会主权原则，但是联合王国议会立法与欧盟法发生的冲突无法通过法官的合理解释而消弭，议会立法则不予适用。[17] 然而，为了承认传统的宪法原则的持续有效性，对立法至上的永久限制是不可接受的。只有联合王国仍作为欧盟的成员国才能有这样的限制。[18]

1.2.5 权力分立

联合王国宪法中并没有表现出严格的权力分立。当然在英国立法、行政和司法机关的分立还是清晰可辨的，但是它们之间在人员和功能上存在许多重叠交织。[19]

1.2.6 法治

法治具有多重内涵，并非所有对法治的理解都适用于英国宪法。根据戴雪的观点，"法治"包括三个不同的方面：不存在武断的权力；法律面前平等；对自由的保障是普通立法和普通法院判决的结果，而非是先验的对权利宪法保障的结果。[20] 法治原则的这几个方面在很大程度反映了英国宪法的基本原理。但正如我们已经注意到那样，议会至上意味着我们的议会不受任何限制。从这个意义上，英国的宪法并不受法治原则的支配，否则将意味着法官具有宣告法律违宪的权力。

在行政法中，我们也认为法治的内涵已经超越戴雪对法治形式上的界定，法治原则要求立法机关授予行政机关的权力必须清楚明

---

⑯ Case C-213/89，ECR，1990，1－2433.

⑰ [1991] 1 AC 603.

⑱ 关于欧盟成员国的关系对至上原则的宪法影响的讨论参见 C. Munro，*Studies in Constitutional Law*，2nd，ed.，London，Butterworths，1999，第 6 章；以及 A. W. Bradley，"The Sovereignty of Parliament－Form or Substance?" in J. Jowell and D. Oliver (eds.)，*The Changing Constitution*，4th ed.，Oxford，Oxford University press，2000.

⑲ 司法大臣就是重叠的最好例证。他是英国司法机关的首领，有时作为上议院的法官也参与案件审理。同时又负责主持作为审慎的立法机构的上议院。最后，他作为内阁部长还是执行机关的重要组成人员。

⑳ A. V. Dicey，同前注 1，第 10 章。

确，对权力的界定尽可能准确，并使之受公众监督；应当有司法审查或其他机制保证执行行为在授权的范围内行使，而不超越授权或滥用权力；这种司法机制不偏不倚并独立于行政机关；应当给公民提供合理的诉诸法院的渠道，并应尽可能畅通无阻；任何政府可享有的特权和豁免，仅限于确实必要的公共利益方可授予。

1.2.7 女王特权

关于英国宪法，最后值得一提的是女王特权，因为她在行政法中也具有重要的地位。女王特权是对她所拥有的权力、职责和特权的概括性指称。她的权力包括批准立法、任命和解聘部长、批准国家条约以及颁发护照。应当指出的是，女王根据宪法惯例[21]享有的这些特权不能根据其一时的兴致而任意使用，而是“根据部长大臣的建议”而行使。因此，实际上这些权力由政府掌控和运用。

法院传统上认为，对已获承认的特权的运用的审查超越了他们的权限。[22] 但是，考虑到部长们实践中不时地运用这种特权，导致出现一个可以逃逸司法审查的、但却是实在存在的行政裁量的领域。在 20 世纪 80 年代，在 Council of Civil Service Unions v Minister for Civil Service 案中[23]，上议院最终坚持对多数（尽管不是全部）行政特权的行使进行审查。

2 行政权的配置

2.1 政府机构

在联合王国能够被认为是政府机构的机关种类很多。但在这个“后私营化”时代，政府机构和私法机构之间的边界已经变得

[21] 宪法惯例是指那些具有重要政治意义的被认为能够反映合适的宪法性行为的但不具有法律约束力的规则。宪法惯例的基本功能是确保宪法运作与当代主流的宪法理论相符。

[22] 具体例子如 *Hanratty v Lord Butler*，载 *Solicitor's Journal*，1971，115，p. 386。

[23] ［1985］AC 513。这个案子像国家通讯总局（GCHQ）案一样是援引最普遍的案件。

模糊，下文也将谈到这个问题。

处于联合王国政府核心地位的是首相，内阁和中央政府各部。首相由女王任命，依照惯例女王应选择下议院多数党首领出任该职。近年来首相在中央政府机关中的权力越来越大，而相应的，内阁各部长的权限日益收缩。由绝大多数资深部长组成的内阁曾经确实能够左右（或至少能够对决定作出重要的贡献）中央政府的基本政策决定。然而在近些年来，所有内阁成员出席的机会更少，而参会的时间也更短，另外，内阁委员和分委员会数量激增，他们对内阁的策略和决定的影响力也日渐加强。这样的结果越来越导致部长们对首相直接负责。㉔

每个中央政府部门都有一个部门“首长”，他们被称作“国务大臣”，由国务次长辅佐工作。各部的公务员由一个常任秘书长领导。但机构具体的数量和机构之间的职能划分可能紧随着各部门的规模或大或小以及随着哪些政府负责的领域应合在一起的观念不同而不时地发生变化。例如，在现代社会，“教育”和“就业”本来属于不同的部门，这两个部门后来合并在一起，但最后又分开。农业、渔业和食品部有很长的历史，但在2001年撤销后就不复存在。该部在处理疯牛病（BSE）危机中失职，致使农业和食品安全问题达到了白热化程度，最终导致了该部门被撤销，并设立了新的环境、食品和乡村事务部。这个新的部门将环境、农村事务，食品和农业带到“同一屋檐下”，其目的在于寻求将经济、社会和环境问题围绕着这些领域，予以“通盘”的而非是孤立的考虑。

许多立法将作出决定的权力赋予了部长或“国务大臣”。但事实上，很多这样的决定必须而且确实是由公务员作出的。坦白地说，是因为部长没有时间亲自去做每一个决定。这种切实存在的情况在法律中已经被意识到。在 Carltona v Commissioners of Works 案中㉕，

㉔ P. Hennessy, *Whitehall*, London, Fontana Press, 1990 and P. Hennessy, *The Prime Minister: the Office and its Holders since* 1945, London Allen Lane, 2000.

㉕ ［1943］2 All ER（All England Law Reports），560 at 563.

上诉法院案卷主事官（MR）[26] 格林勋爵（Lord Greene ）指出授予部长的权力通常是由公务员行使的，但是

> “公务员作出的决定……是部长的决定，而由该部长负责。他必须就其领导的公务员所作的任何与公职有关的行为向议会负责……”

这样的例子如一个内政部的公务员能够以内政大臣的名义作出一个驱逐出境的决定。[27] 尽管按照“部长责任”的惯例，最后向议会承担责任的是部长，但事实上，议会是否能够有效地要求部长对其部门的行为承担责任仍是有争议的。虽然确实有很多部长因其任职期间糟糕的政绩而辞职[28]，但是辩解本人没有参与受到指责的事务、进而拒绝辞职的部长清单相比之下要长好多。

公务员的结构自从 20 世纪 80 年代发生了急剧变化。[29] 其规模从 1979 年的 73.2 万人缩减到 1999 年的 45 万人。1988 年的一份名为《改善政府管理：下阶段的步骤》的报告[30]，对中央政府机构组织产生了激进的影响。报告将（i）政策制定问题和（ii）纯粹的管理或服务提供问题区分开来。这样，部长就不必缠身于日常的行政管理事务。因此，从以制定政策为中心的政府职能中彻底抽身的公务员只需负责政府的执行职能，那些从部门（Department）中分离出来的执行职能转移给一个由非公务员身份的行政长官负责的专门执行机构。这样，大约一百多个执行机构被设立，并分别负责如护照、社会保障、税收、高速公路、关税和消费税、监狱服务等领域的事务。

这种新的机构导致了新的“责任承担”问题。这个改革引发了对

㉖ MR 指的是案卷主事官“Mater of the Rolls”，其是上诉法院负责民事审判的首席法官。

㉗ *Oladehinde v Secretary of State for the Home Department*［1990］3 All ER 383.

㉘ 具体例子如 1982 年外相因阿根廷入侵马尔维纳斯群岛而辞职。

㉙ 参见 G. Drewry，“The New Pubic Management”，in J. Jowell and D. Oliver (eds.)，*The Changing Constitution*，4th ed.，Oxford，Oxford University Press，2000.

㉚ 英国皇家文书局（HMSO）。

部长们现在可以轻松地从曾经作为部门所犯的过错中解脱出来的许多担忧，对此一个常引用的例子是关于监狱服务和内政大臣的作用。1994年和1995年发生了多起被广泛报道的监狱安全事件，其中包括多起越狱事件，虽然来自议会的批评非常强烈，但内政部长仍拒绝接受任何指责。监狱署在1994年3月就改制为一个执行机构，其日常执行决定由其署长作出。一个载明监狱署应承担的责任范围的框架性文件指出，内政大臣就监狱服务向议会负有宽泛的责任。尽管引起公众和议会重点关注的执行性事务可能会征求内政大臣的意见，但其本人并不涉及监狱日常的管理活动。虽然有很多证据表明内政部长在监狱遇到麻烦的期间至少已经试图干预监狱的执行事务，但对于监狱发生的问题他却不愿承担任何责任，最终被解雇的仍是监狱署的署长（被内政大臣解雇）。整个事件所表明的正是对政策/执行之间人为的区分，尤其在具有高度的政治敏感性的领域。㉛

洛夫兰在报告（Next Steps）中认为一个已经孱弱的部长责任制度不仅本身在自动弱化，而且作为一种日趋式微的政治责任，对于法律或其他方面的规则的完善已不具有互惠作用。结果，部长责任制就日渐变得对公务员的行为不负责任。

> “［约翰］梅杰政府制定了各种‘公民宪章’，‘宪章’为政府机关设定一系列满足他们向公民所要求和关注的速度、准确、殷勤等目标……这些并不是立法措施，也从不意味着政府或法院会认为它们为公民设定了普通法权利。”㉜

在政府“外围”的一些机关有时被称作昆格斯（Quangos）（半自治非政府组织）或者NDPBs（非部门公共机关）。㉝ 这些非民选产生机构的成员通常是由部长任命的，在过去的二十年间这些机构迅猛扩

㉛ 参见G. Drewry，同注29。

㉜ I. Loveland，*Constitutional Law：A Critical Introduction*，2nd ed.，London，Butterworths，2000，p. 275.

㉝ 值得注意的是对使用哪个术语以及何时使用并没有形成一致的看法。政府的咨询文件，*Opening up Quangos*，*A Consultation Paper*，内阁办公室，1997年，其中排除了像全民医疗保健信托组织的机构以及管制机构，尽管其中很多机构以昆格斯冠名。

张。这些机构组织的大量增加与近年的私有化和放松管制的政策密切相关。由于公共事业组织的私有化造成了类似水务办公室（OFWAT）和电信管理办公室（OFTEL）的机构如雨后春笋般设立，这些机构的主要职能是作为“看守人”。再如主要在地方层面设立的国民医疗保健信托组织是在国民医疗保健制度改革中出现的。类似的非部门公共机构还有机会平等委员会、英国政府可持续发展咨询委员会以及政治荣誉审查委员会等。

值得再关注的还有这些机构的责任问题，因为对于这些执行机关来说，传统的部长责任并不适用。其中一些责任可通过议会特别委员会制度、司法审查和监察专员制度（见后文）实现。工党政府从 1997 年开始通过加强这些机构执行过程中的公共参与，以及鼓励以一种更加公开的披露执行过程信息的方式增强它们的责任。㉞

最后必须一提的是选民直选的地方当局的作用。地方当局承担着广泛的政府职能。它们是根据议会法案设立的机关，因此法院通过司法审查机制能够审查它们的权力和义务。㉟ 地方政府的机构十分复杂，而且这些年对它们也进行了许多重要的改革。英格兰的地方当局大致包括：郡议会，城市区，区自治会，单一管理区——在伦敦还包括大伦敦政府当局和伦敦自治市。苏格兰和威尔士只有单一管理区。在英格兰的很多地方政府都具有双层结构（具有两个层级的地方当局），其他一些地方则只有单一系统（即一个当局实现所有的功能）。现在的地方当局相比几十年前其职能和权力都减少许多。20 世纪 80 年代保守党执政期间认为地方当局的很多功能都可以向市场公开竞争开放（许多裁量性的决策应由中央政府而非民选的地方议员负责）。结果很多地方当局对服务进行了公开招标，承租人被赋予购买地方当局提供的统筹住

㉞ 参见 *Quangos*：*Opening the Doors*，Cabinet Office，1998。

㉟ 尽管有很多相关的立法，但 1971 年和 1974 年的地方政府法（the Local Government Act）和 1988 年的地方政府财政法（the Local Government Finance Act）（也是经过修改的）构成了地方当局的主要法律基础。

房的权利，地方当局对教育的控制也被削弱。然而，地方当局仍然对公营房屋、学校、公共健康和卫生、福利服务以及城乡规划等负责。

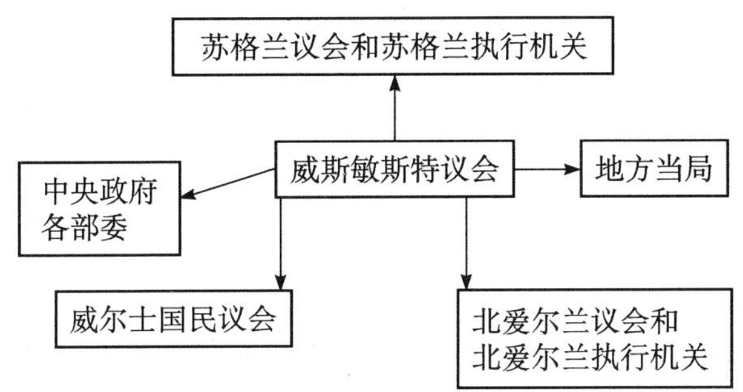

图表 1 联合王国国家机构

3 如何作出行政决定?

大多数公共行政都是通过公共当局行使议会法案授予的法定权力得以实现。鉴于议会立法权至上，又因为以政府形式出现的执行机关控制着议会，执行机关实际上能够使自己被授予它所希望授予的权力。和欧盟法的要求一致（以及与 1998 年人权法案相符合，要求不如前者高——见前文）的法律授权的有效性则不受质疑。进行司法审查的法院要通过寻求法律文本表现出的（或者可以从中推导出的）议会立法意图进而确定授权的范围。因此对行政的司法审查原则可以反映出法官对立法授权进行解释的方法。

3.1 权力的来源

3.1.1 议会立法[36]

对法定职权范围的解释：

[36] 议会法案的官方文本即众所周知的皇家出版局版。议会法案在经过女王同意后几天内就印刷出版。法案也会在随后的年度合订本中再次发行。

授予公共当局的法定权力不但包括明示的授权，而且还包括隐含的被认为是授权所附带的或必然产生的权力。

塞尔本勋爵在 Attorney-General v Great Eastern Railway Co. 案中对授权原则的构成作了经典的诠释[37]：

> ……该原则应合理地利用和运用……以及，对于任何可以清楚地被认为是立法机关授权所附带或授予权力必然产生的权力，法官在解释越权原则时都不应进行限制（除非立法授权明确排除）。

Attorney-General v Grayford Urban District Council 案就是适用这个原则的一个很好的例子。[38] 在该案中，克雷福城区委员会根据 1957 年住房法明确授予地方公共机构对当局提供的住房“进行管理、规制、控制的权责”，并为一家私营保险公司代理家财险。该法中并未明确规定该委员会可以这样做，但地方当局的做法仍被认定为合法。其合法性基于这样一个认识：如果公有住房的承租人购买这样的保险，那么即使某种风险发生、如火灾，承租人违约的可能就能降低，因此地方当局推销私人保险可以被认为是其合理履行公有住房管理职能所需的行为。

3.1.2 委任立法

现代社会中，议会事无巨细地制定所有现实社会所需的规则是不切实际的。联合王国亦是如此，议会逐渐将立法权授予各部长（制定行政法规或其他命令）和地方当局（制定自治条例）。

但是目前这种“附属”立法的激增也令人担忧。目前一个普遍的趋势是：议会立法仅仅是一些概括性的条款；授予执行机关制定的不仅仅是“技术上的细节，还包括打破原有议会和执行机关之间权力平

[37] （1880）5 *App Case* 473 at 478，HL（House of Lords）。这个缩写用于 1875 年 1880 年之间公开的上诉案件。

[38] （1962）2 all ER 147.

衡的广泛的政策决定事项"[39]。鉴于对这种授权规模的忧虑，专门设立了一个议会授权立法审查委员会：其主要职责就是对各个条例是否符合委任立法的条件进行评估。该委员会的出现至少保证了政府请求广泛的委任立法授权的提议必须基于正当的理由。

为履行对共同体义务的需要，根据 1972 年的欧洲共同体法，女王可通过枢密院令[40]以及所有部委通过行政法规拥有改变大部分国内法的权力。随着欧洲法的数量逐渐增多，这样的委任立法权也日益成为行政立法权的一个重要来源。

最近造成非议最多的一种委任立法是所谓的"亨利八世"（Henry VIII）条款，该条款授权部长可以通过授权立法修改初始立法（primary legislation）。很多这样的条款并不会引起争议，例如 1998 年的人权法中就有这样的条款，其允许（但不是要求）部长们迅速对法院认为与欧洲人权公约相悖的法律进行调整。[41] 类似的其他条款也可在 1994 年放松规制和合同外包法中找到，但是这些条款却引起更多的争议。部长们被赋予了修改和撤销初始立法的宽泛权力，但他们认为，该立法条款给他们增加了不必要的负担。这个"偏离正道"条款在当时被认为是"在和平时期前所未有的"[42]。

1946 年的行政条例法对制定行政条例（即部门条例、规则和其他命令）规定了复杂的程序，并要求其中绝大部分公开。[43]

---

[39] P. P. Craig, *Administrative law*, 4th ed., London, Sweet & Maxwell, 1999, p. 366.

[40] 当法案授予的对象是国王而非某个部长时，委任立法实际上是由女王的枢密院作出并以枢密令的形式发布。枢密院是君主政体时代遗留下来的产物，并非是议会制时代的新作。枢密院由王室官员和咨询专家组成。现代的枢密院已不具有实权，其作用仅在于对政府的决定赋予某种庄重的法律形式。

[41] 根据人权法第 4 节的规定有权宣布议会法案违反公约的法院分别是上议院、上诉法院和高等法院。

[42] 议会授权立法审查委员会报告，第八次报告，HL（House Lords）60 of 1993-94 at pare. 1。

[43] 行政条例（SI）的官方文本由皇家文书局公布。文书局逐日单行发布行政条例，它们相当于皇家印务局的议会法案。目前并没有关于行政条例应采取何种形式的政策指导，而且法规、规章和命令这几个术语之间也没有清楚的法律界分。然而，如何查找在编的条例文本则因标题而异。如果是命令的话它们则被称为节（paragraphs），如果是法规的话它们会被编为（Rec）1、2，以此类推，如果是规章的话则用（r）1、2 编号索引。

议会对委任立法的检查监督事实上非常有限。[44] 许多委任立法都需要送交议会，但提交形式却多种多样。送交议会的程序一般由授权法进行规定。最简单的方式是只需要将行政条例提交给议会备案即可，这种程序在现代已使用不多。其中最常使用的是“否定决议程序”，该程序要求已制定出的行政条例在生效实施前应送交议会。如果没有任何一院在 40 天内成功地提出无效动议，则该行政条例生效。“肯定决议”程序要求上下两院都通过一个行政条例生效的决议。这种程序能够提供有效的议会控制，但因耗费议会大量的工作时间而很少被使用。

两院共同设立的议会条例联合委员会负责对送交议会的行政立法进行具体审查，并决定是否基于以下任何理由将所审查的行政立法提请两院任何一院特别注意。这些理由包括规定征税或收费，制定溯及既往的规范以及根据授权法规定排除了司法审查。该委员会并不需要对行政立法之价值和背后的政策指引进行评价，其职能多少有些偏重技术性。

一种能够对委任立法在一定程度上进行控制的方式是立法前置咨询。授权法以明确或笼统的规定要求被授权的次级立法机关在行使立法权之前应向某些机关进行咨询。

咨询在此究竟指的是什么？高等法院的解释是：

> “第一，咨询必须在提案形成阶段进行。第二，提案人必须对任何允许进行专业咨询和需要回应的提案充分说明理由。第三，必须给予咨询考虑和回应足够充分的时间……第四，最后形成的立法提议必须认真考虑咨询的成果。”[45]

虽然需要进行咨询的部长没有必须接受咨询建议的义务，但

---

[44] 对议会监督委任立法批评性的评估可参见汉萨德学会（Hansard Society）：*Making the Law*：*The Repont of the Hansard Society Commission on the Legislative Process*，1993 at pars. 364—387，以及 J. Hayhurst and P. wallington，“The Parliament-any Scrutiny of Delegated Legislation”，*Pubilc Law*，1988，p. 547.

[45] Per Hodgson J in *R v Brent London Borough Council*，*ex parte Guning*（1985）84 *Local Government Reports*（LGR）168 at 189。也可以参见 *Rollo v Minister of Town and Country Planning* ［1948］1 All ER 13。

如果授权母法规定了法定咨询程序而没有进行适当咨询，将可能导致制定出的委任立法无效（除非存在特殊的例外条件，基于公共利益的需要而使立法继续有效）。[46]

法院能够基于实体越权原则对委任立法进行审查，即制定机关超出了母法授予的权限范围。这个问题在下文还会详细讨论[47]，但这里必须强调的是，针对委任立法可以设定征收费用[48]，或其他以某种方式严重侵犯宪法权利和个人自由的委任立法，法院期盼母法能够清楚地表达授权。[49] 然而，仅仅就行政立法“不合理”而言，法院很少会判决其无效[50]，尤其当行政立法符合议会某种形式授权时，如下议院的一个决议，法院就更加不情愿这样做了。[51]

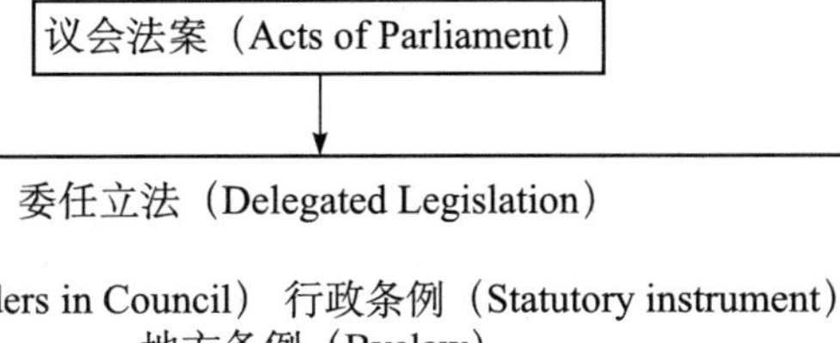

图表 2　立法层级

3.2 调查

政府机构能够针对广泛的事务进行调查。调查包括正式

[46] See R *v Secretary of State for Social Services*, *ex parte Association of Metropolitan Authorities* [1986], Weekly Law Reports (WLR) 1.

[47] 参见第五部分。

[48] See *Attorney-General v Wilts United Dairies* (1922) 38 Times law Reports (TLR) 781.

[49] *Chester v Bateson* [1920] 1 *Law Reports*: *King's Bench Divison* (KB) 829. 一部区域防卫条例规定，没有部长的许可任何人不得针对军工厂工人对房屋的占有提出控制。这被法院裁决为越权，因为这样的做法剥夺了人民向法院起诉的正常权利，并且这样极端的措施只有授权法以明确的授权方可为之。

[50] See *McEldowney v Forde* [1971] AC 632.

[51] See R v *Secretary of State for the Environment*, *ex parte Nottinghamshire County Council* [1986] *AC 240 and R v Secretary of State for the Environment*, *ex parte Hammersmith and Fulham London Borough Council* [1990] 1 AC 521.

和非正式多种形式。对于正式的调查已经建立了一套如何调查的程序。根据1921年调查（证据）裁判庭法，主持调查权者（通常是一个法官）享有能够要求证人提供证据的彻底调查权。最近的例子包括对邓布兰小学枪击案的卡伦报告[52]，以及正在进行的对北爱尔兰“血色星期天”事件的萨维里调查。[53]

当立法认为没有必要授予像法院那样完全的调查权时，就可能会设立一个很大的皇家委员会或通过更加非正式的部门或多部门联合的形式展开调查。

调查结论尽管对政府机构没有法律约束力，但通常却很有影响力。一个可能的预期是调查结论的建议通常被采纳，否则的话，政府机构需要说明采取其他不同做法的理由。两个非常具有影响力的对近年政府行为的批评性报告是斯科特关于“向伊拉克出售武器”的调查报告[54]、关于疯牛病和新型库贾氏病的调查报告。[55]从斯科特调查报告能够得知政府关于武器交易的政策已经秘密改变，而议会成员和议会对于这些变化也是被蒙蔽的对象。斯科特调查报告表明尽管该报告不可能把事件经过所有的细节都展现给议会，但是报告将对政策请求进行回应的总体情况给出一个公正的总结。以这个概而言之的原则观之，斯科特调查报告表明将有一些免于公开的例外情形，如涉及国家安全的事务，但是例外应限制在这样做乃是基于令人信服的理由；该基本原则还意味着当部长向议会或特别委员会进行说明，或回答议会的质询时，部长责任制要求他们根据信息完全公开的义务作出诚实的回答，“否则的话议会无法要求执行机关承担责任”。这个观点已经被接受并在

[52] Cm 3386.

[53] See B. Hadfield, “*R v lord Saville of Newgate, ex parte anonymous soldiers*: What is the purpose of a Tribunal of Inquiry”, *Public Law*, 1999, p. 633.

[54] 向伊拉克出口武器装备和军民两用的商品，以及相关的起诉，HC (House of Commoms) 115 (1995-96)。

[55] 即通常被称为菲利普斯调查或疯牛病调查。该调查报告在2000年10月发布，见Http://www.bseinquiry.gov.uk (Accessed 28 January 2002)。

部长行为准则中得以体现。[56]

对疯牛病的调查也呈现政府秘密决策的证据，以及政府在向公众披露风险信息方面的失职。这个调查报告所指名批评的不仅仅是部长，也包括被认为应对政策失误负有责任的个别公务员。这个报告指出主要责任部门——农业、渔业和粮食部（MAFF）决策中存在的很多问题，也表明该部门与其他部门未能进行必要而有效的沟通。这个报告也在一定程度上促成农业部最终被撤销，新成立的环境、食品和农村事务部将“环境”和“乡村事务”职能进行了统合。

更普遍的调查是土地利用决定背景之下的公开地方调查。议会的许多法案都规定了地方调查作为一种可能影响公民的权利和利益的决定，最终作出之前应给予异议者公正听证的机会。规划调查是这种调查中最常见的一种。调查必须在具有普遍特征的规划通过之前进行；或在许多个人针对规划许可被拒绝因而上诉的情况下进行；或个人针对地方当局对规划所附加的条件有异议而上诉的情况下进行。土地利用调查和前文所提到的各种调查之间的区别在于前文所讨论的调查的进行是政府可自由选择的，但“土地利用”调查却是土地规划和强制征购程序必需的程序。

3.3 检查

很多政府部门都任命了巡视官负责检查特定行动开展的方式。许多巡视官的检查涉及私人活动，如环境安全巡视官的检查；其他的一些检查由政府机关或其他管理机构进行。例如，教育标准办公室对公立学校进行检查以确保某种教育标准在全国得以维系。

如果某个调查结论是负面的，那么各种不良后果可能接踵而至，

[56] 值得注意的是关于斯科特调查影响力的观点莫衷一是。例如 I. Leigh and L. Lustgarten，“Five Volumes in Search of accountability：the Scott Report ”，*Modern Law Review*，1996，vol. 59，第 695～724 页，其中主张“部长对报告进行回应和议会对报告的考虑过程仅仅是对整部向伊拉克出售武器剧集的一个的图像式解读而非是核心的教训；以及议会监督的无效和徒劳。”

即便可以预见通常仅常规检查本身就足以保证对保持标准的关注。在对学校进行检查的案件中，教育标准办公室的目标是至少每六年对每个学校进行一次检查，检查之后将发布检查报告。如果检查发现学校存在严重的教学上的不足，学校必须制定一个行动方案并在一年内消除报告中提到的缺点。如果发现一个学校不能为其学生提供符合最低要求的教育标准，那么学校将被要求采取所谓的“特殊措施”，地方当局教育机关将制定一个特别的行动方案。[57]

另一个相关的问题是中央或地方的财政检查。审计委员会对地方当局的财政支出的决定进行审查，以促使地方财政开支有序记录以及促进经济安全和对资源有效利用的合理财政安排。[58] 中央财政的开支由总会计师、总审计长进行检查，同时也受下议院公共账目委员会的检查。

3.4 许可

政府通过各种形式的许可控制很多活动。尽管许可的目的通常是为执行或维持某种标准，但在很多时候许可的主要目的只是为增加财政收入，或者仅仅为了对参与某种活动的主体进行管制。许可通常都具有地方属性，地方许可的事项主要包括提供出租车服务，经营屠宰业，销售烈酒，经营公共电影院和剧院，以及经营性用品店。国家层面的许可包括驾驶执照的颁发以及批准航空客运路线。环境污染方面也存在许多许可。这里是将许可权限范围在中央政府、地方政府和环境保护机关（很大程度上独立于政府）之间进行划分。

政府许可的强制标准可以是在要求许可证颁发之前就已经具备，也可以要求某种特定的行为在许可之后必须依照许可证设定的条件进行。例如，驾驶执照只有在申请人通过驾驶考试后才能颁发。许可证设定条件的例子如肉制品（卫生）条例[59]，其要求生产某种类型的肉制品必须符合该类制品认可的条件，以及涉及建筑、布局和卫生

[57] 参见 School Inspection Act 1996.

[58] Local Government Finance Act 1982.

[59] SI 1994/3082.

等方面要求的规定性条件无论何时都必须满足。

一般而言，除非成文法明确规定，否则政府机关不能以缴纳一定费用作为颁发许可证的条件。这是基于强烈反对没有成文法明确授权就进行征税的推定。[60] 然后，议会确实经常特别授权对许可收费，这些收费的权力也被用于填补行政费用支出。例如，地方当局颁发屠宰典执照向每个申请人征收 100 英镑费用。[61]

成文法要求的许可条件通常也提供了对拒绝颁发许可证，以及对任何作为授予许可证附加条件的要求进行上诉的权利。上诉（如果特定成文法规定）将提交至法院（通常是地方法院）、法定裁判所或一个上级行政机关，如部长。对于拒绝或撤销许可证也可能通过司法审查请求救济。[62]

3.5 公众参与和透明政府

政府在行政决策中当然对"公众舆论"更感兴趣并加以考虑。[63] 在某些公共管理领域法律规定了多种公众参与行政决策的方式。各类实例中最显著的是与当事人进行磋商的情形，以及公开的地方调查中允许异议者正式地表达他们意见的情形。这样的公众参与式是城乡规划程序的一个重要特色，对于其他各类涉及影响财产权的案件亦是如此，如发布强制征购令的情形。

毫无疑问，如果没有"政府公开"的话，谈"公众参与"并无多大意义。

"如果公开政府的原则得以维系，那么必须提供公众获得政

---

[60] 参见 *Attorney-General v Wilts United Dairies* (1922) 38 TLR 788 and *McCarthy & Stone v Richmond Upon Thames London Borough* [1982] 2 AC 48。

[61] 参见 Food Safety (General Food Hygiene) Regulations 1995 (SI1995/1763)，修订版。

[62] 参见以下第 5 部分。但值得注意的是，当存在通过上诉实现的充分的替代性救济机制时，就不能请求司法审查。

[63] 工党已经广泛地利用焦点团体评估公众对其政策建议的观点，参见 P Gould，*The Unfinished Revolution: How the Modernisers Saved the Labour Party*, Little Brown & Co, 1998. 以及报告称托尼·布莱尔开始与其民意调查者开始很多周的对话，参见 P. Hennessy，同前注 24，第 484 页。

府活动和决策信息的渠道。如果议会、团体和公众对政府决策能够有所贡献的话，如果对政府行为能够进行适宜地检查和有效地评估、并使政府决策者能够负责的话，政府公开无疑是非常必要的。”[64]

英国政府传统上具有保密的倾向。但从 20 世纪 90 年代初期开始，一些朝着政府公开方向努力的试验性的行动已经展开。1993 年保守党政府发布了公开政府[65]白皮书，意欲制定不具有法律约束力的非立法实务准则以引入公众获取政府信息的机制。获取政府信息实务准则于 1994 年生效，1997 年修订并重新发布。这个准则对于所有的政府部门、机关以及所有受议会行政专员（议会监察专员）监督的政府当局都适用。尽管该规则要求将更多的信息置于公共场合（不要求以文件的形式为之），但其中包含了很多公开的例外情形，这些例外“严重削弱了‘白皮书’声称欲培育的公开行政文化和消除不必要的行政保密的意图”[66]。

1997 年执政的工党政府，在其宣言中承诺将制定对联合王国来说有些激进，但目前在其他国家却非常普遍的“信息公开法案”。在不到一年的时间内，内阁办公室信息自由部发布了白皮书，其中包含了将信息自由作为法定权利的提议，除非这种信息披露会造成对特定公共利益实质的损害。[67] 该白皮书并没有受到普遍的赞成，直到 1999 年中期信息自由法草案才发布咨询。[68] 1999 年 11 月下议院制定早期提案“缩水版”的信息公开法，直到 2000 年 11 月该法案才最终获通过。[69] 一个名为奥斯丁的评论员发表了

[64] C. Turpin, *British Government and the Constitution*, 3rd ed., London, Butterworths, 1995, p. 468.

[65] Cm 2290。

[66] R. Austin, “Freedom of Information,” in J. Jowell and D. Oliver, *The Changing Constitution* 4th ed., Oxford, Oxford University Press, 2000, p. 358.

[67] Your Right to Know: The Government's Proposals for a Freedom of Information Act, Cm 3818.

[68] Freedom of Information: Consultation on Draft Legislation, Cm 4355.

[69] 应当注意该法案还没有完全生效。

这样的看法："最终的法案不再是信息自由法，确立的是一个信息只能由部长同意才公开的政府……法案是一只披着狼皮的羊，以信息自由法作为伪装，却是为了保持政府对所有敏感信息近乎绝对的控制。"这种意见在英国并非少见[70]，尽管不是每个人都赞同这种意见。作为信息自由最杰出的支持者，莱斯特勋爵强调，授予一个"虚幻的"权利的危险性；"不真实的或无效用的就如写在水中的权利"[71]，但是最终通过的法案却仍有合理之处。

3.6 行政机关适用私法[72]

3.6.1 缔约权

政府、尤其是地方政府，为了购买商品和服务，需要订立很多普通商事合同；而近年来公共服务外包的趋势使现代政府订立了更多的合同。政府订约的权力由特别法规定，通常是由诸如1972年地方政府法[73]第111节规定或普通法确定。

政府决定将与谁订约的权力有时被用作引导政策的"法外"工具。例如过去政府曾将（向工人支付）"公正的薪酬"作为与商家订立合同的条件之一；1970年末，工党利用签订合同的权力支持反通胀的工资政策；以及在加入欧盟前订约时偏袒英国本土的公司。[74] 少有争议的是政府合同中包含诸如订约人不得进行违法歧

[70] 同前注释48。

[71] *Hansard HL* vol 619，col 136.

[72] 以下的讨论主要关注政府的缔约权。值得注意的是政府的地位基本上和私人的地位相当，当然，只有政府需要拥有相关法定缔约权时才是如此。一些特殊的例外规则适用于地方政府订约的情形，与地方政府订立合同者无须了解其是否具有相应的订约权限。曾经一度授予政府以公共利益的名义（即所谓的安菲特律特原则，The Amphitrite principle）对违法合约可以豁免责任的特权如今似乎不具有实质基础。因此政府与私人一样进行起诉或因侵权（只能以有限的公共利益为国家行为作抗辩理由——即不能以对涉及针对英国臣民所为之过错行为或以联合王国主权名义所为之有过错行为进行辩护）被起诉。普通法的财产所有权规则对政府适用时也只有微弱的调整。

[73] 根据该法的规定地方政府能以财政支出的方式去促进、引导或者附带实现其功能。

[74] 显然根据欧盟法在选择缔约者时国内公司优先的做法已经不可行。

视的要求。

在 1947 年王室诉讼法颁布之前，私人在针对王室的诉讼中处于非常不利的地位。[75] 中世纪国王就是政府，所有的政府行为都是在国王的名义下进行的。后来，君主个人的影响力缩小，政府的职能由政府各机关，如中央各部以王室的名义为之。问题在于，根据中世纪古老的“国王不可能为非”的原则，公民不能对国王进行起诉，更何况法院还是陛下的法院。

如果国王不可能做错事，那么代表王室的机关是否能够享有豁免责任的权力呢？答案是：1947 年王室诉讼法（CPA）颁布之前，是不能对王室提起诉讼的（如侵权和违反合同约定）；尽管针对这样不公正的状态已经采取了一定的缓和措施；例如所谓的“请愿权”。但是这些措施都不足以克服王室豁免权带来的弊端。

1947 年王室诉讼法将针对王室的诉讼置于更加现代化的制度安排之上。其中规定了符合法案通过之前能够提起“权利请愿书”的情形，均可针对王室提起诉讼。一般而言，根据普通法的要求，只要是其他被告应承担的违约责任，王室都不能例外。对于政府合同没有特别法规则予以专门规定；对于政府合同的解释和履行均适用与私人主体之间合同关系相同的一般规则。

3.6.2 执行标准

公共当局更加关注法定标准的执行情况。地方当局负有诸多促使公共利益的强制标准得到贯彻的职责。例如，住房法要求地方主管机关针对“不适宜居住”的住房采取措施。[76] 再如 1990 年的环境保护法要求地方当局对其区划内“危害健康的状态或造成的损害”采取措施。[77]

虽然明确要求当局执行相关标准的规定十分普遍，至于应采

---

[75] 关于 1947 年法案颁布之前和之后王室不同诉讼地位的讨论看，参见 M v Home office 案中伍尔夫（Woolf）勋爵的意见［1993］3 All ER 537。

[76] Housing Act 1985，第 189 节。

[77] 参见第 79 节。

取何种措施，一般则留由当局自行决定，若是法律有所规定的话，那也是确定标准是否得到贯彻。但是，某些场合法律可能要求地方当局对其主管的领域进行检查以及确定法定标准是否被执行，例如对住房条件的检查。[78]

当地方当局某个官员发现法律标准没有得到执行，他将就其考虑向当局提交一个报告，随后将由当局成员、委员会或法律授权的官员作出决定。这个决定通常作为一个通知送达当事人，并要求遵守所要求的标准。某些情形下法律授权当局可以立即启动刑事程序，虽然也要求通常应先给予一个非正式的警告。如果必须以书面形式通知，相关负责的官员应先准备通知。通知必须是书面形式，而且很多情形下应以法定方式为之。[79] 官员们必须谨慎地遵循法律程序，因为如果没有严格遵守程序可能导致决定无效。[80] 在通知中必须说明对通知不服的上诉权。[81] 如果通知中要求采取一定的措施，则只要求当事人采取达到法定标准的最低限度必要的措施即可[82]，并且，必须在通知中确定一个当事人采取行动的合理期限。

如果通知中确定的要求没有被履行，地方当局根据法律的规定有权力代为履行。有权的机关首先必须保证通知确定的期限已经届满，并且履行达到通知确定义务最低限度的必要即可。法律通常规定地方当局有权追索用于代为履行支出的合理费用，其中既包括履行所支出的成本，还包括按照规定利率从要求履行之

---

[78] Housing Act 1985，已修订之第 605 节。

[79] 例如 1990 年的食品扣押（法定形式）条例（Si 1990/2614，其中规定了基于 1990 年食品安全法与扣押食品有关的形式，如果认为食品与食品安全标准不符，就可以这样做）。

[80] 具体例子可见 *Bexley London Borough v Gardner Merchant PLC* [1993] Crown Office Digest (COD) 383，该案中一个根据 1990 食品安全法第 10 节发出的敦促改善通知书没有严格遵守法定要求，上诉法院裁决通知书没有按照法定形式发出，其必须被取消而不能事后补正或变更。如果具有这些情形，指控将被驳回或者可提起司法审查的请求。

[81] See *Rayner v Stepney Corporation* [1911] 2 Law Reports Chancery Division (Ch) 312.

[82] See *Welton v North Cornwall District Council* [1997] 1 WLR 570.

日起计算的利息。[83] 支出的费用通常可概括地作为民事债务向地方法官或普通民事法院提出追偿主张。成文法通常规定代履行与法定通知要求相一致的义务的支出应当列为合理费用。

法律还可能授权地方当局对违反法定标准者进行起诉，取代当局应进行通知的做法。某些情形下，法律还授权当局在发出法定通知的同时也可进行起诉[84]，有时法律授权当局可针对当事人在通知确定的期限未能履行的义务提起控诉（也可能代执行）。[85]

地方当局在行使这些权力的同时也需要运用其他的权力。例如，绝大多数有关的法律给予地方当局官员对于履行他们的法定职责所必需的进入经营场所的权力。但是行使这些权力受到英格兰长久以来保护私有财产法律的限制，正如卡姆登勋爵（Lord Camden）在著名的 Entick v Carrington 案中所发表的意见那样[86]：

“根据英格兰的法律，每一次对私有财产的冒犯，哪怕只是一分钟，都是一种非法侵入。没有我的允许没人可以踏进我的领地半步，如果他这样做，即使没有损失他也要承担责任……如果他承认相关事实，他应以正当的理由来说明某些实体法已经授权或不予惩罚。”

地方当局有时也可能申请私法禁制令阻止对公众权利的侵害——比如影响某特定区域公民健康的公害，对地方条例或其他立法持续的蔑视等。如果认为以“为促进和保护本地居民的公共利益”为由而申请禁制令是适宜的话[87]，地方当局会以增进公共利益之名提起诉讼。另一种方式是地方政府（或其他人）通过与检察总长共同的行为获得起诉权。检察总长提起与地方当局相关的诉讼，这就是所谓的“促讼人诉讼”（relator action）。“这种程序

[83] 具体例子可见 Public Health Act 1936，第 291 节。

[84] 具体例子可见 Public Health Act 1936，第 290 节第 6 条。

[85] 具体例子可见 the Environment Protection Act 1990，第 80 节中关于“空气污染消减通知空气污染消减通知消减污染通知书”部分。

[86] （1765）19 St Tr（State Trials）1030.

[87] 《1972 年地方政府法》，第 222 节，参见 B. Hough，“Local Authorities as the Guardians of the Public Interest” *Public Law*，1992，p. 130.

的基础是为了普遍公共利益而维护法律和代表政府监护权（parens patriae）的王室利益”[88]。如果当事人无视已经颁发的禁制令，将可能被判处藐视法庭罪，法院有权决定判处监禁或给予罚金处罚。

以下这个例子将有助于说明这种程序。在 Stoke-on-Trent City Council v B&Q Retail Ltd. [89]案中，一个公司在星期日进行营业，违反了 1950 年商店法，虽然地方当局已经警告过该公司不要这样做。根据法案第 7 节第 1 条 b 款，当局具有该法规定的“在其辖区内执行……的义务”。该地方当局基于保护当地居民利益之需要，申请了一个禁制令和一个临时禁制令（interlocutory injunction）限制公司违法经营。法院依申请颁布了两个禁制令，该公司根据 1972 年地方政府法第 222 节的规定提出上诉，其主张该节规定地方政府申请禁制令救济权力应限于那些被认为可能造成公害的行为。上议院支持了禁制令，同时清楚地指出，地方当局只有能够表明违法行为是故意以及公然地藐视法律时才能运用禁制令。基于案件事实，上议院大法官认为本案中地方当局可以认定该公司故意蔑视法律规定，但不至于被处以商店法确定的最高罚款。因此，本案有充分的理由表明应当由法院批准禁制令。

4 对申诉之非司法救济

4.1 监察专员

众所周知的“监察专员”或“申诉专员”，作为斯堪的纳维亚概念在联合王国也得到体现并被落实。监察专员的职能不在于对决定的是非曲直进行考察，但要对作出决定的过程进行审查。第一个监察专员由 1967 年议会行政专员法设立，从那之后，地方政

[88] H. W. R. Wade and C. F. Forsyth，*Administrative Law* 8th ed.，Oxford，Oxford University Press，2000，p. 570.

[89] [1984] AC 754.

府专员[90]、医疗保健专员[91]、北爱尔兰专员[92]纷纷设立。监察原则已经从"政府"公域扩展到私域部门。例如，英国已经私人设立养老金监察专员和保险业监察专员。

议会监察专员（PCA）有权受理针对部分中央部门和机关（或它们当代对应的机关）不良行政造成的不公的申诉。[93] 正如韦德和福赛斯指出的那样，"执行机构和'政府服务'外包并没有影响监察专员的管辖，因为监察专员也能对'代表'其管辖机关作出的行为进行调查。"[94]

向议会监察专员申诉必须通过下议院议员提起，议员受理的申请每年稳步增加至大约 1 500 件，尽管其中很多案件不属于监察专员管辖范围而被拒绝。监察专员排除管辖的案件主要包括当事人具有上诉权，或者裁判庭或法院有案件管辖权，或者当事人可通过诉讼程序、政府商业契约协议的方式，以及超过 12 个月申诉时效的案件。但是议会监察专员的管辖范围与法院和裁判所的管辖也存在一些重叠。根据 1967 年法案第 5 节第 2 条的规定，当事人确实具有向法院或裁判所提起上诉、申请司法审查和获得救济的权利，监察专员认为"在特定条件下期待当事人采用这种方式不合适"时，其对这样案件具有是否进行调查的裁量权。

立法中并没有对"不良行政"进行界定，但是在不同的议会立法中重复出现的表述包括"偏见"、"疏忽"、"粗心"、"迟延"、"无资格"、"不称职"、"专断"等。[95] 法案的规定清楚表明，监察专员不能对不具有不良行政情形决定的法律方面的特性进行调查，因为法院已经表明，如果议会监察专员对不具有不良行政情形的

[90] Local Government Act 1974 and Local Government (Scotland) Act 1975.

[91] National Health Service Reorganization Act 1973 and the National Health Service (Scotland) Act 1972.

[92] Parliamentary Commissioner (Northern Ireland) Act 1969 and Commissioner for Complaints (Northern Ireland) Act 1969.

[93] 参见 Parliamentary Commissioner Act 1976，第 4 节和附表 2（已修订）对受监察专员管辖的部门、社团和机关的完整列举。

[94] H. W. R. Wade and C. F. Forsyth，同前注 88，第 92 页。

[95] 734 HC DEB（下议院辩论记录）col 51（1966 年 10 月 18 日）。

决定进行干涉，其行为构成一种僭越。[96] 然而议会监察专员对不良行政采纳相当宽泛的解释。例如，如果一条恶劣的规则引起不公正结果，那么这条规则可能缺乏对规范适用的监督和未能针对已引起的苦情进行纠正，从而造成的不良行政，监察专员将对这种“不好的规则”造成的不公正进行调查。概而言之，如果某个决定的“品质从头到尾都存在问题”（thoroughly bad in quality），那监察专员就可认定存在不良行政。

可认定为不良行政的申诉类型包括对误导性的陈述或建议、对作出决定时不合理的迟延的申诉。一旦监察专员对申诉进行调查，其作出的报告就要送达给提交申诉的议员和申诉所涉及部门的负责人。如果发现确定具有不良行政的情形，监察专员通常会建议给申诉者进行一定的赔偿，或采取其他措施减轻造成的不公待遇。尽管各部门没有义务必须遵照监察专员的建议行事，但是各部门留下了依照监察专员的建议行事的好名声。以下是对什么是监察专员最成功之处最好的阐释。巴洛·克洛斯（Barlow Clowes）事件[97]涉及一个对导致许多投资者的终身储蓄损失的经纪业务的调查。商业和工业部被指控一直无视公司不法行为的证据，监察专员的调查结论表明，商业和工业部的一些不良行政行为导致了投资者的损失。监察专员建议该部向申诉者赔偿。虽然商业和工业部并不承认他们存有不良行政，但他们确实向投资者支付了大量的赔偿，当然部分是出于对监察专员的尊重。这次总计大约支付了 1.5 亿英镑的赔偿。

除了对个人权利的救济的保障，议会监察专员的调查还在一定程度上促进了部门工作程序、现行指令（standing instructions）、发布信息和表格的内容的改变和发展。在这个问题上，监

[96] *R v Local Commissioner for Administration, ex parte Eastleigh Borough Council* [1988] Law Reports Queen's Bench Division (QB) 855.

[97] R. Gregory and G. Drewry, "Barlow Clowes and the Ombudsman", *Public law*, 1991, p. 192 and p. 408.

察专员尤其对改进儿童局（Child Support Agency）[98] 的工作程序方面做了大量的工作，因为近年来该部门招致了太多的申诉。

4.2 裁判所

现代社会，当如此多的私人与行政机关、公共团体的成员之间的潜在纠纷需要经济、快速和非正式的方式解决，能够处理这些纠纷的途径就应运而生了。正是基于这种需要，大量相对非正式审判的裁判所纷纷建立。其旨在获得比普通法院更加经济、快速、更易获得的公正，程序更加灵活以及在管辖的领域更加专业的技能。建立裁判所的另一个好处是它们分担了许多原来由普通法院管辖的案件。裁判所裁决的职能端赖于设定该裁判所的立法规定。这决定着某个裁判所可以受理的案件范围，人员构成及其遵循的程序的种类，也决定着裁判是否能够完全就案件的合理性问题作出裁决，或者仅仅是对先前的决定出现的法律错误或事实错误（或两者兼有）作出审查。这样，基于裁判所不同的性质，裁决可能仅仅取决于案件的事实或者裁决仅关注复杂的法律论证过程。

在 20 世纪上半叶的大部分时期，裁判所都是基于特定需要设定的，因而缺乏如何运作的固定模式。这使裁判所遭到许多批评，其中批评最多的就是说裁判所缺乏相对于行政机关的独立性。1957 年极具影响力的弗兰克斯委员会裁判所和调查报告向社会发布。[99] 该报告强调了裁判所制度诸多潜在的优点，但也指出了裁判所制度受到的批评，并提出许多改进裁判所制度运作的建议。该报告中特别强调实现“公开、公正和无偏私”的重要性，这三个概念可作如下解释：

“公开对于我们来说是要求过程和决定所依据的基本说理知识的公开；公正要求应采用能够使当事人知晓其权利，能够完全实

[98] 该局于 1993 年建立，其负责对儿童抚养进行评估的管理、管理募捐和管理相关法律执行情况。其建立之后就成为众多非议的焦点，很大程度上是因为其行政低效。

[99] Cmnd 218.

现自己诉权和知晓其必须应诉的案件情形的程序；无偏私要求裁判所免受他们裁决涉及的部门实际和明显的影响。”[100]

报告的很多建议很快就在1958年裁判所和调查法中得到体现和贯彻[101]，该法根据报告建议设立了裁判所委员会：一个对绝大多数裁判所和调查实施普遍监督的机构。目前大约有八十个裁判所在裁判所委员会的监督之下，这些裁判所的范围涉及非常广泛的领域，例如社会保险、营业税征收、国家彩券、教育和移民。

虽然希望裁判所能够提供一个比法院更加简便和法律运用更简易的平台，但事实证明并非总是这样。以下诸多已经确定的因素限制了裁判所的简便性。[102] 首先，裁判所决定裁决的事项往往涉及复杂的法律规则和判例法。其次，过多的非正式性可能导致申请人对其裁判所能给予的救济存有错误的预期。[103] 再次，没有律师代理的申请人将处于不利的地位，而裁判所裁决委员会很少会采取有力措施向无律师代理的申请人提供实质的帮助。裁判所允许法定代理或其他种类的代理，证据表明申请人如果有律师代理的话在裁判所获得胜诉的机会显著增加；原告无律师代理而被告有代理时成功率则大大降低。[104] 然而在英国，由公共财政援助申请人在裁判所进行代理的却非常有限。

如果立法规定了对行政决定向裁判所上诉的权利，那么立法也通常会要求行政机关在作出决定前应提示相对人注意该权利的行使。行政机关如果没有这样做，将构成可诉的程序性过错。显然，如果裁判所进行的审理有价值的话，那么相对人需要知晓行政机关提出的为被挑战的行政决定辩护的主张和证据。大部分裁判所都已经建

[100] *Ibid*，at para. 42.

[101] 参见现行 Tribunals and Inquiries Act 1992。

[102] 参见 H. Genn，“Tribunals and Informal Justice” *Modern Law Review*，vol. 56，1993，p. 393。

[103] *Ibid*，at p. 401.

[104] 参见 H. Genn and Y. Genn，*The Effectiveness of Representation at Tribunals*，The Lord Chancellor's Department，1989。

立要求事先披露行政机关观点的详细程序规则。

裁判所的听审通常公开进行。但是有些裁判所，如税收裁判所和心理健康裁判所，却是秘密裁决（in camera）；任何一个裁判所，如果案件不公开听审更合理，那么就会对整个案件或部分进行秘密裁决。大多数裁判所没有要求证人进行作证宣誓的权力，关于证据的证明力的正式法律规则通常也不适用于裁判所。因此“传闻”证据也可能被裁判所采纳，裁判所对自己所拥有的一般知识和经验倚重程度要高于普通法院所能依赖的程度。

1992 年裁判所和调查法第 10 节要求裁判所应在其裁决中进行合理说理。当然，也有一些例外，例如国家安全或公开说理将与所有人都最为关注的利益相悖。行政裁决的说理在就法律问题向法院上诉时也具有价值。

1992 年裁判所和调查法第 11 节规定对一系列裁判所作出的裁决的“法律问题不服”的一方可以向高等法院上诉。但问题在于“什么是法律问题?”显然不易回答。[105] 克雷格指出法律问题经常表现出实质上是“法院想干预的愿望”的程度。分析区分“法律”与“事实”的困难是使法院获得自由选择的空间的最佳理由，其可以选择干预或不干预。[106]

正如前文已经提起，1958 年裁判所和调查法设立了裁判所委员会。该委员会对其负责的裁判所的组成和工作持续审查，并不时地对裁判所组成和工作情况的审查进行报告。对于日常并非有裁判所委员会负责的事项，如果是上议院大法官（Lord Chancellor）特别提及的事关裁判所的事项，委员会必须考虑和报告。

为裁判所委员会监督的裁判所制定任何程序性规则都必须事先咨询该委员会。除了日常监督和其咨询工作外，委员会有时也能对裁判所组织特别调查并就特定事项发布特别报告。在大部分

[105] 对这个问题的讨论请参见 P. P. Graig，同注 39，第 265～268 页；以及 W，Wade and C. F. Forsyth，同注 88，第 920～929 页。

[106] P. P. Graig，同注 39，第 266 页。

情况下，委员会的特别调查和报告都促进裁判所组织和程序的改进。委员会的战略目标是：审查裁判所的运作并探究裁判所的共同准则；降低向裁判所申诉的门槛并确保裁判所以公正、公开、合比例和简易的程序运行；促进专于裁判和调查的裁决和管理人才的训练储备；提升现代、便于利用、高效和有效的裁判所和调查行政；并通过合作和共享裁判者和行政管理者之间的经验来增进卓越的裁判和调查文化形成。[107]

在2001年，一份有关裁判所的审查报告向社会公布（主席是安德鲁· 莱格特爵士）。[108] 这份审查报告的核心建议是应该授权司法部建立一个普遍的行政法律援助体系。报告同时也建议大法官（Lord Chancellor）应承担任命裁判所成员的责任，以给予诉诸裁判所救济者真正的信心，使他们相信裁判所的裁决是由真正独立于其他政府部门的人作出的。似乎一般而言，裁判所需要以更加“方便用户”的方式运作，以便申请者能够更容易靠他们自己来准备和提交案件。报告也对未来裁判所委员会如何定位提出建议，包括关注裁判所体系的新发展，并以支持申请者的申诉作为首要责任。大法官已经对该报告向公众进行咨询[109]，并且该报告得到了裁判所委员会的支持。[110]

5 司法审查

5.1 概要

法院的司法监督权目的在于保障公共机关遵守法律和实现公共职责以及确保公共机关不超出可追溯到中世纪的权力范围行事。在中世纪，履行司法监督职能的是威斯敏斯特的王座法庭。到了19世纪，这项权力授予给了高等法院。现在高等法院的一个分支机

[107] 参见Annual Report 2000/2001。

[108] Tribunals for Users-One System，One Service.

[109] *Tribunals for Users*：Consultation Paper about the Report of the Review of Tribunals by Sir Andrew Leggatt.

[110] See *Tribunals for Users*：Response to Consultation Paper about the Report of the Review of Tribunals by Sir Andrew Leggatt.

构——行政法庭[11]，执掌着这项重要的司法权。对于英国法院的结构，参见图表3。

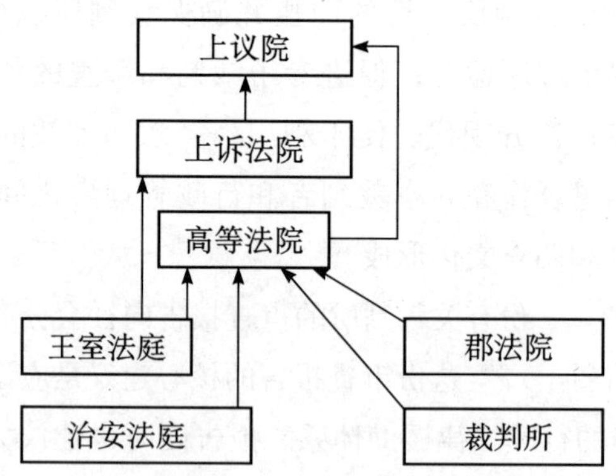

图表3　英国法院结构

法院的作用在于运用越权无效原则确保行政或其他行为限定在法律的范围内。这个作用与分权原则相联系，并要求法官独立于执行机关。司法审查的过程也在贯彻立法至上原则。这为法院运用司法审查的法定权力提供了正当的宪法基础。法院在裁决时行使的是一个优越的权力，即法院是在执行议会的意志。案卷主事官约翰·唐纳森爵士在 R v Boundary Commission for England，ex parte Foot 的以下陈述是对此很好的阐释：

> "议会民主的本质在于除受制于宪法上的抗议权和批评权，以及议会和其他民主控制机制外，那些由议会授权的机关应能够自由行使其权力。但是各部门或地方当局任何尝试篡夺没有授予的权力或非以议会确定的方式利用权力，则就不同了……如果这样做了，那接下来法院的作用就是阻止这一切的发生。"[12]

法院的作用是审查还是上诉也存在重要的区别。霍夫曼

[11] 行政法庭建立于2000年，它由25个精通行政法的法官组成，这种变化反映了现实中司法审查案件交由高等法院王室法庭处理实践的变迁。该法院位于伦敦。行政法庭常设六个审判庭。

[12] ［1983］2 WLR 458 at 468.

(Hoffman) 勋爵在 Kemper Reinsurance Company v Minister of Finance 案中的已经强调这种区别：

> “司法审查完全不同于上诉。其关注的是合法性而非决定的是非曲直…… [它] 很少涉及对一个他人已决问题的再次决定。在许多情形下，决策者根本不会就该问题表达他的想法。”⑬

类似地，在 R v Secretary of State for the Home Department, ex parte Launder 案中，霍普勋爵谈道：

> “不能过分地强调决定完全取决于内政部长而无关法院的事。法院实现其监督功能的是审查。而不是对部长决定中事实问题的上诉。”⑭

司法审查是最后的救济保障。因此如果成文法确定了向其他行政机关的上诉程序，比如从地方当局向部长上诉，这会影响到是否能够进行司法审查。斯卡曼勋爵在 R v Inland Revenue Commissioners, ex parte Preston 案中的陈述对此问题作了很好的说明：

> “……当存在一种替代性的救济时，将不能获得由司法审查提供的救济，这是一个重要的命题。司法审查是一个并列的任务：而不是上诉。当议会立法规定了上诉的程序……只有在极少的情况下才允许法院以并列的司法审查程序挑战一个可上诉的决定……”⑮

在进一步展开说明之前有必要对英国法院的结构进行解释。行政庭是高等法院的一部分，其本身是一个初审法庭，同时也是一个除拥有监督性司法管辖权之外的上诉法庭。高等法院是一个单独的法院，但基于行政目的，高等法院划分为三个分支，即王

⑬ [2001] 1 AC 1 at 14－15.

⑭ [1997] 1 WLR 893 at 847.

⑮ [1985] AC 835 at 852.

座法庭、大法官法庭和家庭法庭。两个或以上的法官可以组成所谓的王座法庭分庭。王座法庭分庭职司上诉案件。

行政法庭同意或拒绝对申请进行实质性听审的司法审查，均可能引发向上诉法院上诉。上诉法院由民事和刑事两个分庭组成，对行政法庭的上诉应向民事上诉法庭提起。只有司法审查的案件才能向上诉法院上诉。是否准予上诉应根据行政法庭作出的可上诉决定或上诉法院作出的上诉通知。如果行政庭拒绝了批准上诉的申请，那么则可向上诉法院再行申请上诉。根据民事上诉程序，只有法院认为上诉具有真正成功的前景或对必须受理上诉存在具有说服力的理由时才可能批准上诉。[116]

对于上诉法院的决定，还可进一步向上议院上诉，但上诉法院拒绝准予上诉的决定除外。向上议院上诉必须获得上议院或上诉法院的同意（leave）。有时候，也可能发生跳过上诉法院直接向上议院上诉的情形。[117] 上议院受理上诉必须具有高等法院法官出具的证明案件适于上议院审理的文件，并且上议院必须出具批准上诉的许可。各方当事人必须同意，同时案件必须涉及具有普遍的公共重要性的、事关成文法的解释事项，或者就案件争议问题而言上诉法院应受其或上议院作出的先例的约束。

5.2 提请司法审查

民事诉讼规则（CPR）第 54 条部分列举了申请人对法令或决定、作为或不履行公共职责的合法性提请司法审查的方式。[118]

如果起诉获得支持，法院对采取何种救济手段具有广泛的

[116] 例如批准上诉是基于一个重要的问题而非上诉获得成功的可能性，See *R*（*on the application of Ben-Abdelaziz*）*v Haringey London Borough Council*［2001］1 WLR 1485。

[117] Administration of Justice Act 1969，ss12 - 15.

[118] 这些规则取代了 2000 年 12 月最高法院规则第 53 号命令。

自由裁量权。有三种独特的公法命令：撤销令（quashing order）、禁止令（prohibition order）和强制令（mandatory order）。[119] 撤销令是向某个“下级”法院或具有“司法”或“准司法”权的个人或机关发出撤销其决定的命令。基于该目的，什么构成下级法院，以及某人或机关是否履行“司法”或“准司法”性质的职能则是高等法院决定的问题。禁止令用于阻止下级法院或裁判所超越职权或继续越权或违反自然公正原则。一旦最终的决定已经作出就不能发布禁止令。当最终决定已经作出时，只能使用撤销令。撤销令和禁止令能够共同使用，例如撤销一个已经作出的决定并阻止该机关继续超越或滥用其职权。强制令能够要求任何人和机关履行某种公共职责。

除此之外，法院有时候也可能以发布禁制令（injunction）的方式阻止违法行为，或有时仅宣告某种法律地位，这就是所谓的宣告令。在司法审查中也可提出赔偿请求，但这种做法并不十分普遍，而且不能单独提起赔偿请求（CPR54.3（2））。[120] 如果提起的申诉只包含单独的赔偿损失请求，那么应通过普通私法诉讼的方式提起。

申请司法审查应及时提起，提请的时限自引起申诉事由发生之日起不超过三个月（CPR54.59（1））。R v Dairy Produce Quota Tribunal for England and Wales，ex parte Caswell 案[121]是对原有司法审查程序中时效问题进行说明的最主要的案件。在该案中上议院清楚表明一般情况下任何申请都必须及时提出，无论如何应在三个月的期限内完成，如果法院认可延迟的正当理由，可允许时效合理地顺延。R（on the application of Melton）v School Organization Committee 案[122]表明新的规则之下行政法庭的程序和原有的民事诉讼规则一样严格，因此 Caswell 案确

[119] 这几种救济方式就是从前为人熟知的调卷令（*certiorari*）、禁令（*prohibition*）和执行令（*mandamus*）。

[120] 1981 年最高法院法第 31 节第 4 条规定了法院在司法审查中确认赔偿的条件。

[121] ［1990］2 WLR 1320.

[122] ［2001］England and Wales，High Court（EWHC）245。该案的主要关注的是未能及时起诉学校组织的情形。

定的时效原则同样适用。

原告（提请司法审查）要突破的首要障碍就是法院是否受理案件（CPR 54.10－12）。请求准予诉讼的申请能够以一种或两种方式——以书面形式或法庭上公开口头听证的方式提出。通常在没有对申请进行听证的情况下，法官就需决定是否受理案件以便问题得到快速解决和避免不必要的迟延。如果起诉申请被法院拒绝，或者附条件受理或只有满足某些条件才受理[123]，申请人可以请求法院开庭听证并重新考虑其决定。[124] 如果起诉仍被拒绝，申请人在7日之内可以向上诉法院提起上诉申请。申请人可以亲自出席听证或由律师代理出席听证。每次口头听证的时间为20分钟，除非有特别事由表明这一时间不足。

5.3 起诉资格

无论是在起诉申请阶段还是司法审查庭审阶段，原告都必须能够证明其对争诉事项具有“足够的利益”[125]。这一要求有时候是事出有因的，尽管也显得有些挑剔，但却可以排除那些无关紧要的或无理纠缠的诉讼。

“足够的利益”这个术语并没有得到界定。对该术语的解释愈宽泛，能够挑战行政决定的人就愈多；相反，对其狭义解释将限制很多诉讼。当事人不能仅仅通过双方同意就被授予起诉资格[126]，但是对于何种程度的资格是根据法院的裁量还是

[123] 这些条件之下申请人在获得实质听证时提出主张十分有效。例如法院诉讼申请只能针对不合理提起，而法院却表明没有挑战不合理的法律依据。

[124] 该请求应在决定通知（送达）之日起7日内提起。

[125] 1981年最高法院法第31节第3条对此作了规定。

[126] 参见上诉法院伍尔夫法官在 *R v Secretary of State for Social Service*，*ex parte Child Poverty Action Group*［1990］（2 QB 540 at 556）案中的意见：“我们要清楚我们认为起诉资格的问题相当于法院的管辖问题……当事人无权经过法院的同意赋予法院所不具有的管辖权。”

根据法律原则来决定仍然不是很清楚。[127]

对“充分的利益”进行解释的标杆案件是 Inland Revenue Commissioner v National Federation of Self Employed and Small Businesses Ltd 案[128]，通过该案，上议院突破了某些长期困扰普通法的技术限制。迪普洛克勋爵作了这样的评论：

> “如果压力集团……或甚至是热心公益的纳税人，被落后的诉讼资格规则限制不能将案件诉至法院，请求法院维护法治原则和阻止违法行为，这将是……我们公法体系严重的缺陷。”[129]

在 R v Secretary of State for the Foreign and Commonwealth Affairs, ex parte World Development Movement Ltd 案中，上诉法院罗斯大法官提出“在过去的二十年部分法院对确定原告资格采取一种逐渐开放的进路”[130]。这种开放的进路已经使个人申请者[131]、受影响的集团和公益目标追求者从中受益。[132]

然而，尽管发生这些变化，但“充分的利益”确实包含着实质内容标准，并非所有申请者都有获得提起司法审查的当然权利。弗雷泽勋爵在 Inland Revenue Commissioner v National Federation of Self Employed and Small Businesses Ltd 案中对这种平衡再次强调：

[127] 对于法院在决定起诉资格具有多大的裁量权，存在着相互冲突的观点。例如威尔伯福斯勋爵在 *R v Inland Revenue Commissioner*, *ex parte Self-Employed and Small Businesses Ltd* [1982]（AC 617 at 631）案中主张：“对足够利益的……考察……并没将整体……起诉资格问题置入纯粹的裁量领域之中”，而沃特金斯勋爵在 *R v Felixstowe Justice*, *ex parte Leigh* [1987]（QB582 at 598）案中认为：“法院在决定是否具有充分的利益方面具有很大程度的裁量自由。”

[128] [1982] AC 617.

[129] Ibid, at p. 644.

[130] [1995] 1 WLR 386 at 395.

[131] 例子参见 *R v Somerset County Council*, *ex parte Dixon* [1998] Environmental Law Reports (Env LR) 111，该案中关注环境的个人有权挑战规划许可。

[132] 例子参见 R v Sefton Metropolitan Borough Council, ex parte Help the Aged [1997] 4 All ER 532，本案中一个慈善机构能够将以试验案件（判例）挑战付费的疗养院对老年人的照顾方式。

> “基于什么样的原则，才足以判断（是否具有充分的利益）？所有人都同意现在并不要求直接的经济或法律利益……大家都认为仅仅是一个好管闲事的人不具有充分的利益。困难是在这两个极端之间来区分好管闲事的人干涉别人事务的愿望和受到影响的人之利益或与［申请人］相关的事务具有合理关系的人的利益。”[133]

R v Secretary of State for the Environment，ex parte Rose Theatre Co[134]案中就出现缺乏充分的利益的情形，该案中一群人组成一个公司试图阻止前伦敦剧院原址的再开发。希曼法官认为：

> “仅仅宣称具有利益并不能赋予任何人利益……数千人聚集在一起主张有利益并不能创造利益，如果他们当中的个人不具有利益的话……事实上那些没有利益的人组建公司并通过公司章程赋予公司追求特定目标的权力，也不能使公司形成自身的利益。”[135]

然而现实中法院对认定起诉资格均持非常开放的态度，尤其当某一群人从认知角度来说对案件涉及的问题是很好的挑战者的时候更加如此。[136]

5.4 公/私划分

司法审查在公法背景下针对广泛的公共机关展开。在司法审查中公法和私法之间的划分的重要性在上议院关于 O' Reilly v Mackman 案[137]复杂的“程序排他性问题”的决定中首次体现出来。

---

[133] ［1982］AC 617 at 646.

[134] ［1990］QB 504.

[135] 同上，at p. 521。

[136] 例如，奥多法官在 R v Her Majesty's Inspectorate of Pollution，ex parte Greenpeace Ltd ［1994］（4 All ER 329 at 350）案中表明赋予绿色和平组织起诉资格的原因是因为其是“一个完全负责的和值得尊重的真正关心环境的机关……凭借对环境保护领域的专业经验，其在相关专业领域的科学知识和技术（更不用说法律）能够使其进行精心、专注、相关和理据充分的控诉。”

[137] ［1983］2 AC 237.

法院一直关注那些应通过司法审查的方式处理的案件，如果通过普通私法诉讼的方式来审查政府决定，则可能使带给公共机关的保障和利益，如严格的时间限制和专业法官的裁判机构等，被彻底回避。在 O'Reilly 案中上议院的大法官们主张通常挑战公共机关行为的诉讼程序以及确认公法上的权利应通过司法审查程序启动，如果通过普通诉讼的方式为之则是一种对程序的滥用。但这一观点中存在的困难是确定什么是"公法"和什么是"公共机关"，同时这两个棘手的问题一直是法律报告和学术期刊讨论的重点问题。[138]

如今，决定一个机关是否受制于司法审查的主要条件并不倚重作出决定机关本身的地位和性质，尤其该机关履行特定职能的时候的性质。[139]

关于这个问题的最典型的判例是 R v Panel on Takeovers & Mergers，ex parte Datafin Plc。[140] 该案涉及一个没有法律人格的非法定、非法人的社团的决定。并购委员会是伦敦市负责监督接管和合并程序的一个自律性组织。该组织没有成文法授权的或普通法上的权力，起初看起来该组织并不受公法管辖。然而，该委员会具有重要的公法保护职能，并且事实上也受到成文法支持。上诉法院最后裁决无论在任何情况下该委员会都要接受司法审查。案卷主事官约翰·唐纳森爵士将该委员会描述为"履行公共职责"以及在该组中的工作中具有"公共元素"。上诉法院劳埃德法官提出这样的疑问："该

[138] 例子如 H. Woolf，"Public Law - Private Law，Why the Divide?"，*Public Law*，1986，p. 220；D. Pannick，"Who is Subject to Judicial Review and in Respect of What?"，*Public Law* 1992，p. 1；N. Bamforth；The scope of Judicial Review：Still Uncertain；*Public law*，1993，p. 239；S. Fredman and G. S. Morris，'The Costs of Exclusivity：Public and Private Re-examined，' *Public Law* 1994，p. 69；C. Emery；Public law or Private Law? —The Limits of Procedural Reform，Publil Law，1995，p. 450；T. de la Mare；'Procedural Exclusivity：Slaying the Procedural Bugbear'；*Judicial Review*，1998，p. 133。

[139] M. Fordham，*Judicial Review Handbook*. 3rd ed. Oxford，Hart Publishers，2001，p. 545.

[140] ［1987］QB 815.

机关是否‘履行公共职能’以及‘履行公共职能是否具有公法上的后果’”。在任何案件中如果问答都是肯定的话，那这“足以将该组织带入公法的领地”。但是，采用这种方法的结果是需要多少回答，就能提出多少问题。比如，什么结果应当被认定为公法结果?

除了公共机关明显的例子，如地方当局和政府部门，广泛的机关被裁决受制于司法审查。这些机关包括广播申诉委员会[141]，广告标准局[142]，国民托管组织[143]，一个履行法定职责的私人水务公司[144]，和电讯服务资费独立监督委员会。[145]

是什么因素使一个主体具有“公”或“私”的性质而服务于司法审查的目的?从判例法中我们可以获得一些一般性的原则。如果某机关仅有的权源是一份约定其权限的协议，那么这种机关将是不受司法审查的。这个观点在Datafin案中已作了说明，这个观点表明排除对类似赛马俱乐部[146]、足球协会[147]、保险申诉处[148]和英国旅行社协会。[149] 法定的或政府“支持”的机关则是可能被审查的。

法院还可能会受到他们是否认为如果案件所涉及的非法定的机构不存在，那么会不会设立类似的一个法定机构观念的影响。在Datafin案中，正是这种以政府作为支撑的观念，或者即便没有这样的机关政府，也将设立一个类似机关的想法使法官们主张接

[141] *R v Broadcasting Complaints Commission, ex parte Owen* [1985] QB 1153.

[142] *R v Advertising Standards Authority, ex parte The Insurance Service Plc* (1990) 2 Administrative Law Reports (Admin LR) 77.

[143] *Scott v National Trust for Places of Historic Interest* [1998] 2 All ER 705.

[144] *R v Northumbria Water Ltd, ex parte Newcastle and North Tyneside Health Authority* [1999] Env LR 715.

[145] *R v Independent Committee for the Supervision of Telephone Information Services, ex parte Firstcode Ltd* [1993] COD 325.

[146] *R v Disciplinary Committee of the Jockey Club, ex parte Aga Khan* [1993] 1 WLR 909.

[147] *R v Football Association Ltd, ex parte Football League Ltd* [1993] 2 All ER 833.

[148] *R v Insurance Ombudsman Bureau, ex parte Aegon Life Assurance Ltd* [1993] *The Times*, 7 January.

[149] *R v Association of British Travel Agents, ex parte Sunspell Ltd* [2001] Administrative Court Digest (ACD) 88.

管和兼并委员会是可受审查的。相反，英国犹太人社会宗教领袖（the Chief Rabbi）是不受司法审查的，因为它不可能“被认为……是（一个政府可以创建的机关）……除政府对其仪式加以依法管理外”[150]。然而，法官的结论对这些“标准”适用也存在分歧，正如在 Jockey Club 案中可以看到的上诉法院霍夫曼法官的观点：即使没有赛马俱乐部，政府也不会设定这样的一个法定组织，但托马斯·宾汉爵士却认为政府可能会被迫建立这样的机构！

正如以往判例所显示的和伍尔夫勋爵所评论的那样，“没有统一的能够适用于所有案件情形的，能够清楚表明并毫无疑问地确定何时应进行司法审查、何时不该进行司法审查的标准。”[151]

试图建立确定某机关是否为可受司法审查的公共机关的标准是困难的；尝试解决的争议是不是一个必须由司法审查解决的公法问题，被描述为一个危险的“程序雷区”。然而，福特汉姆指出，新近的司法趋势表明 O’ Reilly 案中陈述的司法所依附的“排他性”原则正在迅速式微。“排他性”原则一度追求的严格主义被证明是不切实际和不可欲的。这个原则随后逐渐变得更加灵活，事实上，只有真正可以判断普通法形式的诉讼可能涉及对程序的滥用的时候，这个原则才强调司法审查的必要性。[152]

目前关于某一争议是否必须通过司法审查解决的最重要的判例是 Clark v University of Lincolnshire and Humberside[153] 案，上诉法院，尤其是案卷主事官伍尔夫勋爵，试图通过本案提供一些切实可行的指导。这是一个关于一个学生和其就读大学之间对其提交的期末考试试卷成绩争议的案件。因为该学生在考试中抄袭，所以其期末考试的成绩被评为零分，虽然后来学校并未将考试舞弊作为期末成绩评定的一个理由。该学生对学校提起了违法合同

[150] *R v Chief Rabbi*, *ex parte Wachmann* [1992] 1 *WLR* 1036 *per Simon Brown J at* 1041.

[151] *R v Derbyshire County Council*, *ex parte Noble* [1990] *Industrial Case Reports* (ICR) 808 at 814.

[152] M. Fordham，同注 139，第 460 页。

[153] [2000] 3 All ER 752.

约定的诉讼，主张学校没有按照校规的规定正确处理该事。学校则主张以违反合同为由提起私法诉讼构成滥用诉讼程序，并主张该争议应以提起司法审查的方式解决，而且提起私法诉讼的时候申请司法审查的期限已经届满。

上诉法院认为尽管提起司法审查的申请更为合适，但也不排斥违约之诉。法院拒绝仅仅因为其所采用的程序而否决申请人的申诉。伍尔夫勋爵强调，重要的是应当有清楚的证据表明其试图避免适用司法审查程序从而构成滥用程序，但本案中适用私法程序并未当然地构成滥用程序。相反，法院应当采用灵活的方式应对。重要的是，当通常应以申请司法审查的方式（更加迅捷）提起的诉讼时，采用了私法诉讼的方式是否构成了不正当的迟延。另外，这与申请的性质也有关系。例如，“如果申请可能影响多数公众的利益，法院采用的程序将比只影响相关当事人利益的程序严格”[154]。

5.5 “程序排他性”的例外

即便是在“排他性”原则适用最多的时期也存在很多的例外情形：正如迪普洛克勋爵在 O’ Reilly 案中所说明的那样：

“尤其在决定无效并作为对侵犯私法权利申请的附属问题的情况下，更有可能存在例外……”[155]

“附属”或“附属诉讼”这两个术语用于与“在不是专为挑战行政行为或命令而设计的程序”相关。[156] 例如，针对刑事指控提出的辩护，或针对某项付款要求提出的抗辩。因此，比如在 Wandsworth London Borough Coucil v Winder 案[157]中，市政委员会住房的一个租户在因拖欠房租而遭到委员会驱赶的程序中提出抗辩，主张委员会在驱赶他的行为越权以及他应缴纳的上涨的房租本身是“违法的”。

[154] [2000] 3 All ER 752 at 761.

[155] [1983] 2 AC 237 at 285.

[156] H. W. Wade and C. F. Forsgth. 同前注 88，第 286 页。

[157] [1984] 3 All ER 976.

上议院最近在 Boddington v British Transport Police 案[158]中又重新考虑了这个问题。根据斯坦勋爵的意见：

> “从 O’ Reilly 案开始……上议院的裁决就清楚地表明，程序排他性的焦点在于关注个体唯一的诉讼目标是挑战公法行为或决定，其并不适用于试图确立私法权利的民事案件。其中，如果不确定公法决定的有效性问题，就无法确定该私法权力。其也不适用于民事案件中被告以质疑公法决定有效性为自己辩解的情况。”[159]

Boddington 案允许被告提出地方法规，或更准确地说，依据地方法规授权作出行政决定是越权的主张作为刑事指控的抗辩。法院认为，如果有清楚的立法意图表明这种挑战只能通过司法审查的方式提起，被告就不能提出这样的抗辩，显然这个案件不属于这种情形。

5.6 不受审查的事项

如今法院非常不情愿说某个事项是不受审查的。西蒙·布朗法官在 R v Ministry of Defence，ex parte Smith 案中的观点清楚地表明法院的这种态度：

> “在我看来，如今很少有严格排除在法院管辖范围之外的案件——只有涉及所谓的严格来说属于国家安全的案件以及法官确定缺乏相关专业技能或人才就争议问题作出裁决的领域。”[160]

正如我们下文将看到的那样，法院在确定司法审查的范围时运用着非常宽泛的自由裁量权。尽管如此，现实中确实存在一些不合适由法院来审查的事项。罗斯基尔勋爵在 GCHQ（政府通信

[158] [1999] 2 AC 143.
[159] [1999] 2 AC 143 at 446.
[160] [1995] 3 All ER 427 at 446.

总部）案中的看法意味着某些特权就其性质来说是不可审查的，其不可审查的原因如下：

> “我认为……制定条约，保卫王国……授予荣誉，解散议会，以及任命部长……都是不可审查的，这是因为它们的性质和这些议题不适于进入司法审查程序之中。法院不是决定某个条约是否应签订或军队应以何种方式部署的地方……”[161]

如以上所说，法院有时候不愿意对以“国家安全”为目的的决定进行严格审查。法院只要求对这种决定提供最低限度的证据支持，而对其他方面不予干预。就像在GCHQ案显示的那样，取决于证据和法院对安全问题考虑的评估，这种做法可能剥夺法院给申请人提供其他救济的机会。GCHQ案认可了在取消雇员作为某个贸易组织成员的权利之前应当向他们咨询，但在本案中仅仅因为考虑到没有经过咨询的决定背后的国家安全因素，法院最后拒绝提供救济。

某些情况下司法审查条件不是那么严格，而且比通常的案件更加宽松。R v Harrow London Borough Council，ex parte D案[162]就表明了这种情形，本案中法院裁决对委员会将一个孩子的名字列为危险儿童名册之中的决定的审查是少有和例外的，只有在决定完全不合理的情形下方能进行。

下一个要讨论的最后一个不受司法审查的领域。那就是议会通过立法中的“排除”条款或“限制”条款来排除法院审查。

“排除”条款是一种完全排除管辖的手段；而“限制条款”允许法院审查，但允许法院审查的时间限于很短的时间范围内（例如，六个星期）。

一般认为议会至上原则能够确保议会的意图得到贯彻，以及“排除条款”毫无疑问地得到适用。然而，法院也积极捍卫其审查

---

[161] *Council of Civil Service Unions v Minister for the Civil Service* [1985] AC 374 418.

[162] [1990] 3 All ER 12.

行政决定合法性的宪法功能[163]，因此对这些条款进行极其严格的解释。在 Anisminic v Foreign Compensation Board 案[164]中，上议院裁决赔偿委员会适用法律错误已经构成越权，尽管 1950 年外事赔偿法已经规定赔偿委员会的任何“决定”不受“任何诉讼程序”的质疑。上议院认为既然委员会的行为已经构成越权，因而无效，没有法律上的所谓不受质疑的决定力。

然而，法院无疑更愿意适用限制条款（即时间限制）[165]，对于议会来说，起草缜密、法院不能规避的排除条款也被证明是可能的。[166]

5.7 合法预期

司法审查不仅仅与保护权利有关。这些年合法预期这个概念逐渐说明了法院的审查职能。[167]

什么是合法预期？GCHQ 案可以被认为是一个关于合法预期原则的经典案例。雇员们在他们的雇佣期限被改变之前未获得咨询的权利，但在当时已经建立很好的咨询实践的前提下，工人们对自己被咨询具有合法的预期，要不是该案中因为实体决定涉及“国家安全”，在这种情况下该预期应被法院保护。

韦德和福赛斯将合法预期概括为两个方面。[168] 首先是“一个在其他情形下中未要求的程序已经被许诺”的程序预期，正如在 GCHQ 案中的一样。其次，“期待着当局作出一个特定的或授益的决定”。这就是所谓的“实体预期”。司法审查所提供的保护实体预期的功能比对程序预期的保护更有限。

[163] 通常法官能够审查任何部门的行为以及任何影响个人权益的法定权力和普通法权力进行审查。

[164] [1969] 2 AC 147.

[165] 例子请参见 *R v Cornwall Counry Council*, *ex parte Huntington* [1992] 3 All ER 526。

[166] 例子参见 the Interception of Communications Act 1985，第 7 节第 8 条规定：“裁判所的决定（包括任何有关管辖的决定它们）不能上诉或不受法院的挑战。”

[167] M. Fordham, Judicial Review Handbook, 3rd ed., Oxford, Hart Publishers, 2001, p. 646.

[168] H. W. R. Wade and C. F. Forsyth，同前注 88，第 498 页。

一些法官发现，保护实体预期的困难与决策者不应限制他或她运用自由裁量权的规则，以及和决策者们捍卫公共利益所需的改变政策不应被实体保护所妨害的要求奇怪地混在一起。

这些担忧在上诉法官关于 R v Department of Education and Employment，ex parte Begbie 案的判决意见中已体现出来。[169] 该案的主要内容是国务大臣拒绝继续向就读私立学校的受助儿童申请人提供公共的财政支持。就读该学校受助的领域是根据保守党立法确定的。但是，在 1997 年 5 月的大选后，工党政府废除了受助学习方案。在新的法律框架下，如果国务大臣认为“在任何特定条件下都是合理的话”，其有准予儿童继续保有受助学习的裁量权，但是，在这个案件中，该儿童并未获得对其有利的裁量。申请者主张拒绝对有利的裁量与该党大选前与获选后的承诺不一致，国务大臣应当恪守该程序因为他们已经给出了一个实体的合法预期。但是，法院认为，任何合法的预期必须在要求国务大臣遵守的法律存续期间内提出。而且国务大臣应遵守 1997 年教育（学校）法案，所以拒绝进行司法审查。[170] 再者，坚持国务大臣应遵守选举前的承诺的主张不能限制其运用自由裁量权。

但并非所有的主张实体合法预期的申诉都无法获得法律保护。R v North and East Devon Health Authority，ex parte Coughlan 案[171]就是对这种例外的很好说明，本案主要涉及对一个具有严重残疾的妇女长期护理的一份协议。该机构委员会已经向该妇女承诺其可以长久地在该疗养院接受护理，这样就产生了一个实体的合法预期，只有当“压倒性的公共利益”存在时，委员会才能背离该承诺。本案中并不存在这样的公共利益，因为这种保证只授予为数不多的人。当争议问题涉及公共机关提出关于未来作出何种行为的承诺时，上诉法院对法院在履行法定审查职责时应发挥何种角色进行了深思熟虑的衡量：

---

[169] ［2001］1 WLR 115.

[170] *Ibid*，at 1125.

[171] ［2001］All ER 850.

> “（符合法律的）唯独支持公共当局的政策，该政策以及采取或改变该政策的原因都应被法院接受并作为认定事实材料的一部分——换句话说，这些通常并不受司法审查管辖。然后，法院的任务……限制在确定导致政策所针对的个人产生不同预期的政策适用之权力是否得到公正行使。”[172]

法院十分重视公正，并认为如果当局可以不遵守其先前的承诺，就将构成滥用程序。

5.8 司法审查的基础

迪普洛克勋爵在 GCHQ 案将司法审查宽泛的基础划分为三个主要的方面：不法（不合法），非理性（不合理）和程序错误（不公正）。

这已经成为一个可接受的关注司法审查基础的起点。然而非常值得肯定的是，迪普洛克勋爵的归纳是对多年以来的判例法发展出来的诸多法律原则的提炼。其归纳的“三部曲”本身并不是司法审查的基础，他们仅仅是描述更加复杂的潜在的有利于案件审查之展开的网络的几个便于理解的标题而已。

5.8.1 不法

这个基础是确保权力应按照议会立法和普通法的要求实际运作。如果不涉及授予公共权力机关裁量权，这是一个相对简单的基础。当议会赋予部长或地方当局自由裁量权时，如何使用权力能被认定是非法的？如果某个当局有关按照它“认为适当”的方式行事，那如何质疑其非法性？在这种情况下法院的任务就是确定立法体系中固有的可以被认知的立法意图和立法目的如何适用：可能明示或暗含着要求被授予裁量权的机关在法定范围内行使裁量权。这无论如何也不是一个简单的任务，而更多需要转而在法律文本之间寻求司法干预的适当界限。

---

[172] *Ibid*, per Lord Woolf at 880.

关于自由裁量权的运用，最著名的案件是 Associated Provincial Picture Houses v Wednesbury Corporation 案。[173] 因为案卷主事官格林勋爵在对行使自由裁量权进行审查的经典评论已使该案变得非常出名：即非常著名的“温斯伯里原则”。这是一个涉及允许地方当局附加他们认为适当的条件，许可周日提供娱乐活动法定权力的案件。温斯伯里市镇机关批准一家公司在周日可以经营电影院，但是附加了禁止 15 岁以下儿童入内的条件。当这个条件在法院被挑战时，该机关主张考虑儿童的道德健康是正当的。

上诉法院对来自高等法官的上诉进行复核，认为公司在其权限范围内行事。格林勋爵指出，自由裁量权的运用如果遵循了以下原则就不能受到质疑：

> “运用这样的裁量权必须是已经真正地在运用裁量权。如果成文法中赋予了这种裁量权，其中可能以公开或隐含的方式表达当局行使自由裁量权应当注意的事项、以及如何行使裁量权的事项，那么这些事项必须得到关注……［并且］不应关注不相关的附属事项……不守信用、不诚实……不合理、关注不相关的条件，无视公共政策……”[174]

很显然，公共机关行使裁量权应考虑相关因素而不得考虑不相关因素。[175] 那么什么是考虑相关因素呢？答案取决于法院对立法的目的和整个立法体系的解释。在 Roberts v Hopwood 案[176]中，法院裁决一个地方委员会设定其管辖的工作场所的工资率时考虑了非经济因素的做法是不合理的。该委员会决定增加其雇员工资的时候，工资上涨率显著高于通货膨胀率，但是委员会没有考虑

[173] ［1947］All ER 680.

[174] *Ibid*, at. 682.

[175] 上议院在 *R*（*on the application of Alconbury Developments Ltd*）*v Secretary of State for the Environment Transport and the Regions*［2001］2 WLR 1389 案件再次重申这个原则。

[176] ［1925］AC 578.

雇员的性别和工作的性质。上议院认为，用阿特金森的话来说该委员会已被“奇怪的社会福利原则，或者说被保障男女在工资报酬方面平等的女权主义的野心”等不相关因素诱导。[177] 该委员会有法律义务考虑的因素，但没有考虑的因素是增加工资给纳税人造成的负担。因此，它们的决定是不合法的。

新近考虑不相关因素的案件可见 R v Secretary of State for the Home Department，ex parte Venables 案[178]，该案涉及内政大臣对两个十岁的因谋杀比他们大两岁的孩子而被定罪的男孩确定了特别的监禁期限。初审法官建议这两个孩子应监禁八年，（高等法院）首席法官[179]随后建议内政大臣刑期应增加到 10 年。然而，由于受公众请愿、新闻战和许多来信的影响，内政部长行使其法定的自由裁量权确定了 15 年的监禁处罚。上议院的大部分成员认为确定监禁期限时考虑了公众的情绪，已经构成了考虑不相关因素，因而是不合法的，因而维持上诉法院对内政部决定撤销的判决。

作出一个决定事实上经常会同时考虑相关因素和不相关因素。那作出这样的决定是否构成越权？对于此很多案件中已经作出了回应，并且出现了不同的标准。一个评论员将这个问题描述为“长满疑难棘刺的法律豪猪”。更好的回应是在 R v Broadcasting Complaints Commission，ex parte Owen 案[180]和 R v Inner London Education Authority，ex parte Westminster City Council 案[181]中适用的标准。非法律授权目的或不相关考虑是否对决策者构成实质性的影响？如果已经对最后的决定构成显著的实质影响，那么决定是不合法和可撤销的。

以上问题将我们带入温斯伯里原则的另一个重要的原则，那

[177] *Ibid*，at 594.

[178] [1997] 3 All ER 97.

[179] 高等法院首席法官是英国高级常任法官。他的主要职能是主持王座法庭和上诉法院的刑事工作。在被告被判处监禁的案件他必须建议在被告适合假释前应服多长时间的监禁。

[180] [1985] 2 All ER 522.

[181] [1986] 1 All ER 19.

就是权力的行使必须基于正当目的。显然，“正当目的”和应考虑的“相关因素”之间有着紧密的联系。例如，这种联系在 R v Ealing London Borough Council，ex parte Times Newspapers Ltd 案[182]就已经表现出来。在本案中，地方当局将部分泰晤士报社集团的出版物从它们所在的图书馆取缔。这项行动是为了鼓励和支持一些被报社解雇的印刷工人。这些印刷工人曾很长一段时间陷入了艰苦的劳资纠纷中，但却吸引了较多的政治支持。取缔的主要理由是为了打击报业集团。根据 1964 年公共图书馆和博物馆法当局有提供“综合有效的图书馆服务……以及为此目的……提供……必要的……图书和其他材料”。法院裁决取缔令是根据政治见解作出的，基于这样的目的运用法定权力显然超出议会的立法意图。这个案子同样可以解释为在公共图书馆取缔出版物考虑了不相关因素，即出版集团被迫卷入劳资纠纷之中。

5.8.2 非理性

非理性有时指的是“反常”（perversity），或者如案卷主事官格林勋爵所用的“不合理”（unreasonableness）。对这个术语的运用仍存在很多不一致的情形。上诉法院约翰·唐纳森爵士在 R v Secretary of State for the Environment，ex p Hammersmith and Fulham London Borough Council 案[183]中把非理性描述为不仅包括温斯伯里案不合理，还包括决策者没有考虑相关事项或行使权力不符合授权法目的的情形。但在上议院布里奇勋爵选择不同的进路，他采用了更传统的分类法——将非理性（irrationality）这个概念的内涵限定在不合理（unreasonableness）这个概念的狭义范围内。

韦德和福赛斯表达了对使用非理性（irrationality）这个术语的不满，而更乐意使用不合理（unreasonableness）原则。[184] 在 R v

[182] ［1987］Industrial Relations Law Reports（IRLR）129.

[183] ［1990］3 WLR 898.

[184] H. W. R. Wade and C. F. Forsyth，*Supra* note 88，p. 356.

Devon County Council，ex parte G 案中，案卷主事官唐纳森勋爵表达了他对非理性表达的不满，其理由是非理性这个术语“被政治家们广泛误解……尤其被选民误解的，就像对决策者的心智有所怀疑”[185]。

决定应使用哪个术语的困难在于尝试如何界定它的含义。法院如何决定某个机关的行为是否构成非理性或不合理？解决这个问题有两种方式。第一，决策者可能已经进行了全面的考虑并且忽视所有不相关因素，然而法院仍然认定最终的决定是没有理性的，这是因为决定和这些考虑没有任何关系。另一种方法是法院会认定无论考虑了何种因素，考虑这些因素的最终决定是如此的不合理，这表明事实上决策者必定已经受到其他考虑的诱导。这两种方法都与格林勋爵在温斯伯里案中的陈述一致。在最近的一个案件中，R v Chief Constable of Sussex，ex parte International Trader's Ferry Ltd 案中，库克勋爵表达了对这种挑战基础发展的不满，并建议采用他所指的“简单的标准”，“具有争议的决定是否是一个具有一般理性的主体会作出的决定”[186]。

最近的由上议院作出重要裁决的案件 R v Secretary of State for the Home Department，ex parte Daly 中，库克勋爵作出这样的评论：

> “并且我认为，迟早会有越来越多的人会承认，温斯伯里案的判决是英国行政法历史上一个不幸的倒退。该案暗示着不合理存在不同的度，而且表明法院只能在行政决定极端不合理的情况下才能进行审查并宣布无效。司法审查的程度以及对行政裁量的尊重随着审查对象的不同而变化。然而，仅仅依靠确定被审查的决定是否反复无常或荒诞不经的标准，法律的要求可能在任何行政领域都无法达到。”[187]

[185] [1989] AC 573 at 577.

[186] [1999] 1 All ER 129 at 157.

[187] [2001] 3 All ER 433 at 442.

非理性作为审查基础，其内涵是什么？现在已经清楚的是：

> “司法审查的滑动标尺，根据问题的性质和严重程度或多或少存在一定程度的变化……被挑战的决定越是与所谓的被笼统地称之为宏观政治的领域有关，法院监督干预的程度就越低。”[188]

这个问题在 R v Ministry of Defence，ex parte Smith 案[189]中得到很好诠释。该案对当时国防部不允许同性恋者参军服役的政策进行审查。很多曾因性别取向而被迫退役的男女士兵以非理性为由对国防部的政策提请司法审查。最后上诉法院支持了国防部的政策，但是案卷主事官托马斯·伯明翰解释了“滑动标尺”理论：

> “决定的政策性越强，以及决定所涉及的事项距普通的司法经验越远，法院有必要裁决决定不合理就更加谨慎。这才是像大多数善法一样的好的法律和常理。当争议的决定是政策性的、专业性较强的和本质上涉及国家安全的，那法院适用的标准就应比正常情况下更要谨慎，但是标准本身也应足够灵活以便能够应付所有的情形。”[190]

案件的具体情景显然十分重要，因此试图从非理性的结论中得出一些一般的经验没有太多价值。但是，也有几个案件有些非理性的“味道”。在 R（on the application of Wagstaff）v Secretary of State of Health 案[191]中，法院裁决对一个全科医师，希普曼医生谋杀病人的秘密调查，无论在任何条件下都是非理性的。希普曼医生被指控进行了 15 次谋杀，而且可能对更多人的死亡负责任。因为调查是为在没有怀疑的情形下查明该医生如何设法谋杀了这么多的病人，而且秘密审讯确实具有非理性的因素。在 R v

[188] *R v Department of Law for Education and Employment*，*ex parte Begbie* [2000] 1 WLR 1115，per Laws LJ at 1130.

[189] [1996] 1 All ER 257.

[190] *Ibid*，at 264.

[191] [2001] 1 WLR 292.

Secretary of State for the Home Department, ex parte Bostanci案[192]中，土耳其语自由译者被禁止为一位正在接受庇护面试的寻求庇护者提供翻译服务，因为该自由译业者的父亲是土耳其著名的政治激进分子。移民办公室担心寻求庇护者与之见面后，因为寻求庇护者不支持其父亲政治信仰而对她有所惧怕。但是，这个决定被认为是非理性的。根本没有证据表明女儿会与父亲具有共同的政治观点，或者说寻求庇护者因其身份而害怕她。R v West Dorset District Council Housing Benefit Review Board, ex parte Buckerfield案[193]中法院裁决，基于申请的形式不符合要求而驳回住房补贴申请的决定是非理性的。

最近对审查自由裁量权进行争论的一个非常重要的议题就是“不合比例”是否应该作为审查的基础。比例原则是欧陆行政法理论中已经确定，并且是欧盟法上一个基本的原则。然而，在英国法院对这个原则仍持疑虑并保持一种谨慎的态度。[194] 在GCHQ案中，迪普洛克勋爵，在确定司法审查的基础时，曾指出将来某个时候可能采纳比例原则作为司法审查的基础。在Brind v Secretary of State for the Home Department案[195]中，上议院明确拒绝了法院仅仅以决策者之“不合比例”的行为而作为审查标准的观点。因为担心这样做会使法院过多地对行政决定的合理性问题进行判断。还有人主张根本没有必要将比例原则引入英国法中，因为不合比例的决定也倾向于非理性。这种观点是由上诉法院案卷主事官唐纳森勋爵在Brind案中提出的。

比例性原则是否相当于对某个决定的合理性进行评价，以及是否涉及法院而非行政官员作为法定的执行机关？这已经导致对

---

[192] ［1999］Immigration Appeal Reports（Imm AR）411.

[193] （2000）32 Housing Law Reports（HLR）729.

[194] 英国法院已经在共同体法直接有效的领域适用比例原则。例子参见*R v Chief Constable of Sussex, ex parte International Trader's Ferry Ltd*［1999］1 All ER 129 and *R v Secretary of State for Health, ex parte Eastside Cheese Co*［2000］Environmental Health Law Reports（EHLR）52。

[195] ［1991］1 All ER 720.

比例性这个概念的误解。“对这个问题简洁的回答是‘不’。法官们不能事后对行政官员作出的政策合理性问题进行自由地评价”[196]。但是，显然对于司法审查中不合比例的原则如何运作还没有清楚的认识。伍尔夫、乔维尔和鲁·苏尔作出这样的评论：“对比例原则在不同的情形下可作不同的判断理解（margin of appreciation）。不同强度的审查将适用于不同种类的案件中，反过来，不同的案件也能回应不同的审查方式的具体技艺。”[197] 这意味着采用不同的审查方式应付不同情形的需要。例如，案件争议的问题若涉及基本权利，行政机关的（不是法院）判断的余地就要小些，而法院司法审查则要采取最严厉的审查强度。

目前比例性作为司法审查的基础的根据何在？看来在不久的将来完全接受比例原则作为司法审查的基础并不是没有可能。1998年人权法案已经表明英国法院如今不得不更多地考虑比例性原则。法院对“比例性”这个概念的逐渐“适应”在“Daly”等案可以表现出来，上议院对非理性和比例性这两个概念作了区别。

本案涉及一份监狱中在囚犯不在场时对法律信件实施搜查的综合保险的诉讼。尽管上议院勋爵们适用了审查的普通原则，但他们也考虑国务大臣作出决定的影响是否符合比例原则。无论采取何种方法，国务大臣作出决定都是违法的。尽管无论采取二者中的哪一种方式，大多数案件以同样的方式审查并决定，但不同的方法有时候能够产生不同的结果，因为司法审查的强度在适用比例原则的情况下将会更大。斯坦勋爵指出这两种方法至少有三个方面的重要区别：

> “第一，比例原则要求进行审查的法院要对决策者可能打破的平衡进行评估，而不仅仅限于确定决定是否有理性或合

[196] J. Jowell, “Beyond The Rule of Law: Towards Constitutional Judicial Review,” *Public Law*, 2000, pp. 671 - 681.

[197] S. A. De Smith, H. K. Woolf and J. L. Jowell, A. P. Le Sueur, *De Smith, Woolf and Jowell's Principles of Judicial Review*, London, Sweet & Maxwell, 1999, p. 509.

理而已。第二，比例性标准要求根据利益和考量对相关各方予以关注，其已经超越了传统的司法审查基础。第三，即使是在（原告为史密斯）案中发展起来的严格审查也不足以保护基本人权……司法审查的强度在类似的案件中，通过在民主社会中对权利必要的限制……和对权利的干预与追求的正当目标是否确实符合比例的双重要求来保障。”[198]

然而，法院非常热衷于强调，无论采取何种方法，法院的职能都不得转向合理性审查（merit review），以及“法官”和“行政官员”各自的职能应当具有根本的分工和区别。

5.8.3 程序不适当

“程序不适当”这一表达包括两方面的审查基础：（i）程序越权——行政机关没有遵守成文法明示的程序条件，以及（ii）违反了普通法程序正义规则。

法院表明法律明确规定的程序条件是“强制性的”，不遵守这些程序将使行政决定或行为无效。但是，当程序要求仅仅具有指导性”，决定仍然有效。程序越权最典型的例子就是决策者在作出决定之前没有遵守法定的咨询义务，或者成文法要求对作出的决定说明理由而行政机关没有这么做。

R v Secretary of State for Social Services，ex parte Association of Metropolitan Authorities 案[199]对程序越权和试图对当事人进行有效救济时可能遭遇的困境作了很好的诠释。该案涉及在制定规则之前应向该协会咨询的义务。尽管该部长已经作了一些咨询努力，但法院认为咨询的程序无论在任何条件下都未达到法定的要求。虽然法院乐意宣布部长的决定没有达到法定咨询条件，但法官拒绝利用其裁量权宣布规章无效。法院给出了一系列的如此判决的理由，包括提起的诉讼请求着眼于程序问题而非实体问

[198] [2001] 3 All ER 433 at 446.

[199] [1986] 1 WLR 1.

题，应当被咨询的其他机关没有提出申诉的事实，以及最为重要的是该已经确定生效的规章已经在全国范围内适用了几个月了。拒绝撤销规章的原因还在于，如果这样做地方当局就必须对早几个月已决的福利案件重新进行决定，这样做显然会造成过重的行政负担。

除了成文法明示的程序要求之外，有时候普通法的程序标准也适用于某些特定的行为或决策。适用的普通法原则就是历史上非常著名的自然公正原则，该原则可以概括成两个拉丁语法谚：听取当事人双方意见以及无明显偏私地对待（audi alterem partem and nemo judex in causa sua potest)。

很久以前，这两个原则仅由经判断认定为具有裁判职能的机关适用。这使法院陷入必须对“司法”职能和“行政”职能进行分类的沉重工作负担中。1965 年，在 Ridge v Baldwin 案[200]，上议院宣称（推翻了旧原则）法院不应再集中关注对机关职能的分类，而应转向关注所做行为的效果。如果所做行为正在影响个人的权利，那么该机关所为行为就具有裁判职能，那么这样的行为就应遵守自然公正原则。这个主张后来被扩展到包括那些影响权利和影响合法预期的决定。[201]

最近以来，程序不当已经与“程序公正”观念紧密联系在一起。在一般意义上，公正要求具备什么条件？首先，在作出决定过程中必须保持无明显偏私——显然对决定有直接经济利益的人不应参与作决定。对于这个问题，英国最重要的司法机关仍坚持 Dimes v Grand Junction Canal Properties[202] 这个很老的判例中的观点，这在最近的案件中仍然适用并在 R v Bow Street Metropolitan Stipendiary Magistrates，ex parte Pinochet Ugarte (No 2) 案中得以澄清，该案关注的是没有直接经济利益的情形。[203]皮诺切特 (Pinochet) 案牵涉一个上议院法官曾经作为审判庭的成员参与裁

[200] [1963] 2 All ER 66.

[201] See *supra* at 5. 7.

[202] (1852) 3 House of Lord Cases (HL Cas) 759 HL.

[203] [1999] 1 All ER 577.

决前智利领导人是否享有免于引渡的权利。根据裁决，皮诺切特符合被引渡的条件，但也发现，法官霍夫曼勋爵曾经是与本案无独立请求人的第三人大赦国际（国际特赦组织）有联系的慈善公司的负责人，因此皮诺切特以存在偏私为由挑战该裁决。霍夫曼勋爵是否应该参与该案的审理？上议院的结论是鉴于两个组织如此密切的联系，霍夫曼勋爵不应该参加案件裁决，并说明“应该有一种能够使涉案法官，无论就其自己而言、还是作为机构的负责人，其与诉讼一方当事人推动同样的事业和在同一组织的，都自动失去参与案件审判的资格”[204]。

上议院对 R v Gough 案作出的裁决检验了适用于事实上没有偏私的标准，上议院主张本案中存在着一种明显偏私。[205] 该标准被高尔夫勋爵确定为偏私“真正的危险”，而不是“真正可能”。其目标在与确保法院正在考虑的是偏私的可能性（possibility）而不是盖然性（probability）这个术语。[206] 上诉法院在 In re Medicaments and Related Classes of Goods（No 2）案中考虑了“斯特拉斯堡法理”而进一步阐述了这个标准。

> “法院首先必须确定与认为法官有偏私相关的所有情形。然后必须质问这些情形是否能使一个公正的、明智的评论者也会得出存在裁判所存有偏私的真实可能性，或真实危险，这两者都是一样……法院没有必要裁决这种解释是否应当被接受或拒绝。相反，虽有此前的解释，但法院必须判断一个公正的评论者是否会考虑存在发生偏私的真实危险。”[207]

其次，程序公正的最基本一个方面就是“获得听证的权利”。但是，不同的情形下公正有所不同，那么现实中一个公正的听证

[204] *Ibid*，per Lord Browne-Wilkinson at 588.

[205] ［1993］2 All ER 724。该案关注的事实刑事分庭在 R v Secretary of State for the Environment，ex p Kirkstall Valley Campaign Ltd［1996］（3 All ER 304）塞德利法官接受这个标准也适用于行政案件，而且不限于具有司法或准司法职能的机关或程序。

[206] ［1993］AC 724 at 737.

[207] ［2001］1 WLR 700.

应由哪些要素构成？正式的法庭听证模式及相应的程序设置，无论如何绝不是公正听证的常态形式，“所需要的是（听证）必须向所有对决定有利益的人公正进行”[208]。非常明确的是通常任何人都应被告知被针对的案件，正如在 Ridge v Baldwin 案中莫里斯勋爵在其附带意见所阐释的那样：

> “自然公正原则最基本的要求至少确定包括以下几方面的内容：某人遭受不利的指控时有为自己辩护的机会，以及为了实现其辩护的权利应知晓其将面对的控告或指控或告发……我的大法官们，这是我们的制度最基本的要求：本案中支持该原则的重要性超过其他任何特定案件。”[209]

另外也要求给予某人针对其案件的合理通知。[210]

在何种程度，是否有法律代理才符合听证程序的要求？程序公正并不理所当然地包含获得法律代理或其他代理权利。是否授予法律代理权利取决于具体案件情形，正如 R v Board of Prisoners of HM Prison，the Maze，ex parte Hone 案中高尔夫勋爵主张的那样“尽管自然公正可能要求在面对监狱视察委员会（Board of Visitors）时需要法律代理，我认为并没有根据……他们应该在每个案件中都享有法律代理的法定权利。所有的事情都必须依赖于特定案件的具体情形”[211]。

程序公正的最后一个方面，也是最近产生重要的影响的一个方面，即作出决定的机关是否具有说明理由的义务。最近枢密院[212]对规定说明理由的利弊在 Stefan v General Medical 案中清楚地予

---

[208] *Bushell v Secretary of State for the Environment* [1980] 2 All ER 608, per Lord Diplock at 612 - 613.

[209] [1963] 2 All ER 66 at 102。应当注意的是争议问题涉及国家安全的情形下，*R v Secretary of State for the Home Department, ex parte Hosenball* [1977] 3 All ER 452 案的判决已经清楚表明这些程序公正的标准可能被改变。

[210] 例子参见 *R v Secretary of State for Education and Employment, ex parte National Union of Teachers* 14 July 2000，未报道，其中四天的通知之间被认为是不充分的。

[211] [1998] 1 All ER 321 at 327.

[212] 在这种情形下，枢密院是一个由上议院高级法官组成的法院。它是一些英联邦国家上诉的终审法院，同时它也是对许多专业纪律委员作出的决定提起上诉的机构。

以阐述：

> “其益处……与作出决定的程序有关，它们不仅巩固程序本身、增加程序决策程序中的公共信任以及出于揭示决定中可能存在的错误的要求，（说明理由的）优点还与受决定直接影响的当事人相关，其能使当事人了解他们自己案件中的有利或不利因素，以及有利于明确上诉的管辖法院。但是说明理由的普遍要求也具有危险和不利。这可能将拘泥形式的不必要的法律程序强加在要求高度便捷的领域，并造成不必要的迟延和费用。”[213]

很多单行法非常明确地要求说明理由，这种法定义务必须得到履行。[214] 但是，在法律没有明确规定情况下，说明理由的义务在程序公正中处于一个什么样的位置？

当法律没有明确规定的情况下，法院能够裁决行政机关的决定不合法，因为其没有说明理由，乍一看非常奇怪。但是，法院在这个领域非常具有创造力。在 Padfield v Minister of Agriculture，Fisheries and Food 案中，雷德勋爵作出这样的陈述：

> “有观点认为，部长拒绝将申诉提交委员会，其没有义务说明理由，如果他没有说明任何理由，他的决定也不受质疑，但如果说明理由，则将部长置于不利的境地，这是非常不幸的。但是我不能同意如果没有理由可以说明还决定不受质疑的观点。部长的责任就是不作出使政策和法律的目标落空的行为，这似乎适用于所有的情形……而使政策和法律的目标落空却正是部长拒绝行为的后果，我认为法院必然有权采取行动。”[215]

---

[213] [1999] 1 WLR 1293 at 1300。另参见 *Justice-All Souls*，*Administrative Justice：Some Necessary Reforms*，Oxford，1988，第 3 章以及 *R v Higher Education Funding Council*，*ex parte Institute of Dental Surgery* [1994] 1 WLR 242。

[214] 应当注意在要求说明理由的情形下，说明理由不必以说明形式作出，参见 *R v Criminal Injuries Compensation Board*，ex *parte Moore* [1999] 2 All ER 90。

[215] [1968] 1 All ER 694 at 701.

厄普约翰勋爵则进一步进行了阐述：

> "……如果行政机关对其作出决定没有给出任何理由，根据案件情形，法院就能自由地裁决行政机关作出的决定不具备正当的理由。"[216]

最近的法院决定似乎表明法律朝着将说明理由作为普遍的义务方面发展——尽管个别的只适用于特定的情形，并且适用的情境和条件没有得到最终界定。上诉法院在 R v Civil Service Appeal Board，ex parte Cunningham 案[217]中承认普通法没有将说明理由作为普遍的义务。然而，法院认为一个公共机关如果履行裁决职能，例如决定解雇是否公正，则应负有说明理由的义务。在 R v Secretary of State for the Home Department，ex parte Doody 案[218]中上议院则走得更远。该案关注的是一个被判处强制性终身监禁的囚犯的抗议权利，以及知晓内政部作出延长羁押期限决定的理由的权利。上议院法官们在他们的判决中一致认为部长有说明理由的义务。这种意见是在两种供选择的基础上达成的。首先，比较传统的基础；是为有效地挑战内政部的决定，说明理由有利于对行政机关决定的合法性进行司法审查。另一种可替代的基础，"简单地问：拒绝说明理由公平吗？我毫不犹豫地回答不公平……被判处强制性终身监禁的囚犯完全被剥夺其他囚犯理所当然享有的知情权公平吗？"[219]

然而，仍不存在普遍的、适用于所有情况的行政官员说明理由的义务，我们可以用枢密院在 Stefan 案中的意见说明：

> "法律已经朝着要求各种决策者说明理由必要性的认知逐渐增加的方向发展。这个趋势与当下政府和行政事务公开日

[216] *Ibid*，at 719.
[217] [1991] 4 All ER 310.
[218] [1993] 3 All ER 92.
[219] *Ibid*，per Lord Mustill at 110.

渐增强的趋势一致。但是这种趋势建立在很多判例发展的基础上……有强有力的证据支持曾经认为是例外的规则逐渐成为正常的例子，那些不要求说明理由的判例可能成为例外。”[220]

6 结论

希望以上讨论的内容已经清楚合理地描述了英国行政法制度的主要特点。不可避免的是，所讨论的很多问题的细节已经被简化，但希望没有被歪曲。司法审查的基础可以追溯到几个世纪以前，尽管过去的四十年中许多的“终点”和“起点”，见证了法官努力使行政机关的决定程序和实体合法性受制于司法审查的显著的司法能动主义时期。

当法官们根据1998年人权法案就他们在审查政府行为的过程中新的角色达成一致见解时，实体司法审查原则将进一步发展。

伴着过去几十年司法审查发展，值得一提的是裁判所和调查制度也获得了实质性的发展，监察专员式的救济也在英国涌现。当然，现在还不是自满的时候，一旦对现有的申诉救济审查机制的安排的实质评判出现，则还有很多方面需要改进。再者，对我们自己制度的熟知能够产生自满。通过比较法研究，可以促进反思，使我们常常在已经相当熟悉的知识基础上获得新的认知。希望本文，加上通过与已描述的其他行政法治体系的比较研究，能够指明英国公法学者对未来改革密切关注的事项。

7 附录：民法程序法第54节

民法程序法（CPR）第54节，载《2000年民事程序法（第4此修订）》（SI2000/2097），该法于2000年12月2日生效。

---

[220] ［1999］1 WLR 1293 at 1300－1301.

范围和解释

54.1—

(1) 该部分包括司法审查的规则。

(2) 在该部分

(a) 一项“司法审查的申请”指的一项对以下两方面合法性进行审查请求：

(1) 一项法令；或者是

(2) 一项决定，行为或未能履行公共职责行为。

(b) 一项强制的命令称作强制令；

(c) 一项禁止的命令称作禁止令；

(d) 一项撤销的命令称作撤销令；

(e) “司法审查程序”指的是已被该部分修正的第8部分的程序；

(f) “利害关系人”指任何（除原告和被告之外）直接受诉讼请求影响的人；

(g) 除非另有说明，“法院”均指高等法院。

（第8部分第1条第（6）款（b）项规定与特定类型程序有关的规则或诉讼指南可能适用于那些程序，也可能不适用或改变第8节规定的任何规则）

该部分规定必须适用的情形

54.2—

申请司法审查时申请者申请司法审查必须适用司法审查程序的情形：

(a) 强制令；

(b) 禁止令；

(c) 撤销令；

(d) 根据1981年最高法院法第30节颁发的禁制令（禁止没有资格的任何公职人员从事某种行为）。

该部分规定可能适用的情形

54.3—

（1）申请者申请司法审查可能适用司法审查程序的情形：

（a）宣告；

（b）禁制令。

（1981 年最高法院法第 31 节第 2 条规定法院在申请司法审查的程序中可能批准申请宣告或禁制令的情形）

（当申请者申请除 54.2 列举的救济措施之外的宣告或禁止令时，必须适用司法审查的程序。）

（2）司法审查申请能够包含损失赔偿的请求，但司法审查不适用单独提起赔偿损失的请求。

（1981 年最高法院法第 31 节第 4 条规定了司法审查申请法院批准损失请求的情形。）

受理请求

54.4—

法院受理司法审查的申请要求在法院决定是否根据该部分规定启动司法审查或转送行政法庭。

递交诉状的时限制

54.5—

（1）提出申请必须—

（a）及时，而且

（b）无论如何，提出申请的时间不得晚于申请理由首次出现后三个月。

（2）此条规定的时限，当事人不得通过任何协议对之延展。

（3）特别法规定更短的申请司法审查时限的，不受该条的限制。

诉状

54.6—

（1）除了第 8 节第 2 条的规定（申请书的内容）列举的事项外，原告还必须说明—

（a）原告认为是利害关系人的姓名和地址；

（b）通过申请司法审查进行诉讼的请求；以及

(c) 申请的救济措施（包括任何临时救济措施）。

(第 25 节规定了如何申请临时救济。)

(2) 申请书必须附有诉讼指南要求提供的材料。

诉状的送达

54.7—

诉状必须送达

(a) 被告；和

(b) 原告认为是利害相关方的任何人，除非法院有其他的要求，

送达必须在诉状提交之日后的 7 天之内完成

送达收认

54.8—

(1) 所有收到诉状的人，希望参加司法审查必须填写相关诉讼表格并根据下列规定提交收认书。

(2) 任何收认书必须—

(a) 必须在诉讼送达后 21 天之内提交；以及

(b) 送达—

(1) 原告；及

(2) 符合 54.7 (b) 确定的，在诉状中列明的其他人，

应尽快送达，而且无论如何，不得超过收认书提交后 7 日内送达。

(3) 该条规定的时限不能由当事人通过任何协议而对之延长。

(4) 送达收认书

(a) 必须—

(1) 如果其提出抗原告的主张，要列明其如此做的理由的概要，以及

(2) 列明提交人所认为的所有利害关系人的姓名和地址；以及

(b) 要包含或附有诉讼指南所要求的申请书。

(5) 第 10 节第 3 条第 (2) 款的规定不予适用。

未能提交收认书的情形

54.9—

(1) 受到诉状的人未能根据54.8条的规定提交收认书，其

(a) 可能不能参加是否决定是否受理的听证，除非法院允许其参加，但是

(b) 如果其遵守54.14条的规定或遵守其他任一法院关于提交及送达以下材料的指南

(1) 对抗诉讼请求的详细理由和证据据或支持该诉讼请求的补充理由；和

(2) 任何书面证据；

可以参加司法审查听审。

(2) 若其参加司法审查听审程序，法院在决定承担诉讼费时会考虑其未提交收认书的情形。

(3) 第8节第4条的规定不予适用。

决定受理

54.10—

(1) 当法院决定受理时法院也可以提出以下要求。

(2) 根据第（1）款作出的要求可能包括与申请有关的终止诉讼的命令。

(第3节第7条规定了对受理申请后应缴纳诉讼费而未支付的制裁)

送达受理或不予受理的命令

54.11　法院应送达

(a) 送达受理或不予受理的命令；以及

(b) 其他关于下列人员的要求，

(1) 原告；

(2) 被告人；和

(3) 其他提交收认书的人。

无须听证的受理决定

54.12—

（1）以下情形不适用听证

（a）拒绝受理诉讼；或

（b）受理诉讼

（1）附条件，或

（2）仅基于某个特定的理由。

（3）法院根据 54.11 作出受理或不予受理的命令时，法院应说明其作出这样决定的理由。

（4）原告不能对不予听证进行上诉，但原告可要求法院进行听证并重新考虑已作出的决定是否适当。

（5）第（3）款中的请求必须在第（2）款规定的说理理由送达之后 7 日内提交。

（6）应至少给予原告、被告和其他已提交收认书的人 2 日的通知听证的时间。

被告等不适用驳回

54.13—

无论是被告，还是其他已被送达诉状之任何人，均不适用驳回起诉的命令。

答辩

54.14—

（1）被告和其他已被送达诉状之任何欲对抗原告诉求或以其他补充理由支持诉求的人，必须提交和送达以下理由

（a）对抗原告诉求的详细根据或支持原告诉求的详细的补充根据；以及

（b）书面证据，

应在诉讼受理决定送达后 35 日内为之。

（2）以下规则不予适用

（a）第 8 节第 5 条第（3）款和第（4）款（被告提交书面证据和提交收认书）；以及

（b）第 8 节第 5 条第（5）款和第（6）款（原告应在 14 天内作出答复）。

原告依据补充理由的情形

54.15—

如果原告依据其已经提出的申请受理诉讼支出的补充理由，法院应当受理诉讼。

证据

54.16—

(1) 第8节第6条的规定不予适用。

(2) 除非满足下列条件，否则书面证据不能作为依据：

(a) 该证据应符合下列要求提交：

(i) 符合本节的规定；或

(ii) 符合法院的要求；或

(b) 获得法院的准许。

法院听审的权力

54.17—

(1) 任何申请受理诉讼的人

(a) 应提出证据；或

(b) 委托代理人出庭参加司法审查听证。

(2) 根据第(1)款提出的申请应及时作出。

不经听证即作出的司法审查

54.18—

若各方当事人同意，法院可不经听证即就司法审查申请作出裁决。

法院有关撤销令的权力

54.19—

(1) 该规定适用于法院对与申请有关的决定作出撤销令的情形。

(2) 法院可以

(a) 将该问题发回决定作出者；和

(b) 要求行政机关重新考虑该问题，并要求决定作出者根据法院判决重新作出决定。

（3）法院认为无法根据任何成文法规定推出要求将该问题发回决定作出机关，可以自己作出决定。

（如果成文法将代替作出决定的权力赋予任何裁判所、个人或其他组织，这种情形下法院不得代替行政机关作出决定。）

移送

54.20—

法院能够

（a）决定起诉继续进行，即使申请未根据本节的规定提起；以及

（b）如果这样做，法院将告知进一步诉讼的要求。

（第30节（移送）的规定适用从行政法庭移送和移送给行政法庭）

1981年最高法院法，第31节

司法审查的申请

（1）向高等法院申请一项或多项以下形式的救济，即

（a）强制令、禁止令或撤销令；

（b）第（2）小节规定宣告或禁制令；或

（c）第30节中的禁制令，限制该节适用的在职人员为无权作出的行为。

申请应符合申请司法审查的程序的法院规则一致。

（2）根据该小节的规定，无论如何，对于申请司法审查，或申请救济作出的宣告或批准的禁制令，高等法院应关注

（a）争议问题的性质，当考虑授予强制令、禁止令还是撤销令中哪一种救济方式时；

（b）授予的这几种救济方式所针对的个人和组织的不同性质；

（c）案件中的各种情形，

如果作出宣告或授予禁制令合适或便宜，那法院应作出声明或授予禁制令。

（3）除非高等法院根据法庭规则批准，否则不能作出司法审

查的申请；除非法院认为申请者对申请的事项具有足够的利益，否则法院不会批准该申请。

（4）如果存在以下情况，基于司法审查的申请，高等法院能够决定对申请者的损失进行赔偿

（a）申请者已在申请书中对与申请有关的事项造成的损害提出赔偿请求；以及

（b）在诉讼中如果申请者在提出申请时就一并请求赔偿，并且得到法院认同，那申请者能够获得损失赔偿。

（5）如果司法审查申请法院颁发撤销令，高等法院据此撤销与该申请相关的决定，高等法院能够将决定发回原审法院、裁判所或有关行政机关，并附加重作决定的要求、要求根据高等法院的结论重新作出决定。

（6）如果高院认为提出司法审查的申请存在不当迟延，法院可以被拒绝批准：

（a）批准司法审查的申请；或

（b）申请所请求的任何救济措施，

如果法院认为批准申请的救济措施可能对个人权利造成使实质障碍或构成重大偏见，或者损害良好行政。

（7）第（6）小节不构成对任何关于限制申请司法审查时效的法令或法院规则歧视。

6

欧洲行政法

罗布·威德肖文

1 导 论

1.1 何谓欧洲行政法

本章的关注点在于欧洲行政法。广义上的欧洲行政法是关于欧洲共同体法（Community law）的实施和适用的法。① 欧洲行政法通过共同体层面和成员国层面的机构及行政当局之间的合作得以实施。这种合作可以被称为共享政府（Shared government）。② 在共同体层面，欧洲共同体（EC）的机构制定一般性质的规则——例如欧共体条约、规章、指令——以及作出具体决定。共同体法的这些法律文件将在3.2节加以讨论，它们有时将直接指向个人。例如欧洲竞争法和欧洲公务员法就是合适的例子。不过，一般情况下共同体法的调整对象是各成员国。共同体法只有通过议会立法、其他普遍拘束性的规则、个别决定、事实行为等手段进行转化后才能适用于个人，这些转化必须在成员国层面的权力

① J. Schwarze, *Europäisches Verwaltungsrecht*, Baden-Baden, Nomos, 1988; J. H. Jans, R. de Lange, S. Prechal and R. J. G. M. Widdershoven, *Europees bestuursrecht* (European administrative law), Nijmegen, Ars Aequi, 1999.

② J. Bridge, 'Procedural Aspects of the Enforcement of EC Law through the Legal Systems of the Member Sates', *European Law Review* (*ELR*), 1984, pp. 28 - 42; A. W. H. Meij, 'Rechtsbescherming bij gedeeld bestuur (legal protection against shared government)', *Nederlands Tijdschrift voor Bestuursrecht* (NTB; Netherlands Journal of Administrative Law), 1973, pp. 75 - 87.

机构进行。为此，成员国充分利用本国的行政组织和本国（行政）法。

欧洲行政法研究共同体和其成员国共享政府的过程。因此，首先，其与欧共体本身和欧共体组成机构的行政法有关。欧洲行政法既可以通过法律文件例如指令和规章得以建立，也可以通过欧洲法院（European Court of Justice，ECJ）的判例得以确立。在判例法方面，你可以分辨出大成员国包括法国、德国和英国的法律秩序的影响。其次，欧洲行政法与适用共同体法的成员国有关。在这一方面，特别需要注意的是如下问题，即在何种程度上一国行政法受到了其实施共同体法这一事实的影响。这一欧洲层面的影响与共享政府的概念密切相关。由于实际上共同体法的有效实施在相当大的程度上依赖于成员国的法律秩序，因此这些成员国的法律秩序必须符合共同体法的一些要求就并不奇怪。在本章中，我们将深入探讨这些要求。因此，成员国的行政法正在渐渐地欧洲化。③

1.2 欧洲法律秩序的主要原则

在欧洲法律秩序内共同体法和国家（行政）法的关系受三个指导原则支配：共同体法至上原则，忠诚合作原则以及辅助性原则。④

1.2.1 共同体法至上原则

共同体法至上原则是最重要的指导原则。与正式的国际条约

③ J. Schwarze, 'Tendencies Towards a Common Administrative Law in Europe', ELR, 1991, pp. 3–19; R. Caranta, 'Judicial Protection against the Member-States: a New Ius Commune Takes Shape', *Common Market Law Review* (CMLR), 1995, pp. 702–726,; W. van Gerven, 'Bridging the Gap between Community and National Laws', *CMLR*, 1995, pp. 679 – 702, J. Schwarze (Hrsg.), *Das Verwaltungsrecht under Europäischem Einfluss. Zur Convergenz der mitgliedstaatlichen Verwaltungsrechtsordnungen in der Europäischen Union*, Baden-Baden, Nomos, 1996; R. J. G. M. Widdershoven, *Naar een bestuurs (proces) rechtelijk Ius Commune in Europa* (Towards a Ius Commune in administrative law), in VAR-reeks 116, Alphen a/d Rijn, Samsom H. D. Tjeenk Willink, 1996, pp. 97 – 200.

④ J. H. Jans *et al.*, *supro* note 1, p. 19.

和其他国际公法施加的义务不同，共同体法在国家层面的实施不受该国宪法的控制，而受共同体法自身支配。根据欧洲法院的判例，欧共体条约（EC Treaty）建构了一个新的法律秩序，该秩序反过来又与成员国的法律秩序合成一体。[⑤] 此外，共同体法还是一个独立的法律渊源：是共同体法本身而非其成员国的法律决定在何种条件下其适用于该成员国的领土范围。因为这个原因，共同体法也能保持一种超越于互相冲突的成员国法律规则的至高性。

共同体至上原则适用于全体的共同体法：其包括基本的欧共体法（欧共体条约）、次级共同体法（规章、指令和决定）以及不成文的共同体法（一般原则）。而且，共同体法至上原则具有追溯适用的效力，这意味着其既与早先的国家立法发生关系，也与将来的立法发生关系。在涉及共同体法的规则与成员国法的规则发生冲突的案件中，该成员国法的规则应当不予适用。在下文第 3.3 节，共同体法至上原则赖以在成员国法律秩序中得以实现的手段，被称为共同体法的直接和间接效力，将有更多细节性的讨论。

1.2.2 忠诚合作原则

第二个对于共同体法和成员国法之间关系非常重要的指导原则是忠诚合作原则。[⑥] 这一原则规定在欧共体条约第 10 条，其包括课以成员国的两个积极义务和一个消极义务。首先，成员国应当采取所有合适的措施，无论是抽象的还是具体的，以保证充分履行条约所规定的及共同体机构的行为所带来的义务。其次，成员国有义务促进共同体任务的实现。最后，成员国应当避免采取任何可能危及欧共体条约目标实现的措施。

尽管该条的用语有点模糊，但是它毕竟——根据欧洲法院的

⑤ Case 26/62，*Van Gend & Loos*，European Court Reports（ECR）1963，1；case 6/64，*Costa*，ECR 1964，585.

⑥ O. Due，'Artikel 5 van het EEG-verdrag，een bepaling met een federaal karakter?（Article 5 of the EC Treaty，A provision of a federal nature?）'，*Sociaal Economische Wetgeving*（SEW；Journal of Socio-Economic Regulation），1992 pp. 355－366.

判例——为施加于成员国（行政当局的）机构的一些具体义务提供了一个法律基础。这些义务有一个共同的目的，就是保证共同体法在成员国的有效实施。因此，欧共体条约第 10 条是成员国内部机关保证共同体法律有效地、威慑地和符合比例原则实施的义务的法律基础[⑦]；是成员国安排有效司法保护的义务的法律基础[⑧]；是共同体法一般原则——据此成员国必须对其违反其有义务遵循的共同体法而造成的任何个人损失或损害负责——的法律基础[⑨]，等等。成员国法院和欧洲法院之间的合作的一个更加具体的手段是规定于欧共体条约第 234 条的初步裁决程序（preliminary ruling procedure）。该程序将在本章第 5.3.2 小节讨论。

1.2.3 辅助性原则

第三个也是最后一个指导原则是辅助性原则，其规定于共同体条约第 5 条第 2 款。[⑩] 根据该条，只有在如下范围，即所建议的行为的目标因为该行为的规模和影响而不能被成员国充分实现但是却能被共同体更好地实现时，共同体才能在其专有权限之外的领域[⑪] 采取行动。实际上，该原则意味着，如果共同体想要在某一具体领域采取行动，其必须首先问问自己：与在国家层面相比该事项是否能在共同体层面得到更好的规制？辅助性原则首先是一个政治性原则而非一个法律性原则。因此，该原则在欧洲法院的判例中还鲜有明确适用。尽管如此，该原则仍然非常重要，因为其可以被看作成员国在制度和程序事项方面进行自治的意识形态基础。该原则将在后面的部分详细讨论。

⑦ Case 68/88, *Greek maize*, ECR 1989, 2965.

⑧ Case 222/86, *Heylens*, ECR 1987, 4097; case C-97/91, *Borelli*, ECR1992, I-6313.

⑨ Joined cases C-6/90 and C-9190, *Francovich and Bonifaci*, ECR 1991, I-5357.

⑩ T. Koopmans, "The Quest for Subsidiarity", in D. Curtin and T. Heukels (eds.), *Institutional Dynamics of European Integration*, Essays in Honour of Schermers, vol. Ⅱ, Dordrecht, Nijhoff, 1994, pp. 43-55.

⑪ 欧共体专有权限之外的领域，例如：国际贸易政策和渔业政策。

1.3 成员国行政法（实施）的欧洲环境：平等和有效

上文1.1部分已经提到，共同体法律主要在成员国层面实施和适用。法律保护（legal protection）也是如此。对于成员国来说，共同体法律的适用和法律保护应当如何组织，以及对这些活动适用何种程序才合适，就成为一个基本问题。因此，共同体法律的某一条款是由中央政府适用和实施，还是由地方当局或者特别机构适用和实施的，就由各成员国自己决定。成员国也自己决定国内司法组织，决定哪一法院有权处理共同体事项，以及在该院司法过程中应当适用何种程序。成员国享有机构和程序上的自治（institutional and procedural autonomy）。

不过，成员国的自治并不是绝对的。为保证共同体法在成员国层面的有效实施，以及或多或少的统一实施，欧洲法院提出，在共同体法所规定的权利可能受到损害的程序中成员国法必须符合两项要求。[12] 这些要求对于共同体法的一般原则（第4节）的适用和司法保护（第5节）的组织尤其重要。在这些部分，对其予以适用的欧洲人权法院的判例将被提及。

a. 平等原则（the principle of equivalence）（非歧视）：根据该原则，关于保护共同体权利的行为的（程序性）规则必须不次于保护类似国内权利的行为的规则。或者，换句话说，共同体法性质的权利诉求必须获得与基于成员国国内法而提出的权利诉求同等的对待。

b. 有效原则（the principle of effectiveness）：根据该原则，调整处于争议中的共同体法所授予的权利的程序规则，不应当造成这些权利的行使实际上不可能或者非常困难。某一程序条款是否符合该要求，必须根据该条款在整个程序中的地位决定。在决定过程中，国内司法体系的基本原则，例如保护辩护权原则（the protection of the rights of defence）、法律的确定性原则（the principle of

[12] Case 33/76, *Rewe*, ECR 1976, 2043; case 45/76, *Comet*, ECR 1976, 2043.

legal certainty）以及适当的程序行为原则（the principle of proper conduct of proceedings），必须予以考虑。[13] 在特定的案件中，当一个限制共同体法律实施的成员国法律条款不能被这些基本原则所证立时，其是违反有效性原则的。

成员国的法律是否符合这些原则，不得不由国内法院判定。涉及这些原则实施的问题可以通过初步裁决程序提交给欧洲法院。

1.4 行政权在欧洲法律秩序中的运用

在共享政府这一概念下，行政权的运用受到两个合法性原则（principle of legality）的支配和限制，其中一个属于共同体层面——经常被称为法律基础原则（the principle of the legal basis），另一个属于国家层面。

1.4.1 共同体层面

共同体实行法治。因此，共同体机构的手段和活动必须符合"共同体赖以建立的机构宪章，即欧共体条约"[14]。根据条约，与成员国不同，共同体并不享有干预社会的一般性权力，其只享有特定的权力，即只有在条约包含如此行为的具体法律基础时，共同体才能行使其权力。这一法律基础的假定规定在第一章第 5 条：共同体应当在按照本条约所授予的权力和所规定的目标的界限范围内行动。其经常被称为法律基础原则。[15]

法律基础原则与合法性原则密切相关。在如下意义上两个原则是相似的，即它们都提供了一种保障：行政机关只有在立法有明确授权可如此行为的范围内才能对个人作出拘束性的决定。不过，法律基础原则在以下三个方面具有更广泛的适用范围。

⑬ Case C－430/93, *Van Schijndel*, ECR 1995, 1－4705; case 312/93, *Peterbroeck and others*, ECR 1995, 1－4599.

⑭ Case 294/83, *Les Verts*, ECR 1986, 1339.

⑮ R. H. van Ooik, *De keuze der rechtsgrondslag voor besluiten van de Europese Unie* (The Choice of Legal Base for Decisions of the European Union), serie Europese Monografieën, deel 63, Deventer, Kluwer, 1999.

a. 共同体权限的限制：如果根据欧共体条约一项权力被明确授予共同体的话，共同体只能在授权的特定政策领域内采取行动。最近几年，共同体获得授权采取行动的领域有显著的增加。这些领域包含从农业、交通到文化、公共健康和环境等。不过，条约中未提及的领域仍然在共同体的权限之外。它们属于成员国的专属权限。

b. 成员国的影响：在成员国对共同体决策的影响方面，法律基础的选择也是决定性的。在每一个政策领域，欧共体条约都为决策的作出提供了具体的程序。有时它规定决定的作出需要全体一致同意，而在其他一些领域它只要求一种成员国的一般多数同意，而在另一些领域它则要求一种特定多数（a qualified majouity）。很明显，在规定需要全体一致同意的情况下，每个成员国拥有对共同体决定的最大程度的影响。因此，在实践中，欧洲法院在处理共同体是否对某一特定法案或者决定选择了正确的法律基础时，存在大量的程序性争议。在这些案件中，欧洲委员会（the Commission）倾向于选择允许基于一般多数而作出决定的法律基础，而成员国则更赞成一种规定了全体一致同意的法律基础。

c. 欧洲议会（European Parliament）的影响：最后，法律基础对于在决定作出的程序中欧洲议会的介入非常重要。取决于不同的具体政策领域和适用于该领域的法律基础，欧洲议会可能只享有一种建议权能，即一种对相关立法无否决权的合作立法者的角色，也可能享有一种共同决定法案命运的权利。很明显，在欧洲议会具有共同决定法案命运的权利时，其介入和权力具有最大的影响。

通过前面的论述，法律基础的重要性已变得清晰。上文已经提及，正确法律基础的问题经常是欧洲法院所面临的程序性问题。在其判例中，欧洲法院表明，对于是否能在条约中指出存在一个法律基础的问题，要求是十分严格的。因此，例如法院会要求拨款资助特定工程的决定也应具有法律基础。[16] 仅存在一个预算被认为是不够的。不过，如果存在一个法律基础，欧洲法院的解释会

⑯ Case C-106/96, *United Kingdom v. Commission*, ECR 1998, pp. I-2729.

非常灵活。在这方面，在好几个判决中，欧洲法院支持隐含权力原则（the principle of implied power）⑰：根据这一原则，欧洲法院同意，当欧共体条约明确将某项特定权力授予共同体时，也允许共同体的机构行使实际上未被授予，但是可被认为是对有效行使该明确授权所必需的权力。

1.4.2 成员国层面

上文已经提及，共同体法的实施、适用和执行主要发生在成员国层面。在此成员国将适用本国的法律工具，例如议会立法、一般拘束性原则、个别决定等。这些工具的运用受成员国的合法性原则控制。该原则在不同成员国的内容和含义将在本书的其他章节讨论。这些国家的合法性原则上也适用于共同体法在成员国的实施——至少在如下范围内共同体法的实施将会导致对个人施加义务时适用。在这种情况下，成员国的有权机关应当根据该国法律的授权实施有争议的共同体法。如果共同体赋予了个人权利，在特定情况下这些权利将通过直接效力工具在成员国法院被直接实施。关于直接效力工具，参见 3.3 节。

2 谁享有行政权?⑱

2.1 欧洲共同体和欧盟

在上文中，我们一直说欧洲共同体（the European Community）和共同体法（Community law），一直避免了使用“欧盟”（the European Union）一词。对此，原因很简单。本章欧洲行政法几乎只与欧洲共同体（和共同体法）有关。共同体法是所谓的欧盟第一支柱。在如下意义上它有些特别，即它创立了一个自治的并且与成员国法律秩序相结合的法律秩序。并且，其优先于成

⑰ 例如 Case-240/90，*Sheepmeat*，ECR 1992，pp. I-5383。

⑱ 也可参见表一，欧盟的组织。

员国法，对成员国及个体具有直接法律效力。

除了第一支柱（共同体支柱）外，欧盟还包括第二支柱，即共同外交和安全政策以及第三支柱，即刑事领域的警务和司法合作。在这些支柱方面，成员国政府间的决定对成员国并没有直接的法律效力。直到目前为止，这些对欧洲行政法或者成员国行政法并不是十分重要。

2.2 欧洲共同体中的行政权

欧盟的最高机构——因此对欧洲共同体而言也是最重要的——是欧洲首脑会议（European Council）（《欧盟条约》第4条）。欧洲首脑会议由各成员国的国家或者政府首脑以及欧洲委员会主席组成。他们由各成员国的外长和一名欧委会的成员协助。欧洲首脑会议每年至少召开两次，由轮值主席国的国家或政府首脑主持。欧洲首脑会议的法律职能是为欧盟提供必要的发展动力，并确定普遍的政治方针。在实践中，其几乎决定了关于联盟的所有根本性事务，例如欧盟扩张和货币联盟的建立。

欧洲共同体的最高机构——至少实际上——是（部长）理事会（council）。它由十五个成员国在部这一层级的代表组成。这些代表应被授权代表相对应的成员国政府。理事会保证各成员国的一般经济政策保持一致，并有权在某些领域作出具体决定。然而，其最重要的职能是建立欧洲共同体的法律体系（规章和指令，regulations and directives）。在上文第1.4节已经论述，理事会与欧洲议会合作行使该项职能。

关于行政权力的行使，最重要的共同体机构是欧洲委员会（European Commission）。这一机构包含二十名成员。这些成员的选择应当根据其一般能力及其无可置疑的独立性。欧委会必须至少包括每一成员国的一名成员，不能包括超过两名相同成员国国籍的成员。欧委会促进成员国的普遍利益。在这方面，其行使以下几项职能。

首先，欧委会负责政策议题和立法的准备。

其次，欧委会监督成员国遵守共同体法（欧共体条约第

226～228条)。如果欧委会认为某一成员国未能履行条约所规定的义务，而该成员国并不认同该观点，那么欧委会可就该事项向欧洲法院提起诉讼。如果欧洲法院同意欧委会的观点，成员国就有义务采取必要的措施以实现欧洲法院的判决。如果该成员国未能采取有效措施，欧洲法院将对该成员国处以一项行政性罚款（an administrative fine）（一次总付的金额）或者一项惩罚性支付款(a penalty payment)。

最后，欧委会有权行使欧共体条约授予其的权力（例如欧共体条约第 93 条第 4 款以及第 134 条)，以及次级立法授予其的权力。后一种权力会涉及有关个人的决定，例如在欧洲竞争法中欧委会被授权对违反欧共体竞争规则（欧共体条约第 83 条第 2 款）的企业施以（行政性）罚款或者惩罚性支付款。被授予的权力也可能与为理事会立法的实施建立规则的权力有关。

在欧洲行政结构中一个相对较新的现象是所谓的专业行政机构（agencies)。近年来理事会通过其立法建立了大量的专业行政机构。它们被看作共同体的机关，具有法律人格。因此，它们在一定程度上享有独立于共同体机构（institution）特别是欧洲委员会的地位。一个专业行政机构中的最高组织机构常常是管理或者行政委员会，它们由成员国政府和欧共体机构指派的人员组成。

专业行政机构的职能和任务具有多样性。它们中的一些——所谓的规制性专业行政机构——有权针对个人采取拘束性的法律决定。例如协调国内市场（商标和设计）办公室（the Office for Harmonisation in the Internal Market)，该办公室被授权决定商标的注册；以及欧共体植物多样性办公室（the Community Plant Variety Office)，其有权在植物品种权的授予方面作出具体决定。这两个专业行政机构的决定都可以被起诉至欧洲初审法院（Court of First Instance）和欧洲法院。其他专业行政机构缺乏针对个人作出拘束性决定的权力。大多数专业行政机构的工作是收集和保存相关主题事项的信息，它们就是以此作为主要任务而设立的。这类专业行政机构，例如欧洲环境署（European Environment Agency)、欧洲药物和药物成瘾监测中心（European Drugs and Drugs Addiction Monitoring Centre）、欧洲工作安全与健康局（European Agency for Safety and Health at Work）。最后一类专业行政机构是所谓的业务机构（operational agencies）。它们协助欧委会执行特定的欧盟项目和政策。这类专业行政机构的一个例子是欧洲训练基金会（European Training Foundation），它负责为来自中欧和东欧国家的官员组织培训课程。

2.3 欧洲法律秩序下的国家行政权

在上文第2.2节提到，特别是欧委会，一些情形下的理事会，甚至一些专业行政机构，被授权针对个人作出拘束性的决定。然而，经常情况是共同体法必须在成员国层面由成员国自己实施和适用于个人。在成员国内，哪一组织或机构有权执行该任务，是成员国组织法需要解决的问题。根据机构自治原则，共同体原则上不干涉成员国在这方面的选择。

在实践中，各种各样的成员国机构都可能负责共同体法的实施。到底由哪一机构负责实施取决于成员国宪法的规定。因此，根据各成员国的宪法，在很多成员国，涉及共同体法实施的最重要的任务都由成员国中央政府的行政部门，大多是由各部部长负责实施的。不过，在其他一些成员国，部分共同体法的实施任务已下放给地方政府负责。在这种情况下，共同体法由诸如自治区、省和联邦州的机构负责实施。有时某一成员国会将部分共同体法的实施权授予一个专业行政机构、一个准非政府组织（a Quasi Non Governmental Organization），或者授予其他或多或少带有自治性质的公共机构。从欧共体的观点出发，所有这些机构的安排原则上都是被允许的。

然而，尽管成员国享有决定实施机构方面的自由，成员国必须就共同体法在本国范围内的正确实施向欧共体负责。毕竟，成员国才是欧共体条约的组成部分，是大部分条约条款和欧共体立法的收件人。所以，成员国的责任范围还包含其分权机构（decentralized authorities）或者自治性专业行政机构（autonomous agencies）对共同体法的实施（或者不实施）。因此，只有成员国才能被欧委会起诉至欧洲法院，当成员国的分权机构未能遵守欧共体条约或者其他任何欧共体立法时，事实仍是如此。该程序最终将导致欧洲法院对成员国处以一项罚款或者一项惩罚性支付款（参见第2.2节）。也正是成员国在财政上就其分权机构或者自治性专业行政机构在实施欧共体补贴规则时的不合法行为对欧共体负责。

在欧洲法院的审理过程中，成员国不能以本国宪法未规定干涉其分权机构或者自治性专业行政机构实施（不实施）欧共体法所需的必要手段为由提出抗辩。欧共体尊重成员国在机构方面的自治，但是并不允许它们"藏在本国宪法的裙下"从而达到逃避共同体义务的目的。因此，这似乎是有力的政策，即如果成员国的分权机构和自治性专业行政机构忽视其欧共体任务，成员国将给自身足够的权威以干涉这些机构的活动。

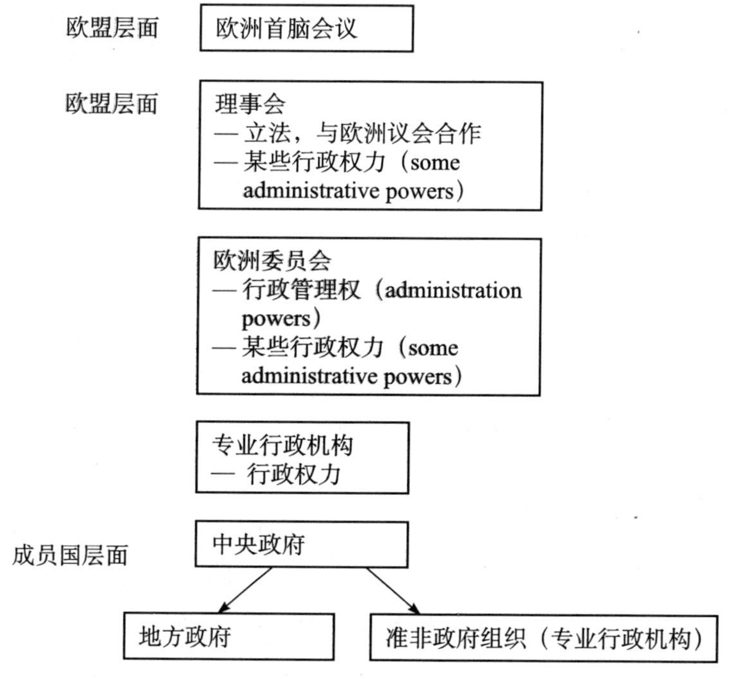

图1　欧洲法律秩序中的组织

3 在行政中可以运用何种工具?

3.1 欧洲共同体层面的法律工具

欧洲共同体最重要的法律工具当然是欧共体条约。在条约中主要条款是四大自由：商品流动自由、人员流动自由、服务流动自由和资金流动自由。这些自由包含了对在成员国之间流动之限制的禁止，尽管也有例外情况。除了这四大自由之外，该条约还包含了关于竞争（欧共体条约第 81 条以及以下条款）和成员国之间提供协助的条款（欧共体条约第 87 条以及以下条款）。此外，条约还为共同体立法以及在特定政策领域的其他共同体行为提供了法律基础，这些领域例如农业、交通、环境、社会政策、消费者保护等。

欧共体条约第 249 条包含了必要的法律工具，借此欧共体的机构可以在这些特定政策领域采取措施。最重要的法律工具是规章、指令和决定。下面对这些工具以及软法的工具将会有所讨论。我们也会关注要求成员国必须执行和适用这些欧共体法律工具的手段。

3.1.1 规章（regulations）

规章具有普遍适用的效力。对成员国和个人而言，规章作为一个整体具有拘束力，可以在成员国内直接适用。规章——其经常在农业和关税领域适用——详细规定了成员国有权机构在特定领域采取行动必须遵循的方法，例如在何种情况下该有权机构可以给予一项津贴或者许可。就其结构和内容而言，规章类似于议会立法和其他具有普遍约束力的国家法规。不过，它们并非来自国家立法者，而是来自欧洲立法者。

为实现在成员国法律秩序中的有效实施，规章应当“合并进入”（incorporated）国家法。在这方面，对国家法来说有必要指定一个国家行政机构专门负责规章在该成员国内的实施。而且，经常不得不作出额外的法律安排以保证规章的实施。在此，我们可以想起为保证规章适用的程序规则的制定，或者对保证规章有效实施具有必要性的规则的制定。

3.1.2 指令（directives）

指令只对面向其发布的、与所欲达到的结果有关的每一成员国具有拘束力。在这些成员国其被给予了充分的效力，因为其在国家立法中被转化或体现，从而接着由有权限的国家机构予以适用。时间限制——在此期限内转化必须发生——规定在指令中。该时间限制不允许超越。

在一项指令的转化中，成员国原则上享有选择必要的形式和方法以达成指令目标的完全自由。实际上，这一自由经常非常有限，因为很多指令即使给成员国留了裁量空间，也是很小的裁量空间。而且，欧洲法院要求，指令的转化应当符合特定的严格条件。关于形式，欧洲法院要求转化应当以“国家法的拘束性条款”进行。从而，指令将被有效实施得到法律保证。此外，转化必须准确、清楚和完整。或者，根据欧洲法院在其判例中的陈述[19]：要正确转化一项指令，

> 对国家法而言如下要求是基本的，即保证国家有权机关全面地有效实施该指令；保证其在国家法中的法律地位足够清楚和明确；保证使个人充分认识到他们的权利，以及在合适的地方，将依据它们在成员国法院提起诉讼。

转化应当通过“国家法的拘束性条款”的要求限制成员国对指令进行转化的法律工具的选择。该要求显示了对运用具有普遍拘束力的规则的明显偏好。欧共体并不提倡选择性的转化工具，该种工具具有很小的法律拘束力。在判例中，欧洲法院常常倾向于将这些工具定性为“仅仅是行政实践，其理所当然地可以在行政的一时奇想中改变”[20]。因此，其并不能保证指令的充分实施。此外，个人也不能

⑲ 例如 case C-144/99, *Commission v. the Netherlands*, ECR 2001, I-3541。

⑳ Case C-96/81, *Commission v. the Netherlands*, ECR 1982, 1791; case 97/81, *Commission v. the Netherlands*, ECR 1982, 1819.

依据这些工具在成员国法院提起诉讼。

因此，指令不能被政策性规则之类转化：毕竟在特定情况下行政被授权可以与它们相背离。而且，欧洲法院也不接受通过自愿协议（契约）对指令进行转化。这一工具经常用于环境法领域：为了达到一定的环境目标——例如一定数量的二氧化碳减排——行政机关与污染企业的群体签订协议。从欧盟法的观点看，自愿协议的问题在于这些企业是在纯粹的自愿基础上签订协议的，因此，没有办法保证每一个应对受质疑的污染负责的企业都成为自愿协议的签署者。此外，这些企业在退出自愿协议方面也是自由的。因此，关于指令的有效实施就不能得到保证。

3.1.3 决定（decisions）

决定对其针对的对象作为一个整体而具有拘束力。有时决定会针对个体，例如欧委会对违反欧共体竞争法规则的企业处以的罚款决定。不过，更多的决定是针对一个（或多个）成员国。随之该成员国将有义务在本国法律体系内执行该决定。这种执行有时意味着不得不（针对某一特定当事人）作出一个具体决定。例如如下情况，欧委会通过决定的形式给成员国施加义务：当补贴/援助被成员国非法——违反共同市场原则——授予某企业时，成员国应当向该企业收回补贴/援助（参照欧共体条约第87、88条）。在其他情况下指令必须以具有普遍拘束力的规则的形式在成员国实施。例如下列情况，欧共体的决定以公共健康为由责成成员国禁止从某第三方国家进口某商品。这一禁止必须以议会（国家）立法的形式或者其他具有普遍拘束力规则的形式加以执行，并随后在具体案件中由国家有权机关予以实施。

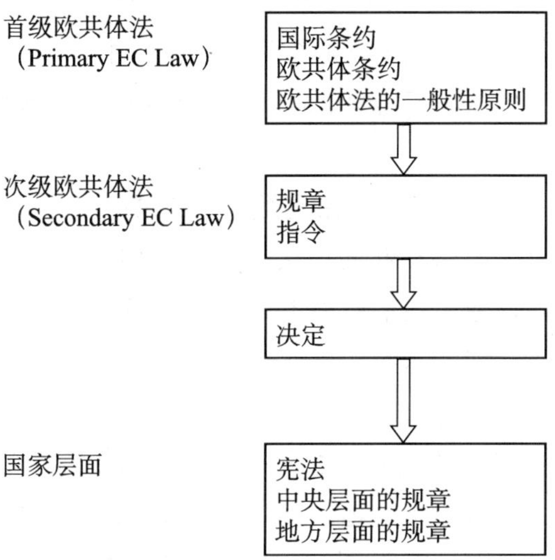

图 2　欧洲法律秩序中普遍适用的规则层级简图

3.1.4　欧共体的软法工具

共同体法中也包含了软法工具。欧共体条约中软法的例子是：建议和意见（recommendations and opinions）（欧共体条约第 249 条第 5 款）、一般性行动计划（general action programmes）（欧共体条约第 175 条）、多年度框架计划（multi annual framework programmes）（欧共体条约第 166 条）。除了欧共体条约规定的这些工具之外，还存在大量的缺乏欧共体条约上的法律基础的软法工具，例如决议（resolutions）、指南（guidelines）、宣言（declarations）、行动手册（codes of conduct）等。这些工具具有一个共同特征，即从法律观点来看，它们完全没有法律拘束力。

但是，这并不意味着这些工具在法律上不重要。例如，当欧委会评判成员国所授予的援助的合法性时，它有义务遵守其建立的关于该领域自由裁量权的行使的指南。另外，欧洲法院有时将建议作为一种解释欧共体规则的工具加以运用。[21] 在这种情况下，

[21] Case 322/88, *Grimaldi*, ECR 1989, 4407.

成员国当局和法院有义务将这些建议纳入考虑范围。

然而，很难对软法工具的拘束力提供一个一般性的观点：这取决于所讨论的软法工具的措辞以及其所应用的具体领域。

3.2 国家层面的法律工具

成员国有义务保证共同体法律工具在成员国内的有效实施。上文已经一般性地表明了何种工具可被使用。这里，国家最重要的法律工具将被加以完整讨论。

首先，为保证共同体法的有效实施，经常有必要以普遍拘束性的国家法规则的形式实施其条款。在转化指令的情形下，几乎总是有必要充分运用该工具，因为转化应当以“国家法的拘束性条款”的形式进行。我们已经论述，共同体法并不提倡使用选择性的转化工具，因为这一工具并不具有很强的法律拘束力，例如政策规则和自愿协议（参见第 3.1 节）。规章和许多决定也常常应当被合并进入普遍拘束性的国家法规则之中。在这些规则中，国家行政机关必须有权面对面地将规章和决定适用于个人，必须为实施这些工具建立程序规则，相关的额外安排，例如必须执行规章和决定等。

不过，为实施欧共体的法律工具并不总是有必要制定新的普遍拘束性的规则。在很多情况下可能将指令、规章和决定合并入现有的普遍拘束性规则中。不过这种做法应当以一种严格准确的方式进行：应当保证这些工具在国家法律秩序中得到一种完全有效的实施。选择具体类型的普遍拘束性的（国家）规则以实施共同体的法律工具是成员国的事情。这种实施可能以议会立法的方式进行，不过也可能以地位相对较低的普遍拘束性规则的方式进行，例如部的规章。共同体的法律工具也可能以分权机构（decentralized authorities）立法的方式实施。

其次，实施或者合并共同体法律工具的国家立法必须适用于个人。很多规章以及一些指令都包含有将要使用的国家法律工具的具体条款。因此，一个规章可能规定国家当局必须对个人施以征税、给予补贴或者赔偿等。在某些指令中也会规定，必须达到的实体性标准应当以一种特许或者许可的条款加以表述。在其他一些指令中则规定要制定一般性的规则，例如制定一定区域作为产地保护区。

如果共同体的法律工具并未包含任何具体特定条款，那么在成员国法律体系中可以使用的任一法律工具原则上都可以运用。通常，与个人有关的共同体法律工具的实施将以具体行政决定的方式进行。经常具有（至少是部分）共同体背景的行政决定包括：

课以经济义务的决定：主要在海关和税法领域；

给予补贴和赔偿的决定：主要在农业法和结构基金（structural funds）领域；

提供经济援助的决定，例如在社会保障领域；

与诸如许可和特许等命令和禁令有关的决定：例如在环境法、水务管理和运输领域。

3.3 欧共体法的直接和间接效力

如果任何事情都像欧洲共同体的创建者当初设计的那样运行，那么共同体法就会以上文提到的国家法律工具的形式、以一种正确的方式在成员国法律秩序中得以实施。不过，实际上事情并不总是这样。实际上，成员国当局机关违反欧共体法的情况非常普遍。指令未能在要求的期限内或者未能以正确的方式予以转化；规章未被实施或者未被正确实施等。针对这些情况，共同体法提供了两个工具以让个人或企业仍然可以实现共同体法赋予他们的权利：直接效力工具和间接效力工具。这两个工具都与共同体法至上原则密切相关：它们可以被看作该原则在国家法律秩序中得以实现的一种手段。[22]

[22] 关于这两种工具一般可参见 S. Prechal，*Directives in Community Law*，Oxford，Clarendon，1995。

3.3.1 直接效力

当共同体法的条款赋予个体以权利并且他们可以直接依据该权利在成员国法院进行诉讼时，该共同体法就具有直接效力。法院有义务适用该直接效力条款，不予适用与该条款相违背的任何国家法条款。适用具有直接效力的共同体法的义务并不仅限于法院。行政（分权）机关也有义务使用这些条款，并避免适用任何与它们相冲突的国家法。[23]

某一条款具有直接效力的主要条件是成员国对其是否适用不享有裁量权。因此，该条款必须绝对和足够精确（unconditional and sufficiently precise）。[24] 根据这一标准，欧共体条约中所规定的最重要的权利和自由，以及总体上关于规章和决定的条款，具有直接效力。当一项指令的条款绝对和足够精确，并且其在成员国法律秩序中应当予以转化的期限届满后，其也具有直接效力。在转化的时间期限届满之前，指令条款没有直接效力。不过，这并不意味着这些条款没有任何法律效力。在其判例中，欧洲法院宣布——根据欧共体条约第 10 条——在转化期间内，成员国“必须避免采取任何极可能危害到该指令规定的结果的措施”[25]。因此，在此期间内制定与指令目标相冲突的立法或者采取其他类似措施是被禁止的。

共同体条款的直接效力首先适用于个体和行政机构之间的纵向关系：个体可以依赖共同体法授予的权利对抗行政机构。换句话说：这种条款具有纵向的直接效力。规章和欧共体条约的某些条款也可能在个体与行政机构之间的关系中（反向的纵向直接效力）以及个体与其他个体的关系中（横向的直接效力）直接对个体课以义务。不过，指令的直接效力只存在于——根据欧共体条约第 249 条——“其所针对的成员国”的关系中。因此，一项未

㉓ Case 103/88, *Fratelli Costanzo*, ECR 1989, 1839.

㉔ Case 8/81, *Becker*, ECR 1982, 53.

㉕ Case C-129/96, *Inter-Environnement*, ECR 1997, I-7411.

被国家法（正确）转化的指令本身不会对个体课以任何义务。[26] 这会导致两个结果：

首先，行政机构不能依赖指令对抗个人。因此，例如，依据一项未被转化或者被错误转化的指令对个体实施征收是被禁止的（反向的纵向直接效力之禁止）。

其次，在与其他个体的关系中，个体不能依据一项未被转化或者被错误转化的指令条款主张权利（横向直接效力之禁止）。

3.3.2 间接效力

共同体权利在国家法律秩序中得以实施的第二种途径是通过间接效力的方法，其也被称为一致解释原则。这一工具通常应用于指令条款。根据欧洲法院的判例，成员国的权力机关——例如行政机关和法院——有义务在可能的范围内按照指令的用语和目的解释其本国法，以实现该指令所追求的结果。[27] 这一义务既适用于指令颁布之前的国家法条款，也适用于指令颁布之后的国家法条款。一致解释原则经常被适用于纠正指令转化中的小瑕疵。在这种情况下，成员国行政机构和法院将对并未完全与指令保持一致的国家法条款以与指令相符的方式进行解释。

与直接效力工具相比，间接效力工具为共同体法的正确实施提供了另外的可能。首先，该工具并不限于适用于那些具有直接效力的条款——换句话说：具有绝对和足够精确性的条款——它还能适用于没有直接效力的条款。[28] 其次，该工具能用于横向关系中，例如用于两个个体当事人之间的争议。[29] 横向效力之禁止并不适用于间接效力工具。

另一方面，该工具的适用也在两个方面受到限制。

---

[26] Case 152/84, *Marshall*, ECR 1986, 723; case 80/86, *Kolpinghuis*, ECR 1987, 3696.

[27] Case 14/83, *Von Colson and Kamann*, ECR 1984, 1891; case C-106/89, *Marleasing*, ECR 1990, I-4135.

[28] See for instance case 14/83, *Von Colson and Kamann*, ECR 1984, 1891.

[29] See for instance case C-106/89, *Marleasing*, ECR 1990, I-4135.

首先，与直接效力工具的情况类似，行政机构也不能依据该工具将一项尚未正确转化的指令适用于个人（反向的纵向间接效力之禁止）。该限制的一个例子是 Kolpinghuis 一案[30]，在该案中欧洲法院判决认为一致解释这一工具并不能导出如下情形：

> 一项指令，其本身以及成员国为实施其而自主选择的国家法手段，有决定或者加重其行为违反该指令条款的个人的刑事责任的效力。

根据欧洲法院的判决，这将违反法律的确定性原则和法律不溯及既往原则。

其次，解释国家法条款从而使之符合指令的义务不应导致国家法条款的一种违法（contra legem）实施。因此，如果国家法条款的措辞与指令条款显著不同，该偏差并不能被一致解释原则所修补。

4 哪些是行政不得不遵守的规范?

4.1 简介

欧洲行政和成员国行政，如果它们适用欧共体法的话，就不得不遵守成文法的规则以及一般法律原则。这些法律渊源构成了欧洲法院和成员国法院对共同体机构和成员国有权机构的行为和决定进行审查时所适用的法律框架。

成文法规则对于欧共体机构来说十分重要，其可以在欧共体条约、规章和（某些）指令以及欧共体作为缔约方的国际条约中找到。对于国家行政来说，相关的成文法是欧洲法（条约、规章、指令和决定）、国际法和国家法。需要注意的是，在适用欧共体法时，国家有权机构也必须要遵守国家法的规定——至少在不违背欧共体法的范围内遵守国家法。毕竟，欧共体法在国家法律秩序

[30] Case 80/86，*Kolpinghuis*，ECR 1987，3696，也可见 case C-168/95，*Arcaro*，ECR 1996，I-4705。

内的实施是通过国家法的手段（参见第 1.3 节）。因此，例如，一项授予环境许可的决定符合欧共体法，但是不符合另外的国内法规范或者相关的国内法程序条款，其将被国内法院所推翻。

共同体法的一般原则是一个重要的法律渊源。[31] 它们与成文法不同，它们具有开放性的特征，因此，它们为各个法律领域内法律工具的评估提供了一个标准。成文法规则的意义常常仅限于一个特定的法律领域。例如，一个关于二氧化碳排放的指令只在环境法领域有重要意义；类似的，一个关于欧共体给予农民补贴的规章也仅与农业法领域有关。然而，一般原则在环境、农业以及其他所有领域都必须予以遵守。基于这一宽泛范围，本部分将主要讨论多种一般原则。

在行政活动必须遵守的多个欧共体规范和成员国规范之间存在一个法律层级。[32] 在此层级中处于最高地位的是所谓的首级欧共体法（primary Community law）。这一群体包括欧共体条约、共同体法的一般原则，以及欧共体自身作为成员单位签署的国际条约（的直接效力条款）。[33] 一项国际条约的某一条款在欧洲法律秩序中是否具有直接效力，由欧洲法院决定。

在此层级中处于较低地位的是次级欧共体法（secondary Community law），例如规章、指令和决定。这些法律工具必须与首级欧共体法保持一致。因此，违背欧共体条约、某项一般原则以及某项欧共体作为成员而签署的国际条约的规章、指令和决定是违法的。原则上，规章和指令具有同等的法律地位。某一政策领域既可以通过规章规制，也可以通过指令规制。两个法律工具之中到底选择哪一种取决于欧共体条约规定的法律基础（参见第 1.4 节），决定从属于其所依据的规章或指令。

在此层级中处于最低地位的是执行欧共体法律工具的国内法。

[31] T.C. Hartley, *The foundation of European Community Law*, Charpter 5, General Principles of Law, Oxford, Oxford University Press, 1998.

[32] 见图 2。

[33] 欧共体在法律上不受仅有成员国参与的国际条约的拘束。

在多项国内法律工具之间是否存在一种层级关系，取决于该国宪法的规定。

4.2 欧共体法的一般原则：一般方面

在欧共体法律秩序中一般原则适用的法律基础多少有点隐晦，其规定在欧共体条约第 220 条。根据该条，欧洲法院必须“保证在欧共体条约的解释和适用中遵守法律（the law is observed)”。根据该条款，很明显在条约中存在一种对其来说是附加的（extra）“法律”(law)。这一“附加的”法律就是欧共体法的一般原则。这些一般原则主要从欧洲法院的判例发展而来。不过，从清晰程度来说这些一般原则是不成文的。不但在欧共体条约中，而且在一些规章中，不少一般原则都被编纂进去。例如，禁止基于国籍的歧视就被写入欧共体条约的好几个条款之中，包括第 12 条，第 39 条第 2 款以及第 43 条；第 2913/92 号规章包含了关税事项中的合法预期原则。[34]此为，一些一般原则，例如平等原则（the principle of equality)（第 3 章)、辩护权原则（the right of defence)（第 41 条）以及比例原则（the principle of proportionality)（第 52 条)，都可以在欧盟基本权利宪章（the Charter of Fundamental Rights of the European Union）中找到。[35]

这些从欧洲法院的判例发展出来的一般原则来源于成员国的法律，受到成员国法律的启示。共同体条约的条款之一，即第 288 条，甚至明确规定共同体法的一般原则必须“与成员国法共同的一般原则保持一致”。如果考虑到欧洲法院的法官也是来自这 15 个成员国，那么欧洲法院关于一般原则的判例受到成员国法的启示也就不奇怪了。因此，共同体法的一般原则与成员国所适用

[34] *OJ*（Official Journal of the European Communities）1992，L 302.

[35] *European Communities*，2001。除了一般原则之外，欧盟基本权利宪章还包含了公民的其他权利和自由。欧盟基本权利宪章由欧洲首脑会议、欧洲委员会和欧洲议会在 2000 年 12 月欧洲最高会议上“庄严宣布”。虽然原则上欧盟基本权利宪章是一个政治性宣示，并没有法律拘束力，但是人们希望它成为欧洲法院在解释一般原则和其他基本权利时的一个重要指南。

的一般原则非常类似。共同体法最重要的一般原则，下文将会讨论平等原则、比例原则、辩护权原则、合法预期原则、法律确定性原则以及说明理由义务原则。

不过，共同体法的一般原则和国内法的一般原则存在相似性，并不意味着每个共同体法的一般原则在每个细节上都与相对应的成员国法一般原则保持一致。因为各成员国的具体原则之间存在着不同，所以这种情况是不可能的。因此，欧洲法院不得不给一般原则赋予共同体自己的含义。通常情况是欧共体法的一般原则在各种各样的国内法一般原则之间达成一种明智的折中。

就共同体的机构而言，共同体法的一般原则当然具有拘束力。而且，成员国有权机关在适用共同体法时也必须遵守这些一般原则。当共同体法的一般原则偏离成员国法相对应的一般原则时，就可能产生问题。毕竟，共同体法在成员国的实施是通过国内法的手段，其中就包括国内法的一般原则（参见第 1.3 节）。如果国内法的一般原则与共同体法的一般原则不一致，成员国行政机关就不得不在这两种原则之间作出选择。在作出这一选择之时，如下两种情形应当予以区别：

a. 共同体的一般原则对个体提供的保护比成员国的对应原则所提供的保护多：在这种情况下，欧共体法至上原则要求适用共同体的一般原则。国内法的一般原则必须不予适用。

b. 共同体的一般原则对个体提供的保护比成员国的对应原则所提供的保护少：只要平等和有效的要求被满足，根据程序自治原则，原则上可以适用国内法的一般原则（参见第 1.3 节）。这种处理所导致的结果将在下文第 4.6 节关于合法预期原则的适用的讨论中予以论证。

下面，就前面已提到的最重要的共同体法的一般原则予以讨论。

4.3 比例原则[36]

比例原则或许是共同体法中最重要的原则。它部分规定于欧共体条约第5条第3款（共同体的任何行为皆不得超越为实现本条约目标而需采取的必要手段之范围）。在一个更为一般性的定义中，该原则要求特定手段对一个或多个利益相关人所造成的不利影响不得与该手段所服务的意图或目标不成比例。不成比例的禁止体现了行政"克制"（restraint）原则：行政对社会生活的干预是必要的和有用的，但同时它也不应超越有必要以合理方式服务于普遍利益这一范围。

为了评估是否违反比例原则，欧洲法院区分了如下三种情况：

该手段对于实现目标是合适的吗？

该手段对于实现目标是必要的吗？或者该目标能通过另一种对个体侵害更小的手段实现吗？

在狭义上该手段成比例吗？要对这一问题作出评判，法院必须对某一符合上述合适和必要要求的手段是否以一种不成比例的方式损害了特定群体的利益作出考察。违反狭义比例原则并不必然导致该手段被推翻，它也可以通过给予相关群体补偿的方式得以修正。

比例原则适用于三种不同的情况。对于是否违反该原则，法院的审查强度取决于适用相关手段的行政机构所享有裁量权的范围。

首先，该原则适用于欧洲法院审查共同体机构所采取的立法手段。总体而言，共同体机构在立法时享有广泛的自由裁量权。理事会和欧委会也是在政治上对其立法负责。因此，欧洲法院在对这些手段进行审查时保持克制。只有在该手段"明显不合比例"（manifestly disproportionate）时，立法才会被撤销。[37]

其次，在对商品流动自由的国内限制的正当性的评判方面，

[36] N. Emiliou, *The Principle of Proportionality in European Law*, A Comparative Study, London-The Hague-Boston, Kluwer Law International, 1996.

[37] Case 331/88, *Fedesa*, ECR 1990, I-4023.

该原则是一个重要标准。例如，成员国可以被允许对商品流动自由施以限制，只要该限制能够根据欧共体条约第 30 条提供的理由（包括如下：公共道德、公共政策或公共安全；保护人类、动物和植物的健康和生命；保护工业或商业财产）被证明具有正当性。在判断某一具体手段能否基于特定的理由而具有正当性这一问题时，法院对限制的合比例性采取严格的审查标准。这一审查由接受针对国内手段的起诉的成员国国内法院进行。该国内法院可以通过初步裁决程序将问题提交欧洲法院。关于这一程序，参见第 5.2.3 节。

最后，欧洲法院和成员国法院将比例原则适用于执行法律的决定，特别是处罚的审查。如果处罚由欧共体的机构作出，那么欧洲法院是适格法院，例如在欧洲竞争法领域，如果处罚由成员国机构作出——因为违反欧共体法的行为发生在成员国，那么对该处罚的诉讼应由成员国法院管辖。在上述两种程序中，主要问题是处罚的严厉程度是否与违法行为的严重程度成比例。对此合比例性的审查非常严格。

4.4 平等

平等原则或者非歧视原则要求同等情况同等对待，不同等情况不同等对待。可以有不同的对待——对此下文将予讨论——但仅限于该不同对待具有客观正当理由的范围，例如引用可接受的法律理由。该原则是共同体法的一项非成文的基本原则，但是也被写入了共同体法的成文法。欧共体条约包含了几项关于歧视的具体限制，例如基于国籍的歧视——参见条约第 12 条第 2 款，第 43、50、54 和 75 条——以及基于性别的歧视（参见条约第 141 条）。对歧视的禁止在不少指令和规章中也有规定。[38] 在欧共体机构和成员国的有权机构实施欧共体法时，它们必须遵守成文法中非歧视条款，同时也要遵守不成文的平等原则。

[38] 例如 Dir. 76/207, Equal treatment of men and women in the labour process, *OJ* 1976, L 39/40。

区分直接歧视和间接歧视是共同体法平等原则的典型特征。

(1) 在直接歧视的情形下，对两种情况的不同对待基于明确禁止的标准，例如国籍或者性别。只有存在具体依据能证明该区别对待的正当性时，该区别对待才会被允许。例如，这种依据可以在欧共体条约第 39 条第 4 款找到：禁止基于国籍的歧视并不适用于公共服务中的雇佣这一领域。

(2) 在间接歧视的情形下，某一手段对特定群体具有歧视性的效果，但是却并未适用某一被明确禁止的标准。例如该手段可能会运用一项性别中性的标准，但实际上其却会对女性产生不同的结果。如果该手段被证明具有客观正当性时，其也会被允许。要证明具有客观正当性，该手段必须具有正当的或者合法的目的。而且，该手段必须遵守比例原则：对于所要达成的目标，其必须是合适的、必要的。

可以考察平等原则运用方法的一个案例是 Pastoors 一案。[39]该案涉及执行欧共体的几项关于道路运输的规章并处罚相关违法行为的比利时立法。当这些规章被违反时，比利时立法对未选择立即支付规定罚款的非居民施加了一项义务，即与选择立即支付罚款相比，其要通过对每一违法行为提供担保的形式支付更高数额的罚款。根据欧洲法院的判决，该国内立法并未以（被禁止的）国籍的理由直接进行歧视，因为通过提供担保的形式支付一定数额罚款的义务是被施加给每一位未在比利时定居的人的，其与国籍无关。但是，这一非居民的标准的行使很容易造成对其他成员国国民的损害，因此构成了基于国籍的间接歧视。欧洲法院还认为，基于居民和非居民的区别对待在立法目的上具有正当性，即保证相关法律手段的有效执行：毕竟，与对比利时居民判决的执行相比，存在“一种风险，即针对非居民的判决的执行将不可能，或者至少更加困难或麻烦”。尽管如此，该立法还是被宣布违反了欧共体法，因为施加给非居民的比立即支付罚款更高的罚款

[39] Case C-29/95, *Pastoors*, ECR 1997, I-285.

义务，被认为是不合比例和过分的。

4.5 辩护权

辩护权原则是共同体法的一项基本原则。该原则主要从欧洲法院关于共同体竞争法的判例中发展而来。这并不奇怪，因为在这一领域欧委会有权对违反共同体竞争规则的企业处以惩罚性的行政罚款或者惩罚性的支付款。该原则的适用范围并不限于该领域的处罚这一范围。根据欧洲法院的判例，该原则在所有“将以对个体造成不利影响而结束的”[40] 程序中都应被遵守。该原则既适用于某手段对个人将带来不利影响的行政程序，也适用于对该手段提起诉讼的司法程序。该原则中所适用的特定权利必须在初步调查中受到尊重。[41]

在其判例法中，欧洲法院系统阐述辩护权原则中所适用的各种次级权利。因为此判例法经常与欧委会的决定相关，这些权利是作为面对欧委会享有的权利阐述的。而且，在国家行政机关实施欧共体法时，这些权利也必须受到尊重：

被听证的权利：在欧委会作出对个体构成“不利影响”的决定之前，该个体应当获得阐述其观点的机会。该“听证”可以书面方式进行。不过，如果欧委会想进行罚款的话，个体有权利获得口头听证。获得听证的个体必须被给予足够的时间以准备其答辩意见。

被告知个体所受指控的事实依据的权利：为了充分行使听证权利，个人应当被告知针对其的不利决定所依据的基本事实。

查阅案卷的权利：个体应有权利查阅被用作对其不利之决定的证据的文件。不过，一些文件是机密的，因此是不应被查阅的，例如第三人的商业秘密。

不得自证其罪的保护：个体不得被强迫向欧委会提供包含承

---

[40] Zaak C-32/95P, *Lisretal*, ECR 1996, I-5373.

[41] Joined cases 46/87 and 227/88, *Hoechst*, ECR 1989, 2859.

认欧委会不得不证明的违法行为部分存在的信息。[42] 在初步调查程序中该权利必须予以遵守。

法律援助的权利：在初步调查程序中该权利也必须予以遵守。因此，欧委会有义务等到个体有办法请到律师之后才进行调查。

法定特权：独立律师和他的委托人之间的通信秘密应受到尊重。[43] 通信秘密的保护也适用于该委托人处于羁押期间的通信，以及包含来自独立法律顾问之意见的委托人的内部文件。[44]

4.6 合法预期保护原则[45]

合法预期保护原则在很早之前就已被欧洲法院承认为欧共体法的基本原则。[46] 它要求行政机关必须尽可能地实现由其所提供的合法或正当的预期。合法预期可由普遍拘束性的规则（例如：规章）或者具体决定产生，至少在相对人相信它们不会被轻易改变这一事实的程度上产生，虽然它们有时也由关于部分行政活动的许诺产生，或者通过软法工具产生（参见第3.1节）。在合法预期必须总是以其应当满足的方式予以满足的意义上，该原则所提供的保护并不是绝对的。在具体案件中，它对平衡如下利益最终总是必要的，即一方面是满足该预期时一个或多个个体所获的私人利益，另一方面是可能相冲突的普遍利益或者相冲突的第三人利益。

在欧洲法院的判例中，基于该原则而获得的胜诉非常少见。对此，一个重要的原因是欧洲法院长期以来一直拒绝适用违法原则。因此，如果适用合法预期保护原则将会导致一个违反欧盟法的决定的话，基于该原则的起诉就不可能得到（欧洲和成员国）

[42] Case 374/87, Orkem, ECR 1989, 3283.

[43] Case 155/79, *AM&S*, ECR 1982, 1575.

[44] Case T-30/89, *Hilti*, ECR 1990, Ⅱ-163.

[45] S. Schönberg, *Legitimate Expectations in Administrative Law*, Oxford, Oxford University Press. 2000。该书包含了英国、法国和欧盟法的比较研究。

[46] Zaak 112/77, *Töpfer*, ECR 1978, 1019.

法院支持。或者，以欧洲法院的话来讲[47]：

“无论是成员国机构还是欧共体机构给出的错误许诺，抑或是这些机构违反共同体规章的实践或者政策规则，都不会引起受欧共体法律保护的情形。”

此外，基于该原则而胜诉的可能性是受到限制的，因为合法预期不能从行政机关提供的错误信息中产生——如果该错误能被一个“留意的交易者”（attentive trader）或者“勤勉的商人”（diligent businessman）察觉的话。因此，根据欧洲法院的观点，如下希望并不是不合理的，例如，希望企业查找相关的官方杂志以发现合适的海关关税表；企业不能依赖行政机关提供的关于这些关税的任何错误信息。[48]

当适用共同体法时，无论是共同体机构还是成员国机构都必须遵守合法预期保护的共同体法原则。国内有权机关原则上也必须遵守其国内法和相关原则，包括国内法中的合法预期保护原则。只要共同体法的原则比国内法的原则为个体提供了更多的（或同等的）保护，共同体的原则就必须予以适用（参见第 4.2 节）。不过，在某些国家中——例如德国和荷兰——是国内法的合法预期保护原则提供了更多的保护。在这种情况下，问题就是国内原则能否被适用。

国内法的合法预期保护原则与欧共体法之间的冲突经常在事关国家有权机构收回已给予某企业但是却违反共同体法的补贴的案件中得到讨论。在上文提到的这些国家中，这一收回将违反国内法的合法预期原则。然而，从共同体法的观点出发，这些预期不具有正当性，因为企业应当知道该补贴是违反欧盟法的。在欧洲法院的判例中，这一冲突通过如下方式得以解决。

根据欧洲法院的观点，国内有权机构可以适用该国内法原则，只要平等和有效的要求得以满足。有效这一要求尤其可能阻碍这

[47] Case 5/82, *Maizena*, ECR 1982, 4061; case 316/86, *Krücken*, ECR 1988, 2213; case 188/82, *Thyssen*, ECR 1983, 3721.

[48] Case 161/88, *Binder*, ECR 1989, 2415.

一原则的实施。在很多案件中，该国内法原则未得到适用，就是因为支持基于该原则的诉求将会违背共同体的利益，从而违反该项要求。[49] 不过，在例外的情形下——只需要综合考虑该补贴发放后所经过这段相当长的时间、国家机关的疏忽以及接受者的善意——适用该国内原则将符合该有效条件的要求。[50] 在这种情形下没有必要收回该非法授予的补贴。

4.7 其他共同体法一般原则

在这一节最后，还有两个共同体法的一般原则需简要加以讨论：法律确定性原则和说明理由的义务。

在共同体法律秩序和绝大多数成员国法律秩序中，法律确定性原则既可以实体性的方式也可以程序性的方式加以运用。[51]

实体性法律确定性原则与合法预期原则密切相关。该原则要求行政机关和立法机关（原则上）尊重已获得的权利。在这方面，它特别对规章效力的溯及既往以及决定的撤销施加了特别的限制。

程序性法律确定性原则要求行政机构的决定必须清晰和确定。在这方面，这一原则为适用起诉（最后）时间的限制提供了正当性。根据该原则，被授予一项许可的相对人必须获得如下确定性：经过一定的期限该许可就具有最后的确定性，其既不能被撤销，也不能受到第三者的挑战。[52]

共同体说明理由的义务规定在欧共体法第 253 条：规章、指令和决定应当说明其所根据的理由，并指明根据本条约而要求获得的任何建议和意见。根据欧洲法院的观点，该义务是“一项基

[49] 例如 case 5/89，*BUG Alutechnik*，ECR 1990，I－3453 and case C-24/95，*Alcan*，ECR 1997，I－1591。

[50] Case 366/95，*Steff-Houlberg*，ECR 1998，I－2661.

[51] J. B. J. M. ten Berge and R. J. G. M. Widdershovern，‘The Principle of Legitimate Expectations in Dutch Constitutional and Administrative Law’，in E. H. Hondius (ed.)，*Netherlands Report to the fifteenth International Congress of Comparative Law*，Bristol，1998，Antwerpen/Groningen，Intersentia Rechtswetenschappen，1998，pp. 421－452，especially p. 424.

[52] 参见第 5.3.3 节。

本的程序性要求”。未说明或者未充分说明所需要的理由将会导致决定无效。

说明这些理由的义务具有三个功能。特别是在 Brennwein 一案中，这些功能被描述如下[53]：

欧共体条约第 253 条规定的说明理由的义务：

“力图为（1）维护自己权利的当事人（2）行使监督职能的法院（3）成员国以及所有探知欧共体机构实施条约情况的利益相关国民提供一个机会”。

要实现这些功能，并不一定总是需要详细的陈述。通常，以简明清楚的方式说明——赖以作出决定的以及对于理解指导欧共体机构作出决定的理由是必要的——主要法律问题和事实问题就足够了。

5 有何种法律保护可以防御行政行为?

5.1 防御共享政府的有效司法保护

在欧洲法律秩序中，给予个人的司法保护受有效司法保护原则支配。根据该原则，个体能够在一个独立的法院实现欧共体法赋予他的权利。为遵守该原则，第一必要的就是个体要有有效途径（effective access）向法院提起诉讼。第二，这些法院有可以自由使用的有效救济手段（effective remedies），例如通过其可以有效纠正违反共同体法行为的救济手段（参见第 5.3.2 节）。在以欧洲机构和成员国机构共享政府这一概念为典型特征的欧洲法律秩序中，有效司法保护这一原则在两个层面得以实现。

a. 共同体层面：在这一层面存在几项救济手段。对于个人而言最重要的救济手段是提起对共同体机构所作决定的合法性进行审查的诉讼（欧共体条约第 230 条）以及与共同体机构导致的损害相关的非合同责任的诉讼（欧共体条约第 235 条和第 288 条的

[53] Case 24/62, *Brennwein*, ECR 1963, 63.

结合)。在欧洲适格的法院是位于卢森堡的欧洲法院(European Court of Justice)。在第一种情况下,这些行为应在欧洲初审法院接受审查。

b. 成员国层面:上文第1.1节已经提到,欧共体法对个人的适用通常发生在国内层面,由成员国有权机构进行。防御这种实施的法律保护由成员国国内法院提供。哪个国内法院享有管辖权以及哪一程序和原则可以适用,原则上是国内(程序)法的问题。国内法院可被看作普通法法官的角色。它们肩负着保证欧共体法在成员国内有效实施的任务。为保证欧共体法的统一适用,国内法院有机会或者义务将事关欧共体法效力和解释的预备性问题提交欧洲法院(欧共体条约第243条)。

在下面第5.2节,将首先研究欧洲层面的司法救济。尤其需要注意的是通过可在成员国层面适用的救济手段进行的可能干预。在第5.3节将予以考察国内法院作为普通法法官的角色。

5.2 共同体层面的救济

5.2.1 欧洲法院(The Court of Justice)

欧洲法院由15名法官组成,每一名法官来自一个成员国。有9名总辩护官(Advocate General)对其进行协助。这些法官或总辩护官从独立性无可置疑且具备在担任本国最高司法职务所要求的资格的人员中或者能力受到认可的法律专家中选择。他们应被各成员国一致任命,任期六年。欧洲法院位于卢森堡。

自1989年起,在欧洲法院之下增加了一个欧洲初审法院。欧洲初审法院也由15名法官组成,每一个法官来自一个成员国。这些法官从独立性无可置疑且具备担任司法职务所需要的能力的人员中选择。欧洲初审法院有权受理自然人或法人提起的诉讼。欧洲初审法院的判决只能以法律理由上诉到欧洲法院。

关于欧洲法院和欧洲初审法院权限和组织的条款大部分可以从欧共体条约中找到,也可以在被作为一项协议追加在欧共体条约之后的欧洲法院法（the Statute of the Court of Justice）中找到。关于两个法院所适用的司法程序的规定可以在欧洲法院法以及各自的程序规则中找到。程序规则由法院自己制定，它们需要获得理事会的一致通过。

5.2.2 合法性审查

5.2.2.1 大体情况

合法性审查这一救济手段的目的是宣布一项违法行为无效。提起此种诉讼的期限是两个月（欧共体条约第230条第5款）。数个欧共体机构以及所有成员国被看作“特权原告”（privileged applicant），有权针对共同体机构的每一行为提起诉讼，也包括规章和指令。不过，个体提起合法性审查请求的权利仅限于“决定”。而且，该起诉受到非常严格的原告资格规则的限制，这一问题将在下文讨论（第230条第4款）。因此，个体不能就规章和指令向欧洲法院提起诉讼。希望挑战这些普遍拘束性规则的合法性的个体不得不在国内法院提起诉讼：在一个针对根据规章和指令作出的国内决定的诉讼中，国内法院将该行为的合法性问题提交给欧洲法院。

启动欧共体条约第230条所规定的程序的理由是：（1）缺乏权限，（2）违反基本程序要求，（3）违反欧共体条约或者任何与欧共体条约之适用相关的法律规则，以及（4）滥用权力（欧共体条约第230条第2款）。第三个理由被欧洲法院解释为“违法”（infringetment of law）（总体上）。在这一类别之下，第4节所考察的欧共体法的基本原则也被隐含在内。

被起诉到欧洲法院的行为并不停止发生效力。不过个人有权要求欧洲法院下达命令停止该行为的实施（欧共体法第242条），或者提供其他必要的临时措施（第243条）。在这一程序中欧洲法院适用的最重要的标准是推定具有充分的法律根据标准：这一适用是否合法以及实际上是否具有表面的正当性？除此之外，该适用应当具备一种紧迫需要：对于避免该寻求救济的当事人发生严重的和不可挽回的损失而言，该临时措施应当是必要的。纯粹的金钱损害不应认为是不可挽回的，因为该损失在事后可以得到赔偿。第三，所要求的手段应当保持临时性手段的特征：它的目标应该是对案件当事人法律地位的保护。

5.2.2.2　个体的原告资格

自然人和法人在欧洲法院——在初审时是在欧洲初审法院——启动诉讼程序的权利限于三组类型的决定。

a. 针对该个人的决定：这种决定十分少见，因为欧共体法通常是由成员国的有权机构实施的。可以在欧洲竞争法中发现一个例外。在这一领域，欧委会有权对违反欧洲竞争法的企业处以罚款或者周期性的惩罚性支付款。

b. 虽然以规章的形式，但是与该个人直接且个别相关的决定：这些决定经常被称作“非真正”（non-genuine）规章。要与个别相关，必须是规章与事先可以确定的紧密个人群体相关联：即使在理论上，将来有其他个人加入该群体的可能性也要被排除。[54] 而且，该规章必须与该个人直接相关。这意味着此种规章已经对该个人发生了法律拘束效果。因此国家有权机构或欧委会一定会严格而且机械地实施该规章。如果这些机构在实施规章中有任何的自由裁量权，那么与个人也不是直接相关的。

c. 虽然是针对其他人，但是与该个人直接且个别相关的决定：决定所针对的“其他人”，既可以是其他个体，也可以是成员国。[55] 因此，个体也可以对针对成员国的欧委会决定提起诉讼，只要该决定与个体直接且个别相关。要个别相关，必须是规章与事先可以确定的紧密个人群体相关联。而且，该个人应当以一种特

[54] 在 2002 年 3 月 3 日第 T－177/01 号案件即 Jégo－Quéré 一案的判决中，欧洲初审法院扩大个人针对普遍适用的手段提起诉讼的权利。根据该判决，一个人将被看作与欧共体的手段个别相关：“如果该手段通过如下方式影响了它的法律地位，即通过限制权利或者施加义务的方式对其直接和立即的影响……”同样受该手段影响或将要受到影响的其他人的数量和地位与此无关。不过，对此欧洲法院是否会支持初审法院的观点尚存在疑问。

[55] Case 25/62，*Plaumann*，ECR 1963，95.

殊的而且能与所有其他人相区别的方式受到该决定的影响：当针对个人时，其也应当以同样的方式被个别区别。[56] 要直接相关，必须是成员国有权机构一定会严格而且机械地实施该决定。根据这些条件可能被个人起诉至法院的针对成员国的决定的一个著名例子，是欧委会针对成员国的如下决定：在该决定中其宣布成员国授予企业的特定援助不符合共同市场原则（参见欧共体条约第87、88条），因此成员国不得不收回该援助。

根据上述讨论，很明显，对个人而言，起诉至欧洲初审法院或者欧洲法院的原告资格规则是非常严格的。只有决定直接针对的个体或者与决定直接且个别相关的个体才有资格向欧洲初审法院提起诉讼。第三人或者非政府组织一般没有权利向欧洲初审法院起诉。

一个关于这些群体在欧共体的法院起诉受到限制的例子，是法院在关于绿色和平组织和大量加纳利群岛的居民诉欧委会这一案件中判决。[57] 该起诉针对的是欧委会在这些岛屿融资兴建两个发电站的决定。起诉人认为该兴建不符合欧共体法的决定，因为其违反 85/337/EEC 号理事会指令，没有经过环境影响评价程序。[58] 这些居民被否定了起诉资格，因为融资建设的决定不是与他们个别相关。毕竟，他们是以和“各种各样的人以及实际定居或临时居住在该地的任何人”（例如其他当地居民、渔夫、农民或者游客）同样的方式受到该决定的影响。绿色和平组织也被否定了原告资格，因为欧委会的决定只是影响了该组织的普遍——而非个别——利益。根据欧洲法院的观点，在共同体层面缺乏起诉资格并不违反有效司法保护原则，因为这些居民与绿色和平组织可以在西班牙行政法院起诉该兴建发电站的许可。

5.2.2.3 对成员国层面的救济的干预

虽然在欧洲法院提起诉讼的起诉资格规则非常严格，但是特

[56] Case 25/62, *Plaumann*, ECR 1963, 95.

[57] Case C-321/95P, *Greenpeace*, ECR 1998, I-1651.

[58] Directive of 27 June 1985, *OJ* 1985, L 175 40.

定情况下在欧洲法院起诉的权利也可能干涉在成员国法院起诉的权利。当某一个体首先被针对成员国的欧委会决定直接且个别地影响，随后又被成员国执行该欧委会决定的决定影响时，就属于这种情况。在这种情况下，个体可以对欧委会针对成员国的决定向欧洲初审法院或者欧洲法院提起诉讼，同时对成员国的执行决定向国内法院提起诉讼。这里出现的问题是在何种程度上这两个决定互相影响？这一问题在德根多夫纺织厂（Textilwerke Deggendorf（TWD））一案中得到了回答。[59]

该案涉及欧委会针对德国的一项决定，该决定命令德国收回其非法授予德根多夫纺织厂的援助（即违反欧共体法第 87 条）。这一援助被从德根多夫纺织厂直接收回。很明显，德根多夫纺织厂可以针对该决定向欧洲法院提起诉讼，因为该决定是与其直接且个别相关的。此外，德根多夫纺织厂还被本国政府通知可以在本国法院对其提起诉讼。尽管如此，德根多夫纺织厂并未充分利用这种起诉权利。之后，德根多夫纺织厂在本国法院对执行欧委会决定的国内决定提起了诉讼。在该案中，德根多夫纺织厂认为国内决定是无效的，因为它是根据一项在其看来是非法的欧委会决定作出的。就一个前提性问题，德国法院请教欧洲法院，当德根多夫纺织厂并未充分利用可向欧洲法院起诉该决定的机会时，其是否可以在国内法院提出欧委会的决定涉嫌违反这一问题。欧洲法院回答不可以。在这一回答中，有三个方面非常重要。首先，提起诉讼的期限一旦超过，一个肯定性的回答将使该相对人有能力推翻欧委会针对其作出的决定的确定性。这不符合法律确定性原则。其次，德根多夫纺织厂基于欧共体法第 230 条的起诉资格在过去已经被无可置疑地授予过。最后，对于欧委会决定的执行，以及对该决定其可以向欧洲法院提起诉讼的事实，德根多夫纺织厂已经得到了通知。

从该判决中可以得出两个结论。首先，拥有对欧委会针对成

[59] Case C-188/92, *Textilwerke Deggendorf*, ECR 1994, I-833.

员国的决定向欧洲法院提起诉讼的资格的个体，原则上应当使用这一起诉权。不过，在这方面，个体就存在该项决定以及其具有无可置疑的诉权两个方面获得通知非常重要。其次，如果一个成员国法院被要求审查执行欧委会决定的国内决定，而该个体并未向欧洲法院提起诉讼，该国内法院有义务遵守这一无争议的欧委会决定。

5.2.3 欧共体的非合同责任（Non-contractual Liability）

根据欧共体法第 288 条第 2 款，在负有非合同责任的情况下，共同体对其机构和公务人员在履行职务的过程中造成的任何损害承担赔偿责任。欧共体条约第 235 条宣布，欧洲法院对于任何与损害赔偿有关的纠纷具有管辖权。在一审程序中这些纠纷由欧洲初审法院判决。对于欧洲初审法院的裁判不服可以向欧洲法院上诉。提起损害赔偿诉讼受五年诉讼时效的限制。

当个人直接面对欧共体机构的违法行为或者欧共体公务人员的错误行为时，欧共体的非合同责任是最为重要的。不过，当欧共体法由成员国有权机构针对个人适用时，也可能与这一责任有关。[60] 欧洲法院在其判例中宣布，基于欧共体法第 288 条的这一责任制度也能适用于成员国对欧共体法令的执行，即当国内有权机关有义务严格地和机械地适用违反高级欧共体法的欧共体法令之时。[61] 实际上，这些案件经常与不符合欧共体条约和欧共体法的一般原则的欧共体规章和决定有关。在这些案件中，执行欧共体规章和决定的国内决定所造成的违法，归咎于制定这些违法法令的

[60] T. Heukels and A. McDonnell, 'The Action for Damages in a Community law perspective', in T. Heukels and A. McDonnell (eds.), *The Action for Damages in Community Law*, The Hague-London-Boston, Kluwer Law International, 1997, p. 1－9; A. W. H. Mey, 'Article 215 EC and Local Remidies', in T. Heukels and A. McDonnell (eds.), *The Action for Damages in Community Law*, The Hague-London-Boston, Kluwer Law International, 1997, pp. 273－284.

[61] Case C-175/84, *Krohn*, ECR 1986, 768; joined cases C-106-120/87, *Asteris*, ECR 1988, 5538; joined cases C-104/89 and C-37/90, *Mulder*, ECR 1992, I－3061.

欧共体机构（因果关系理论）。

该判例的背景是成员国有权机关有义务执行欧共体的法令，只要它们尚未通过欧洲法院的司法程序被宣布违法。[62] 不过，成员国有权机关也要对其执行和适用欧共体法令时自身所导致的不足负责。在第 5.3.2 节中，我们将考察欧共体对于这一违反欧共体法的国家责任的影响。

支配欧共体的责任的条件来自与成员国法共同的一般原则。它们与支配成员国违反共同体法的责任的条件相同（参见第 5.3.2 节）。根据欧洲法院的意见，当下列条件被满足时，共同体就负有责任[63]：

违反授予个体权利的较高层级法律规则：实际上，责任行为经常与以决定或者规章的方式违反欧共体条约或者欧共体法的一般原则有关。

违法应当足够严重[64]：一项违法是否足够严重取决于裁量权的边界。如果一个欧共体机构具有广泛的裁量权——这种情况经常出现在该机构行使其立法职能之时——只有当该机构明显及严重地忽视了该裁量权的行使界限时欧共体才承担责任。如果该欧共体机构不享有任何裁量权，那么其任何违法都将是足够严重的。

存在可以计量的损害：大多数责任的情况与实际损害有关。不过，足够确定的、可以预见的、即将发生的损害也可以获得赔偿，即使它现在还无法准确估量。此外，只有超出正常的企业风险的那部分损害才不得不赔偿。

违反较高级别法律规则与损害之间存在直接因果关系。

5.3 成员国层面的救济

由于欧共体法通常在成员国层面实施，因而大部分与欧共体

[62] Case 314/85，*Foto Frost*，ECR 1987，4199.

[63] W. van Gerven，'Bridging the Unbridgeable：Community and national Tort Law after Francovich and Brasserie'，*ICLQ*，1996，pp. 507 - 544.

[64] Case 5/71，*Schöppenstedt*，ECR 1971，983；case C-352/98P，*Bergaderm*，ECR 2000，I - 5291.

法有关的诉讼也在成员国国内法院进行。原则上哪一法院有权审理和应当适用何种程序是国内法的事。不过，由于欧共体法存在的事实，司法的组织和程序在某种程度上也受到欧共体法的影响。[65] 接下来的部分将对这一影响进行考察。

5.3.1 初步裁决

5.3.3.1 介绍

欧洲对成员国司法程序施加的第一个影响可以在包含了初步裁决程序的欧共体条约第 234 条中找到。根据该条款，欧洲法院有权对欧共体条约的解释、欧共体机构的其他行为以及欧共体法令的合法性等问题进行初步裁决。在涉及解释问题的案件中，成员国法院经常就欧共体法的条款应当以何种方式解释的问题征询欧洲法院，以确定国内法的条款是否符合该条款。在涉及合法性问题的案件中，成员国法院希望知道某一欧共体法令——例如一项指令、规章或者决定——是否是充分合法的。在这些案件中，部分成员国法院对欧共体的法令是否符合诸如欧共体条约或者欧共体法一般原则持有疑问。

初步裁决程序为成员国法院和欧洲法院的合作提供了一个重要工具。对先决问题（prelimininary question）提请初步裁决是成员国法院的专有权利。纠纷双方当事人无权就该问题提交欧洲法院。该程序的法律基础是欧共体条约第 234 条这一唯一条款；欧洲法院所享有的权利不能被成员国法院所限制。

自 1961 年第一个先决问题提出以来，初步裁决程序已取得了很大成功。在 1961～2000 年期间，成员国法院将差不多 4 400 个先决问题提交给了欧洲法院进行裁决。[66] 德国法院（绝对数字看）提出的问题最多，超过 1 200 个。不过，在相对数字的意义上，

⑥⑤ 一般可见 W. van Gerven，“Of rights，remedies and procedures”，*ELR*，2000，pp. 501－536。

⑥⑥ 在同一时期内欧洲法院和——自 1990 年起——欧洲初审法院共处理了大约 7 000个关于欧共体法令合法性审查的申请（欧共体条约第 230 条）。

提出问题最多的是比利时和荷兰法院（大约500个）。

5.3.1.2 提交欧洲法院的裁量权或义务

根据欧共体条约第234条，一个“成员国的法院或裁判所”可以或者应当将先决问题提交欧洲法院。根据该条的立法目的决定是法院抑或是裁判所提交的是欧洲法院的事。在决定该问题时，欧洲法院考虑大量因素，包括[67]：该主体是否经由法律建立，是否是常设机构，其管辖权是否是强制性的，其程序是否是对抗性的，其是否适用法律规则，以及其是否是独立的。根据这些因素，成员国的行政法院有权将先决问题提交给欧洲法院。不过，在某些成员国行政主体在个体可以向法院提起诉讼之前被授予对具体决定进行行政审查权力——个体不得不考虑请求被拒绝以及向更高级行政机关提出上诉的程序——根据条约第234条的立法目的行政机关不被认为是“法院或者裁判所”，因为它们不是独立的。因此，它们不能将问题提交欧洲法院。

欧共体条约第234条在对是否提交欧洲法院享有裁量权的（低层级）法院或裁判所和“对其判决在国内法之下再无司法救济”的法院或裁判所之间作了区分。在后一种情况下，该法院原则上有义务将该问题提交，如果——当然——法院或裁判所提交判决的决定具有必要性。不过，在两种情况下，国内最高法院没有义务将问题提交。[68]

首先，当问题涉及所谓的明显的行为（acte éclairé）（先例）时。该例外包括两种情况：(a) 所欲提交的问题与相似案件中已经提交初步裁决程序的问题在实质上完全相同，以及 (b) 欧洲法院之前的判决已经对相关问题的法律观点作出处理，即使该问题并不是严格相同。因此，欧洲法院之前的判决对将来的案件也可以看作是一种先例。

其次，当问题涉及没有必要的行为时（acte claire）。在这种

---

[67] 例如参见 case 246/80，*Broekmeulen*，ECR 1981，2311.

[68] Case 283/81，*CILFIT*，ECR 1982，3415.

情况下，欧共体法的正确适用是如此明显，以至于对于所提出的问题的解决方式没有留有任何合理怀疑的空间。

另一方面，低等（高等）法院有义务将涉及合法性的问题提交欧洲法院。根据欧洲法院的观点，国内法院不能自行决定欧共体法令违法。[69] 只有欧洲法院才有权如此。这是为了保证欧共体法在成员国的统一适用。当一项欧共体法令受到质疑时，统一适用的要求尤其必要。成员国法院之间对欧共体法令合法性的分歧将使欧共体法律秩序的统一性处于危险境地，并有损于法律确定性的要求。因此，无论何时一个国内法院认为欧共体的某一法令涉嫌违法，其就应该将问题提交欧洲法院。宣布该法令违法的权力由欧洲法院保留。对于上述情形，还可以加上一点，即成员国法院有权通过一种临时救济程序暂时中止该欧共体法令在成员国国内的适用。该权力必须符合非常严格的、欧洲统一规定的条件。这些条件之一就是该法院必须将问题提交欧洲法院。详见第5.3.2节。

5.3.1.3 程序方面

在国内程序中，将一个先决问题提交欧洲法院具有一个程序步骤的性质。问题一般通过一个临时裁决的形式提出。将问题提交欧洲法院之后，国内程序将中止直到欧洲法院作出判决。当案件在欧洲法院悬而未决时，国内法院可采取所有必要的措施以保证欧共体法的充分效力；例如，它可以中止据称与欧共体法相违背的国内决定的实施。在欧洲法院对先决问题作出回答之后，国内法院再重新开始审理该案。国内法院必须根据欧洲法院判决的法律结论审理所涉及的纠纷。

在初步裁决程序中欧洲法院是主导者（dominus litis）。国内程序中的当事人不能影响该程序。不过，他们可以——和成员国、欧委会以及（特定情况下）理事会和欧洲议会一起——被授权提出书面评论。欧洲法院的庭审向公众公开。在庭审过程中，欧洲

[69] Case 314/85, *Foto Frost*, ECR 1987, 4199.

法院可以传唤专家和证人。当事人只能通过其律师进行辩护。

欧洲法院的初步裁决自其决定送达之日起发生法律效力。关于欧共体法令合法性的裁决具有对世（erga omnes）法律效力：共同体内的每一个法院都必须遵守该判决。涉及解释问题的判决的法律效力理论上只限于该案件。不过，实际上其效力超出了该案的范围，因为该判决在其他案件中就是一个实际的先例。

欧洲法院关于欧共体法律条款的解释和合法性的判决具有追溯效力：欧洲法院以如下方式进行解释，即法律条款自其生效之时起就应作如此理解。有时，其将导致如下结果，即追溯起来在很长一段时间内成员国当局所作的大量决定都必须被看作不符合欧共体法的某一条款。然而，推翻所有这些决定在特定情况下是与法律确定性原则相违背的。因此，为了法律确定性的利益，欧洲法院有权限制某一判决的追溯效力。[70]

5.3.2 成员国内的有效司法保护

有效司法保护原则作为一个整体统治欧洲法律秩序中的法律保护，从而也同样适用于成员国中的法律保护（参见第 5.1 节）。总体而言，成员国有义务对于共同体法所赋予权利受到侵害的案件保证一个有效的司法保护体系。这一原则产生了三个次级条件。

5.3.2.1 向法院起诉的权利

个体应当有机会在一个独立的法院实现欧共体法赋予的权利。如上文第 5.2 节所述，个体享有向欧共体法院（欧洲法院和欧洲初审法院）起诉的有限权利。在这种情况下，向法院起诉的权利在欧共体层面得到保障。在不能向欧共体的法院起诉以实现欧共体法赋予的权利时，个体应当有权向成员国的法院提起诉讼。欧

⑦⓪ 例如 case 43/75，*Defrenne*，ECR 1976，455，and Case C-262/88，*Barber*，ECR 1990，I-1889。

洲法院的 Borelli 一案在这方面非常有趣。[71]

在该案中，欧委会按照意大利当局提供的否定性意见拒绝了博雷利（Borelli）公司所提的补贴要求。根据欧共体的相关规章欧委会只有在成员国提供肯定性意见的时候才能给予补贴。博雷利在欧洲法院提起诉讼，宣称意大利当局所提供的否定性意见是违法的。然而，根据意大利的诉讼法，该意见不能在意大利法院受到起诉。欧洲法院拒绝了当事人的申请，因为欧委会在法律上受意大利的否定性意见的拘束。该意见可能存在的违法不得不由成员国的法院来判定。如果根据意大利诉讼法这是不可能的，那么意大利不得不修改其诉讼法。欧洲法院就是将其观点建立在有效司法保护原则之上。

有效司法保护原则也通过另一种方式影响向成员国法院起诉的权利。虽然原则上是由成员国法决定个体提起诉讼的资格和法律利益，但共同体法要求，无论何时共同体法赋予个体权利，该个体都应当有机会依据这些权利在成员国提起诉讼。[72] 大多数欧共体法令仅针对特定的个体授予权利。然而有时，特别是在环境法领域，欧共体法令的属人管辖（ratione personae）范围更加宽广。该领域的某些指令甚至对每一个体都授予权利。这例如关于空气质量限制性标准的几个指令的情况。为了保护人体健康，这些指令包含了限制性标准，例如空气中二氧化硫和铅的含量。[73] 因为超过这些限制将潜在地危及每一个人的健康，每个人都应当能够依据这些限制在成员国法院进行诉讼，因此，也有权利向法院起诉执行这些限制的决定。[74] 实际上，这意味着允许一种民众诉讼（actio popularis）。

[71] Case C-97/91，*Borelli*，ECR 1992，I-6313.

[72] Joined cases C-87-89/90，*Verholen and others*，ECR 1991，I-3757.

[73] Directive 80/779/EEC，关于空气质量的二氧化硫的限制标准和指导标准，*OJ* 1980，L 229 30；Directive 82/884/EEC，关于空气铅含量的限制标准，*OJ* 1982，L 378 15。另一个给每一个体授予权利的指令的例子是 Directive 90/313/EC，关于获得环境方面信息的自由，*OJ* 1990，L 2607。

[74] Case C-361-88，*Commission v. Germany*（*Sulphur dioxide*），ECR 1991，2567；Case C-59/89，*Commission v. Germany*（*Lead*），ECR 1991，I-2607.

5.3.2.2 临时救济（interim relief）

有效司法保护意味着应当有即时性的司法保护措施。如果一项共同体授予的权利处于国内司法程序的审理之中，国内法院应当有权实施临时救济。这意味着既有权中止争议的法令，也有权规定一个积极性的临时措施。临时司法保护的权利存在于如下两种情况：

a. 涉及解释问题的案件：在这种情况下，临时救济由申请人提出，因为在其看来国家的法律手段是符合欧共体法的。在著名的Factortame案判决中欧洲法院宣称，为保证欧共体法的充分效力，成员国法院应当有权中止一项不符合欧共体法的国内措施的实行。[75] 该判决的结果是英国不得不推翻禁止国内法院提供针对王权的临时救济的国内法规则。在涉及解释问题的案件中给予临时救济的条件尚未欧洲化：成员国法院可以适用国内诉讼规则提供临时性的法律保护。

b. 涉及合法性问题的案件：在这种情况下，临时救济被申请以针对某一国内决定，因为该决定的依据是一个涉嫌违法的共同体法令。该共同体法令——经常是一个规章或决定——涉嫌违反了某一欧共体法的一般原则或欧共体条约。在Zuckerfabrik Süderdithmarschen and Atlanta案件的判决中欧洲法院承认，成员国法院可以通过一个临时措施中止基于据称违法的欧共体法令作出的国内行政措施的实施。[76] 不过，由于在这些案件中欧共体法在成员国的适用处于争议之中这一事实，欧洲法院规定几个统一且非常严格的国内法院在决定临时措施的申请时必须遵守的条件。

——成员国法院对该共同体法令的合法性持严重怀疑态度；

——成员国法院的裁决应当保持临时措施的性质。

因此，只有在欧洲法院就所争议的欧共体法令的合法性问题

[75] Case C-213/89，Factortame，ECR 1990，I-2433.

[76] Joined cases C-143/88 and C-92/89，*Zuckerfabrik Süderdithmarschen and Soest*，ECR 1991，I-543；case C-465/93，*Atlanta*，ECR 1995，I-3761.

作出裁决之后，临时救济才可授予。在该问题尚未在欧洲法院进行讨论的地方，成员国法院应当根据欧共体条约第 234 条所规定的初步裁决程序将其提交给欧洲法院。

——应当存在紧急情况并且存在对申请人构成严重的且不可挽回的损害的危险。纯粹的经济性损害原则上不是不可挽回的，除非该争议决定的执行可能导致涉案企业的破产。

——成员国法院应当恰当考虑共同体的利益：如果临时救济措施隐含着针对欧共体的经济风险，成员国法院必须能够要求申请人提供足够的保证，例如大量金钱的存款或者其他保证。

——在评价这些条件时，成员国法院应当尊重欧洲法院或者欧洲初审法院在另一类似案件中关于欧共体法令合法性的任何决定。

只有当所有上述条件都得到满足时，成员国法院才被允许授予临时救济。实际上这种情况很少出现。

5.3.2.3 违反欧共体法的国家责任[77]

在 1991 年著名的 Francovich 判决中，欧洲法院宣布，成员国必须对可归咎于其的违反欧共体法而给个体造成的任何损失或损害负责，这是一项欧共体法的一般原则。[78] 根据该法院，国家责任原则是欧共体条约体系的固有原则。更进一步的法律基础可以在欧共体条约第 10 条和有效司法保护原则中找到。

国家责任原则适用于成员国对欧共体法的每一次可能的违反，例如：未（在合理期限内）转化一项指令；错误地转化一项指令；立法或者具体决定违反条约；未能正确适用一项规章等。共同体法的条款有无直接效力与此无关。此外，该原则适用于任何成员国违反欧共体法的情况，不论是成员国的哪一机构均应对此违反负责。它可能是成员国的中央行政机关或者地方行政机关，作为

[77] T. Tridimas, '*Liability for Breach of Community Law; Growing up and Mellowing Down?*', *CMLRev.* 2001, pp. 301 - 332.

[78] Joined cases C-6/90 and C-9/90, *Francovich and Bonifaci*, ECR 1991, I - 5357.

最高立法机关的议会和作为次级立法机关的议会，也可能是国内法院。

欧洲法院也界定了成员国对违反欧共体法的行为负责任的条件。这些条件与统治欧共体机构根据欧共体条约第 28 条第 2 款所承担责任的条件相同（参见第 5.2.3 节）[79]：

（1）所违反的法律规则必须意在向个体授予权利。

（2）成员国对欧共体法的违反必须足够严重：一项违反是否足够严重取决于成员国行使该违反共同体法的权力时所享有的自由裁量权的范围。如果完全没有自由裁量权——例如在规定期间内转化一项指令的情况——那么即使是对共同体所课义务的微小违反也足以构成一项足够严重违反的存在。[80] 如果成员国享有广泛的裁量权，那么判定一项对共同体法的违反是否足够严重的决定性检测标准是：相关成员国是否明显和严重忽视了其所享有的裁量权的界限。在成员国有权法院评价这一标准时所应考虑的因素包括但不限于如下[81]：所违反的规则的清楚和精确性；该规则授予成员国机关的裁量方式；该法律错误是有意的还是无意的；该法律错误是情有可原还是不可原谅的，等等。

（3）在成员国对共同体法义务的违反和当事人所受的损害之间存在因果关系。

在其判例中，欧洲法院已将违反共同体法的成员国责任的法律基础欧洲化了——自 1991 年 Francovich 一案判决起这已经是欧共体法的一般原则——该责任的发生条件也欧洲化了。不过这并不意味着国内法不再与此有关。

首先，应当注意，欧洲法院所提及的责任条件对满足个体获得救济的权利是必要的和充分的，但是它们并不妨碍成员国根据

[79] Joined cases C-46/93 and C-48/93, *Brasserie du Pêcheur and Factortame*, ECR 1996, I-1029.

[80] Joined cases C-178/94 and *Ors Dillenkofer*, ECR 1996, I-4845, point 26.

[81] *Brasserie du Pêcheur and Factortame*, point 56.

国内法较宽松的条件而承担责任。[82] 如果成员国有——从个体的角度出发——更有利的体制处理违反法律的国家责任的案件，那么该体制也适用于违反共同体法的案件。换句话说：违反欧共体法的责任体制的欧洲化必须被看作具备最低限度的一致（minimum harmonization）。

其次，重要的是，除了法律基础和国家责任的条件之外，所有其他关于救济的实体和程序事项仍然由国内责任法控制，只要平等和有效原则得以满足（参见第 1.3 节）。这意味着与基于欧共体法的权利诉求相关的国内法规定的对损失和损害赔偿的条件不得比基于国内法的权利诉求的赔偿条件不利，也不应使获得赔偿实际上不可能或过分困难。国内法管辖的事项包括：有管辖权的国内法院；有关程序的规则（期限、证据规则等）；中央或联邦政府与地方当局之间的责任划分。[83]

5.3.3 成员国诉讼法在欧共体事项上的适用

通过上面的讨论，我们已经清楚共同体法通过两种方式影响成员国的司法保护：(a) 它创设的初步裁决程序，以及 (b) 司法保护不得不遵守有效司法保护的原则，该原则意味着必须存在临时司法保护和责任诉讼的救济。除了这些影响之外，与共同体法在国内法律秩序中的适用相关的国内诉讼程序原则上由成员国法规定。不过，成员国法必须符合平等原则和有效原则。这些原则已在第 1.3 节讨论过。在这部分我们将考察在欧共体法院中适用这些要求的一些案例。[84]

根据平等（非歧视）原则，规定维护共同体法权利的诉讼的程序规则不得比维护类似国内法权利的规则不利。欧洲法院的判例表明，违反该要求的案例很少见。这相当少见的案例之一是德

[82] Joined cases *Brasserie du Pêcheur and Factortame*, point 66.

[83] Cases C-302/97, *Konle*, ECR 1999, I-3099.

[84] S. Prechal. “Community Law in National Courts: the Lessons from Van Schijndel”, *CMLR*, 1998, pp. 681-706.

维尔（Deville）案[85]：在该案中，欧共体法院宣布一项法国法律不符合平等原则的要求，理由是根据该法返还向个体违反欧共体法征收的税款的期限要短于返还向个体违反国内法而征收的税款的期限。

有效原则意味着关于解决处于争议之中欧共体法所授权利的诉讼程序的国内法规则不应使这些权利的行使实际上不可能或者过分困难。当评估这一原则时，成员国法院必须考虑——上文第1.3节已提到——国内司法体系的基本原则，例如保护辩护权原则、法律确定性原则和程序行为合理性原则。这方面需要回答的问题是：限制欧共体法在成员国执行的国内法条款能够被这些基本原则正当化吗？欧共体法院的判例有几个关于这一问题的例子。

最后期限：有时个体不再能够通过诉讼在法院实现一项共同体权利，因为个体已经超出了时效的最后期限。在欧洲法院的判例中产生了以下问题，即这种期限的适用是否违反有效原则的要求。根据欧洲法院的判决，只要该期限是合理的，就不违反有效原则。[86] 毕竟，期限的适用可以通过法律确定性的基本原则得以正当化。该原则保护有权机关和其他当事人（第三人）的利益。不过，当个体超越期限是由有权机关的误导行为造成时，最后期限不能适用。[87]

依据职权适用欧共体法：在某些案件中产生如下问题，即禁止成员国法院在当事人并未依据共同体法提起诉讼或进行答辩时（主动）适用欧共体法的一项国内诉讼程序规则，是否违背有效原则的要求。在 Van Schijndel 一案中，法院宣布在民事诉讼中这并不违反有效原则，因为该禁止可以通过司法被动原则得以正当化，该原则是大部分成员国的民事案件中盛行的观念。[88] 该原则保障辩

---

[85] Case 240/87，*Deville*，ECR 1988，3513.

[86] Case 33/76，*Rewe*，ECR 1976，2043；case 45/76，*Comet*，ECR 1976，2043；case C-310-97P，*AssiDomän Kraft*，ECR 1999，I-5363.

[87] Case C-208/90，*Emmott*，ECR 1991，I-4269 区别于 case C-231/96，*Edis*，ECR 1998，I-4951.

[88] Case C-430/93，*Van Schijndel*，ECR 1995，I-4705.

护权并保证合理的程序行为。这一正当化的理由是否适用于行政案件，目前尚不明朗。

证据规则：在一些案件中，欧洲法院判决特定的国内证据规则不符合有效原则的要求：这些规则导致行使欧共体法所授予权利过分困难。它们包括使意欲行使欧共体权利的个体的损害的证据负担倒置；或者包括一种主张欧共体权利的证据手段的限制——排除口头证据。[89]

6 总结

在上文中，我们研究了欧洲行政法。这一法律领域与在欧共体和成员国法律秩序中分享实施欧共体法权力的欧共体和成员国有权机关有关。最重要的结论可能是国内行政法正逐渐受到欧共体法的影响。这一过程可以在我们讨论过的不少主题中看到。不过，每一主题目前所受欧共体法影响的程度不尽相同。在司法保护（第 5 节）和一般法律原则领域，这一影响最为强烈。在行政组织领域，到目前为止欧共体的影响并不十分重要（第 2 节）。尽管如此，我们可以说在欧洲一个共同的行政法或一个共同法（Ius commune）正在逐渐形成。

行政法的欧洲化尤其是欧洲法院推动的结果。在其判例中，欧洲法院发展出一些欧共体法的一般原则，例如比例原则、平等原则、辩护原则等，以及十分重要的有效司法保护原则，也包括国家责任原则和法律紧急保护（immediate legal protection）原则。行政机关和国内法院必须在事关欧共体法适用的案件中遵守这些基本原则。这种强制影响隐含着对欧共体法影响的直接接受（direct reception）。[90]

[89] 关于两个案例，参见 case 199/82，*San Giorgio*，ECR 1983，3595。

[90] M. L. Fernandez Esteban，"National Judges and Community law：The Paradox of the Two Paradigms of Law"，*Maastricht Journal of European and Comparative Law* (MJ)，4 1997，pp. 143－151.

朝着欧洲一般行政法发展的趋势也受到成员国法律秩序对欧共体标准的间接接受或者自愿选择现象的支持。这一现象——在本章并未讨论——意味着成员国在自愿的基础上将欧共体的标准和原则适用于纯粹的国内案件。一个彻底欧洲化的案例是英国上议院在 M. 诉内政部一案[91] 中的判决。该案起因于欧洲法院在 Factortame 一案中的判决。在上文第 5.3.2 节提到，欧洲法院在 Factortame 一案中宣布成员国法院有权中止违反欧共体法的国内措施。这一结果就是英国不得不撤销一项国内法规则，因为该规则阻止国内法院授予针对王权的临时禁令，至少在涉及欧共体法的案件中是如此。在 M. 诉内政部一案中，英国上议院将上述欧洲法院确立的规则扩展适用于纯粹的国内案件：从那时开始英国法院对发放针对王权的临时命令享有完整的管辖权。该判决的依据是避免对纯粹的国内起诉造成歧视。上议院想要终结“如下不利情行：即当一个公民有权获得针对王权的禁令性救济以维护其基于欧共体法的利益时，但恰恰是在其他十分重要的（国内）利益方面他却没有权利获得此种救济”。

其他关于欧共体标准和原则间接接受的案例也可以在西班牙找到，在该国 Factortame 即时法律保护原则也扩展适用于纯粹的国内法案件；也可在荷兰找到，在该国共同体法的辩护权原则也应适用于纯粹的国内竞争法案件。[92] 很明显，这一间接接受的过程将促进一个共同法的发展。此外，它也避免了两套法律原则适用于同一法律体系的情形，即一套适用于欧共体的案件，一套适用于国内案件。

---

[91] *Weekly Law Reports*，（WLR），1993，3，pp. 433 - 448.

[92] 其他案例参见，R. Caranta，‘Learning from our Neighbours：Public Law Remedies Homogenization for Bottom Up’，*MJ*，4 1997，pp. 220 - 247。

7 附：欧共体条约的关键条款

第 5 条（第 3b 条）

共同体应在本条约所授予之权力和所规定之目标之界限范围内行动。

在不属于其专有权能的领域内，共同体应根据辅助原则采取行动，只有当所提议行动的目标不能仅依靠成员国而获得充分实现，并且由于所提议行动的规模和影响其可以被共同体更好地实现时，共同体才应该采取行动。

共同体的任何行动，不得超越为实现本条约的目标而采取的必要手段。

第 10 条（第 5 条）

成员国应采取所有合适的普遍或者特殊措施，以保证实现本条约所规定的责任或产生于共同体机构所采取的行动之责任。它们应促进共同体的任务之完成。

他们应避免采取任何可能阻碍本条约目标实现的措施。

第 230 条（第 173 条）

欧洲法院应审查欧洲议会和理事会联合行为、理事会行为、欧委会行为和欧洲中央银行之行为的合法性——它们的建议和意见除外，以及欧洲议会作出的对第三方产生法律效力的行为之合法性。

为此，欧洲法院应在成员国、欧洲议会、理事会或者欧委会提出的诉讼中具有管辖权；诉讼理由包括无权、违反基本的程序要求、违反本条约或任何有关其适用的法规、滥用权力。

根据同样的条件，欧洲法院应在欧洲议会、审计院（the Court of Auditors）和欧洲中央银行为保护其职能而提起的诉讼中具有管辖权。

按照同样条件，任何自然人或法人可以起诉针对其个体之决定，或虽然以规章或针对其他人的决定形式，却对其具有直接和个别影响之决定。

本条款所规定的诉讼，应在措施发布或通知原告——或如未曾发布或通知，原告获悉措施——之日起两个月内起诉。

第 234 条（第 177 条）

欧洲法院应有管辖权对下列事务给予初步决定：

（a）本条约之解释；

（b）共同体机构和欧洲中央银行的行为之合法性及其解释；

（c）理事会法案所建立之机构的立法解释。

当这类问题出现于成员国的任何法院或裁判所时，如果认为问题的决定对其给予判决有所必要，那么该法院或裁判所可以提请欧洲法院对问题给予决定。

当任一此类问题出现在成员国的法院或者裁判所正在审理的案件中，而根据该国法律该法院或裁判所的决定不再具备司法救济权时，该法院或裁判所应该将该问题提交给欧洲法院。

第 235 条（第 178 条）

欧洲法院应对本条约第 288 条第 2 款规定的涉及损害赔偿的纠纷具有管辖权。

第 249 条（第 189 条）

为了根据本条约的条款而履行他们的职责，和理事会联合行动的欧洲议会、理事会和欧委会应制定规章（Regulations）、颁布指令（Directives）、采取决定（Decisions），并作出建议（Recommendations）或提出意见（Opinions）。

规章应具有普遍效力。它应具备完全约束力，并直接适用于所有成员国。

对于将要取得的结果，指示应对它所针对每个成员国具备拘束力，但对于实现形式与方式的选择，则应被留给成员国的权力机构。

决定应对它所针对的当事人具有完全的拘束力。

建议和意见不具备法律效力。

第 288 条（第 215 条）

共同体的合同责任应当受适用于该合同的法律之支配。

在非合同责任的案件中，共同体应当根据与成员国法相同的一般原则对由其机构或其工作人员在履行职务过程中造成的任何损害进行赔偿。

前述条款同样适用于欧洲中央银行或其工作人员在履行职务过程中所造成的损害的情形。

欧共体工作人员对欧共体的个人责任受欧共体自己制定的人事规章的条款支配，或者适用可对其适用的相关职业雇佣法。

7

美国行政法

菲利普·哈特

1. 在美国行政法是什么?

1.1 行政法是什么?

行政法是关于行政机构如何作出影响公众的决定的要求和限制的总和。当然，这是一个简单、直接的描述，实际上每一个字或词都需要详细阐释以充分表明其内涵：

——行政法并非一个单一、紧密的法律体系，而是包含于宪法、行政程序法、行政机构实施的实体法、法院意见、总统施加的义务以及行政系统的其他规范中若干原则的集合。

——行政法既支配行政机构在作出决定时必须做什么，也支配其不可做什么。

——行政法涉及的是行政机关赖以作出决定的程序，并非决定的实体内容，尽管决定的内容实体将影响到何谓合适的程序。

——行政法适用于行使授权、自身不具有至高性的政府机构；因此并不与总统、国会和法院的决定行为直接相关，尽管这三者都在行政法中都扮演着重要角色。

——行政法针对的是政府和私人部门之间的关系，而非政府的内部管理，除非内部管理影响到了公众（因此，具有讽刺意味的是，行政法并不是关于行政组织管理的法）。

行政法所规定的义务和程序在持续性地适用于联邦和州层面的广大行政机构及其活动时，其实际实施在一定程度上依具体情境不同而不同。例如，如果一个机构面临的是一项具有内在利益冲突[①]的决定，或者机构本身已被怀疑，那么程序要求可能会相当严格。相反，如果该行政机构拥有广泛的政治支持，以及将作出的决定并不十分重要，那么程序要求将会宽松。

1.2 行政机构（agencies）的角色

行政机构是政府权力赖以日常行使的工具，因此，行政法首先——实际上专门——针对的是行政机构如何运作。一些行政机构是总统内阁的组成部分，因此被认为与总统及其政策高度一致。例如劳工部、卫生与公共服务部、国务部以及国防部。每一内阁机构都包括其他一些机构作为下属机构。例如食品药品管理局是卫生与公共服务部的一部分，负责管理食品、药品和医疗器械的安全和疗效。卫生与公共服务部还下设社会保障总署负责发放退休金，以及下设医疗保险和医疗补助服务中心作为另一机构为合适的个人提供医疗保健资金。

另一些行政机构是独立的，不是内阁的一部分，不过仍然被看做是行政分支的组成部分；也就是说，它们直接对总统负责，总统对它们具有重要的权力。这种行政机构一个重要的例子是环境保护局。

还有一种类型的行政机构是独立的、合议制的机构。这种机构的首脑包括一群人——因此是“合议制的”。这些机构被认为直接对国会而非对总统负责，并且通常（并非总是）总统仅具有有限的对该机构成员免职的权力。[②] 例如证券交易委员会和联邦贸易委员会。

这些行政机构，无论是否从属于另一机构，都是行政法上的主体。

此讨论主要针对联邦层面的行政法，因此主要围绕联邦行政

① 例如，拥有一个停车场的行政机关被要求建设一条高速公路并同时保留这个停车场，对该行政机关来说，很明显利用其已经拥有的土地修路将更加经济。

② 国会也无将该机构成员予以免职的权力。之所以说此类机构对国会而非总统负责，主要是指总统对其的影响力是最小的，其权力主要包括选择该机构成员中某人当主席的有限权力。这也不意味着国会能对该机构施加任何管控。

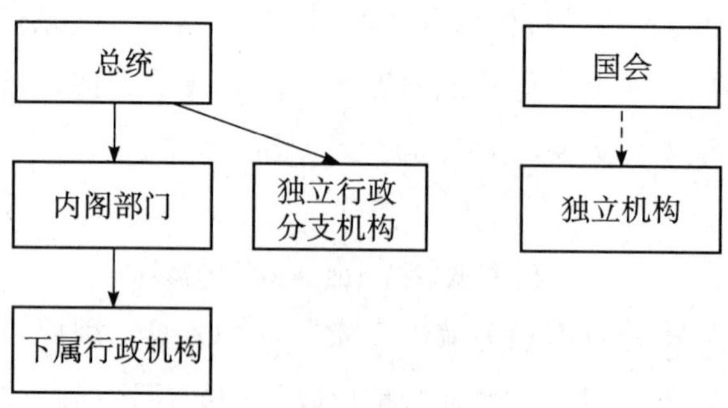

图 1　美国联邦行政组织体系

机构展开。同样的概念也适用于州及州的地方，尽管实际实施及重点会因各自的管辖权力不同而不同。

联邦政府和州政府之间，以及州政府和州地方政府之间的职权分配总括性地规定于联邦宪法以及州和地方政府法。此处，有两点值得特别指出。第一，根据宪法，联邦政府有权调控州际贸易。当行使该权力时，联邦政府可“优于”州和地方政府的不一致的法律，这一权力经常是众多规制计划的主题。例如，一州不能对汽车设计施加额外要求，但是国会已明确指出，众多的环境规章是一个“平台”，州政府对其可以加以补充。第二，即使某一特定事项不在联邦政府的权限范围之内，它也可以以给予资金为条件而使州满足其特定的要求。这一扩展联邦政府权限的技术经常在公民权利领域运用。

1.3　行政法简史

总体而言，美国行政法的发展始于 19 世纪晚期为管理铁路而建立的州际商业委员会。平民主义运动的发起是为了抑制行政部门的权力。虽然负责管理的是独立机构，但是适用的程序却是主要基于司法的模式，在个案中适用正式听证程序。这一时代发展到后来，虽然名义上仍是平民主义，但是却更乐意运用联邦政府的权力来实现目标。此类重要的行政机构建立起来，以保护公众利益免受诸如假劣药品、肉类以及垄断的损害；对银行的规制加强了，对交通运输的控制也更加严格了。在这一时期，法院对行政机构持不信任态度，倾向于限制它们对私人自治领域的侵入，除非其做法已获得国会的明确授权。

随着大萧条的到来和罗斯福新政的推行，行政法领域也迎来一场运动。大量新的行政机构建立起来，以支持和规制经济发展。行政机构继续以主要针对个案的方式发挥作用，并未大量发布一般性的规则。不过，行政机构如何运作的问题得到了极大的关注，在行政程序应如何运行以及为什么政治性主体可认可其合法性的问题上，有两种理论展开了主导地位的竞争。前一理论认为应保护私人自治免于行政机构的侵入，因此应将行政机构的活动领域仅限于国会明确授权的事项；并且，行政机构行使职责时更应像法院那样，执法行为也应当提交法院而不是由行政机构本身决定。这一运动在国会通过贯彻该理论的瓦尔特—洛根法（Walter-Logen Act）之时达到顶峰。然而，罗斯福总统否决了该项立法，支持了与其竞争的理论，这一理论建立在如下观念之上：政府机构在其专业领域内都是“专家”，应当信任其在最小程序要求之下作出恰当决定。由此而来的一个推论就是政治主体，尤其是总统，不应当在行政决定中发挥作用，因为那将与行政机构专业知识的运用相冲突。结果，大量不对总统负责的“独立”行政机构建立起来；这些机构由多个委员组成，机构的正式决定由半数以上委员共同作出。法院的态度也有了突然转向，从不信任行政机构的行为转变为对其充分支持：如果事实的任一潜在因素将使行政决定“有道理”，那么法院将支持该行政决定。这是一种特别宽松的审查标准。

这一时代一直持续到 1965 年。这一年国会通过了民权法，该法重视特定的社会效果，从而允许全面干预经济，而非像原来那样让多数行政活动仅集中在某一领域。其他的规制计划随即跟进，导致了“行政国”的发展。这促使了行政机构规则制定行为的大发展，行政机构发布行政命令一般性地适用于所有的经济领域。虽然并非完全如此，但是独立机构基本上并不直接向总统负责。这一时期法院开始负起责任，与过去情况相比，在行政机构公开信息和说明理由方面提出了更多的要求。

随着合并和改革运动的发生，获得巨大发展的规制和行政法在20世纪70年代末又有一次转向。这带来了如下变化：最初有所争议，但一个明晰的总统职能终为大家所接受，随着联邦政府在经济领域作用的扩展而发展出来的程序法也得以改进。其中诸多努力指向控制行政机构和确保其能够充分考虑受其影响的相关主体，例如小型企业、州或地方政府。我们仍停留在这一阶段。

2 宪政体制

2.1 国会

行政程序立法必须从国会开始。宪法规定，“本宪法所授予的全部立法权均属于由参议院和众议院组成的合众国国会。”③ 某一法案成为法律之前，其所有条款必须获得国会两院一致同意。之后，该法案还须呈交总统签署。如果总统否决该立法，国会可以通过三分之二以上的多数投票推翻总统的否决。据此国会设立行政机关，规定行政事项以及管理该事项所应遵循的程序。国会不能授权行政机关无限制的自由裁量权，因为不允许立法机关这样授权。因此，国会必须提供一个“可识别的标准”，以便使法院能够据此判别行政机关是否逾越了国会设立的边界。虽然这一原则经常被提及，但联邦最高法院仅适用过两次，该原则常用于检测行政机关的权限范围。如不遵循立法程序，国会将无法“否决”行政机关或总统的行为。④

2.2 总统

美国宪法还规定，“行政权属于美利坚合众国总统”⑤。总统应当

③ 第一章第1条。

④ *INS v. Chada*, 462 U.S. 919 (1983).

⑤ 第一章第2条。

签署立法以建立规划，或者行使其否决权。通常情况是，总统是立法案进入国会之前其质量改进和完善的积极参与者。重要的政府行为，包括具有强制效果的规制行为以及政府政策的确立，都只能由一名“美国政府官员”⑥ 提起。总统任命行政官员应经参议院同意。因此，总统有权任命行政机关的首长，也可以对其中大部分——但非全部行政机关的首长——予以免职。总统及其直属工作人员也审查各行政机构的行政行为以保证其符合行政计划。如果被审议的行为存在不符合的情况，总统可以指导行政机构的长官变更该行为，但是在多数情况下他不能直接加以改变，这是因为国会授权的是行政机构而非总统采取措施，至少在理论上总统无权影响该行为的变更。然而，实际上行政机关的首长很可能接受总统的指导要求。

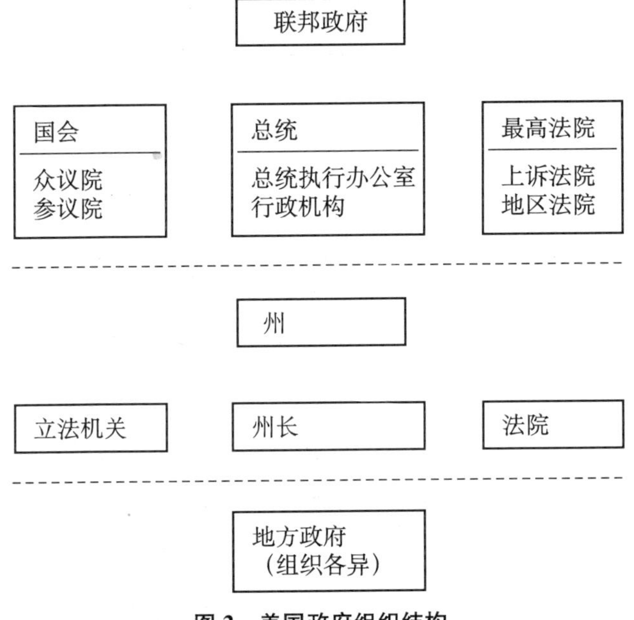

图 2　美国政府组织结构

2.3　法院

宪法规定设立联邦最高法院，并授权国会根据需要设立下级

⑥ *Buckley v. Valeo*，424 U.S. 1（1976）.

法院。[7] 国会已经设立11个上诉法院，每州设立一个初审法院，称为联邦地区法院。这些法院的法官由总统任命、经众议院同意；一旦就任，保证其独立性，可终身任职。

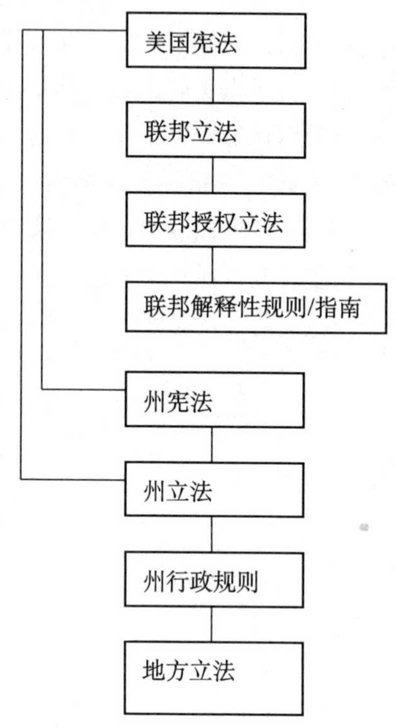

图3　法律渊源谱系

虽然联邦最高法院拥有一些法定管辖权并须审理在此范围内提起的案件，但在大多数情况下它通过向相关裁判被提出复审要求的联邦上诉法院发布调卷令来选择其愿意审理的案件，调卷令由寻求司法复审的一方当事人提出申请。联邦最高法院也审查州最高法院作出的裁判。

“在一项联邦立法的效力遭受质疑之际，或者一项州立法的效力已抵触联邦宪法、条约或者联邦法律为由遭受质疑之际……”[8]

⑦　第一章第3条。

⑧　28 U.S.C. §1257 (a).（U.S.C. 代表 United States Code).

联邦上诉法院对于联邦地区法院的判决和其他指定案件享有一般性的上诉管辖权，指定案件的情况主要是针对行政行为的案件。联邦地区法院是初审法院。它们对于“一切基于联邦宪法、法律或条约而产生的民事案件”享有管辖权。⑨

遗憾的是，尚无硬性迅捷的规则系统能统一确定哪一个法院——上诉法院或者地区法院——是对某一特定类型行政行为进行司法审查的具体法院。如下内容可作为一个指导：

“一个明智的司法审查体系应该能够将如下行政行为司法审查的案件分配给巡回法院：即那些更能引起重大法律和政策问题的行政行为，以及那些只能依据行政机关制作的记录来审查的行政行为。所有的行政立法行为适用该标准，对小部分重大争议的行政裁决中发布的命令也适用该标准……一个明智的司法审查体系应该将下述所有行政行为分配给地区法院，即每年行政机关发布作出成千上万裁决的无数命令，所有的由特定的事实争议而非法律或政策争议决定纠纷解决的行政行为，所有需要正在进行司法审查的法院提取证据的行政行为。总体来说，制定法关于司法审查权范围的指定合理反映了巡回法院的优势。问题主要来自于国会的如下倾向：起草立法条文规制司法审查时不够谨慎认真，以及法律和实践之间出现变化从而使得最初的司法审查权的范围显得落伍时不及时修改立法”。⑩

除了宪法第 3 条规定的这些法院，国会还设立了特别法院来审理来自特别领域的案件，例如工人工伤赔偿或税务纠纷，它们包含着“公共”主题——产生于政府和人民之间的争议。⑪这些法院的法官，也被称作“立法性法官”，不必由总统指任，也不需要

⑨ 28 U.S.C. § 1331.

⑩ K. C. Davis and R. Pierce, *Administrative Law Treatise*, § 18.2.

⑪ *Crowell v. Benson*, 285 U.S. 22 (1932). 在工人赔偿金案件中，虽然这种司法管辖方式由国会设立，根本的问题是一个私人公民（公司）对其他人（雇员）的义务；法院认为，虽然这类问题将首先在根据国会立法设立的法院中进行审理，但是其必须经过根据联邦宪法第 3 条所设立的法院的审判，该义务才能变为最终的和可被执行的义务。

终身任职。联邦最高法院并未使这些法院行使所有的司法权，例如运用陪审团审案、决定私人集团之间的重要问题。[12]

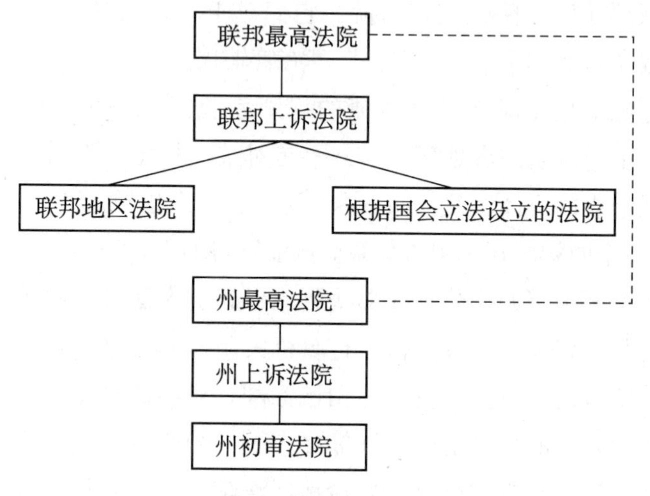

图 4　美国司法系统

2.4　权力分立

这部分表明，宪法将立法、行政、司法三种不同类型的政府权力分配给三个分支机构。但是，明显的是，三种权力之间互相影响，如果可以共享其中的某些权力，工作可能将更加有效。虽然宪法颁布至今已有二百年之久了，对于分权问题在过去二十五年里仍有相当大的争论，例如哪一种行为任何一个分支机构都可以采取，哪一种责任不能交给其他任何一个机构分支。大体而言，法院的表现一直相当克制，认可在诸多事项中各分支机构共同工作，分享着仅被明确指定给一者的功能；法院也一直采取一种“功能性”的路径，其非常具有通融性，仅要求在程序中一个分支未被侵犯。[13]另一方面，如果一个分支机构侵犯另一个分支机构或者阻挠其权力行使，法院审查将转变为一种“正式”模式，倾向

⑫　*Northern Pipeline Co. v. Marathon Pipe Line Co.*，458U. S. 50（1982）.

⑬　*Mistretta v. U. S.*，488U. S. 361（1989）；*Commodity Futures Trading Commission v. Schor*，478U. S. 833（1986）.

于严格按字面意思解释宪法。[14]

3 美国行政程序

对美国行政法的下列概述将描述行政机关拥有的权力及这些权力通过何种手段行使。同样，介绍的重点是政府和私人部门之间的关系。

3.1 信息获取

联邦宪法第四修正案规定：

"人民保护其人身、住房、文件和财物不受无理搜查扣押的权利不得侵犯；除非有合理的根据认为有罪，以宣誓或郑重声明保证，并详细开列应予搜查的地点、应予扣押的人或物，不得颁发搜查和扣押证。"

各级政府通过大量的各类实地检查来执行法律。其范围从房间、汽车到工作场所、核电站和药厂。于是问题来了：在何种情况下行政机关进行检查符合第四修正案的要求？虽然简单的宪法语言似乎表明机关在进行检查之前必须有"可信的理由"，确信在特定场合发生了侵害行为，但是法院已经将该要求适用于从刑法到行政法的实践。如果特定的检查有基于中立性原则的立法或者行政标准授权，那么足矣！[15] 因此，行政机关进行检查必须制定全面的计划，对于哪一实体将要受到检查，不应临时决定。并且，检查本身必须符合理性。这些对行政机关权力的限制的例外情况是那些接受全面规制或者依法需要常规性检查的企业。[16]

行政机关可以要求企业制作并保存信息记录，只要这些信息

⑭ *Bowsher v. Synar*，478U. S. 714 （1986）；*INS v. Chada*，462U. S. 919 (1983).

⑮ *Marshall v. Barlow's Inc.*，436U. S. 307 (1978).

⑯ *Donovan v. Dewey*，452 U. S. 594 (1981)

与行政机关合法的规制主题相关。然而，在实施该行为之前，行政机关必须获得管理与预算办公室（the Office of Management and Budget）的授权，该办公室负责执行削减文书法（the Paperwork Reduction Act）[17]，而该法旨在最大化地减轻个人和企业的文书负担，同时又能保证政府可以获得基于合理需要的信息。例如，可以要求一个公司保存证明其废气排放方面的文件记录，并在需要时将这些记录提交给环境保护署（the Enviromental Protection Agencies）。

另外，如果立法有授权，在调查和执行程序中行政机关可以强制获取证言或者其需要的文件。[18] 在实地检查中，法院不得不尽力协调行政需求和第四修正案之间的关系。早先曾有一个限制性的解释，目前发布传票获取信息的标准是[19]：

——调查的主题必须可争辩的（arguably）属于行政机关的管辖范围（也就是说，并非明显不属于其权限范围）；

——关于要求内容的描述不应该太不确定，也就是说相对人应该能够确定所寻找的是什么；

——所要求的信息数量不能太过宽泛；实际上，传票一定是非常令人难以忍受，执行才可能被拒绝；

——信息必须与授权的调查潜在相关；然而，对行政机关来说，调查信息以确定相对人是否违反法律就足够了，行政机关不必拥有证据怀疑当事人确实违反了法律；

——总体而言，传票必须合理，并且——要求应当善意地提出；证明行政机关怀有某种隐秘不明的动机是一项高难度的标准。

只有法院才可以命令（当事人）按照传票执行，虽然通常它们仅通过粗略的审查就执行行政机关的要求，除非相对人列出确凿证据表明某些标准被违反了。

---

⑰ 44 U. S. C. §3501*et seq*.

⑱ 很多，但并非全部，联邦行政机关具有这项权力。

⑲ *Oklahoma Press Publishing Co. v. Walling*，327 U. S. 186（1946）.

3.2 开放政府

委员会制的行政机关（collegial agencies）——它们的首脑超过一人——由阳光法（the Sunshine Act）[20] 规定行政机关委员的会议公开举行。因此，任何二人或二人以上开会决定行政事务，会议就“应接受公众的观察评论”。[21] 这一规则的例外情况是[22]，作为一般事实委员会制的行政机关处理其所有事务，必须接受公众的公开监督。

任何行政机关向至少包含一名私人部门成员的委员会寻求咨询之前，其必须首先遵守联邦咨询委员会法（the Federal Advisory Committee Act）。[23] 联邦咨询委员会法要求委员会的成员结构必须根据所代表的各种观点得到公正的平衡，委员会具有一个固定的任期（缺席，少于两年），它们的责任仅仅是提供咨询。在建立之前，行政机关必须取得美国总务部（the General Services Administration）的许可；这一官僚主义的要求一直是委员会设立时间长期拖延的原因，导致很多行政机关要么避免发起设立委员会，要么将委员会转入地下从而规避该法律。委员会开会必须提前十五天向公众公布，根据阳光法同样的例外情况，公众应当能够参加会议。委员会的文件受信息自由法（the Freedom of Information Act）规制，下文将加以介绍。尽管细节有所不同，很多州都有类似要求。

3.3 信息自由法

信息自由法，常称为FOIA，其核心是如下条款：“每一行政

[20] 该法的全称是“阳光下的政府法”（Government in the Sunshine Act），5 U.S.C. §552b。

[21] 5 U.S.C. §552b（b）. 当会议仅仅是收集信息时该要求并不适用。*FCC v. ITT World Communications*, Inc., 466U.S. 463（1984）。

[22] 5 U.S.C. §552b（c）

[23] 5 U.S.C. Appendix 2。这些限制并不适用于私人机构的成员发起的会议，因为他们具有宪法上的向政府请愿的权利，因此可以集会在一起。

机关，对于任何合理描述如下记录……的申请，应该迅速地使相对人获得该记录。”㉔ 任何人——没有限制——都可以向行政机关申请获得某一特定记录，并且要求行政机关“迅速地”提供。㉕ 然而，如果出现一般责任之外的九个免于提供的情形，则行政机关不必遵守上述要求。㉖ 免于提供的情形如下：

——合适类型的机密情报；

——机关内部人员的规则；

——根据某一要求信息不向公众公开的立法规定中免于公开的特定情形；

——从私人获得的享有特权或者机密的贸易秘密、商业或金融信息；

——作为官方决定程序的一部分的政府内部备忘录和文件；

——公开其将导致无根据的侵犯个人隐私的人事档案；

——如果公开将危及执行及公证审判的法律执行信息；

——金融机构的信息，以及——有关矿井的地质学和地球物理学的信息。

如果一个文件仅部分免于公开部分，而该文件可以分割，行政机关必须公开未免于公开的部分。

3.4 裁决对制定规则

联邦最高法院 20 世纪初的两个判决确定了美国行政法上裁决和制定规则的伟大区分。虽然其中一案件的判决中包含的某些用语引起了一些麻烦，立法最终还是遵循了案件中发展出来的这一区分。在第一个案件中，正在铺设的道路很快将变成丹佛市的主干街道之一。第一个案件提出的问题是，一个毗邻街道的个体土地所有者是否有权在要求个人承担运营该道路全部花费的比例问

㉔ 5 U.S.C. §552 (a) (3). 该法并不适用于总统以及与总统具有亲密关系的人。

㉕ 信息自由法预计了一个非常短的时间，大约十天，而实际上对于许多行政机关来说速度经常是一年甚至更多。

㉖ 5 U.S.C. §552 (b).

题上获得听证。[27] 七年后判决的第二个案件包含的问题是，在提高他们的财产税之前，丹佛市民是否有权获得个人听证。[28] 在第一个案件中，法院判决如下：

"在一个州的立法机关不是自己确定征税，而是将决定是否征税、征多少税、对谁征税的责任，以及作出评估和分派的责任交给某个附属机构的情况下，正当法律程序要求在税收变得不可改变之前的某个程序阶段，纳税人应当有机会获得听证，从而他必须获得告知，或者通过公告，或者通过法律确定听证的时间和地点，个人一样也应当获得告知……［A］听证的本质要求有资格参加的人有权利通过辩论（尽管可能是间断的），以及通过证据（尽管是非正式的），来支持自己的主张。"

在第二个案件中，法院假定每个人的财产都能按照公平的市场价值的同等比例来估值，因为对于这类修正有适当的程序。因此，问题就是，当决定平等地影响每一个人时，是否某一个体市民有权获得听证。法院认为，这是一个政治问题，个人听证没有必要。[29]

联邦最高法院确立的这一区分导致，当个人受到特别影响以及行政决定适用现行法律或政策于过去的行为时，要求听证。[30] 这些是裁决性的决定。然而，如果决定是制定概括适用的政策，与针对具体的个人相反，以及对将来发生影响，那么就不需要个人听证。根据法院的观点，这是一个政治性决定；在行政法上，这是制定规则。这一区分写入了行政程序法（Administrative Proce-

㉗ *Londoner v. Denver*, 210 U. S. 373 (1908).

㉘ *Bi-Metallic Investment Co. v. State Bd. of Equalization of Colorado*, 239U. S. 441 (1915).

㉙ 在得出该结论的过程中，法院说，当一个行为规范适用范围不仅仅是一小部分人时，其对每一个人都具有一种直接效果是不切实际的。正如在文中所解释的那样，决定的这一方面经不起时间的检验。

㉚ 在该案中，过去的行为是拥有一块特别的地皮。

dure Act，APA)[31]，该法在联邦层面确立了现代行政程序的基础；州层面也坚持这种区分。[32] 两种类型的决定所遵循的程序有所不同。起初，两者之间在程序上的区别非常大，但是经过多年以后两者之间在很多方面已经越来越接近。

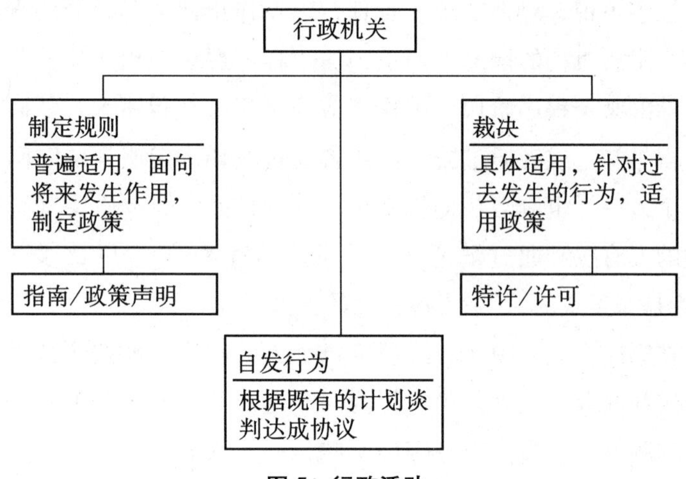

图 5　行政活动

3.5　制定规则

根据联邦行政程序法的定义，一个规则是行政机关旨在执行、解释或者规定法律或者政策的普遍……适用、对将来发生效力的声明。[33]行政程序法关于行政机关制定规则的程序的规定非常简略：行政机关应对建议制定的规则在联邦登记上进行公告，阐明行政机关制定规则行为的立法授权，以及所建议规则的条款或者主要内容。[34] 行政机关必须给公众评论所建议制定的规则提供机

㉛　5 U.S.C. §§551 *et seq*。随着司法部长指定一个委员会对 20 世纪 30 年代所使用的行政程序进行大量的审查，在 1946 年联邦行政程序法得以通过。

㉜　参见《州行政程序示范法》(1981)。

㉝　5 U.S.C. §551 (4)。有点令人迷惑的是，该定义还包括"特别适用"的声明。这看起来像要包含在正常情况下根据传统原则会被认为是裁决的规则，实际上，包含这样的界定是为了保证受规制的公司所规定的服务价格和期限被认定为是规则而非裁决。

㉞　5 U.S.C. §553 (b).

会。行政机关应当考虑公众提供的所有相关情况。最终发布规则时，行政机关至少提前其生效时间 30 天在联邦登记上公布[35]，公布内容必须包括一个“制定该规则的根据和目的的简要说明”[36]并不奇怪，根据该程序的性质，其被称为非正式的或者“通知和评论”的规则制定。[37]

行政机关应当考虑规则制定程序中所提出的各种相关事项，但是并不要求基于“记录”作出决定；也就是说，行政机关可以依据在行政程序中未被任何人提及的事实和信息，以及行政机关未在任何场合明确公开的事实和信息，作出决定。如果规则有任何“合理的基础”，法院就应维持该规则，“假定存在事实证明规则合法”[38]。简而言之，行政机关被赋予了广泛的余地——通过一个在短时间内可以实施的高度弹性的程序——来制定规则。

但是，尽管联邦最高法院在制定规则方面用了恳求式的语言(precatory language)[39]，大量的政策还是随着一个个的裁决而制定出来；规则并未广泛运用。然而，在 19 世纪 60 年代这种情况开始改变，国会开始制定一系列的新规制立法。而且，制定政策的规则更公平、更加精细化。结果，行政程序法最低限度的要求

---

[35] 5 U. S. C. § 553 (d)。行政机关不必提前 30 天公布最终的规则，如果有正当理由不提前公布，或者该规则是一个解释性的规则或者政策评论，也就是说，该规则并未施加义务，而是或者解释一项规则或法律，或者表明行政机关在某一方面的立场。

[36] 5 U. S. C. § 553 (c).

[37] 在某种程度上，该称谓是为了将该程序与其他规则制定程序，即行政程序法所规定的称作“正式”或者“审判型”的规则制定程序相区分。如果制定法要求行政机关应当根据听证记录制定规则，那么行政程序法要求的程序实际上与适用于裁决的程序完全一致。5 U. S. C. § § 553 (c)，556and557. 很少有制定法作出如此要求，而且，联邦最高法院判决认为，除非制定法非常明确地要求适用正式程序，行政机关可以适用非正式程序。*Florida East Railway Co.*，410U. S. 224 (1973) . 结果，现在正式程序已经很少使用了。

[38] *Pacific States Box & Basket Co. v. White*，296 U. S. 176 (1935).

[39] *SEC v. Chenery Corp.*，332 U. S. 194 (1947).

被法院扩大了[40]，新的程序产生出来并要求行政机关在发布规则时必须遵守，法院扩大了司法审查的范围以保证行政机关遵守新的程序。大体而言，在使规则制定程序更加合理方面这样做具有很大的促进作用。法院要求行政机关对他们制定规则的基础进行解释的程度远胜于原来的情况。结果，行政程序法上的“简要说明”现在在联邦登记上常常多达几百页。而且，规则制定的事实基础达到何种程度，行政机关需要加以说明；行政机关必须提供支持其立场的科学和技术信息，解释任何相反的证据。进一步说，行政机关应当将这些信息放在规则制定文件中使公众可以检阅。另外，行政机关还需要解释如何从事实发展到规则。但是，在某些情况下事实无法确定，反而要求行政机关必须从已知的信息推断出规则认定的事实。这些要求的结果是，如果有人对行政机关建议制定规则的事实推断提出重大质疑，行政机关应当在最终发布规则前将其更改。

法院也对行政机关的行为采取“严格审查”的态度，以确保行政机关理性地作出决定。[41] 虽然法院要求行政机关进行调查、对更多的细节作出解释，并将其看作“行政国”时代符合行政程序法要求的手段，联邦最高法院明确阐明，法院并未要求行政机关采用审判式程序。[42]

制定规则明显成为政府发展政策的重要手段，因而它也被看成是一种政治决定就并不奇怪，进而白宫也对其加强了控制而非一直处于

㊵ See, J. V. DeLong, “Informal Rulemaking and the Integration of Law and Policy”, 65 *Vancouver Law Review* (Va. L. Rev.) 1979, p. 257. 下面将作更充分的解释，法院对规则进行司法审查的时间选择和审查性质也随着规则的大量运用而有所变化。鉴于以前规则只能作为执法行为的一部分进行挑战，联邦最高法院允许对新发布的规则提起挑战，条件是该规则包含的命令是清楚的和完整的。因此，法院对规则进行司法审查将立足于行政机关制定规则的说理部分以及作为规则基础的事实部分，而不是其在特定案件中的适用。不过，在大多数情况下，当事人仍可以将质疑规则的合法性作为抵抗规则执行行为的一种手段。

㊶ *Greater Boston Television Corp. v. FCC*, 444 F. 2d 841 (DC Cir. 1970) cert. den 403 U. S. 923 (1971).

㊷ *Vermont Yankee Nuclear Power Corp. v. Natural Resources Defense Council, Inc.*, 435 U. S. 519 (1978).

行政程序法的原来框架之下。通过历届总统发布的一系列行政命令[43]，行政机关必须将建议制定的规则提交给管理与预算办公室，该办公室属于总统行政办公室的一部分，一般被统称为“白宫”。管理与预算办公室将审查制定规则的建议，以确保其与总统的规制政策保持一致，即对于达成规制目标最经济有效的手段，其他可选择的方案（包括经济刺激和非规制手段）都已获得考虑，以及对于达成规制目标该规则对社会施加的负担最小。[44] 如果该规则被认为是一个“重大规制行为”（significant regulatory action）[45]，则行政机关必须准备一份规制影响分析报告（Regulatory Impact Analysis，RIA）对所建议规则的成本和收益进行分析。如果管理和预算办公室认为提交的内容并不能满足这些标准，则与该行政机关展开协商，直到它满足要求为止。在联邦登记上发布之前，行政机关还必须将最终的规则提交给管理与预算办公室。因此，与二十五年前的情况相比，在作出规制决策方面总统和他所属的办公室已在其中发挥了相当大的作用。作为在规则制定中扩大总统影响这一“气氛”（mood）的一部分，目前主要的规则制定都通过总统发布的形式公开宣布，实际上规则是行政机关发布的，先前的传统是将新的规则归于行政机关而非总统。

这些发展将一个弹性的、简要的程序转变为一个更具复杂性、在很多方面具有裁决特征的程序。例如，现在要求有一个“记录”重点说明规则的事实推定[46]，行政机关必须证明该事实基础，不同于法院

---

[43] 卡特总统发布了 12044 号行政命令，规定白宫审查主要的行政规则，并对行政机关施加了各种管理要求。在里根总统发布的 12291 号行政命令中，该审查和干涉得以扩大，在管理与预算办公室下建立了信息与规制事务办公室（the Office of Information and Regulatory Affairs）。克林顿总统发布了 12866 号行政命令继续该方面的实践。现任总统布什对 12866 号行政命令作了少量改动并使之继续有效。第 13258 号行政命令，联邦登记第 67 卷第 9385 页（2002 年 2 月 28 日）。

[44] 第 1 节 b 部分，第 12866 号行政命令。

[45] 这些一般是那些对年度经济的影响超过 10 亿美元或者对某一经济部门具有不利影响的规则。Section 3（f），Ex. Or. 12866。

[46] *Ass's of Data Processing Service Organizations, Inc. v. Bd. of Governors of the Federal Reserve System*，745 F. 2d 677（DC Cir. 1984）.

简单假定其为真。另外，受影响的利益相关人在规则形成过程中也有更多的手段直接、实质性地参与该过程。

部分为回应日渐兴起的形式主义和对抗式的规则制定，部分基于产生“更好”规则的理论，国会明确授权行政机关进行“协商式的制定规则”㊼。协商式规则制定在非正式场合称为“reg-neg”在该程序中，行政机关确定利益受到实际影响的相对人代表并选任他们组成咨询委员会，该委员会包含一名行政机关本身的高级代表，其负责推动所建议的规则达成一致。行政机关将其建议的规则基于该一致意见之上，随后通过正常的规则制定程序进行评论，在需要或合适的时候进行修改。这一程序在处理复杂的规则方面一直非常成功，对政治上有争议的规则也是，而这些规则行政机关通过传统方法则很难通过。它一直受到官方㊽和程序参与者㊾的好评。事实证明当该程序被合理适用时其比传统的规则制定程序更加快捷，同时也能有效减少相对人提出司法审查的申请。㊿ 不知因为何种原因，协商式规则制定程序并未被行政机关广泛运用。然而，其对规则制定有一个重要影响，即现在行政机关在制定规则时例行采用“公众参与”这一至关重要的手段，一般通过某种非正式的咨询委员会或者公众会议实现公众参与。其与协商式规则制定程序的区别是，在“公众参与”中，行政机关的目标是了解公众所关心的情况以及他们认为相关的任何事实；而决定权仍然保留在行政机关手中，不需要寻求与公众的意见或决定达成一致。

㊼ 协商制定规则法（Negotiated Rulemaking Act），5U. S. C. §§561 *et seq*。

㊽ 例如，§6（a）（1）of Ex. Or. 12866 规定：“每一个机关……应当探索和在合适的情况下运用合意机制（consensual mechanisms）制定新的规则，包括协商制定规则。”

㊾ J. Freeman and L. Langbein，“Regulatory Negotiation and the Legitimacy Benefit”，9*New York University Environmental Law Journal*（NYU Envtl L. J.），2000，p. 60.

㊿ Ph. J. Harter，“Assessing the Assessors：The Actual Performance of Negotiated Rulemaking”，9*NYU Envtl. l. j.*，2000，p. 32. 不过，其他一些学者认为并未有任何减少。C. Coglianese，“Assessing Consensus：The Promise and Performance of Negotiated Rulemaking”，46 *Duke Law Journal*（Duke L. J.），1997，p. 1255.

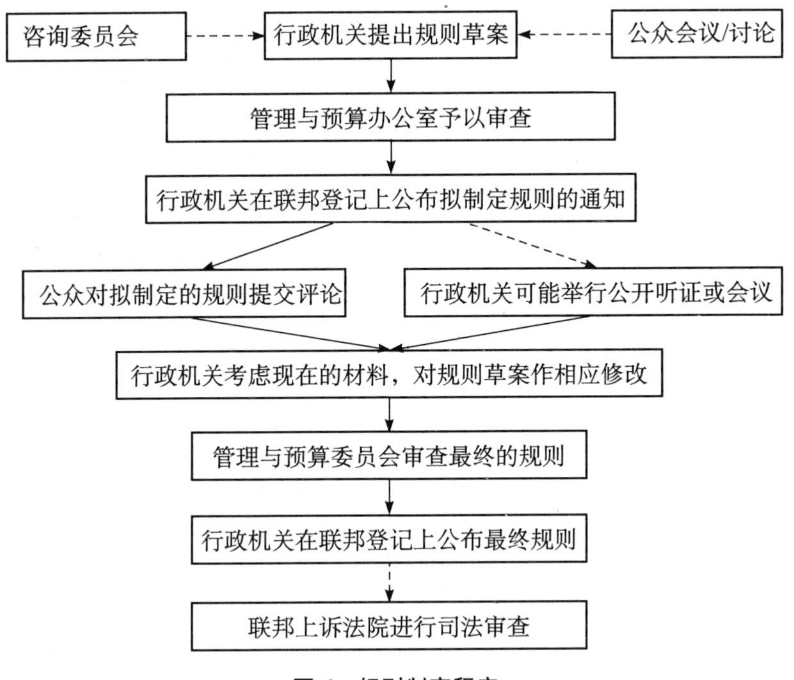

图 6　规则制定程序

3.6　非立法性规则（Non-Legislative Rules）、政策声明（Policy Statements）、指南（Guidelines）

实质性或者“立法性”规则是行使国会授权制定法律的行为，其对所适用的对象、法院和行政机关自身都具有拘束力。除此之外，行政机关还发布各种各样的具有不同实践影响的政策声明。其中一种是“解释性规则”（interpretive rule），行政机关利用它向公众说明其对某一制定法或者行政规则条款的含义的观点。另一种是行政机关用以宣布其在将来意欲坚持某一特定政策的声明，但是在该政策发生实际效力之前还需要其他的程序。[51] 另一种声明是关于如何遵守法律要求的指南。为了鼓励行政机关向公众提供其如何思考的信息以及如何遵守其要求的方法，这种类型的政策声明不需要公开通知和评

[51] 参见 *Pacific Gas & Electric Co. v. FPC*, 506 F. 2d 33（DC Cir. 1974），缩写代表联邦上诉法院哥伦比亚地区巡回法院。

论[52]，也不需要在公布 30 天后才产生法律效力[53]；不过，它们需要在联邦登记上公布。[54]

虽然在立法性和非立法性规则之间有一个明确的概念性区分，但是确定某一政策声明是或者不是立法性规则并非总是十分容易。[55] 行政机关经常声称某一规则是非立法性的，以避免适用严苛的规则制定程序，但是转而就改变立场要求法院尊重其政策声明并予以执行，实际情况就是，给予据其声称无拘束力的规则以拘束力。于是，法院不得不判定该声明是否实际上是一个需要遵循强制性程序的立法性规则。

3.7 行政程序法上的裁决

在 1965 年之前，行政法关注的焦点主要是行政裁决和司法审查，因为这大体反映了行政机关如何运作。结果，行政程序法充斥着如何根据该法举行听证的细节说明。基本上，行政程序法所规定的程序适用于“立法要求行政机关根据听证记录作出裁决的每一个案件”[56]。有趣的是，行政程序法并未规定如果授权立法未作出如此要求时应该采取何种程序。[57]下面我们将讨论的问题是，某种情况下是否必须举行听证，如果是，根据宪法的正当程序条

[52] 5 U.S.C. §553 (b).

[53] 5 U.S.C. §553 (c).

[54] 5 U.S.C. §552 (a) (1).

[55] 关于专业学者不同意见之间的讨论，参见 W. F. Funk, “A Primer on Non legislative Rules”, 53 *Admin. L. Rev.* (Administrative Law Review), 2001, p. 1321。

[56] 5 U.S.C. §554 (a). 这一词语已经变成一个艺术词语，其在根本上意味着由在听证中提出的证据和证词所组成的“记录”将构成行政决定的唯一基础；所有的事实问题都必须根据存在于记录的信息来决断。对于这一要求有各种各样的限制性例外，例如当该事实问题处于法院重新审理的过程中，就意味着法院将根据自己认知来决定该问题而不需要考虑行政机关的决定，这与以上诉审的模式进行司法审查不一样。

[57] 很多立法都没有明确要求适用行政程序法上所说的裁决程序，虽然如此行政机关都自觉适用行政程序法的大部分条款。不过，经常情况下行政机关并不使用行政法官主持听证，而是代之以其他听证官员。行政法官有一个严格选拔程序，与其他官员相比有更高的相对于行政机关的独立性保障。对于这一要求有各种各样的限制性的例外。

款应举行何种类型的听证。[58] 在行政法学上，前者被称为"正式裁决"，后者被称为"非正式裁决"。

联邦行政程序法对行政程序如何进行规定了很多细节，下面仅是行政程序如何进行以及程序参与者之间关系的一个简要总结。程序自行政机关发布通知开始，通知内容包括：（1）听证的时间、地点和性质；（2）举行听证的法律依据和管辖权；（3）所涉及的事实及法律问题。[59] 行政机关必须向所有利害关系人提供提出事实、论据和解决方案的机会。[60] 听证由一名行政法官主持。[61] 行政法官是行政机关内的司法性官员，他独立于政策和行政机关的执行机构。主持听证的行政法官具有正式的司法权力以控制听证过程[62]和作出裁定。[63] 一般情况下，行政机关将在其内部提供至少一次，有时是多层级的申诉机会。[64]

正式的证据规则并不适用于上述行政程序。行政机关经常就广泛的一般事实发布"官方通知"（offical notice），但是如果未经证实的事实对于裁决具有重要意义的话，行政机关应当准许一方当事人指证该事实假定不准确。[65] 单方交流（ex parte communications）——在并非所有当事人都在场的情况下决策者与某些当事人的交流——是被禁止的。[66] 但是这并不是认定行政决定作出者存在特别的观点或者一般性的偏见，从而剥夺他们资格的理由。[67] 因此，例如，对于公开声明支持竞争的联邦贸易委员会来说，裁决某公司反竞争行为的案件并要求其承担责任是合适的。[68] 与前面

[58] 美国宪法第五修正案规定："非经正当法律程序，任何人不得被……剥夺生命、自由或财产。"

[59] 5 U.S.C. §554（b）.

[60] 5 U.S.C. §554（c）.

[61] 5 U.S.C. §556（b），机关自身或者管理机关的委员会的成员也可以主持。

[62] 5 U.S.C. §556（c）.

[63] 5 U.S.C. §557（b）.

[64] 例如，5 U.S.C. §557 and *Darby v. cisneros*，509 U.S. 137（1993）。

[65] 5 U.S.C. §556（d）.

[66] 5 U.S.C. §556（d）.

[67] 5 U.S.C. §557（d）（1）.

[68] *FTC v. Cement Institute*，333U.S. 683（1948）.

类似，行政机关的下述行为也是可接受的，即对是否有理由采取行动进行调查，并随后对是否存在违法行为作出判断。[69] 然而，也有一些限制，法院不允许带有“不变的封闭心理”（unalterably closed mind）的人审理案件，也不允许具有特殊的个人偏见的人，例如已经认定了主要事实问题[70]或者与案件结果有利害关系的人[71]审理案件。

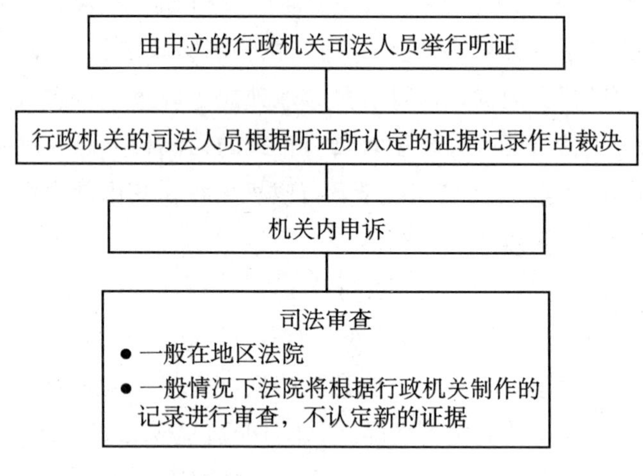

图 7　典型的行政听证过程

3.8　在制定规则和裁决过程中的行政裁量权

行政机关拥有在运用何种程序手段达致其目标方面，以及如何运用其所拥有的资源方面具有广泛的自由裁量权。

3.8.1　程序的选择

如果行政机关既可以运用制定规则的手段，也可以通过一系

[69] *Withrow v. Larkin*, 421 U.S. 35 (1975).

[70] *Texaco, Inc. v. FTC*, 336 f. 2d 754 (DC Cir. 1964)；联邦贸易委员会的主席在一次演讲中明确表明其已经确定了摆在其机关面前的一个待决案件的核心事实问题。

[71] 在 *Gibson v. Berryhill*, 411 U.S. 564 (1973) 一案中，法院判决认为一州的许可机关的组成存在令人不能接受的偏颇，因为与许可结果存在太过实质的金钱方面的利益。

列案件裁决的方式来制定政策[72]，联邦最高法院明确表示，方式可以由行政机关自己决定。[73]方式的选择仅在非常特殊的情况下才有所限制，即决定可能滥用自由裁量权的情况，例如行政机关在裁决程序中对善意遵守行政机关制定的现行有效规则的行为课以责任。

3.8.2 规则与裁决的关系

在行政机关作出行政决定之前，相关当事人对听证拥有明确的权利，例如拒绝一项许可证申请或者改变已获得认可的经营方式，但是如果行政机关发布了一项有效的规则，其中规定的一般性政策可以解决该问题，那么行政机关就不必举行听证了。然而，这种情况要求允许私人一方当事人证明该规则不适用或者不应该适用于其特殊情况。例如，联邦通讯委员会（the Federal Communications Commission）通过了一项规则禁止任何人拥有超过特定数量的广播电台，一个公司根据一项规定行政机关只有经过听证才能拒绝给予许可的国会立法提出申请，要求许可其拥有超过最大数额的广播电台。行政机关未举行听证被认为是合法的，因为结果是注定的[74]：并不允许如此许可。一般性规则能够排除公民个人听证的原则随后扩展到如下情况：行政机关有权根据规则决定在残疾听证中重复出现问题；法院支持这种程序，因为如果事实不值得如此的话规则将不予适用，否则没有理由在多个案件中就类似事实再次起诉。[75]

---

[72] 由于“行政国”的到来，执行措施必须由法院采取而不能由机关自己进行，大量的规制项目被创造出来。在这种情况下，机关并不能通过一个案件接一个案件的裁决逐渐发展出一种“普通法”。

[73] *NLRB v. Bell Aerospace Co.*, 416U. S. 267 (1974)；*SEC v. Chenery Corp.*, 332 U. S. 194 (1947).

[74] *United States v. Storer Broadcasting Co.*, 351U. S. 192 (1952).

[75] *Heckler v. Campbell*, 461 U. S. 458 (1983).

3.9 私方当事人的角色

私营部门的当事人是否有权要求行政机关发布某一规则，对公众和私营部门之间关系的性质以及政府的本质具有重要的影响。正如我们所看到的，私营部门的行为极大地改变了规则制定的性质：从实际上完全由行政机关掌控的模式转变为必须遵守相当具体的程序的模式，其中如果针对建议制定规则的通知有重要的评论提交，行政机关必须对规则的建议稿作出修改。

公众中的有“资格”（下面将详细解释）的利害关系人将参与行政机关的裁决程序，以保证涉及重要问题的规则得以发布。[76] 行政机关曾认为他们代表了“公共利益”，因此私方当事人的参与不再必要也不受欢迎。法院否定了政府的观点，认为，保证必须解决的复杂问题能够实际对簿公堂从而讨论解决的最好的方法是允许那些直接受到影响的当事人参加，在行政机关的指挥下参与行政程序。因此，20 世纪 60 年代随着政府机构的激增，行政决策中的参与与原来的情况相比也越来越广泛。[77]

行政程序法明确规定，“各机关应给予利害关系人要求发布、修改和废止某一规则的权利”[78]。行政机关应当在合理的时间内（实际上该时间可能相当长）对相对人的上述要求进行答复。但是，法院非常尊重行政机关自行决定其日程安排和分配其内部稀缺资源；而且，行政机关可以自己决定如何发展其政策以及如何协调竞争性的事项和目标。因此，法院命令行政机关满足相对人关于规则制定方面申请的情况是非常少见的[79]，而且必须是基于明显的适用法律错误。不过撤销

[76] *Office of Communication of the United Church of Christ v. FCC*, 359 F. 2d 994 (DC Cir. 1966)

[77] R. B. Stewart, “The Reformation of American Administrative Law”, 88 *Harvard Law Review*, 1975, p. 1667.

[78] 5 U. S. C. § 553 (e).

[79] *WWHT, Inc v. FCC*, 656 F. 2d 807 (DC Cir. 1981).

规则的情况确实出现过。[80]

联邦最高法院认为，根据法律，是否应公民的请求作出某执法行为属于行政机关的自由裁量权的范畴。[81] 因此，这里有一个假定，即法院不会审查行政机关关于执行申请的决定，不过可以通过如下证明来推翻该假定，即证明所根据的国会立法规定了一项义务需要履行[82]或者行政机关在执行中应遵守的指导原则，而行政机关简单地否定了执行该法律，或者采取了一项极端的政策，从而实际上等于放弃了立法所规定的义务和责任。

3.10 替代性纠纷解决机制

国会明确授权行政机关在当事人一致同意的情况下运用替代性纠纷解决手段处理问题。因此，不是仅仅依赖裁决，无论是正式裁决还是非正式裁决，当事人可以使用调解或者仲裁来解决他们的纠纷。行政争议解决法（the Administrative Dispute Resolution Act）[83]修改了行政程序法，也规定居中的调解人或仲裁人与一方当事人的私下交流可以不予公开，除非参与交流的所有当事人放弃该权利，或者法院判定公开具有必要性并在个案中足够重要，以至于减少私下交流秘密性的重要程度总体上超过了整体的争议解决程序；私下交流并不适用信息自由法。许多复杂的问题目前一般例行由行政机关调解，既使用公共调解人也使用私人调解人进行调解。仲裁手段[84]一般运用的较少，虽然在解决政府合同的争议方面会用到它。[85]

[80] *Farmworker Justice Fund, Inc. v. Brock*, 811 F. 2d 613, vacated as moot, 817 F. 2d 890 (DC Cir. 1987); *American Horse Protection Assoc., Inc. v. Lyng* 812 F. 2d 1 (DC Cir. 1987).

[81] *Hekler v. Chaney*, 470 U. S. 821 (1985).

[82] Dunlop v. Bachowski, 421 U. S. 560 (1975).

[83] 5 U. S. C. §§571 *et seq.*

[84] 和调解中一样，仲裁人可以是双方当事人接受的任何人，既可以是政府工作人员，也可以是私人部门的人员。

[85] 虽然最初国会不情愿授权一个私人仲裁者作出可以拘束政府的裁决，5 U. S. C. §580 (1990)，但当其再次通过行政争议解决法时，其也授权仲裁者可以作出拘束机关的裁决，5 U. S. C. §580 (1990)。为了控制仲裁人的自由裁量权，双方当事人可以详细说明裁断的范围以及提交仲裁的议题。5 U. S. C. §575。

3.11 正当程序和非正式裁决

如果国会立法没有作出规定，那么随之而来的问题就是，行政机关在采取特定行为之前，而当事人认为对其利益产生不利影响，是否必须举行听证?(86) 美国宪法第五修正案规定："未经正当法律程序，任何人不得……被剥夺生命、自由或财产。"(87) 于是问题就变成在什么情况下"正当程序"条款适用？以及如果适用，那么它的要求是什么？

联邦最高法院认为，财产利益不限于有形财产的所有权，例如土地。相反，正当程序条款保护个人所拥有的利益的安全。所谓财产，一个人对其所拥有的必须不仅仅是抽象的需要或者愿望，也不仅仅是获得或保存它的单方面期望；相反，在此其必须存在来源于现存法律、合同或者协议的合法的权利要求。因此，例如，根据一年一签的合同受雇的人对于下一年继续受到雇佣并不具有"财产权利"，因此其并不享有获得任何类型听证机会的正当程序权利。(88) 反之，如果雇员和雇主之间具有在雇员表现良好的情况下维持劳动合同的协议，那么该雇员对于继续受到雇佣具有合法的要求，这等于是财产，只有通过正当法律程序才可以终止该雇佣。(89)

自由不仅意味着不被拘留，还包括"个人签订合同、从事任何一般职业、获得有用的知识……一般地享受这些被长期认可的……对于有序地追求幸福而言是必不可少的权利的权利"(90)。因此，如

(86) 在很多情况下，只要事后受到不利影响的当事人能够提出适当的议题，例如赔偿金，行政机关可能在召开听证之前采取行动。*Norht American Cold Storage Co. v. Chicago*, 211U. S. 306 (1908)（需要立即采取行动处理当事人陈述中所说的腐臭的家禽；家禽的所有人随后可以提起诉讼证明其家禽实际上并没有腐臭，如果成功，其将因此获得赔偿。）。

(87) 美国宪法第十四修正案给各州规定了如下义务："……非经正当法律程序，州不得剥夺任何人的生命、自由或者财产……"

(88) *Board of Regents v. Roth*, 408 U.S. 564 (1972).

(89) *Perry v. Sindermann*, 408 U.S. 593 (1972).

(90) *Board of Regents v. Roth*, 408 U.S. 564 (1972).

果有损于个人在团体中的地位的指控，例如不诚实或者不道德的指控，或者给某人加一个将影响其找工作能力的污名，那么，个人自由将受到损害。

一旦确定了某人具有财产或者自由的利益，那么接下来必须确定的问题就是在宪法正当程序条款下“什么程序是正当的”。法院认为这取决于具体情况，需要平衡三方面的因素[91]：（1）将受到行政行为影响的私人利益的性质；（2）政府使用某程序的情况下该利益被错误剥夺的风险，以及增加额外程序保障可能的价值；（3）政府的利益，包括所涉及的职能以及增加额外程序所引起的财政和行政负担。因此，不像正式裁决那样其程序都是明确的，在宪法的正当程序条款下，非正式裁决的程序非常主观，往往因时因事制宜。

3.12 私法的角色

私法，作为规范私主体之间关系的法律规范，在美国行政法中也扮演一个小角色。

其中最为发达的是侵权法，它决定了某人在受到他人伤害时何时起诉寻求赔偿。国会授权侵权诉讼可以针对联邦政府雇员在其工作场所范围内或履行职务过程中的任何疏忽大意或者错误的作为或不作为，只要在同样情况下私人可以作为被告，合众国政府就可以作为被告。[92]不过，对于这种一般性地接受通过私法侵权诉讼追究政府工作人员行为引起政府责任，存在大量的例外情况。对于我们的目的而言最重要的是该责任不包括：

“任何针对联邦政府雇员在执行法律或者行政法规过程中尽到合理注意义务的作为或者不作为的赔偿请求，无论该法律或者行政法规是否有效；或者任何针对联邦行政机构或者政府工作人员实施或者未实施自由裁量权力或者职责的行为的赔偿请求，无论

[91] *Mathews v. Eldridge*, 424 U. S. 319 (1976).

[92] 28 U. S. C. §1346 (b).

该自由裁量权是否被滥用。”[93]

因此，当争议在于政府制定的（或者虽未制定，但是应该制定）政策决定引起损害时，私人主体不可能胜诉。[94] 如果政府作出的决定违反了法律或者行政法规规定的明确义务，受损害的当事人可以提出诉讼，因为在这种情况下没有裁量权被行使。[95]因此，侵权法被作为一种保障司法审查反复无常的行为、限制行政行为的手段加以使用。

近来，行政机关开始运用合同作为个性化规制的一种形式。行政机关与一个或者多个公司签订合同，约定行政机关改变其针对该公司的例行规制手段，作为回报公司则应采取特定的行为或者达到特定的目标。当数个行政机关试验性地采取该新规制手段时，这种新的规制方式看上去前景很不错，于是关于该手段运用和实施的法律得以通过。对此下文将进行更多的讨论，这种安排的进一步运用很可能是未来若干年里美国行政法最主要的发展之一。

4 行政行为的司法审查

根据联邦行政程序法、美国宪法以及联邦最高法院的判例，对行政机关所作决定的司法审查包括几个方面。它们是：

——是否对于司法审查任何人都是可获得的；

——何人可以提起司法审查；

——何时可以提出司法审查；

——对于事实、法律和政策，司法的审查范围是什么。[96]

[93] 28 U.S.C. §2680 (a).

[94] *United States v. S.A. Empresa de Viacao Aerea Rio Grandense (Varig Airlines)*, 467 U.S. 797 (1984).

[95] *Berkovitz v. United States*, 486 U.S. 531 (1988).

[96] “审查范围”是联邦行政程序法的用语，5 U.S.C. §706，用以描述其在进行审查时所适用的标准。如此，其定义了法院和机关之间的关系。

4.1 司法审查的可获得性

联邦行政程序法的司法审查部分开始即说明其适用于“除下列之外的其他情况：(1) 法律排除司法审查；或者 (2) 行政行为属于法律赋予该机关的自由裁量权”[97]。

第一项所含的意思是公认的，即国会排除法院审查特定情况下的行政行为。[98] 不过，并不奇怪，法院并不喜欢这样的限制，并且发展出“国会意欲使行政行为受到司法审查的强力推论”[99]。实际上，法院一直很积极地解释那些看起来像限制司法审查的立法，从而看上去将司法审查限制在立法可容许的范围内。[100] 因此，除非一项法律无可辩驳地清楚和强有力地表明不能进行司法审查，法院一般能找到它适于审查的理由。

第二项“法律赋予该机关的自由裁量权”，意味着国会并未提供法院判别该行为的任何标准；简而言之，此处没有法律可以适用。正如我们所见，是否采取一项执行行为经常就是这样一种选择。[101] 法院还将该条款适用于挑战美国中央情报局解雇雇员行为的一个案件，因为法律授权该局领导可以在“他认为”解雇有利于美国利益的任何情况下解雇任何人。[102]

总而言之，除了极少数的例外情况，某种形式的司法审查总是可获得的。

---

[97] 5 U. S. C. §701 (a).

[98] *Block v. Community Nutrition Institute*, 476 U. S. 340 (1984).

[99] *Bowen v. Michigan Academy of Family Physicians*, 476 U. S. 667 (1986).

[100] *McNary Haitian Refugee Center*, 498 U. S. 479 (1991); *Lindahl v. Office of Personnel Management*, 470 U. S. 768 (1985).

[101] *Heckler v. Chaney*, 470 U. S. 821 (1985).

[102] *Webster v. Doe*, 486 U. S. 592 (1988)。不过，在该案中，法院支持了原告提出的对其解雇是不符合宪法规定的主张。因此，司法审查的困难仅仅在于终止其任期的决定并不是最能符合美国利益的，其并未涉及“严肃的宪法”(serious constitutional) 问题。

4.2 资格

如果司法审查是可得的，那么接下来问题就变成谁可以启动它。美国宪法将法院管辖权的范围限制于“案件”和“争议”[103]。因此，法院无权提供咨询性意见，它们只能解决实际纠纷。这一限制为关于原告资格的法律提供了基础，而原告资格的法律又被法院关于自身何时介入的谨慎判决所补充。如果某人要获得原告资格，其必须声称存在一种“事实上的损害”[104]，而且该损害来源于被告的被诉的非法行为——该行为是清楚、明显的，不是抽象、推测和假设的。[105] 而且，法院必须能够确定，如果原告胜诉法院能够为该非法行为提供救济。[106] 再者，当事人所申请保护的利益必须可争辩地属于法律调整或者保护的“利益范围”之内。[107]

下面几个例子将有助于说明这些概括性的条件：某人不能以政府违反法律为由单独提起诉讼；相反他必须表明该违法行为给其带来的直接损害。[108] 一个公共利益组织，例如环境保护组织，无论其运营多么良好或者多么有名，都不能因其特殊利益提起诉讼；不过，它可以代表其成员的真实利益起诉。[109] 一个人也不能起诉要求强制执行一项法律（该法律要求行政机关只有在咨询内政部长后才能采取可能危害濒危物种的行动）如果其主张仅是其可能去濒危动物栖息地旅游。[110] 法院认为，被告的未能事先咨询行为与原告之间的关系对于构成一个损害而言是模糊的和微乎其

[103] 美国宪法第三章第2条。

[104] *Association of Data Processing Service Organizations v. Camp*, 379 U. S. 150 (1970).

[105] *Allen v. Wright*, 468 U. S. 737, reh'g denied 486 U. S. 1250 (1984).

[106] *Simon v. Eastern Kentucky Welfare Rights Organization*, 426 U. S. 26 (1976)。在该案中，原告声称免税代码的变化导致当地一家医院停止向穷人提供服务。法院认为，即使原告所声称的免税代码的变化是非法的，也没有办法弄清楚这家医院是否会重新开始其向穷人的服务，而这才是所受的损害。

[107] *Clarke v. Securities Industry Association*, 479U. S. 388 (1987).

[108] *Allen v. Wright*, 468 U. S. 737, reh'g denied 486 U. S. 1250 (1984).

[109] *Sierra Club v. Morton*, 405 U. S. 727 (1972).

[110] *Lujan v. Defenders of Wildlife*, 504 U. S. 555 (1992).

微的；法院发现，保证法律得以忠实贯彻实施的义务是根据宪法第 2 条被赋予总统的，而非根据宪法第 3 条被赋予法院。[111]根据“利益范围”条款排除出原告资格的一个例子是，法院拒绝了一个邮政雇员联盟提出的对联邦邮政服务局所颁布的一项法规的挑战，该法规授权私人运输公司将邮件运送到欧盟；法院认为，该法规的立法目的是保护联邦邮政服务局的利益，而非其雇员。[112]

4.3 司法审查的时限

何时可以对某一行为提起司法审查取决于三个互相联系的，也是经常使人迷惑的原则：成熟原则、穷尽救济原则和司法最终原则。

4.3.1 成熟原则

成熟是关于行政行为在当前是否适合司法审查的一个判断；对法院而言就是其是否已“准备就绪”，或者还需要更多时间和条件。在决定某一问题是否成熟从而适宜审判时，法院在该法律问题目前是否适合司法裁决和拒绝司法审查让案件继续发展从而给当事人带来的困难之间进行平衡。例如，一个要求公司企业立即遵守的行政法规在其发布之时对于司法审查而言就是“成熟”的，因为该行政机关已经做完了其要做的任何事情来界定义务，没有其他事情需要做了。[113] 相反，一个规定某机关计划在将来进行调查的法规就是不成熟的，因为该因果关系只有特定的调查实施的

[111] 在 *Lujan* 一案中，法院承认并未受到直接规制的人很难获得起诉资格。

[112] *Air Courier Conference of America v. American Postal Workers Union*，AFL-CIO，498 U.S. 517 (1991).

[113] *Abbott Laboratories v. Gardner*，387 U.S. 136 (1967)。在该案之前，通常情况是只有在规则被机关实施后才可以被起诉，该案开创了“实施前” (pre-enforcement) 审查的先例，现在规则一般在发布之后马上就可以接受司法审查。联邦最高法院明确表明，审查法院可以在规则受到起诉时允许其继续发生效力，或者直到司法审查的结果出来之前一直保持其效力。实际上，在很多情况下，法院会保留规则或者机关的其他行为，并发回该机关自己修正，该规则或者行为的效力会一直持续到机关新的行为的作出。虽然在一些情况下实践已受到法律的限制，一般情况还是一个规则的合法性在机关于个案中实施或者以其为根据作出行为时才会受到挑战。

情况下才能够确定，新法规对于企业并没有直接的和即刻发生的效果；因此问题要适合法院审查还需要更多的东西。[114] 当行政机关表明其意图是在将来采取某行为时，当事人也不能以该行为违法为由起诉该行政机关；相反，该起诉者必须等到行政机关采取实际行动后才起诉，而且不能将行政活动作为一个整体进行挑战。[115] 法院的理由是，在任何人受到实际损害之前，要足以提起司法审查还需要更多东西。

4.3.2 穷尽行政救济

如果行政机关有一个让申请人表达意见的程序，法院一般要求申请人在向法院起诉前向行政机关提出申请，让行政机关自己纠正错误。例如，某一行政机关意图作出某一行为，而该行为将损害某人的利益，或者行政机关授权第三者采取损害某人的行为，该人在试图让法院推翻该行为之前应当向行政机关提出申请要求其改变立场。

这就是所谓的“穷尽你的行政救济手段”。它部分基于行政机关和法院之间的责任划分，即应当给予行政机关机会解决这一问题并改正其行为，这样向法院起诉就无实际意义。另外，行政机关关于案件事实和法律的看法将对案件的解决非常重要，并不在法院的管辖权限之内。例如，在一个著名的案件中，申请人认为其行为并不属于某机关的管辖范围，因此无须通过其听证；联邦最高法院驳回了当事人的申请，认为在决定是否有管辖权方面，行政机关对于特定事实的观点非常重要。[116]

然而，穷尽行政救济并非是司法必须适用的原则，在适当的情况下，法院将搁置其适用，例如所争议的问题仅仅是与行政机关意见无关的法律问题，或者是行政机关无法给予救济的法律问

[114] *Toilet Goods Association, Inc. v. Gardner*, 387 U.S. 158 (1967).

[115] *Lujan v. National Wildlife Federation*, 497 U.S. 871 (1990).

[116] *Myers v. Bethlehem Shipbuilding Corp.*, 303 U.S. 41 (1938).

题，或者适用该原则所带来的拖延将给申请人带来损害。[117] 注意，穷尽行政救济原则导致一个重要的后果，即挑战遵循听证程序作出的一项规则或者行为并不能首先向法院提出。因此，例如，在法院接受针对行政机关某一行为的挑战之前，该问题必须首先向行政机关提出。

4.3.3 司法最终性原则

与穷尽行政救济背后的理由相似，法院仅审查具有“最终性”的机关行为。[118] 法院并不想卷入一个尚在发展中的问题。根据分权原则，只有行政机关在完成其决定之后法院才能展开司法审查；在这之前，行政机关也许正在对决定进行考虑，问题也可能得以解决，或者在行政机关完成其全部工作之后法律问题可能会变得清晰，事实问题也得以更好确定。但是，因为这些目的，判断何者是最终或何者不是最终的行为并不总是十分容易的事。例如，某一计划的行政管理机关为实施该计划的一个正式意见基于上述理由被认为是“最终的”，尽管该机关还没有采取任何具体的行为。[119] 法院解释说，它是在一场“结构式争论”（structured controversy）之后一个“权威决定”，因此它不是行政当局发布的一个非正式的指导文件；虽然如此，它仍处于可控范围内。

4.3.4 审查范围

行政程序法[120]将司法审查的范围界定为负责审查的法院应当：

1. 强制机关履行其非法拒绝或者不当延误的行为。

2. 判定机关的行为、决定和结论非法并予以撤销，如果发现其

a. 专断、任性、滥用自由裁量权或者在其他方面不符合法律

[117] *McCarty v. Madigan*, 503U. S. 140 (1992).

[118] 行政程序法规定，“法律规定可以复审的机关行为和在法院中没有其他合适补救方法的最终机关行为可以接受司法审查。”(5U. S. C. § 704.)

[119] *National Automatic Laundry & Cleaning Council v. Schultz*, 433F. 2d689 (DC Cir 1971).

[120] 5 U. S. C. § 706.

规定[121]；

b. 与宪法规定的权利、权力、特许权或者豁免权相抵触；

c. 超出了法定的管辖范围、权力范围或限制范围，或者缺少法定权利；

d. 没有遵循法定程序；

e. 没有充足证据支持……或者

f. 缺乏事实根据，因而要由负责审查的法院重新审查案件事实。

4.3.5 对事实的审查

行政程序法规定，机关的决定必须有“充足的证据”支持。[122]法院将其解释为，充足的证据意味着依据该种证据具有责任能力的人可以作出重大决定，换句话说，对于该种证据，一个理性的头脑将认可其能充分支持一项结论的作出。在决定一项记录是否包含充足的证据时，如果有其他证据能明显贬损支持某项主张的证据的证明力，法院将会把支持该项主张的证据的证明能力打折看待。[123] 因此，法院在决定机关的事实决定是否有足够的证据支持时，其将查看记录的全部。

在制定规则中，因为没有不公开的记录，因此要求就是在机

[121] 由于“专断”（arbitrary）、“任性”（capricious）或“滥用自由裁量权”（abuse of discretion）这些词语听上去非常刺耳，因此法院只有在很少的情况下才会判定这类行为，它们实际上已经变成美国行政法上定义行政程序的一组艺术词语，下面会有描述，法院通过它们来审查机关的政策和法律决定，一般不会指明机关完全是任性的。

[122] 行政程序法仅将该标准适用于那些根据该法第556条和第557条规定的审查型听证的记录作出决定的案件。经过过去三十多年的发展，类似的要求已经适用于规则的制定。根据一份颇有影响的低级法院的判决，如果一项规则没有充足的证据加以支持，那么它必定属于706（2）（a）条所说的“专断”和“任性”。*Ass's of Data Processing Service Organizations*, *Inc. v. Bd. of Governors of the Federal Reserve System*, 745 F. 2d 677（DC Cir. 1984）.

[123] *Universal Camera Corp. v. NLRB*, 340 U. S. 474（1951）.

关作出决定时是否有基于行政机关开示材料的足够的证据。[124] 规则制定中的事实的范围包括从明显可确定的事实，到那些处于认知边缘的事实，以及那些基本反映政策的事实。因此，有一个法院曾将审查任务描述如下：

"在本案中，部长基于大量的，经常相互冲突的证据作出事实决定。就其中的某些问题而言，证据首先就是那些由评估数据资料和从中得出结论组成的工作。法院可以审查这些记录中的数据资料，决定其是否能为部长的决定提供充分的支持。但是，其中的某些问题涉及处于科学知识前沿的某些标准的公布，从而对于这些问题目前尚无足够的数据资料可以利用以作出完全明智的事实决定。在这种情况下，决定的作出必须更大程度上依赖于政策决定，而更少程度上依赖纯粹的事实分析。因此，除了目前尚未解决的事实问题，标准的阐述涉及一个选择，而根据本身的性质其要求基本的政策判断，而不是事实争议的决断。"[125]

如果机关的事实决定有充足的证据支持，那么法院的任务就是肯定该决定。不过，在某些情况下，争议的问题是关于事实和法律问题的纠缠混合体，或者制定法的要求是机关提供意见和指导，而非作出拘束性的决定。在对类似问题的审查中，联邦最高法院指出，虽然这类决定在法院并没有拘束力，不过它们确实建构了一个法院和当事人可以寻求帮助的经验和明智决定的整体。它伴随着一个常被引用的观察：

"在特定的案件中，类似判决的重要程度取决于其考虑因素的完全公开，其论理的正确性，其与之前和之后判决的连贯性，以及其他任何能增强其说服力——如果缺乏拘束力的话——的因素。"[126]

---

[124] *Ass's of Data Processing Service Organizations*, *Inc. v. Bd. of Governors of the Federal Reserve System*, 745 F. 2d 677 (DC Cir. 1984).

[125] *Industrial Union Department*, *AFL-CLO v. Hodgson*, 499 F. 2d 467, 474 - 75 (D. C. Cir. 1974).

[126] *Skidmore v. Swift & Co.*, 323 U. S. 134 (1944).

4.3.6 法律及政策的审查

在 citizens to preserve overton park v. Volpe 一案中，联邦最高法院阐明了在审查行政决定时所用的程序。[127] 最高法院指出，当行政决定具有“规则性的推定时”，其并不能免于“完全的、锐利的、深入的审查”。法院审查的第一步是判断行政机关是否在授权范围内行事；这要求法院判断授权的范围是什么，行政决定是否是基于手头的事实作出，以及从客观角度看行政决定是否在授权范围内。审查的下一步是判断行政机关的选择是否是任意、反复无常、滥用自由裁量权，或者不符合法律。这部分的审查包括如下几个方面：

——决定的作出是否是基于法律所规定的相关因素的考虑；

——是否有任何不允许的因素影响了决定的作出，以及——决定是否有明显的错误。[128]

法院进而表明其对事实会进行一种“透彻的和细致的”审查，但是它提醒说它的角色限定于保证行政机关所展示的资料能支持其决定，法院无权以其判断取代行政机关的判断。最后，法院将审查行政决定的作出程序，以保证程序适当。

此后，法院开始对行政机关的政策决定和法律实施行为进行严格审查。法院逐渐发展出一种严格审查来针对行政机关是否作出了合理决策，其程序已为大家所熟知。[129] 特别是，行政机关必须考虑相关因素——既包括应包含在内的也包括应排除在外的，也必须解释其所作决定的基础。那就是，它必须描述事实，支撑事实的证据，以及事实和作出的选择之间的关系。[130] 如果行政机

[127] 401 U.S. 402 (1971).

[128] 这类错误的一个例子是，机关一直以某种特定的方式处理某一问题，但是突然没有任何解释而改变路线，以另一种迥然不同的方式处理同类问题。

[129] *Greater Boston Television Corp. v. FCC*, 444 F. 2d 841 (DC Cir. 1970) cert. denied 403 U.S. 923 (1971).

[130] *Motor Vehicle Manufacturers Association v. State Farm Mutual Automobile Insurance Co.*, 463 U.S. 29 (1983).

关转变方向的话，审查强度将增加。

这些案件主要着眼于让行政程序更加理性和开放。剩下的问题是，谁——行政机关或者法院——来决定那些国会未明确表述的法律的问题。法院经常看向制定法的立法历史，以及整个行为理论，进而将其观点强加于行政机关。最高法院在一个案件中对这种关系作了重新定义，该案件已经成为美国法制史上引用最多的案件：

“当一个法院审查行政机关对其负责实施的法律的解释时，它面临着两个问题。第一个问题总是国会是否已对争议的特定问题有直接表述。如果国会的意图是明确的，那么审查到此结束；对法院来说，行政机关也同样，必须严格执行国会明确表达的意图，使其发生法律效力。然而，如果法院判定国会并未对所争议的问题有明确表述，法院不能仅仅对法律施以自己的解释。相反，对法院而言，这个问题应该是行政机关的答案是否是基于一个可以接受的法律解释。”[131]

法院认为，立法中的间隙，意味着国会未能就某一个问题作出明确说明，这应该被认为是国会明确授权给行政机关通过规章加以阐明。法院还在一个脚注中指出，在法律解释方面，司法是最终的权力，决定国会是否已解决某个问题、行政机关关于法律的解释是否是合理的，法院会运用传统工具来解释法律。这一审查程序成为著名的“谢弗林两阶段”理论（Chevron two step）。最终接受行政机关对立法间隙的填补被称为“谢弗林尊重”原则（Chevron deference）。它显然对行政机关和法院的关系具有重要的影响，法院是更多的支持行政机关解释其负责执行的法律，而非像原先那样。

联邦最高法院在最近刚刚判决的两个案件中表明，“谢弗林尊重”原则并不适用于所有的填补立法间隙的行政机关决定。判决

[131] *Chevron, U. S. A., Inc. v. Natural Resources Defense Council, Inc.*, 467 U. S. 837rehearing denied 468 U. S. 1227 (1984). 脚注略。

的所有方面立刻引起了激烈的学术争论，可能将不得不延伸及其他案件的判决。第一个案件中，法院认为“谢弗林尊重”原则不适用于审计报告中所包含的法律解释。[132] 第二个案件中，法院将“谢弗林尊重”原则的适用范围概括和限定为案件中的如下情况：国会授权行政机关制定的具有法律效力的规则和决定，在执行法律的过程中公布的“谢弗林尊重”原则所要求的行政决定。[133] 这一程序并不需要通知和评论规则制定，但是需要反映出类似的国会意图，例如在裁判中。因此，法院拒绝尊重行政机关的关于关税责任的评估，因为它是各个地区的行政雇员作出的，包含了成千上万的个别决定。法院强调，即使严格意义的“谢弗林尊重”原则不准适用于这些类型的行政决定，“斯基德莫尊重”（Skidmore Deference）原则仍然继续适用。因此，“谢弗林尊重”原则的适用目前限于相对正式的行政机关的决定，在这些决定中，行政机关——意味着行政管理者——宣称其具有法律效力。

由于行政机关近来将发布大量解释和指南作为一种手段以指导其规范的行政活动，因此如下问题将非常有趣，即它们中的大多数是否会基于如下原因而受到挑战：“谢弗林尊重”原则不适用于它们，法院将扮演一个更加积极的角色来判定它们是否遵守了上位法规范。

5 回顾及前瞻

总体而言，美国行政法在过去10～15年里一直非常稳定。在20世纪六七十年代其一度发生重大变化，即法典化和优化，但是其似乎代表了当时政治气候的需要。随着1994年大选的到来，“美利坚契约”（contact with america）扮演了重要的角色，重要的程序性“改革”被提出来。大体而言，建议包括编纂和扩展那

[132] *Christensen v. Harris County*, 529 U.S. 576 (2000).

[133] *United States v. Mead Corporation*, 533 U.S. 218 (2001).

些涉及法院判决意见和行政命令的程序。虽然主要的建议被否定了，不过两项新的程序法得以通过。

小企业监管执法公平法（the small business regulatory enforcement fairness act，SBREFA）扩充了弹性监管法（the regulatory flexibility act）的规定内容。[134] 该法要求行政机关考虑其行为对于小企业的影响，并且第一次授权"受到行政机关最终行政行为不利影响或侵害"的小企业就行政机关的解释提起司法审查。[135] 该法的其他规定以及白宫所采取的措施[136]都使得小企业在行政机关制定政策方面的参与得以增强。此外，小企业监管执法公平法还要求所有的行政机关必须向国会提供其新的规定和相关解释。[137] 该法提供了一个详尽的程序，利用它国会可以在加速的基础上通过法律否定行政机关的规定。[138] 迄今为止，这种否定只用过一次。[139]

第二部立法起源于20世纪90年代中期的"规制改革运动"，其名为"无经费指令法"（the unfunded mandates acts）。[140] 它特别要求关于成本收益或者规制的额外分析，以及达致行政机关目标的各种可选择的手段的额外分析，以及编纂多年以来一直运用的手段；它还为对这些分析进行有限度的司法审查作了规定，主要只是针对行政机关是否履行相关职责。[141]

---

[134] 5 U.S.C. §§601-612.

[135] 5 U.S.C. §611。在以前，所有的这些各种各样的解释都不能提起司法审查，它们只是因为司法审查的内在目的而被详细描述。

[136] 例如，2002年3月10日，Memorandum of Understanding between the Office of Advocacy of the Small Business Administration and the Office of Information and Regulatory Affairs of the Office of Management and Budget。

[137] 5 U.S.C. §801.

[138] 5 U.S.C. §802。与宣布违反宪法的立法否决不同，这种不支持表决必须经过国会两院通过，并提交总统签署。因此，其经历了完全的立法过程。

[139] 总统布什甫一就任，国会就否决了职业安全与保健管理总署的在工作场所实施工效规制的规章。

[140] 5 U.S.C. §§1531*et seq*.

[141] 5 U.S.C. §1571。它还明确规定，在对法规进行司法审查中，这些分析中的信息是法规制定记录的一部分。

其他因素的分析以执行令的形式发布出来，在其中总统指示行政机关将关注点特别集中于某些主题。[142]

并不清楚这些对新的分析的要求是否对行政机关日常运作已经产生了重大影响，因为法院关于行政程序法的解释和总统关于规制程序的执行令都已要求行政机关考虑相关信息。但是这些新的义务确实会给部分行政机关带来一种感觉，即处于围城之中、处于不断增加的管理层级之下。或许因为如此，或许因为大多数的规制立法目前已相对成熟，从而“容易”的规则已经通过，只剩下了那些非常难的规则，也或许是因为缺乏一种包含全部内容的政策指南[143]，但是无论是何种原因，目前的感觉是行政机关颁布新的法规已经变得十分困难和耗费时间。这转而导致了对非立法性规则的更多运用，例如指南、解释、信函以及行政机关的类似文件。最近发展起来一种非规则形式的规制是行政机关公开发布个体公司对各种要求的遵守情况的信息。

虽然水晶球式的预测是声名狼藉的云遮不清，不过在制定规则/规制领域有两方面看起来正在准备发展。其一将是对这种非立法性规则（non-legislative rules）的规制活动的扩张作出回应。保证行政机关发布的信息的准确性，以及通过这些信息发布为感到权利受到侵害的公司提供手段纠正侵权行为的努力已经开始作出。[144] 对此，法院如果有所反应的话，将会是如何做呢？我们不妨拭目以待。根据米德（Mead）的观点一种预测是法院将给予这些非立法性规则更少的尊重，将它们看作证据，仅在“斯基德莫尊重”的意义上反对完全控制。对于非立法性规则如何适应更广泛的规制框架，以及作为一种程序功能给予的尊重如何被用来规划它们，还需要继续观察。

[142] 例如，第13132号执行令，64Fed. Reg. 43255（August 10，1999）指示行政机关对关于联邦主义以及在联邦政府和州之间进行责任分配的主题进行特别关注。

[143] 信息与规制事务办公室（ORIA）在发布指导行政机关决定的规制政策方面已经变得非常活跃。这一变化的全部影响目前尚不明确。

[144] Section 515，Public Law 106－554；2002年1月3日发布了数据质量指南的草案（67Fed. Reg. 369）。

另一方面的潜在的发展与“分散化”（decentralized）规制有关。这些规制方式的例子如下：

——行政机关与公司签订合同达到特定的规制目标；

——行政机关委托公司实施审计和管理项目以保证符合特定的业绩目标，或者——行政机关与一个或者多个公司合作以达到一个可欲的目标。[145]

这些行动的开展所遵循的程序还需要进一步开发。需要考虑的问题是：

——公众，至少是部分公众在义务的确定过程中的参与能力；

——标准是如何设定的；

——标准是如何实施的；

——参与者之间的分歧是如何解决的。

如果上述论断是正确的，那么美国行政法的下一个前沿阵地将是在实施分散化的规制、达致更广泛的目标中发展公共和私人部门之间的关系。虽然目前公共部门在合作方面的信心非常低——这是公司和那些保证其行为合法的主体不断揭发他们错误的结果，不过美国不太可能变成让政府机构做所有的基本决定、执行所有的政府规定的义务。相反，我们将进入一场宏大的讨论，即什么是公共部门和私人部门之间权力的恰当分配，通过何种方式这种分配决定得以作出，以及对当前环境至为重要的是，通过何种方式这种分配决定得以执行。这可能是美国行政法的前沿。

6 参考文献

Aman, Jr., Alfred C. and Mayton, William T. *Administrative Law*, 2nd ed., Hornbook Series, West Group, 2001.

Clark, Tom C. *Attorney General's Manual on the Adminis-*

[145] 当下的一个例子是美国化学委员会、环境保护署和司法部合力保护化学工厂免予恐怖活动的袭击。*Wall Street Journal*, June 13 2002, page A4。

trative Procedure Act. U. S. Department of Justice (1947), reprinted in Funk, William F. ; Lubbers, Jeffrey S. ; Pou, Jr. , Charles, (eds), *Federal Administrative Procedure Sourcebook*, 3rd ed. Section of Administrative Law and Regulatory Practice, American Bar Association, 2000.

Funk, William F. ; Lubbers, Jeffrey S. ; Pou, Jr. , Charles, editors, *Federal Administrative Procedure Sourcebook*, 3rd ed. Section of Administrative Law and Regulatory Practice, American Bar Association, 2000.

Mashaw, Jerry L. ; Merrill, Richard A. ; and Shane, Peter M. *Administrative Law*, 4th ed. ; American Casebook Series, West Group, 1998.

Pierce, Jr. , Richard J. ; Shapiro, Sidney A. ; and Verkuil, Paul R. *Administrative Law and Process*, 3rd ed. , University Textbook Series, Foundation Press, 1999.

Sargentich, Thomas O. , (ed.), *Administrative Law Anthology*, Anderson Publishing Co. , 1994.

Schuck, Peter H. *Foundations of Administrative law* , Foundation Press, 1994.

Shwartz, Bernard. *Administrative Law*, 3rd ed. , Little, Brown and Company, 1991.

Strauss, Peter L. ; Rakoff, Todd; Schotland , Roy A. ; and Farina, Cynthia R. , *Administrative Law*, 9th ed. , University Case Book Series, Foundation Press, 1995.

8

比较评论

勒内·内尔登，
弗里茨·斯特罗因克

1 导 论

在前文论述的基础上，本章将对欧盟成员国、欧盟以及美国的行政法作一些比较评析。比较评析的目的在于使读者能更深入地了解在欧盟、欧盟成员国及美国，其行政法的基本结构和特征，更清楚地发现不同国家和地区行政法的发展趋势，是相互融合抑或是越来越呈现出差异?[①]

如本书的引言所述，本章的比较评析并非要对欧盟成员国、美国和欧盟的行政法之间的共同和差异之处作系统和详细的阐述。首先，我们认为，不论对谁而言，作此系统和详细的比较评析都十分困难。为深刻理解一个国家的行政法制度，必须要了解这个国家所处的历史、政治、社会和经济发展的背景。仅仅只获得一

① 勒内·西尔登曾在一段时间内对比较（公）法进行过研究，本书比较评论（加上本书的序和导读）很大程度上受到这些研究的启发，特别包括以下著作：*Comparative Enviromental Law in Europe*，*An Introduction to Public Environmental Law in the EU Member States*，R. Seerden and M. Heldeweg（eds.），Antwerpen-Apeldoorn，Maklu，1996；*Legal Aspects of Soil Pollution and Decontamination in the EU Member States and the United States*，R，Seerden and K. Deketelaere（eds.），Antwerpen-Groningen，Intersentia，2000；*Public Environmental Law in the European Union and the United States*：*A Comparative Analysis*，R. Seerden，M. Heldeweg and K. Deketelaere（eds.），The Hague，Kluwer Law International，将刊载于2002年秋季。

个国家的系统知识都不容易，更何况对超过六个不同国家和地区的行政法制度进行深入剖析。所以，对于这些不同国家和地区的行政法的真正和深入的比较，本书将交由读者来完成。读者可在其最感兴趣和具有一定研究的特定领域对此展开深入的分析和评价。其次，本书只是对各国行政法进一步讨论、研究和写作的第一步。因此，笔者并不意图过于强调对行政法的比较评析方面，将这一计划一步走得过远。最后，尽管我们试图设定写作的基本框架和结构，从而有利于比较和评析，但这种一致性和兼容性的目标无法达到。显而易见的原因在于我们需要处理不同国家的行政法制度，而且各个作者具有不同的背景知识、不同的研究方法、时间计划表等。对立法、判例和学者观点和意见的进一步探讨将十分有必要。这明显超越了本书能完成的工作，而本书恰恰是完成这些工作的一个良好开端。

本书最主要的一个问题是，我们是否正在见证行政法一般法（ius commune）的产生。特别是欧盟行政法的发展体现了这种发展趋势，在全球化时代，美国行政法的发展也与此相关。我们将对与行政法有关的一些核心概念作一些总结性的评论（指出其中最显著的共同点和差异所在），其中的具体阐述都在之前的文献中可以见到。我们希望将行政法的一些主流发展趋势清晰地描绘出来。在下面的章节中，我们将依照前面章节的编排框架对此作出具体的比较评析。在此，对国家的列举只是在作比较评析时作为例子提及，但不会作一网打尽式的穷尽列举。

2 比较评析

2.1 行政法

本书中的大多数文献都对行政法总论和特别行政法作出了区分。行政法总论是有关普遍适用于整个行政活动（行政决定作出程序与法院救济）的规则和原则，而特别行政法处理具体的政策领域问题，诸如环境、土地利用规划、社会治安、税收和教育等。

特别行政法由自身的法规和（授权）法规范调整，包含了个人相对于政府的权利和义务，大多需要通过行政行为来执行。行政法的重点在于针对个人的行政，常常关注如何通过具体行政行为来对法律予以贯彻。行政机关制定具有普遍拘束力的规范，同样可能影响公民的权利和义务，也是行政法的一部分。只是在实践中，行政法的主要部分在于处理行政机关如何作出具体行政行为，诸如许可的颁发、补贴、行政处罚等。

从现在看来，行政法总论部分很大程度上通过法院裁判发展而来，而非立法机关的立法。德国是一个例外，基本法在行政法的发展过程中扮演主要的角色。以法国为例，其法律体系之显著特征在于对公法与私法的区分，但行政法的一般原则则由最高行政法院（conseil d'etat）发展出来。在英国，公法与私法的划分不甚清晰，乃是因为行政案件由普通法院进行管辖，行政法的一般规则应当受到普通法支配。另一方面，在最近 20 年到 30 年，行政（程序）法成为独立的法律分支，王座高等法院（直到最近才称之为行政法院）在处理司法审查请求时，与其说其作为普通法院，不如说其作为行政法院发挥着功能。美国，尽管与英国同属普通法系国家，但与英国不一样的是，其拥有成文宪法，宪法在处理司法权和司法审查方面发挥了重要作用（以下第 5 部分会进一步阐述）。

同样还有荷兰，普通法院和行政法院提出了适当行政的一般原则，作为法院司法审查的相关标准。此外，1994 年制定的行政法通则对这些基本原则、行政决定作出程序以及法院的救济等作出了规定。德国对于行政决定作出程序以及法院救济的法典化更早了一步，较早颁布了行政程序法和行政法院法。美国则以行政程序法为代表。值得注意的是，一般行政法法典化的范围和内容不尽相同。有关一般行政法法律规范的制定，使得有关特别行政法的制度有所减少。部分前述章节即有明确的体现（如荷兰）。

还有一个重要的问题是，国家的结构形式，单一制还是联邦制，是否对一般行政法的发展产生影响？不可否认的是，联邦事务和州事务的划分会导致不同行政法规范的适用。在许多情况下，联邦行政法同样适用于州（德国和美国）。比利时在联邦和州事务上有一个主管行政法院，这导致其行政法并没有被联邦化。

联邦国家往往拥有一个宪法法院作为国家的最高法院，尽管这些宪法法院的主管权限存在差别。最高法院往往扮演着更为重要的角色（以下第5部分会进一步阐述）。

就欧盟国家而言，欧洲法院（卢森堡）和欧洲人权法院（斯特拉斯堡）作为最高法院，前者适用有关欧共体条约和欧盟次级立法，后者则涉及欧洲人权公约的适用。它们可以否决国内法的适用，从而推翻成员国国内法院的判决。

2.2 行政主体

也许有人会提出疑问，谁行使行政权力这个问题是否属于行政法的范围。也有人会主张，在中央和地方层级之间的权力分配应当属于宪法的一部分内容。就我们看来，宪法和行政法越来越呈现出融合的趋势，因而有必要给读者澄清，谁在行使行政权力，谁是与个人相对的一方。是可能属于代表机关一部分的地方组织吗？是公权力机关的一个机构吗？抑或属于公权力机关以外的一个机构或是具备独立地位的组织？还是其他？此外，往往不只有一个，而是多个组织在行政决定作出的不同阶段分别参与：最初的决定，针对申诉的处理决定以及针对上诉的处理决定。因此，主管机关的变化会导致不同规范的适用，这十分有趣，我们有必要对行政主体进行具体阐述。

本书的部分章节并没有对于行政主体着墨很多，比如在美国行政法这一章。其中的原因也许是行政主体被视为行政法范围以外的内容，也许是因为只有联邦行政法被论及，其中联邦行政机构是主要的组织，它们都与联邦各行政部门有程度不同的密切联系。就德国联邦行政机关而言（是否甚过美国?），国家的部门、各州的组织以及地方机关都在执行联邦权力上扮演着重要的角色。比利时的特征比美国和德国的更为明显，权力的执行由成员州的政府来实现，而非联邦本身。除了州的组织和机构以外，地方层面（省和市镇）的行政机关也发挥着作用。从大多数文献来看，如果基于特别的法规，地方机关经常获得授权行使权力，则其作出决定的自治空间受到压缩。

顺便要提及的是，本书部分著述的术语适用可能造成混淆。比如在比利时行政法这一章中，作者将外部授权（联邦授权给省或者议会）称为权力分散（deconcentration），而在荷兰行政法一章中，作者认为是分权（decentration）。

在单一制国家（荷兰、法国和英国），同样可以见到国家层面上存在着各种各样的主管行政机关。除了将行政权授予地方机关以外，功能分权同样重要，还有一些独立的机关得以设立。功能分权机关和独立机关拥有特别的权力，局限于公共政策的具体领域。两者的区别在于，功能分权机关，比如荷兰的水利委员会（如同传统的地方机关），具有民众选举的基础，而独立机关恰好缺乏民主基础。

在欧盟层面上，因为欧盟立法针对个人的执行事务，绝大多数并非由欧盟组织本身来完成，而是通过成员国的行政机关来实现，所以欧盟行政机关的数量和组织形式便不成为一个问题。在一些领域（比如竞争法），欧洲委员会可被视为一个行政机关，因为其能直接针对个人作出具体行为。当然欧洲委员会也可针对欧盟成员国采取措施。而欧盟委员会和成员国之间的内部关系，类似于各成员国上下级行政主体或组织之间的内部关系，其一般而言不会产生外部效力，因而不会直接涉及个人的权利，故而在此不予进一步阐述。

之前的部分讨论的是作出行政行为的行政机关。而公民针对行政行为提起申诉或者复议，主管机关可能是在行政系统内部，也可能是在行政系统以外（以下第5部分会进一步阐述）。

2.3 法律手段

很明显，行政机关原则上应当在具体法规和授权法所明确规定的行政权限范围内活动。行政活动包括具体行政行为（许可、补贴和行政处罚）和抽象行政行为。大部分的抽象行政行为由民选机关或者中央机关制定。除了以上典型的行政活动以外，行政机关还采用其他法律手段，诸如计划、通知、政策规定等，这些法律手段经常对于个人具有更为间接的影响。由此产生的一个主要问题是，这些法律手段的实际法律效力如何？公民是否可以仅仅针对该行政活动直接向（行政）法院提起诉讼？

如果行政机关通过私法手段履行行政职能，公民应当向哪个法院提起诉讼显然不存在疑问。如同私人和私法人一样，公法人也需要采购其日常运转所需要的物品。因而，没有必要强调这种活动的特殊性，也没有理由通过不同的法院来解决通过私法手段产生的纠纷。但如果公主体并不像私人一样行为，就应当有所区别了。比如行政机关虽然通过私法手段或者行使私法上的权利，诸如行使财产权、侵权法中的行为以及缔结契约，但其目的显然服务于公共利益或者在于达到公法上的目的，则司法救济的渠道存在区别。

以荷兰行政法为例，管辖民事案件的最高民事法院认为，如果行政机关通过私法手段履行行政职能，应当对此施加限制。如果排除公法的适用不具有正当性，则私法的适用应当予以禁止。如果可以采取私法行为，公法上的原则，诸如适当行政原则，仍然保留适用。在其他国家，如法国，公权力机关所缔结的合同（特许权、公共服务等）通过立法予以调整，但并非属于私法的管辖范围。合同不仅包括一般主体缔结的合同，还包括具有公法性质的合同，只是公权力机关行使行政权时必须自我限制和约束。后者的典型例子是德国的行政法合同，其缔结必须有法律上的依据，当事人对于行政法合同的纠纷只能向行政法院提起诉讼，而不是普通法院（不同于私法上的买卖合同）。在美国和英国（如同比利时）的普通法系，行政机关使用私法手段（普通法）作为特别的法律手段拥有十分广泛的空间，只要没有受到禁止就是允许的。然而，如同在普通法系统中一样，“分工”的问题会产生，例如程序的排他性问题。换句话说，当一个主体可以提起司法审查时，其是否还可以提起私法诉讼？还有就是，无论是在普通法系国家还是我们讨论的其他国家，公法案件中的损害救济往往只能通过私法诉讼来实现，其正当性何在（私法上的请求应当由普通法院进行审理，而非行政法院）？

顺便提及的是，在一些国家行政法与私法的关系，特别是为达成公共目标而使用私法手段代替或者补充行政法上权力的运用，相比行政法和刑法的关系要复杂得多。在我们看来，这有点奇怪，因为在越来越多的执行立法的领域，比如在德国和荷兰，在同一政府机关职权范围内，行政权和刑事法上的权力可以同时存在。英国是一个例外，依据本书有关著述所提及的判例法，司法审查的提起经常具有不确定性（at stake），因为案件是否属于刑法的管辖领域存在争论。

2.4 规则和原则

合法性是行政法的根本性原则。单方面的公法行为包含针对个人权利和义务之设定、变更和消灭（对公民权利造成负担），应当有明确和具体的法律根据。授益性行政行为则并不一定需要具备明确的法律依据。同时，行政机关依据私法所采取的手段，至少在一些国家，也不需要明确的法律依据。特别是在德国，合法性原则在人权之宪法框架下得到广泛阐述。同时，不只是德国（作者的意见），合法性原则在行政法的发展和解释中发挥着重要的作用。

行政活动应当符合法律规范。最终需要法院来对行政行为的合法性进行审查。这种审查的主要依据是成文法，但也不排除不成文法。

就成文法而言，在二元制的国家（如英国、美国，德国基本上也是），只有国际法转化成国内法才能在一国内予以适用。荷兰和比利时显然对国际法更加开放。当然，欧洲法院的判决清楚地表明，欧盟法可以直接适用，并在效力上优于成员国国内法，因而这里所指的是传统意义上的国际法，而非超国家的欧盟法。当无国际法或者超国家的法律可依时，则只有国内法可作为审查的依据。英国的议会主权使得法院不能对议会法律的合法性进行审查。在一些国家存在合宪性审查制度，大多数情况下是由宪法法院负责对议会法律的合宪性进行审查，不过也不尽然（以下第 5 部分会进一步阐述）。

不成文法也可作为审查的依据。一个明显的例子是，作为不成文法的法律原则在法国行政法院的判例法中发挥了十分重要的作用。在德国，行政法的基本原则来源于宪法。在荷兰，一些关于适当行政的不成文法原则在法院的判例法中具有重要的地位（比如信赖保护原则、法律确定性原则），但是很多（形式上的）原则被成文化，比如适当注意原则以及说明理由原则。比例原则不仅在欧盟法适用中得以采用，而且在许多法律系统中扮演了重要的角色（法国和德国）。在英国，比例原则直到最近才被提出。合理原则与比例原则的区别在于，合理原则给行政机关行使裁量权留下了更为广泛的空间。

无论国家机构形式如何，本书所提及的所有国家都具备的行政法治的共同特征是：主观法院诉讼法和法治下的民主国原则。通过分析，各国行政法遵循一些相同的基本原则。从诉讼的角度看，听取他人意见（audi et alteram partem）和自己不能做自己案件的法官（nemo iudex in sua causa）是两个古老的原则。行政法新近的发展是监察专员制度和行政及其决策的开放原则的采用。这方面的例子可见欧盟层面的欧洲治理白皮书的内容。（Com [2001] 428 final）

如前第 1 部分所述，在一些国家，一般行政法已经法典化。德国就是一个典型，其制定了行政程序法和行政法院法。荷兰则是最近才完成的。当然，一般行政法典在不同国家存在差别，特别是有关法院的组织方面的差异比较显著（以下第 5 部分会进一步阐述）。除了上述德国行政法的两部法典所涉及的主题之外，荷兰行政法通则的范围与其相比更为广泛，比如还包括执行和监督。

法国则是另外一种类型，其将若干有关行政的法律规范，特别包括调整行政法院组织和诉讼程序的法律规范，系统地编纂在《行政诉讼法典》(Code de Justice Administrative) 中。这显然不能和德国和荷兰的行政法典化相提并论，也不同于美国调整行政决定作出和规则制定程序的行政程序法，并在某种程度上异于英国规范司法审查提起程序的民事诉讼法。

2.5 行政诉讼以及事先的诉讼外的救济程序

每一个国家，在公民向法院提起行政诉讼之前，都有各种形态的前置诉讼外的救济程序。其理由则可从多方面展开。

有时，公民首先须向作出行政行为的行政机关提出申诉。在荷兰，依据《行政法通则》(Algemene wet bestuursrecht)，申诉 (bezwaar) 是普遍适用的制度。该程序要求在一个具有独立地位的委员会主持下进行听证。在法国，只有当具体的规范课以了相应义务时，申诉程序才得以进行。所以，公民针对行政机关权力滥用而提起的上诉 (recours pour excès de pouvoir)，该程序并不是通常的要求。另外在法国，如果当事人主动请求行政机关撤销行政行为或者变更行政行为，则提起行政诉讼的期限得以中断。

在德国，行政法院法对行政复议的程序作出了规定。如果当事人有权提起行政复议，应当向作出原行政行为的机关提出。在其他情况下，监督机关有权作出裁决，在我们看来，这种程序用“申诉” (appeal) 来描述更为恰当。这属于行政机关内部的自我规制。比利时具有双重的救济制度。一般而言，公民可以向作出行政行为的行政机关提起申诉。但同时，公民还可以向作出行政行为的上级机关提起上诉。有时，上诉并非作为一项义务，但可能是当事人予以追求的。在美国，行政机关内部或者外部更加独立的委员会或者裁判所，具有裁决的权力。英国也与美国类似，根据特定领域法规建立的众多裁判所所发挥的作用越来越类似于独立的法院。这在一定程度上是因为其大多受法律所调整，而并非依赖于行政。尽管行政裁判所不属于行政的一部分，但其不仅能对行政行为的合法性，还能对其适当性进行审查。

在普通法系统中，诉讼外的救济程序并非司法审查的必要前提，尽管案件移送（leave）手段的使用使得实际上并非如此。在大多数国家，申诉或者上诉程序作为一项义务，是当事人提起行政诉讼的前提条件。也正因为如此，当事人提起诉讼外的救济程序，需要具备特定的利益（类似于行政诉讼）。

当事人针对一个案件提起行政诉讼，必须有某种利益存在。在荷兰，《行政法通则》（Algemene wet bestuursrecht）第 1 条第 2 款和第 8 条第 1 款对原告资格作出了规定：提起诉讼的原告所具有的利益应当与行政决定有直接关系。行政法院在实践中对此作出了较为宽泛的解释。一些具体法规更是放宽了对原告资格的限制，当事人不需要举证对于参与行政行为的作出具有某种特定的利益，而参与本身就足以正当化其原告资格。在法国，行政法院担当着公共利益维护者的角色，因而对于原告（intérêt pour agir）范围的规定比较广泛。在英国，当事人提起诉讼的利益根据民事诉讼法确定。而根据其中涉及英格兰的章节，当事人提起诉讼并不太困难。在荷兰和法国，司法审查源于王座法院（the king of courts）和行政机关对行政的监督。在德国，尽管行政法院法中的不同救济方式存在一些区别，但行政诉讼更多地体现为对当事人主观权利的保护。也许，德国司法审查因而比前面提及的其他国家的审查更为严格。在一些特定领域，如环境保护领域，基于法规条款，公众诉讼可以被提起。在比利时，司法审查通过行政审判权，特别是通过国务委员会（由判例法发展而来）得以进行，也要求当事人具有诉讼上的利益。对环保团体而言，需要集体利益（actio popularis）存在。但美国的情形不同，团体可基于成员的利益而提起诉讼，但不能因其自身特别原因起诉（not solely for its particular cause）。普遍看来，美国法院对原告的诉讼资格的解释在一定程度上更加严格。

而欧盟法院的诉讼中，有关个人的原告资格的规定十分苛刻，主要是因为欧盟主要的法律手段是规章和指令，其所能产生影响的对象比较广泛，而非直接针对个人作出并对个人的权利义务产生直接的影响。

在第一部分已经论及，联邦国家的宪法法院作为最高法院，在行政法治中发挥着重要的作用，如美国的最高法院、德国的联邦宪法法院和比利时的仲裁法院（Arbitragehof）。此外，最高行政法院则包括比利时国务委员会（Raad van State）、德国的联邦行政法院和美国的最高法院。法国是单一制国家，并拥有宪法法院和最高行政法院。接下来会论及宪法法院和行政法院的关系，其他国家最高行政法院的地位，英国上议院、荷兰的国务委员会行政法委员会和中央上诉行政法院。

不同类型的法院在权限上具有显著的差异。譬如荷兰和德国，行政法院的权限取决于是否存在一个针对个案的公法行为。这意味着，行政机关的私法行为和事实行为仍然属于普通法院的管辖范围。公民针对违法行政行为的损害赔偿诉讼同样应当向普通法院提起。在荷兰，公民还可以直接针对具有普遍效力的立法（规章和授权立法）提起诉讼。只是，法院不能对议会立法的违宪性进行审查。在德国，尽管各个州的情况不尽相同，公民个人可以根据各个州的法律对立法行为向行政法院提出异议（最高行政法院的规范审查程序）。

因此，行政法院和普通法院的双重系统会导致不同救济途径的存在并需要不同救济方式之间实现协调。比如在荷兰，当针对行政行为的管辖权可由行政法院管辖时，或者不能再对行政行为的合法性进行审查时（无论是否经过审查），则普通法院有权对此拒绝受理。同样的情况适用于德国，但是其对于行政法院和普通法院之间司法管辖权的冲突由宪法法院法予以调整。

英国和美国的普通法系统并没有独立的行政法院。行政诉讼案件由普通法院进行管辖，显然更有利于法院间的协调。英国民事诉讼法第 54 条有关诉讼提起条件相比荷兰和德国的行政法更加非正式化："公民可针对与行使公共职能有关的立法、决定、行为或者不作为的合法性提起审查。"另一方面，公法与私法之间划分的争论越来越多。法院裁判认为，对于行政案件，民事赔偿不能在司法审查的正式程序以外另行提起（换言之，私法案件不能通过司法审查的提起予以处理）。

在法国，公民向行政法院提起审查的行政行为范围十分宽泛，这是因为行政法院有权受理行政机关参与和责任分担有关的行政合同案件。因为行政法院和普通法院在涉及行政机关的案件上的分工，一个特别法院得以产生来决定由何种法院来受理特定案件，这就是所谓的案件管辖权冲突裁决，由最高行政法院（Conseil d'Etat）和最高法院（the Cour de Cassation）的成员组成。

在比利时，普通法院（其最高审级是最高法院）对于涉及民事权利的案件具有管辖权。这是因为许多行政行为可能侵犯民事权利，从而导致案件双重管辖权的产生。国务委员会作为有管辖权的行政法院在针对单方面的规章（地方层级）以及行政行为的案件中具有宣告无效权，而普通法院并不具备该权力。当然，司法管辖权的冲突可能会发生，但是实际上选择十分简单：如果公民期望提起宣告无效诉讼，则向国务委员会寻求救济；如果是寻求其他救济手段，则向普通法院提起。

行政法院和普通法院管辖权的区别在于所适用法律规范、适用的程序成本等各方面的差异。

（行政）法院系统之间的区别则比较大。比如，英国（高级法院、上诉法院以及上议院）以及美国（地区法院、上诉法院和最高法院）的普通法院管辖行政诉讼案件，而法国则由专门的行政法院予以管辖。在美国，最高法院同时是宪法法院，具有十分广泛的司法权限。比如当联邦规章的有效性受到质疑或者具有宪法上的争议时，美国最高法院有权对各个州最高法院的裁判进行全面的审查。在法国，宪法法院具有十分有限的权限。宪法委员会（The Conseil Constitutionnel）是唯一具有权限对议会制定立法进行合宪性审查的机关，而且必须在议会立法通过以前进行。从而，法国宪法委员会作为一方主体参与到立法程序中。因此，公民不能直接针对议会的立法向宪法委员会提起诉讼。在英国，针对议会立法的起诉不被容许。如同美国在一定程度上存在裁决制度一样，在英国，法规提供了可向裁判所提起法规上诉的途径。行政机关和裁判所之间的划分并非十分清晰，因而可以解释为什么司法审查（以普通法为依据）的应用在英国比法国要少。德国如同法国一样，具有特定的行政法院以及其他分支（行政法院、高级行政法院以及联邦行政法院）。这与比利时比较相似，但不同于美国，后者是单一的司法系统，同一法院既适用联邦法也适用州法。尤应注意的是，德国联邦行政法院在作出裁判时只依据联邦法律。为了保障行政法的统一性，联邦行政法院也可对州的一般行政法规范作出与行政程序法一致的解释。

与美国相反，德国和法国一样拥有独立的宪法法院。除了解决联邦和州之间的争端，联邦宪法法院亦有权对在诉讼中下级法院提出的联邦法律或者州法律的合宪性问题进行审查，而其他法院无权宣告联邦法律或者州法律无效。更为重要的是，如果行政机关侵犯了公民的宪法权利，公民还可以向宪法法院提起宪法诉讼（但必须穷尽其他法院的救济方式并获得移送许可）。这并不意味着，宪法权利在其他普通法院中不能发挥作用（如荷兰，法国）。在比利时，主要依据教育平等和自由原则，公民在法律规范（acts and decrees）制定后 6 个月内，可就该法律规范的合宪性向仲裁法院（Arbitragehof）提起审查。因此，基于该理由，直接向国务委员会就联邦和州法律提起的上诉并不被允许。在诉讼程序中发生的合宪性问题需要普通法院向仲裁法院提请解决。

有趣的是在德国的行政法院之间，为避免判例法上的分歧，还存在意见指导制度。但只有联邦宪法法院的意见能约束所有其他法院。

在比利时、法国和荷兰，根据欧洲人权法院的“Procola ”案，国务委员会的地位显得有点弱小。根据 ECHR 第 6 条的含义，卢森堡的国务委员会并非一个具有独立地位的法院。大约在十年前（根据“Benthem ”案），向荷兰王室的上诉也应当予以撤销。

在许多国家，大多数行政案件都可以经过二审程序：初审法院和上诉法院。有时候三审也可能存在。比利时的国务委员会是一个特殊的例子，其行政诉讼管辖权的范围十分广泛，但仅仅限于初审，也是终审法院。然而，在这之前，还有上诉的救济和向普通法院提起救济。在荷兰，在一些领域诸如环境案件，在针对个人的行政行为的救济上并没有这种额外的法律保护途径。作为荷兰人，我们感到遗憾的是，国务委员会在这些案件中既是初审法院，也是终审法院。我们认为，当可向中央上诉行政法院提起上诉时，地区法院的行政庭应当始终具有对案件的一审管辖权。在最高的两个行政法院之间具有非正式的协商程序。如前所述，在一些案件中，如赔偿案件（和德国相同）及针对立法行为的案件，普通法院具有管辖权。在法国，对于地方性的立法行为，行政法院具有管辖权，而对于特定的立法行为（诸如政府法令和条例），国务委员会享有既是初审也是终审的管辖权。行政法院的多个审级并不意味着所有的审级对所有的案件都具有管辖权。

就法院的审级而言，不得不提到一些国家案件的移送制度(Leave system)。比如在德国，当上诉法院的裁判与最高法院早先的裁判不一致时，这种制度即在两者之间起着协调功能。同时，比如在英国，即使在诉讼的第一审，这种案件的移送制度同样存在。其作为一种手段，决定案件是否具有争议性。当然也有特别的程序拒绝案件的移送。同时，法国则有国务委员会的所谓初步裁决，即当下级法院在有法律适用问题时向国务委员会提起。在德国，则由行政法院直接向联邦宪法法院提起（sprungrevision）。

以下有关历史（并非总是合理）发展的论述虽然有点独特，但值得阐述。就税法的适用，荷兰的上诉法院和民事最高法院的作用如同行政法院（但将在 2004 年作出改变，对于一些税收案件，地方法院也会拥有初审管辖权。）。法国则对税收案件的管辖权作出了具体的划分：有关间接税的案件由民事法院管辖，而有关直接税的案件由行政法院管辖。是否可以据此认为，税法在法国属于行政法的范围？在德国，财政法或多或少被视为一种自治的部门法领域，这从财政法院作为一类独立的法院分支即可看出。此外，就有关行政法院和普通法院权限划分的法律规范而言，当有多个行政法院具有管辖权时，有关裁判的成文规范同样可以适用（法国和德国）。

这些管辖权冲突解决规范通常只解决形式上的受理法院问题（谁应当受理某一类型的案件），而并不会对案件的实体问题提供解答（行政法的统一性）。

当然，如果国内法院判决涉及欧盟法的解释时，一国内部（最高）的（行政）法院有义务请求欧洲法院作出一个初步裁决。处于欧洲人权公约保护范围内的个人——英国尽管通过了人权法案，但仍然不是十分乐意看到——在穷尽了国内的救济方式之后，可以向欧洲人权法院寻求最后的争端解决途径。

就司法审查而言，英国和美国同样拥有普通法的救济制度。公民可以向法院请求撤销行政行为、禁止行政机关为一定行为并请求法院课以行政机关作出特定行为的义务，或者请求法院作出宣告判决以及请求赔偿。德国存在类似的诉讼请求类型来对抗行政行为。原告必须作出选择，就此而言，实体上的差异往往还伴随着程序上的差别。如前所述，德国的赔偿诉讼由普通法院受理。在荷兰，以前的情形与此类似，但自从1994年以后行政赔偿可通过向行政法院提起行政诉讼提起（适用普通法院发展出来的赔偿规则）。相比本书所介绍的其他国家而言，荷兰的行政诉讼制度没有那么精细，行政法院所适用的主要手段是支持或者驳回原告提起的诉讼请求，撤销或者部分撤销行政行为。除了宣告判决，在实践中，荷兰诉讼程序的结果与英国、美国和德国的也一样，比如法院在作出宣告无效判决的同时，还可以判决行政机关在一定期限内作出新的行政行为。当行政机关负有作为义务却没有履行时，公民可以诉诸法院进行救济（比利时）。此外，在行政诉讼进行中，原告可以申请临时救济，请求法院停止行政行为的执行。法国自2000年以来将必要的措施（mesures nécessaires）予以了实质性的扩展。如同在荷兰作为一项普遍适用的规则，启动法院程序并不会自动中止行政行为的执行。德国与此相反，当事人向原审法院的上级法院提起上诉，行政行为中止执行。

法国将撤销诉讼、宣告无效诉讼与损害赔偿诉讼予以分开。在20世纪90年代中期，就撤销诉讼、宣告无效诉讼而言，基于立法的规定，禁令在行政诉讼判决中适用的情形增多。就后者而言，国务委员会发展出了一套有关违法行政行为损害赔偿的制度。

司法审查的理由在我们看来十分开放，通过概括抽象的术语得以体现。因此，对司法审查的理由进行实际比较十分困难。只有对判例法进行具体研究才可能使对司法审查理由之比较更为清晰。因为在第4部分对于司法审查的规则和原则的讨论，或多或少会涉及法院的实质审查，还会涉及原告可提出的诉讼请求，所以这里只作一些补充性的观察和评论。

在英国，司法审查在"越权无效"的框架下进行，行政机关必须遵守授权原则。除了合法性的框架原则外，还包括诸如不适当目的、不相关考虑，混合动机以及会导致不合理的结果。这些规则在于对裁量行政行为进行控制。在法国，提起诉讼的理由即是司法审查的理由：无权限、形式和程序瑕疵（vice de forme/procedure）、违反法律（violation de la loi）和说理瑕疵（vices de motifs）。作为一项普遍的规则，除了行政机关无权限外，原告必须主张其诉讼的理由。在起诉理由是无权限时，法院必须依职权受理并进行调查（act ex officio）。当事人是否可以在诉讼过程中增加其他理由值得进一步探讨。法律保护的目标更多地倾向于主观权利或者客观利益，结果会产生一些区别。比如，在德国，如果当事人提出的诉讼主张具有重要的意义（decisive），法院会对行政行为进行全面的审查。

在欧盟层面，以上提及的司法审查的各个方面也与此相关：法院的两个审级，一般原则的适用，临时救济的可能性，先例，原告资格的扩大，国家责任，有效法律保护，对宪法权利的保护等。但是，欧盟法层面处理更多的是成员国家如何将欧盟法直接针对个人适用。通过成员国国内法的适用，欧盟法转化为国内行政法的一部分，进而影响成员国行政法的发展，比如在行政法的具体部门法领域，如环境法，一些欧盟指令已促使成员国行政法在原告资格、公民获得公共信息的权利保护等方面作出调整。在未来不太可能发生的是，为了获得成员国行政法治的统一性，欧盟制定统一的或者部分统一的行政法典。

当行政机关所拥有的权限具有羁束性时，法院的审查会十分严格。然而在实践中，行政机关拥有裁量权，拥有对所涉各方利益进行权衡的空间。原则上裁量意味着行政机关拥有最后的决定权。但是，法院通过进入裁量界限内部的审查，特别是将比例原则作为审查的基础，从而一定程度上对行政机关的裁量权形成控制。

在英国，比例原则直到最近才被判例法所接受。合理性原则赋予了行政机关过多运用裁量权的空间（立法者的意图也在于赋予行政机关更多行使裁量权的空间）。这是因为，司法审查最初主要在于审查行政机关的权限，后来对行政行为合法性的概念予以了扩充。在荷兰，比例原则同样得到运用，当行政裁量涉及具有惩罚性质的制裁时（特别是金钱制裁时），法院会采取更为严格的审查，而较少承认行政机关的判断余地。在其他情况下，合理性原则仍然支持法院承认行政机关判断余地的审查。顺便提及的是，行政机关时常通过政策规则的制定来充实其裁量权，尽管审查承认余地，法院仍然有义务对个案的具体情况进行调查。

德国即是一个典型例子，法官将自己置于行政的立场来考虑问题。行政决定不仅应满足广义上的必要性，还应满足狭义上的必要性（即从手段和关系的角度进行考察）。德国法院的强势地位（针对立法和行政而言）在宪法中得到了确认。在法国，行政机关和行政法院的划分并非基本问题，还反映了法国将法院作为行政的替代主体的制度。

最后一点是有关诉讼的参加人。原告、相关利益第三人以及行政主体是行政诉讼的参加人。有时，一些类型的国家代理人被制度化，或者作为（一些）法院的组成部分，对法院提出咨询意见，如法国的政府专员（commissaire du gouvernement）和德国的最高检察官，有时候实际上代表国家（德国公共利益的代表）。通行的原则是，原告在下级法院不需要法律代理人，但在高级法院则要求具有职业法律知识上的辅助。

2.6 发展与结论

我们认为，本书对于行政法的一般理论和不同的行政法制度作了系统的介绍：比利时、德国、法国、荷兰、英国、欧盟以及美国。为每位作者所拟定的统一框架必然会产生比较性的评论。比较性的评论有助于对前述各国行政法制度的介绍产生更为清晰的认识。有时候，通过外国学者的视角来观察一国的行政法更有利于探讨的进行。但是，并非本书所有的论述可以在每一个问题上都适用同一个写作结构。很多关于实践问题的讨论也会在本书的下一版中进一步论述。比如，我们认为，法院在实践中如何具体运转？法官的资格要求如何？法院是否受到监督？受谁监督？法院受理案件的数量如何？临时程序是否在法院的整个工作中占有重要的部分？公民提起法院救济的可能性大小？诸如此类，这些都值得更加深入地探讨。在新版中，我们期待能更具体地阐述一些实体性的问题，诸如违法行政行为的责任问题（损害赔偿，包括诉讼费用以及诉讼外救济费用的承担）。尽管一般行政法理论贯穿于整个部门行政法领域，我们也可以在部门行政法领域找到一些例外，从而对一般行政法的理论形成贡献（一般行政法理论并不如部门行政法领域频繁变化，呈现出相对的稳定性）。

本书对相关国家的行政法制度如行政法的组织结构、法院的组织以及救济方式、法院解决行政争议的权限作出形式上的比较，但行政法适用和行政争议解决的结果在实质上的区别也许要小一些。法治原则属于各国行政法治的共同原则，其要求一个独立的法院——无论是专门的行政法院还是普通法院——对行政行为进行控制。这些法院或有成文的行政法典据以适用，有时却缺乏成文法规范作为依据。但是，成文法典亦经常是，而且很大程度上是判例法发展的结果。当然，在拥有宪法法院的国家，我们还可以发现一些针对公民权利提供的特殊保护途径。

就欧盟成员国而言，欧盟和人权法对其国内的行政法制度产生了影响，展示了行政法融合（ius commune）的发展趋势。美国一定程度上也存在类似的情况，联邦和州行政法在发展中互相作用，互相产生影响。

Administrative Law of the European Union，Its Member States and the United States：A Comparative Analysis，Second edition edited by René J. G. H. Seerden and F. Stroink

图书在版编目（CIP）数据

欧美比较行政法/［荷］西尔登，［荷］弗里茨·斯特罗因克编；伏创宇等译．—北京：中国人民大学出版社，2013.10

（法学译丛·公法系列）

ISBN 978-7-300-17087-9

Ⅰ.①欧… Ⅱ.①西…②斯… ③伏…Ⅲ.①行政法—对比研究—世界 Ⅳ.①D912.104

中国版本图书馆 CIP 数据核字（2013）第 208360 号

"十二五"国家重点图书出版规划

法学译丛·公法系列

欧美比较行政法

［荷］勒内·J·G·H·西尔登（René J. G. H. Seerden）

弗里茨·斯特罗因克（F. Stroink）编

伏创宇　刘国乾　李国兴　译

Oumei Bijiao Xingzhengfa

出版发行	中国人民大学出版社		
社　　址	北京中关村大街 31 号	**邮政编码**	100080
电　　话	010－62511242（总编室）		010－62511398（质管部）
	010－82501766（邮购部）		010－62514148（门市部）
	010－62515195（发行公司）		010－62515275（盗版举报）
网　　址	http://www.crup.com.cn		
	http://www.ttrnet.com(人大教研网)		
经　　销	新华书店		
印　　刷	北京东君印刷有限公司		
规　　格	155 mm×235 mm　16 开本	**版　　次**	2013 年 11 月第 1 版
印　　张	26.5 插页 2	**印　　次**	2013 年 11 月第 1 次印刷
字　　数	350 000	**定　　价**	75.00 元